Zur Anwendbarkeit des § 156 BGB sowie zur Inhaltskontrolle bei Privaten Online-Auktionen

Europäische Hochschulschriften
Publications Universitaires Européennes
European University Studies

Reihe II
Rechtswissenschaft

Série II Series II
Droit
Law

Bd./Vol. 3638

PETER LANG
Frankfurt am Main · Berlin · Bern · Bruxelles · New York · Oxford · Wien

Kathrin Heitbaum

Zur Anwendbarkeit des § 156 BGB sowie zur Inhaltskontrolle bei Privaten Online-Auktionen

PETER LANG
Europäischer Verlag der Wissenschaften

Bibliografische Information Der Deutschen Bibliothek
Die Deutsche Bibliothek verzeichnet diese Publikation in der Deutschen Nationalbibliografie; detaillierte bibliografische Daten sind im Internet über <http://dnb.ddb.de> abrufbar.

Zugl.: Köln, Univ., Diss., 2002

D 38
ISSN 0531-7312
ISBN 3-631-50892-1

www.peterlang.de

Danksagung

Die vorliegende Untersuchung wurde im Wintersemester 2002/03 von der Rechtswissenschaftlichen Fakultät der Universität zu Köln als Dissertation angenommen.

Mein herzlicher Dank gilt meiner Doktormutter Prof. Dr. Barbara Dauner-Lieb, die durch wertvolle Ratschläge und Hinweise zu dem Gelingen dieser Arbeit beigetragen hat. Ebenfalls danken möchte ich Prof. Dr. Barbara Grunewald für die zügige Erstellung des Zweitgutachtens.

Köln, im Januar 2003 Kathrin Heitbaum

Inhaltsverzeichnis

Teil 1: Einführung in die Problematik 1

1. Kapitel: Einleitung: Online-Auktionen als neue Form der Versteigerung 1

A. Vorteile und Chancen 2

B. Risiken 3

C. Problemstellung 4

I. Ordnungsrechtliche Einordnung 5

II. Wettbewerbsrechtliche Zulässigkeit 6

III. Haftung gegenüber Dritten 7

IV. Zivilrechtliche Wirksamkeit 9

D. Gang der Untersuchung 10

2. Kapitel: Praxis der Online-Auktionen 12

A. Erscheinungsformen 12

I. Private Auktion/Langzeit-Auktion 12

II. Eigenversteigerung bei kurzer Laufzeit/Live-Auktion 13

III. Eigenversteigerung bei längerer Laufzeit 14

IV. Kombinationsversteigerung 14

V. Verdeckte Auktion 14

VI. Rückwärts- oder Abwärtsauktion 15

1. Angekündigte lineare Preissenkungen 15

2. Ausschreibungen 15

VII. Community-Shopping/Powershopping 16

VIII. Tauschbörsen 17

IX. Zusammenfassung 17

B. Funktionsweise der Privaten Online-Auktion 17
I. Ablauf der Privaten Online-Auktion 18
II. Feedback-Systeme 21
III. Abwicklungsgarantien 21
IV. Treuhandmodelle 22
V. Kontroll- bzw. Filtermaßnahmen 23
VI. Finanzierung der Privaten Online-Auktion 24

Teil 2: Typologische Einordnung der Vertragsbeziehungen 25

1. Kapitel: Die Rechtsnatur der Versteigerung 25
A. Begriff der Versteigerung 25
B. Rechtliche Relevanz der Typologie 27

2. Kapitel: Vertragsbeziehungen zwischen Einlieferer, Bieter und Versteigerer bei der klassischen Form der Versteigerung 29
A. Vertragsverhältnis zwischen Einlieferer und Versteigerer 29
I. Werkvertrag gemäß § 631 BGB 30
II. Dienstvertrag gemäß § 611 BGB 31
III. Maklervertrag gemäß § 652 BGB 31
IV. Maklerdienstvertrag 32
V. Ergebnis 34
B. Vertragsverhältnis zwischen Bieter und Versteigerer 35
C. Vertragsverhältnis zwischen Einlieferer und Bieter 36
D. Ergebnis Teil 2, 2. Kapitel 36

3. Kapitel: Vertragsbeziehungen zwischen Anbieter, Bieter und Auktionshaus bei der Privaten Online-Auktion 37

A. Anwendbares Recht 37

B. Vertragsbeziehungen 38

I. Vertragsverhältnis zwischen Anbieter und Auktionshaus 38

1. Typus Mietvertrag 40

2. Typus Dienstvertrag 42

3. Typenkombination Maklerdienstvertrag 43

a) Nachweis- oder Vermittlungstätigkeit des virtuellen Auktionshauses 43

b) Angebotsgebühr als Aufwendungsersatz gemäß § 652 Abs. 2 BGB 45

c) Fehlende Abschluss- und Entschließungsfreiheit des Anbieters 47

4. Abwägung der einzelnen Vertragselemente 50

5. Ergebnis 52

II. Vertragsverhältnis zwischen Bieter und Auktionshaus 53

III. Vertragsverhältnis zwischen Anbieter und Bieter 54

C. Ergebnis Teil 2, 3. Kapitel 54

Teil 3: Der Vertragsschluss zwischen Anbieter und Bieter im Rahmen der Privaten Online-Auktion 55

1. Kapitel: Die Willenserklärung im Internet 55

A. Elektronisch übermittelte Willenserklärung 56

B. Automatisierte Willenserklärung 56

C. Computererklärung 57

D. Ergebnis Teil 3, 1. Kapitel 59

2. Kapitel: Die gesetzliche Ausgangslage 59
A. Vertragsschluss nach den §§ 145 ff. BGB 60
B. Das Vertragsschlussmodell des § 156 BGB 61
I. Ausbieten als invitatio ad offerendum 61
II. Das Gebot als Antrag 62
III. Der Zuschlag als Annahme 64
IV. Fehlender Kontrahierungszwang 66
V. Entstehungsgeschichte und Regelungsgehalt des § 156 BGB 66
VI. Das schriftliche „Gebot“ bzw. der Ersteigererauftrag 69
VII. Das telefonische Gebot 70
VIII. Charakter der Norm 71
IX. Zwischenergebnis 72
C. Ergebnis Teil 3, 2. Kapitel 72

3. Kapitel: Die Abschlussmechanik der virtuellen Auktionshäuser 73
A. Gängige Ausgestaltung der Vertragsabschlussklauseln in den AVB 73
I. Einrichtung der Auktion als invitatio ad offerendum verbunden mit einer antizipierten Annahmeerklärung 74
II. Einrichtung der Auktion als verbindliches Angebot gemäß § 145 BGB 74
B. Zusammenfassung 75

4. Kapitel: Anwendbarkeit des § 156 BGB auf die Private Internet-Auktion 75
A. Relevanter Sachverhalt 75
B. Einordnung der Privaten Online-Auktion als „Versteigerung“ im Sinne des § 156 BGB 76

I. Wortlautinterpretation 78
1. Übergebot 78
a) Aufwärtsverfahren 78
b) Mehrheit von Personen 79
c) Erkennbarkeit der Gebote 80
2. Zwischenergebnis 84
3. Das Gebot 84
a) E-Mail als „verkörperte" Willenserklärung 85
b) E-Mail als Ersteigererauftrag 85
c) Agentengebot als Ersteigererauftrag 87
d) Ergebnis 88
4. Exkurs: Wirksamwerden der Gebote 88
a) Erklärung unter An- oder Abwesenden 89
aa) „Herkömmlicher" Geschäftsabschluss im Internet 89
bb) Die Private Online-Auktion 90
b) Zugang 91
aa) Auktionshaus als Empfangsbote des Anbieters 92
bb) Auktionshaus als Empfangsvertreter des Anbieters 93
cc) Stellungnahme 94
c) Ergebnis 95
5. Der Zuschlag 95
a) Zuschlag durch die Gratulations-E-Mail 95
b) „Zuschlag durch Zeitablauf" 96
6. „Endgültigkeit" des Zeitablaufs 97
7. Zwischenergebnis 99
II. Systematische Erwägungen 99
III. Teleologische Erwägungen 101
IV. Ergebnis zu B. 104

C. Exkurs: Verbraucherschutz nach den Vorschriften über Fernabsatzverträge gemäß §§ 312b bis 312d BGB 105
I. Widerrufsrecht gemäß §§ 312d Abs. 1 S. 1, 355 Abs. 1 S. 1 BGB 106
II. Informationspflichten nach § 312c Abs. 1 Nr. 1 BGB i. V. m. § 1 RVO-Info 109
III. Ergebnis zu C. 111

D. Zusammenfassung und Problemstellung 111

5. Kapitel: Rechtliche Relevanz der AVB der virtuellen Auktionshäuser 112

A. Vorliegen von AGB und Einbeziehung im Benutzungsvertragsverhältnis 112
I. Vorliegen von AGB im Sinne des § 305 Abs. 1 S. 1 BGB 113
1. Vertragsbedingungen gemäß § 305 Abs. 1 S. 1 BGB 113
2. Verwender gemäß § 305 Abs. 1 S. 1 BGB 114
II. Einbeziehung gemäß § 305 Abs. 2 BGB 114
III. Zwischenergebnis zu A. 115

B. Relevanz für den Vertragsabschluss zwischen den Teilnehmern 115
I. Auslegung gemäß §§ 133, 157 BGB 116
1. Urteil des LG Münster 117
2. Ansatz des OLG Hamm 118
a) Klauseln als Auslegungsgrundlage der jeweiligen Willenserklärungen 118
b) Faktische Wirksamkeit im Teilnehmerverhältnis trotz rechtlicher Unwirksamkeit im Benutzungsvertrag 119

3. Ansatz des BGH 120
a) Ausdrückliche Erklärung im Rahmen der Freischaltung der Präsentationsseite 120
b) Fehlende Kontrollmöglichkeit nach §§ 307 bis 309 BGB der auf den Vertragsschluss bezogenen Erklärung 121
4. Stellungnahme 121
a) Auslegung unter Heranziehung der vorformulieren Erklärung 122
b) Auslegung unter Heranziehung der AGB-Klausel 124
c) Qualifizierung als Angebot oder antizipierte Annahme 126
d) Wirksamkeit im Hinblick auf die Bestimmtheit der Willenserklärung 128
aa) Bestimmtheit hinsichtlich des Vertragspartners 128
bb) Bestimmtheit hinsichtlich des Kaufpreises 130
e) Zwischenergebnis 130
5. Problematik der möglichen Abweichungen durch eigene Bestimmungen des Anbieters 131
6. Problematik der fehlenden Möglichkeit der Inhaltskontrolle 133
II. Ergebnis zu B. 137

C. Vorliegen von AGB gemäß § 305 Abs. 1 S. 1 BGB im Teilnehmerverhältnis 138
I. Vertragsbedingungen gemäß § 305 Abs. 1 S. 1 BGB 138
1. Bestimmungen, die sich auf den Kaufvertrag beziehen 138
2. Bestimmung, die sich auf den Vertragsabschluss bezieht 139
a) Vertragsabschlussklausel als Vertragsbedingung 139
b) „Angeklickte" Erklärung des Anbieters als Vertragsbedingung 141

3. Zwischenergebnis 145

II. Verwender im Sinne des § 305 Abs. 1 S. 1 BGB 145

1. Vergleich mit der klassischen Versteigerung 146

2. Fiktion des § 310 Abs. 3 Nr. 1 BGB 149

3. Zurechnung der Verwendereigenschaft aufgrund „enger Verbindung zum Auktionshaus“ 150

4. Zurechnung der Verwendereigenschaft durch „Zueigenmachen als Initiator des Verkaufs“ 151

5. Zurechnung der Verwendereigenschaft aufgrund der Registrierungsreihenfolge 153

6. Zurechnung der Verwendereigenschaft als durch eine Klausel „begünstigter Vertragspartner“ 153

7. Zurechnung der Verwendereigenschaft aufgrund einer Gesamtschau von Kriterien 155

8. Zwischenergebnis 156

III. Ergebnis zu C. 157

IV. Überblick über die bisherigen Ergebnisse und Problemstellung 157

D. Bedürfnis für eine Inhaltskontrolle/Kompensationsinstrumente 158

I. „Bereinigte“ AGB als Auslegungsgrundlage der jeweiligen Erklärungen 159

II. Verbandsklage gemäß § 1 UKlaG 161

III. Regress gegen das Auktionshaus 162

IV. Autonomienähere Kompensation durch Aufklärung 165

V. Ergebnis zu D. 166

E. Einbeziehung der Vertragsbedingungen im Teilnehmerverhältnis 166
I. Qualifizierung des Benutzungsvertrages als Rahmenvertrag im Sinne des § 305 Abs. 3 BGB zugunsten Dritter 167
1. Einbeziehung der AGB gemäß § 305 Abs. 3 BGB 167
2. Kontrollmöglichkeit anhand der §§ 307 bis 309 BGB 169
3. Stellungnahme 170
4. Zwischenergebnis 172

II. Begründung einer vorvertraglichen Rahmenvereinbarung unmittelbar zwischen den Teilnehmern 173
1. Begründung eines Massenvertrages der Gesamtheit aller registrierten Teilnehmer 173
a) Vertragsschluss beim Gesellschaftsvertrag 173
b) Konkludenter Vertragsschluss durch Benutzungsverträge als „System von Sternverträgen" 175
c) Begründung eines vertraglichen Netzverbundes durch den Abschluss der Benutzungsverträge 176
d) Zwischenergebnis 178
2. Begründung jeweils zweiseitiger Rahmenvereinbarungen zwischen den Teilnehmern 179
a) Abschluss des Rahmenvertrages durch konkludente Willenserklärungen im Rahmen der Registrierung 179
b) Wirksamkeit der entsprechenden Willenserklärungen 182
3. Vorteile der Einbeziehung der AGB über die Rahmenverträge 183
4. Zwischenergebnis 184

III. Ergebnis zu E. 184
F. Zusammenfassung der Ergebnisse Teil 3, 5. Kapitel 184

6. Kapitel: Möglichkeit der Inhaltskontrolle des Rahmenvertrages 186

A. Inhaltskontrolle nach den AGB-Vorschriften 187

I. Unmittelbare Anwendung der AGB-Vorschriften 187

II. Analoge Anwendung der AGB-Vorschriften 188

III. Umgehungsgeschäft im Sinne des § 306 a BGB 191

IV. Zwischenergebnis 192

B. Inhaltskontrolle auf der Grundlage von § 242 BGB 192

I. Heranziehung der Grundsätze zur Inhaltskontrolle der Gesellschaftsverträge von Publikumspersonengesellschaften 192

II. Heranziehung der Grundsätze zur Inhaltskontrolle (notarieller) Formularverträge 197

III. Abgrenzbarkeit der Fallgruppe 200

IV. Zwischenergebnis 200

V. Prüfungsmaßstab und Rechtsfolge der Inhaltskontrolle nach § 242 BGB 201

C. Ergebnis Teil 3, 6. Kapitel 203

7. Kapitel: Durchführung der Inhaltskontrolle des Rahmenvertrages zwischen den Teilnehmern gemäß § 242 BGB 203

A. Vorweggenommene Bindung des Anbieters unter Wegfall des Zuschlags 203

I. Erforderlichkeit der Anbieterbindung bei der Online-Versteigerung 205

1. Erhöhtes Sicherheitsbedürfnis des Bieters 205

2. Attraktivität und Funktionsfähigkeit des Verfahrens 206
II. Kompensation durch Sicherungsmechanismen, die dem Auktionsverfahren im Internet immanent sind 208
1. Angemessener Preis durch höhere Zahl der Teilnehmer 208
2. Fehlende Entscheidungsfreiheit hinsichtlich des Vertragspartners 210
3. Zwischenergebnis 212
III. Kompensation durch Selbstbestimmungsrecht des Anbieters bei entsprechendem Risikobewusstsein 212
1. Selbstbestimmung der Parameter durch den Anbieter 212
2. Risikobewusstsein des Anbieters bei entsprechender Aufklärung 214
IV. Ergebnis zu A. 216

B. Wirksamkeit des Gebotes 217
I. Fortdauernde Wirksamkeit vorhergehender niedriger Gebote 217
II. Fortdauernde Wirksamkeit des Gebots über das Ende der Versteigerung hinaus 219
III. Ergebnis zu B. 220

C. Exkurs: Inhaltskontrolle des Maklerdienstvertrages im Hinblick auf die Bindung des Anbieters gemessen an § 307 Abs. 2 Nr. 1 BGB 220
I. Eingeschränkte Entschließungs- und Abschlussfreiheit 221
II. Ausschluss des Kündigungsrechts 224
III. Ergebnis zu C. 226

D. Ergebnis Teil 3, 7. Kapitel 226

Teil 4: Pflichten des virtuellen Versteigerers 227

1. Kapitel: Pflichten des virtuellen Versteigerers, die aus dem jeweiligen Geschäftsbesorgungsverhältnis resultieren 228

A. Unparteilichkeit 228

B. Informations- und Aufklärungspflichten 230

I. Rechtliche Verankerung 230

II. Informationsinhalt und Darstellungsniveau 233

C. Kontroll- und Prüfungspflichten hinsichtlich des Auktionsgegenstandes 235

D. Identitäts- und Bonitätsprüfungspflicht hinsichtlich der Teilnehmer 237

E. Pflichten des Auktionshauses bei der Vertragsabwicklung 238

F. Zusammenfassung 239

2. Kapitel: Verfahrens- und abschlussbezogene Informationspflichten des virtuellen Versteigerers 239

A. Allgemeine Informationspflichten für geschäftsmäßige Teledienste nach § 6 TDG 240

B. Informationspflichten gemäß § 312c BGB i. V. m. § 1 RVO-Info 241

C. Pflichten gemäß § 312e BGB i. V. m. § 3 RVO-Info 243

D. Zusammenfassung 246

Teil 5: Schlussbemerkungen 247

1. Kapitel: Zusammenfassung der Ergebnisse 247

A. Qualifizierung der Vertragsverhältnisse 247
B. Vertragsschluss zwischen Anbieter und Bieter 248
C. Inhaltskontrolle des Rahmenvertrages 252
D. Pflichten des Online-Versteigerers 253

2. Kapitel: Fazit und Ausblick 254

Literaturverzeichnis 257

Anhang 287

Gängige Allgemeine Geschäftsbedingungen der Auktionshäuser 287

Teil 1: Einführung in die Problematik

1. Kapitel: Einleitung: Online-Auktionen als neue Form der Versteigerung

Internet-Auktionen erfreuen sich nach ihrem Erfolg in den USA[1] auch in Deutschland einer ungebrochenen Beliebtheit. Wenig mehr als drei Jahre nach der Gründung der ersten deutschen Internet-Auktionshäuser bieten über 100 Unternehmen in Deutschland Online-Versteigerungen an.[2] Dabei drängen noch immer Seitenanbieter auf den mittlerweile schon engen Markt und auch die Zahl der Auktionsteilnehmer steigt ständig. Internet-Auktionshäuser gehören zu den meistbesuchten Seiten im Netz; kein anderes Angebot im elektronischen Handel ist derzeit beliebter.[3]

Die Vielfalt der angebotenen Waren ist verblüffend. Nach teils ausgefeilten Registern geordnet gibt es inzwischen kaum eine Ware, die nicht in einer Internet-Auktion ersteigert werden könnte: Neben „handelsüblichen" Elektronikgeräten, Büchern oder Schallplatten lassen sich auch ungewöhnlichere Gegenstände wie vom Zoll beschlagnahmte afrikanische Holzfiguren[4] oder „original" Starter-Kits, „direkt von der EZB"[5] erstehen. Während in der realen Welt eher hochwertige Gegenstände unter den Hammer kommen, werden im world wide web auch

---

[1] Im September 1995 startete der Amerikaner Pierre Omidyar mit seiner Firma eBay die erste Versteigerung im Internet. Mittlerweile ist eBay das führende Internet-Auktionshaus; nach eigenen Angaben finden sich bei eBay über 5 Millionen Artikel weltweit. Allein eBay.de bietet tagtäglich Zugriff auf über 1 Millionen Artikel, wobei die Zahl der Auktionen im Zeitraum von Mai bis Dezember 2001 von ca. 730.000 auf 1.108.000 angewachsen ist (Zahlen nach www.auktionsplanet.de).

[2] Das deutsche Auktionshaus ricardo.de wurde bereits am 21.07.1998 gegründet. Die Zahl der derzeit im Netz vertretenen Auktionshäuser ist nicht abschließend feststellbar. Eine nach Branchen und Bereichen geordnete Auflistung der in Deutschland vertretenen Auktionshäuser bietet die Suchmaschine www.auktionsindex.de.

[3] Die erfolgreichsten deutschen Auktionshäuser können mittlerweile nach eigenen Angaben über 1 Millionen registrierte Nutzer verzeichnen; vgl. z. B. wiederum www.eBay.de oder unter www.ricardo.de „Über uns": ricardo.de zählte am 31.03.2001 ca. 1.105.000 Kunden; vgl. auch www.internetworld.de sowie „Internetauktionen – Zuschlag mit Risiko" aus Stiftung Warentest 11/2000 bei www.sw_test.de. Weitere Auktionszahlen und Informationen rund um die Online-Auktion finden sich unter www.auktionsplanet.de.

[4] Unter www.zoll-auktion.de bietet die zentrale hessische Vollstreckungsstelle des Zolls die Ausbeute aus Hessen, Rheinland-Pfalz und dem Saarland an.

[5] Nach Angaben der *FAZ* vom 06.01.2002 waren unmittelbar nach der Euro-Umstellung allein auf den Seiten von www.eBay.de 1.500 Säckchen im Angebot; Spitzenpreise erzielten dabei die Kits aus kleinen Ländern mit wenigen eigenen Euro-Münzen; bis zu € 180 wurden z. B. für das Hartgeld aus Finnland bezahlt!

kleinste Produkte für Beträge unter € 10 ersteigert.[6] Restposten, Auslaufmodelle, kurzfristig freie Flugplätze, schnell verderbliche Ware, aber auch Dienstleistungen – nahezu alles Erdenkliche ist zu erwerben.
In den USA sind jedoch auch fragwürdige Gegenstände versteigert worden: die Eizellen weiblicher Fotomodelle, Sperma oder die Jungfräulichkeit eines Mädchens; selbst Babies oder Nieren,[7] sowie Nazi-Memorabilien[8] wurden feilgeboten.
Die Internet-Auktion ist dabei, sich als neue Absatzform von Waren langfristig zu etablieren. Nach Schätzungen wurden im Jahr 1999 weltweit US$ 2,3 Mrd. gegenüber US$ 1,0 Mrd. im Vorjahr umgesetzt; bis zum Jahr 2003 wird von einem weltweiten Umsatz von über US$ 100 Mrd. ausgegangen.[9] Dabei erleben Online-Auktionen in Europa einen Boom. Allein in Deutschland steigerte sich der Umsatz der Branche von DM 18 Mio. im Jahr 1998 auf DM 318 Mio. 1999; bis zum Jahr 2005 soll sich der Auktionsmarkt verachtfachen.[10]

A. Vorteile und Chancen

Die Versteigerung über das Medium Internet hat zahlreiche Vorteile. Seine potenzielle Reichweite ist ungleich größer als die einer lokalen Veranstaltung, denn teilnehmen kann jeder Webnutzer, nicht nur derjenige, der nahe genug am Ort der Versteigerung wohnt. Es entstehen keine Kosten für Anfahrt und Zeitaufwand. Man sieht einfach im Internet nach, was zu welchem Preis angeboten wird, und steigert mit. Insofern sinkt die Hemmschwelle, sich zu beteiligen, zumal die Versteigerung informeller wird. Günstige Schnäppchenpreise, die Vielfalt der angebotenen Produkte sowie ein hoher Unterhaltungswert sind als Hauptgründe für die Beteiligung an Internet-Auktionen zu nennen.[11]

---

[6] Die meisten Privaten Versteigerungen verlangen einen Startpreis von mindestens € 1, vgl. z. B. www.eBay.de. Kunstauktionen sind dagegen eher selten im Internet; vgl. aber z. B. www.artnet.com oder www.sothebys.com.

[7] Vgl. *Der Spiegel 37/1999*, S. 286 („Babys, Nieren und die Wahrheit im Angebot"); *Der Spiegel 31/1999*, S. 81 („Eierkocher im Netz"); *Focus 32/1999*, S. 134 („Die Deutschen sind leidenschaftlich und schnell").

[8] So wurde z. B. über die Seiten des Auktionshauses Yahoo Hitlers „Mein Kampf" angeboten.

[9] So nach Schätzungen der Forrester Research. Im Jahr 2000 setzte die Auktionsfirma eBay nach eigenen Angaben US$ 431,4 Mio. um, eine Steigerung um 92 Prozent gegenüber 1999; für 2001 ist ein Umsatz von US$ 665 Mio. prognostiziert. Wie das Unternehmen berichtet, betrug der Gewinn dabei im Jahre 2000 insgesamt US$ 58,6 Mio. im Vergleich zu US$ 18,3 Mio. im Jahr 1999; vgl. unter www.forrester.com und www.auktionsplanet.de.

[10] So nach einer Studie der Forrester Research vom 14.02.2001, unter www.forester.com; vgl. auch *Der Spiegel 8/2000*, S. 136.

[11] Studie des Hamburger Forschungs- und Beratungsunternehmen MediaTransfer AG, unter www.mediatransfer.de.

Durch die neuen Kommunikationsbedingungen und die damit verbundene Senkung der Informations- und Transaktionskosten hat die Verkaufsform der Auktion, die bisher eher ein Randdasein führte, somit neue Bedeutung erlangt.

B. Risiken

Mit dieser positiven Entwicklung sind – wie mit nahezu jeder Neuerung – auch Risiken verbunden.
Sie resultieren zum einen aus den Gegebenheiten des Mediums, die im gesamten Electronic Commerce von Bedeutung sind: es bedarf einer technischen Datenübertragung, die das Risiko von Verzögerungen und Übertragungsproblemen beinhaltet.
Zum anderen bergen Online-Auktionen gerade aufgrund der gegenüber herkömmlichen Auktionen andersartigen Ausgestaltung des Koordinationsprozesses Risiken:
Der Bieter gibt sein Angebot nicht von Angesicht zu Angesicht ab und kann kaum kontrollieren, wie sein Gebot behandelt wird. Er muss sich darauf verlassen, dass das Versteigererprogramm des Online-Auktionshauses richtig konzipiert ist und auch richtig zur Anwendung kommt. Er kann seinem mitbietenden Konkurrenten nicht ins Gesicht schauen und sich daher nicht sicher sein, ob es sich bei diesem nicht um einen sogenannten „shill bidder" handelt, der lediglich mitbietet, um den Preis in die Höhe zu treiben. Online-Auktionen bieten ein großes Täuschungspotential. Anders als in einem Ladengeschäft kann der Kunde die Ware nicht fühlen und im Original begutachten, vielmehr muss er sich auf die ihm gebotenen Angaben verlassen. Dabei kostet es den Veranstalter wesentlich mehr Mühe, die Legalität der auf seiner Auktion angebotenen Waren und Dienstleistungen zu überwachen – zumal, wenn Dritte auf einer vom Auktionshaus zur Verfügung gestellten Plattform eigene Verkaufsveranstaltungen durchführen. Denn dann hat das virtuelle Auktionshaus keinen Zugriff auf das Auktionsgut; dieses steht ihm nicht zur Kontrolle der Existenz und der Richtigkeit der Anbieterangaben – insbesondere hinsichtlich Echtheit und Mangelfreiheit – zur Verfügung.
Gerade im Rahmen der Privaten Online-Versteigerung bleibt der Anbieter, der einen Benutzernamen als Pseudonym zugewiesen bekommt, praktisch anonym. Es besteht von daher die erhöhte Gefahr des Missbrauchs, besonders im Hinblick auf den Vertrieb illegaler Produkte: So werden vermehrt Fälschungen angeboten,[12] und das Angebot (und wohl auch die Nachfrage) an Nazi-Andenken ist ungleich größer als auf dem realen Markt. Da eine echte Identitätsprüfung so

---

[12] Über die Plattform „ricardo private Auktionen" des gleichnamigen Unternehmens wurden bspw. Uhren der Marke Rolex angeboten, die ausdrücklich als „Fälschungen", „Blender" oder „Plagiat" bezeichnet wurden. Dieser Sachverhalt war Gegenstand des Verfahrens beim *LG Köln* in CR 2001, S. 417 ff. sowie *OLG Köln* in CR 2002, S. 50 ff.

gut wie nie stattfindet und ein Benutzername - und mit ihm eine neue „elektronische“ Identität - innerhalb weniger Minuten online zu erhalten ist, lädt dieses Verfahren zu Betrug und/oder Hehlerei geradezu ein.

C. Problemstellung

Die neuen Auktionsformen, die von den Versteigerungen, wie sie bisher bekannt waren, zum Teil erheblich abweichen, führen zu einer Reihe ungeklärter Rechtsfragen, welche die Rechtsprechung bereits vielfach – bis hin zum *BGH* – beschäftigt haben.[13] Auch die Zahl der rechtswissenschaftlichen Beiträge zur Austarierung der Probleme im Bereich der Internet-Auktionen nimmt unverändert zu.[14] Dennoch bleibt eine Vielzahl von rechtlichen Fragen noch immer ohne abschließende Lösung. Dabei ist Versteigerung nicht gleich Versteigerung – die Angebote der einzelnen Auktionshäuser sind unterschiedlich und in ihrer Ausgestaltung außerordentlich vielfältig und bedürfen daher auch einer unterschiedlichen rechtlichen Beurteilung. In der Regel zeichnet sich die Situation im Internet aber ebenso wie die klassische Versteigerung dadurch aus, dass ein Einzelner mit einer Mehrheit von Personen über einen Vertrag verhandelt, den er mit einer dieser Personen zu möglichst günstigen Bedingungen schließen will.
Probleme ergeben sich in ordnungs- und wettbewerbsrechtlicher Hinsicht, aber auch in Bezug auf zivilrechtliche Fragen; insbesondere im Hinblick auf Vertragsschluss und Haftung besteht Klärungsbedarf.[15] Um dem Leser einen – begrenzten – Überblick zu verschaffen, werden die wichtigsten Problemkreise der betroffenen Rechtsgebiete in der gebotenen Kürze aufgeführt.

---

[13] Vgl. *LG Hamburg* in MMR 1999, S. 678 ff. zu § 34b GewO; *OLG Hamburg* in MMR 2000, S. 278 ff. zum RabattG; *LG Wiesbaden* in MMR 2000, S. 377 ff. sowie die Berufung *OLG Frankfurt* in MMR 2001, S. 451 ff. zum Wettbewerbsrecht; *LG Münster* in MMR 2000, S. 280 ff. sowie die Berufung *OLG Hamm* in CR 2001, S. 117 ff. und die Revision *BGH* MMR 2002, S. 95 ff. zum Vertragsschluss; *LG Köln* in CR 2001, S. 417 ff. sowie die Berufung *OLG Köln* in CR 2002, S. 50 ff. zur Haftung von Auktionshäusern beim Verkauf von markenverletzenden Produkten.

[14] Vgl. aus der zahlreichen Literatur *Gaul* in WM 2000, S. 1783 ff.; *Hager* in JZ 2001, S. 786 ff.; *ders.* in JZ 2002, S. 506 ff.; *Hollerbach* in DB 2000, S. 2001 ff.; *Rüfner* in JZ 2000, S. 715 ff.; *ders.* in JZ 2001, S. 768 ff.; *Sester* in CR 2001, S. 98 ff.; *Spindler* in ZIP 2001, S. 809 ff., *Schuster/Müller* in MMR-Beilage 2001, S. 10 ff.; *Wiebe* in MMR 2000, S. 323 ff.; *ders.* in CR 2002, S. 216 f.; *Wessely* in medien und recht 2000, S. 266 ff.; *Mehrings* in BB 2002, S. 469 ff.

[15] Ausgelöst durch die Fülle der offenen Fragen haben die Online-Auktionshäuser andsold, atrada, itrade, offerto, primus-auktion, qxl, ricardo und versteigern.de den Arbeitskreis Online-Auktionen (AOA) gegründet. Ziel des Arbeitskreises ist es, die Interessen dieser Branche in der Öffentlichkeit zu vertreten: der Verbund will zur Lösung der rechtlichen Situation der Auktionen beitragen und verbindliche Qualitätsstandards vereinbaren; vgl. unter www.golem.de/0003/6634.html.

I. Ordnungsrechtliche Einordnung

In ordnungsrechtlicher Hinsicht sind die Vorschriften der Gewerbeordnung (GewO) und der hierauf beruhenden Versteigerungsverordnung (VerstV) zu beachten: fällt die Versteigerung im virtuellen Raum unter den gewerberechtlichen Versteigerungsbegriff des § 34b GewO und somit der VerstV und ist sie folglich genehmigungsbedürftig?[16] Die sich aus der Bejahung dieser Frage ergebenden Konsequenzen sind beträchtlich: Veranstaltungen, die unter den Begriff der Versteigerung in diesem Sinne fallen, sind für gewerbsmäßige Anbieter von fremden beweglichen Sachen, Grundstücken oder Rechten erlaubnispflichtig; eine ohne Erlaubnis durchgeführte Versteigerung stellt eine Ordnungswidrigkeit im Sinne des § 144 Abs. 1 Nr. 1 g GewO dar. Die Erlaubnispflicht trifft dagegen nicht denjenigen, der eigene Waren im Wege der Auktion auf den Markt bringt, es sei denn – und dies ist insbesondere für den Einzelhändler und Hersteller relevant – es handelt sich um Neuwaren (§ 34b Abs. 7 GewO). Dem gewerbsmäßigen Versteigerer ist mit § 34b Abs. 6 Nr. 5 b GewO die Versteigerung von Neuwaren untersagt.
Darüber hinaus würde über § 34b Abs. 8 GewO die Versteigerungsverordnung (VerstV) mit ihren vielfältigen Detailregelungen Anwendung finden, die wegen der veränderten Rahmenbedingungen ohnehin nur sehr eingeschränkt auf die Internet-Auktion passen – man denke nur an das Verbot des Ausschanks alkoholischer Getränke (§ 14 VerstV) oder der Durchführung einer Veranstaltung an Sonn- und Feiertagen (§ 10 Abs. 1 VerstV) sowie die Möglichkeit der Besichtigung des Versteigerungsgutes im Original (§ 9 VerstV).
Eine herrschende Meinung in diesem Bereich hat sich noch nicht herausgebildet.[17] Sofern die Auktionshäuser einer gewerberechtlichen Zulassung nach § 34b GewO bedürften, wären die Gewerbeaufsichtsämter gefordert, die sich bislang erfolgreich vor dieser neuen Aufgabe drücken. Solange die VerstV nicht geän-

---

[16] Diese Frage wurde z. B. bejaht von *LG Hamburg* in MMR 1999, S. 678 (679); *Ernst* in *Spindler/Wiebe*, B. II., Rn. 3-14; *Stögmüller* in K & R 1999, S. 391 (393) sieht hierin zwar Versteigerungen im Rechtssinne, will die gewerberechtlichen Versteigerungsvorschriften aber nicht anwenden; ablehnend dagegen bspw. *KG* in MMR 2001, S. 764 (765); *OLG Frankfurt* in K & R 2001, S. 519 (519); *Vehslage* in MMR 1999, S. 680 (681).

[17] Gegen eine Anwendbarkeit der GewO insbesondere: *LG Münster* in CR 2000, S. 313 (314); Bund-Länder-Ausschuß „Gewerberecht“ in *Fuchs/Demmer* in GewArch 1997, S. 60 (63); *Bullinger* in wrp 2000, S. 253 (254); *Vehslage* in MMR 1999, S. 680 (681); *Wilmer* in NJW-CoR 2000, S. 94 (101); für eine Anwendbarkeit der GewO insbesondere: *LG Hamburg* in MMR 1999, S. 678 (679); wohl auch *LG Wiesbaden* in NJW-CoR 2000, S. 171 (172); *Ernst* in CR 2000, S. 304 (306); *ders.* in *Spindler/Wiebe*, B. II., Rn. 3-14; *Heckmann* in NJW 2000, S. 1370 (1375); *Hupperts* in MMR 2000, S. 65 (66); *Landmann/Rohmer-Bleutge*, § 34b GewO, Rn. 60; *Mankowski* in EWiR 1999, S. 699 (700); *Müller/Petri* in RTkom 2001, S. 153 (155); *Rüßmann/Reich* in K & R 2000, S. 116 (117).

dert wird, müssten ihre Regelungen entsprechend ihrem Sinn und Zweck ausgelegt und angewendet werden.
Es besteht auf diesem Gebiet insofern noch umfänglicher Klärungsbedarf. Angesichts der grenzüberschreitenden Aktivität im Internet wäre es wünschenswert, eventuell für erforderlich gehaltene Regulierungen für Internet-Auktionen auf EU-Ebene abzustimmen.

II. Wettbewerbsrechtliche Zulässigkeit

Einige Auktionsmodelle werfen darüber hinaus wettbewerbsrechtliche Probleme auf.[18] So sind die Vorschriften der §§ 1, 3 des Gesetzes gegen den unlauteren Wettbewerb (UWG) sowie die Preisangabenverordnung (PAngV) von Bedeutung:
Je nachdem, ob man die Internet-Auktion als Versteigerung im Sinne des § 34b GewO ansieht, könnte die Durchführung derselben ohne Erlaubnis sowie etwa die Versteigerung von Neuwaren entgegen § 34b Abs. 6 Nr. 5 GewO unter dem Gesichtspunkt des Vorsprungs durch Rechtsbruch gemäß § 1 UWG als sittenwidrig anzusehen sein. Ein Verstoß gegen eine wertneutrale Ordnungsvorschrift, wie sie die GewO darstellt, ist aber nur dann sittenwidrig im Sinne des § 1 UWG, wenn sich der Wettbewerber planmäßig und bewusst über sie hinweggesetzt, um sich einen Wettbewerbsvorteil zu verschaffen.[19]
Die Auktionsform, in der das relativ hohe Anfangsgebot in festgesetzten zeitlichen Abständen um einen bestimmten Betrag sinkt,[20] kann demgegenüber unter Heranziehung des § 1 UWG als sachfremdes „Spielangebot" den Verkehr unzulässig beeinflussen. So hat die Rechtsprechung bereits derartige in der realen Welt durchgeführte Veranstaltungen als aufgrund der Verbindung von aleatorischen Elementen mit solchen der Wertreklame für unzulässig erklärt.[21] Der suggestive Charakter dieser Verkaufsform kann zur Außerachtlassung von Vergleichsangeboten und zum Kaufangebot nicht mehr aufgrund sachlicher Erwägungen, sondern allein aufgrund des Gewinnanreizes des „Spiels" führen.[22]

---

[18] Vgl. *LG Wiesbaden* in MMR 2000, S. 377 ff. sowie *OLG Frankfurt* in MMR 2001, S. 41 ff.; *Bullinger* in wrp 2000, S. 253 ff.; *Müller/Petri* in RTkom 2001, S. 153 ff.; *v. Welser* in ZUM 2000, S. 472 ff.

[19] Ein solches Verhalten liegt nicht vor, wenn der Versteigerer sich um eine entsprechende Erlaubnis bemüht und ihm die zuständige Behörde die Auskunft erteilt, er bedürfe keine Zulassung. Erteilt sie allerdings die beantragte Genehmigung, stellt eine Versteigerung von Neuwaren einen Verstoß gegen § 1 UWG dar (vgl. hierzu *LG Wiesbaden* in NJW-CoR 2000, S. 171 (172) sowie *Ernst* in *Spindler/Wiebe*, C. I., Rn. 26 m. w. N.).

[20] Vgl. zu dieser Auktionsform Teil 1, 2. Kapitel, A. VI. 1.

[21] *BGH* GRUR 1986, S. 622 (622).

[22] *OLG Hamburg* in CR 2001, S. 340 ff. hat in Übereinstimmung mit dieser Rechtsprechung festgestellt, dass eine umgekehrte Online-Versteigerung wegen unzulässiger Ausnutzung des Spieltriebs der Verbraucher wettbewerbswidrig sei. Dabei werde der suggestive Anreiz des

Weiterhin stellt sich in diesem Zusammenhang die Frage, ob die Bezeichnung „Auktion" oder „Versteigerung" für Veranstaltungen, die keine Versteigerungen im Sinne des § 34b GewO sind, eine Irreführung des geschäftlichen Verkehrs nach § 3 UWG darstellt. Denn gemäß § 3 UWG sind alle Angaben geschäftlicher Art verboten, die geeignet sind, einen nicht unerheblichen Teil der betroffenen Verkehrskreise irrezuführen.[23]
Schließlich ist zu überlegen, ob ein Verstoß gegen § 1 PAngV i. V. m. § 1 UWG vorliegt. § 1 PAngV verlangt bei Waren- und Leistungsangeboten von Gewerbetreibenden gegenüber Letztverbrauchern – zur Gewährleistung von Preiswahrheit und –klarheit – die Angabe von Endpreisen. Die Nichtbeachtung dieser Vorschrift könnte bei Hinzutreten besonderer wettbewerbsrelevanter Umstände gegebenenfalls einen Verstoß gegen § 1 UWG begründen. Da allerdings die Angabe von Endpreisen bei Versteigerungen naturgemäß nicht möglich ist, liefert § 7 Abs. 1 Nr. 5 PAngV eine Ausnahmevorschrift, die die Anwendung der PAngV bei Versteigerungen generell ausschließt. Diese Ausnahme muss wohl auch für die Online-Auktion gelten, denn wo Endpreise durch ein eigenständiges Verfahren erst ermittelt werden, können sie auch nicht angegeben werden.
Die vorstehend aufgeworfenen Rechtsfragen machen deutlich, dass auch auf dem Gebiet des Wettbewerbsrechts noch vieles ungeklärt ist; wenigstens die aufgetretenen rabattrechtlichen Probleme sind nach der Abschaffung des Rabattgesetzes obsolet.

III. Haftung gegenüber Dritten

Stehen Rechtsgutverletzungen durch das bloße Anbieten der Auktionsware im Raum, fragt sich, ob das Auktionshaus für entsprechende Angebote von dritten Anbietern in Anspruch genommen werden kann. Besteht also eine Verantwortlichkeit des Veranstalters, wenn auf seinen Internetseiten Fälschungen, Propagandamittel rechtsradikaler Organisationen oder Produkte mit pornographischem Inhalt angeboten werden? Haftet der Auktionator auch für fremde Inhalte, die auf seiner Plattform zur Verfügung stehen?
Ausgangspunkt ist dabei die – sowohl national als auch international nicht unumstrittene – Frage, inwieweit die Informations- und Kommunikationsindustrie für Delikte verantwortlich ist, die von dritten Personen unter Missbrauch der

---

spielerischen Elements durch die Veranstaltung der Verkaufsaktion im Internet noch erhöht. Demgegenüber hat das *OLG München* in CR 2001, S. 338 ff. in einem besonders gelagerten Fall die Wettbewerbswidrigkeit einer umgekehrten Versteigerung verneint. – Vgl. zur Wettbewerbswidrigkeit reißerischer Mindestgebote bei Online-Versteigerungen auch *OLG Hamburg* in GRUR-RR 2002, S. 39 ff.

[23] So wurde von *OLG Frankfurt* in DB 2001, S. 1033 ff. ein solcher Verstoß mit der Begründung verneint, dass die Verwendung des Begriffs „Auktion" für eine Verkaufsveranstaltung im Internet vieldeutig sei.

Infrastruktur des Internets vorgenommen werden.[24] Entscheidend ist, in welchem Maße die Auktionshäuser die weitgehenden Haftungsprivilegierungen, die für Diensteanbieter im Internet gelten, für sich in Anspruch nehmen können.
Der deutsche Gesetzgeber hat bereits 1997 spezielle Haftungsregeln auf der Grundlage eines politischen Kompromisses zwischen Bund und Ländern im Informations- und Kommunikationsdienste-Gesetz (InKDG, welches insbesondere das TDG, das TDDSG und das SigG umfasste) und im Mediendienste-Staatsvertrag (MDStV) geschaffen. Durch die weitgehend gleichlautenden Vorschriften von § 5 TDG und § 5 MDStV wählte er eine für das Informationsrecht typische Querschnittsregelung, die gleichermaßen für die zivil-, straf- und verwaltungsrechtliche Verantwortlichkeit gilt.[25]
Für die Auktionshäuser als Diensteanbieter kam es hiernach entscheidend darauf an, ob die Angebote als „eigene" oder „fremde" Inhalte, die sich das Auktionshaus „zueigen macht", zu qualifizieren sind.[26]
Mit Verabschiedung des Gesetzes zum Elektronischen Geschäftsverkehr (EGG) am 09.11.2001 wurden die Haftungsprivilegierungen in den §§ 8 bis 11 TDG neu gegliedert. § 11 TDG enthält die Klarstellung, dass Diensteanbieter für fremde Informationen, die sie für den Nutzer speichern, nicht verantwortlich sind, sofern sie keine Kenntnis von der rechtswidrigen Information haben. Diese Neuregelung spricht für eine gewisse Entlastung und insoweit gegen eine Haftung der Auktionshäuser für die Angebote dritter Anbieter. Dennoch bleiben

---

[24] In diesem Zusammenhang darf die technische Seite nicht vernachlässigt werden, nämlich die Problematik, inwieweit Diensteanbieter die einschlägigen Missbräuche überhaupt verhindern können. In Frankreich wurde das Auktionshaus Yahoo mit Beschluss des *Tribunal de Grande Instance Paris* vom 20.11.2000 in MMR 2001, S. 309 dazu verurteilt, Auktionsseiten, auf denen mit Nazi-Andenken gehandelt wird, für französische Bürger unzugänglich zu machen. Auch in Deutschland wurde ein Ermittlungsverfahren gegen das Auktionshaus eingeleitet, nachdem über seine Seiten Hitlers „Mein Kampf" angeboten worden war.

[25] Vgl. hierzu bereits *Sieber* in NJW 1989, S. 2569 ff.; *Engels* in AfP 2000, S. 524 (526); siehe auch Teil 4, 2. Kapitel, A.

[26] So sah das *LG Köln* in CR 2001, S. 417 (418) die Angebote gefälschter Rolex-Uhren, die ein privater Anbieter auf die Plattform des Auktionshauses ricardo.de gestellt hat, als „zueigen gemachte" Inhalte des Auktionshauses an, die es zur Nutzung bereithält (§ 5 I a. F. TDG) und hat somit eine Haftungsprivilegierung verneint und einen Unterlassungsanspruch nach § 14 MarkenG bejaht. Die Berufung beim *OLG Köln* in CR 2002, S. 50 (50) führte zur Aufhebung dieser Entscheidung. Dabei ließ das *OLG Köln* offen, ob die Versteigerungsangebote als „eigene" oder „fremde" Inhalte im Sinne des § 5 TDG einzuordnen seien; denn eine Haftungsprivilegierung komme jedenfalls nicht bei Haftungsgrundlagen in Betracht, die auf höherrangigen Rechtsquellen beruhten, wie z. B. bei dem MarkenG als europarechtlich fundierter Vorschrift. Im Weiteren lägen die Voraussetzungen einer allenfalls in Betracht kommenden (Mit-)Störerhaftung nicht vor. Damit hat das *OLG Köln* entgegen der wohl herrschenden Meinung eine Anwendbarkeit des TDG auf das Markenrecht verneint (vgl. zu dieser Entscheidung kritisch *Wiebe* in CR 2002, S. 53 (53) sowie zum Ganzen *OLG München* in MMR 2000, S. 617 (618) sowie *Sieber*, Rn. 276 ff.).

auch mit der Neuregelung eine Vielzahl von Rechtsfragen in diesem Bereich ungeklärt.[27]

IV. Zivilrechtliche Wirksamkeit

In zivilrechtlicher Hinsicht stellt sich vor allem die Frage der Verlässlichkeit des Vertragsabschlusses von Auktionsgeschäften.
So hatte der *BGH* unlängst einen Fall zu entscheiden, bei dem ein Pkw, Listenpreis ca. DM 57.000,-, zu einem Startpreis von DM 10,- angeboten wurde, welcher nach einer festgelegten Auktionsdauer von fünf Tagen mit dem Höchstgebot von DM 26.350,- ersteigert wurde. Der Verkäufer weigerte sich, den betreffenden Pkw zu liefern und gab an, es sei kein wirksamer Kaufvertrag zustande gekommen.[28]
Nach welchen Grundsätzen kommt nun ein wirksamer Kaufvertrag zwischen Anbieter und Bieter zustande? Ist der den Vertragsschluss bei der herkömmlichen privatrechtlichen Versteigerung begründende § 156 BGB auf die Internet-Auktion anwendbar? Welche Vertragsbeziehungen bestehen überhaupt bei der Versteigerung im Internet? Welche Stellung nimmt das virtuelle Auktionshaus in diesem Zusammenhang ein und welche Pflichten resultieren hieraus? Auf welche Weise wirken die Versteigerungsbedingungen des Auktionshauses auf die Verträge zwischen Anbieter und Bieter ein? Unterliegen diese einer Inhaltskontrolle anhand der Vorschriften über die Gestaltung rechtsgeschäftlicher Schuldverhältnisse durch Allgemeine Geschäftsbedingungen?
Im Rahmen der vorliegenden Untersuchung sollen die angesprochenen ordnungs- und wettbewerbsrechtlichen Aspekte, sowie die Frage der außervertraglichen Haftung gegenüber Dritten, außer Acht bleiben. Vielmehr werden die aufgeworfenen vertragsrechtlichen Fragen näher betrachtet, welche aus der einer Versteigerung zugrunde liegenden Dreiecksbeziehung zwischen Auktionshaus, Anbieter und Bieter resultieren. Die zentrale Frage, unter welchen Gesichtspunkten bei der Internet-Auktion der Vertragsabschluss erfolgt sowie die hiermit verbundene Problematik, ob eine Inhaltskontrolle im Verhältnis der Auktionsteilnehmer zueinander möglich ist, bilden dabei die beiden Schwerpunkte der Arbeit.

---

[27] Hier sei auf die aufkeimende Auseinandersetzung in der Literatur zu diesem Thema verwiesen, insbesondere *Spindler* in MMR 2001, S. 737 ff.; *Wiebe* in CR 2002, S. 53 ff.; *Wüstenberg* in wrp 2002, S. 497 ff.
[28] *BGH* MMR 2002, S. 95. Eine ausführliche Sachverhaltsschilderung erfolgt unter Teil 3, 4. Kapitel. A.

D. Gang der Untersuchung

Im Mittelpunkt der hier vorgenommenen Untersuchung steht die Private Auktion als klassische Form der Online-Auktion. Hierbei stellen Internet-Unternehmer die technische Plattform zur Verfügung, auf der die Kunden als Privatpersonen eigene Gegenstände zum Verkauf anbieten, wobei sich die einzelne Auktionsveranstaltung in der Regel über eine Dauer von mehreren Tagen erstreckt. Diese Versteigerungsform wird nach einer Darstellung der vielfältigen Ausformungen der Internet-Versteigerungen sowie einer Abgrenzung zu verwandten Koordinationsformen näher vorgestellt. Dabei werden Funktionsweise und Ablauf der Privaten Online-Auktion detailliert geschildert.
In Teil 2 wird der Frage der Rechtsnatur der auf den Versteigerungsbedingungen der Online-Auktionshäuser basierenden Vertragsverhältnisse zwischen Anbieter, Bieter und Versteigerer nachgegangen. Mit Blick auf eine mögliche Inhaltskontrolle erfolgt eine typologische Einordnung der Verträge im Vergleich mit der klassischen Versteigerungsform: Wo bestehen Übereinstimmungen und Unterschiede in den Leistungen des virtuellen Versteigerers, die eine rechtliche Gleichstellung rechtfertigen oder eine abweichende Qualifikation erforderlich machen?
Teil 3 der Arbeit widmet sich dem Schwerpunkt des Vertragsschlusses zwischen Anbieter und Bieter bei der Privaten Online-Versteigerung. Wer gibt bei dieser Transaktion welche „elektronischen" Willenserklärungen ab und wann ist das Zustandekommen eines verbindlichen Vertrages anzunehmen?
Da der Rechtsanwender vor die Aufgabe gestellt wird, auf Normen zurückzugreifen, die erlassen worden sind, ohne dass der Gesetzgeber die tatsächlichen Möglichkeiten des Internets im Auge gehabt hätte, muss man fragen, ob sich die grundlegenden Regelungen des Zivilrechts als flexibel genug erweisen, die Vorgänge im virtuellen Medium zu erfassen und interessengerechten Lösungen zuzuführen. Insofern erfolgt zunächst eine Darstellung und Analyse des § 156 BGB, welcher den Vertragsabschluss bei der klassischen Versteigerung zum Gegenstand hat; dabei wird diese vom Gesetzgeber vorgegebene Vertragsabschlussregelung insbesondere auf ihren materiellen Gehalt untersucht. In Abgrenzung hierzu werden die Bestimmungen der Allgemeinen Versteigerungsbedingungen der Online-Auktionshäuser vorgestellt, die einen von § 156 BGB abweichenden Vertragsschlussmechanismus vorsehen.
Vor diesem Hintergrund stellen sich zwei Fragen, nämlich erstens, ob § 156 BGB grundsätzlich auf die Private Internet-Auktion Anwendung findet und zweitens, ob und inwieweit der Kaufvertrag zwischen Anbieter und Bieter nach den Vorgaben der Versteigerungsbedingungen zustande kommen kann.
Ausgangs dieser Fragestellung wird daher erörtert, ob die Private Internet-Auktion den Tatbestand der Versteigerung gemäß § 156 BGB erfüllt. Die Auseinandersetzung mit dem Begriff der Versteigerung im Rechtssinne und die Fra-

ge, welche Voraussetzungen erforderlich sind, um von einer Versteigerung im Sinne des § 156 BGB sprechen zu können, nimmt dabei eine exponierte Stellung ein. In diesem Zusammenhang ist die Abweichung des Vertragsabschlussmechanismus bei der Internet-Auktion von dem vom Gesetzgeber vorgegebenen Regelungskonzept des § 156 BGB zu beurteilen. Dabei gilt es die Besonderheiten des Mediums zu beachten, welche gewisse Unterschiede in Ablauf und Ausgestaltung der Internet-Auktion zur herkömmlichen Versteigerung erforderlich machen.

Im weiteren Verlauf wird der sich aufdrängenden Frage nachgegangen, in welcher Weise die regelmäßig als Allgemeine Geschäftsbedingung (AGB) ausgestalteten Versteigerungsbedingungen der Internet-Auktionshäuser, welche die Vertragsabschlussmechanik vorstrukturieren und als AGB unmittelbar zwischen dem Auktionsteilnehmer einerseits und dem Auktionshaus andererseits vereinbart werden, Regelungsgehalt bei der Beurteilung des Vertragsabschlusses zwischen Anbieter und Bieter entfalten können. Die entscheidende Frage lautet, ob die den Vertragsschluss zwischen zwei Personen regelnden AGB eines Dritten für Verträge Geltung beanspruchen können, welche die Teilnehmer auf der Auktionsplattform untereinander abschließen wollen.

Eng damit verbunden ist die Problematik, ob die Versteigerungsbedingungen des Online-Auktionshauses – und mit ihnen die Vertragsabschlussbestimmung – einer Inhaltskontrolle im Verhältnis zwischen Anbieter und Bieter unterliegen oder ob gegebenenfalls andere Kontrollmöglichkeiten bestehen.

Basierend auf dieser Problemstellung werden die hierzu in Rechtsprechung und Literatur entwickelten Lösungsansätze zur Einwirkung und Einbeziehung der Vertragsabschlussklausel sowie der übrigen AGB des Internet-Auktionshauses in das Teilnehmerverhältnis vorgestellt und einer kritischen Würdigung unterzogen. Es erfolgt insbesondere eine Auseinandersetzung mit der Auffassung des *BGH*, welcher unlängst zu der behandelten Thematik des Abschlusses und der Wirksamkeit des Kaufvertrages bei einer Internet-Auktion nach dem bereits in Kürze geschilderten Sachverhalt Stellung genommen hat. Im Hinblick darauf, dass sich Schrifttum und Rechtsprechung mit diesem Komplex intensiv beschäftigen, bildet die zentrale Problematik der AGB-Einbeziehung auch im Rahmen der vorliegenden Arbeit einen Schwerpunkt.

Teil 4 beschäftigt sich vor dem Hintergrund der vorgenommenen typologischen Vertragseinordnung schließlich mit der Frage, welche Pflichten dem virtuellen Versteigerer im Unterschied zu seinem Pendant in der realen Welt obliegen.

2. Kapitel: Praxis der Online-Auktionen

Da das Medium Internet eine Differenzierung von Auktionsformen ermöglicht, gibt es im world wide web eine Fülle von unterschiedlichen Auktionsmodellen, die aufgrund ihrer Eigenarten eine jeweils isolierte Betrachtung erforderlich machen.

A. Erscheinungsformen

Um die rechtliche Problematik im Rahmen der hier zu untersuchenden Privaten Online-Auktion richtig erfassen zu können, bedarf es daher zunächst einer Darstellung der verschiedenen Erscheinungsformen sowie einer Erläuterung der Funktionsweise der virtuellen Versteigerungen. Daneben werden verwandte Veranstaltungen wie das Co-Shopping und Reverse Auctions, sowie Tauschbörsen vorgestellt und von der klassischen Online-Auktion abgegrenzt.

I. Private Auktion/Langzeit-Auktion

Zunächst ist die Private Auktion als die klassische Online-Versteigerung zu nennen.
Bei dieser am weitesten verbreiteten Form der Online-Auktion stellen die Auktionshäuser ihren Kunden eine Plattform zur Verfügung, um hierauf eigene Auktionen zu veranstalten. Die Anbieter führen jeweils auf einen Gegenstand beschränkte Verkaufsveranstaltungen durch, welche sich je nach Auktionshaus und Wahl des Anbieters über einen Zeitraum von drei Tagen bis zu vier Wochen erstrecken können. Aufgrund der im Unterschied zur klassischen Versteigerung bestehenden relativ langen Angebotsdauer wird für diese Auktionsform auch oftmals der Begriff der „Langzeit-Auktion" gewählt.
Zum Teil können kommerzielle Anbieter auf eigens hierfür vorgesehenen Plattformen ihre Handelsware an den Meistbietenden versteigern (sogenannte B2B, d. h. Business-to-Business-Transaktionen, bei denen sich Gewerbetreibende ebenfalls an gewerbliche Abnehmer richten).[29] Teilweise vertreiben Einzelhändler Teile ihres Sortiments über solche Online-Auktionshäuser (sogenannte B2C, d. h. Business-to-Consumer-Transaktionen, bei denen sich Gewerbetreibende an Endverbraucher richten).[30]
In der überwiegenden Zahl der Fälle nutzen Privatleute, d. h. Verbraucher die Möglichkeit, gebrauchte und ungebrauchte Gegenstände anzubieten, um Kaufverträge abzuschließen, die weder ihrer gewerblichen noch ihrer selbständigen

---

[29] So richtet sich z. B. die Auktion „ricardoBIZ.com" des gleichnamigen Auktionshauses an Anbieter und Nachfrager gewerblicher Leistungen; vgl. auch die „Handelspartner-Auktion" bei QXL.
[30] Sog. Auctions-in-Auctions, z. B. bei www.onetwosold.at, wo der Händler OBI versteigert.

beruflichen Tätigkeit zugerechnet werden können. Unter Nutzung der technischen Mittel des Online-Versteigerungshauses, welches als solches nicht in Erscheinung tritt, werden Auktionen von Privat an Privat (sogenannte C2C, d. h. Consumer-to-Consumer-Transaktionen) veranstaltet, an denen prinzipiell jeder Internet-Nutzer sowohl als Anbieter (Verkäufer) als auch als Bieter (potenzieller Käufer) teilnehmen kann.
Ausschließlich diese Gestaltungsform soll Gegenstand der folgenden rechtlichen Betrachtung sein und ist insofern in ihrer Funktionsweise näher zu erläutern. Zuvor werden aber die übrigen Erscheinungsformen kurz dargestellt – zum einen aus Gründen der Vollständigkeit sowie zur Abgrenzung, zum andern auch zum besseren Verständnis.

II. Eigenversteigerung bei kurzer Laufzeit/Live-Auktion

Von der Privaten-Auktion zu unterscheiden ist die sogenannte Live-Auktion, bei der das Auktionshaus eigene Waren und Leistungen anbietet.[31] Darüber hinaus vermitteln einige Häuser hier ihren Nutzern Vertragsabschlüsse mit Drittanbietern. Auf dieser Plattform ist das Auktionshaus somit auf Anbieterseite alleiniger Veranstalter und am Zustandekommen des Kaufvertrages unmittelbar beteiligt, sei es als Vertragspartei oder als Kommissionär.
Bei den versteigerten Produkten handelt es sich in der Regel um Neuwaren – oft Restposten oder Auslaufmodelle. Die Versteigerung findet in Form der Aufwärtsversteigerung statt, d. h. das Bietverfahren läuft von unten nach oben; der Auktionator gibt ein Start- und gegebenenfalls ein Mindestgebot vor, das es zu überbieten gilt.
Diese Versteigerungsform ist der herkömmlichen Versteigerung stark angenähert: Bei der vorher angekündigten und in sich abgeschlossenen Auktion kommen einzelne Versteigerungsgegenstände sukzessiv zum Aufruf, zu denen die zuvor registrierten Teilnehmer Gebote abgeben können.[32] Über den sich selbst in kurzen Abständen auf dem Bildschirm aktualisierenden Rolltext, bei dem ein namentlich bezeichneter Auktionator den Ablauf moderiert, ist jeder Bieter laufend über den jeweiligen Versteigerungsgegenstand, den Startpreis, das aktuelle Gebot und den Stand der Auktion informiert. Bereits nach Ablauf weniger Minuten erteilt der Versteigerer den Zuschlag in traditioneller Form, wenn auch nicht akustisch wahrnehmbar, sondern visuell durch den Lauftext.[33]

---

[31] So z. B. bis Januar 2001 bei www.ricardo.de; weiterhin bei www.mediasell.de; www.topdeal.de; www.eBay.com.
[32] So z. B. bis Januar 2001 die Auktion „ricardo live“ des gleichnamigen Auktionshauses oder www.werbietetmehr.de.
[33] „Zum Ersten, zum Zweiten, zum Dritten – Glückwunsch!“

III. Eigenversteigerung bei längerer Laufzeit

Eine weitere Versteigerungsform ist die sogenannte „Nonstop-Auktion" oder Direktauktion.
Auch bei dieser Auktionsform tritt das Auktionshaus selbst als Vertragspartei auf oder vermittelt Vertragsabschlüsse mit Dritten als Kommissionär. Im Unterschied zu der „Live-Auktion" läuft die Versteigerung wie die Private Online-Auktion über einen längeren Zeitraum - von wenigen Tagen bis zu einem Monat.[34]

IV. Kombinationsversteigerung

In einzelnen Fällen finden Kombinationsversteigerungen statt, bei denen ein traditionelles Auktionshaus mit einem Online-Auktionshaus kooperiert. Online wird um ein Vorgebot für eine traditionelle Versteigerung gesteigert; das erfolgreiche Online-Gebot wird dann in die Versteigerung weitergeleitet.

V. Verdeckte Auktion

Bei der sogenannten „verdeckten" oder Undercover-Auktion sind die Gebote der übrigen Bieter – wie der Name verrät – nicht bekannt. Es findet also kein Überbieten im gegenseitigen Wettbewerb statt. Jeder Bieter darf nur ein Gebot abgeben, wobei der Meistbietende in der Regel den Zuschlag erhält.
Auch diese Verkaufsform gibt es bereits seit langem in der realen Welt und wird hier unter dem Begriff der Fernauktion bzw. dem „Verkauf gegen Höchstgebot" geführt: jeder Bieter übersendet dem Anbieter ein schriftliches Gebot, welches den Mitbietern nicht bekannt ist. Nach Ablauf der Bietfrist prüft der Anbieter die Gebote, um mit dem Höchstbieter den Vertragsschluss herbeizuführen.
Eine Variante dieser verdeckten Auktion ist darin zu sehen, dass der Meistbietende nur den Preis zu zahlen braucht, den der Zweitbieter geboten hat. Diese Bedingung veranlasst den Online-Bieter dazu, von Anfang an seinen „wahren höchsten Preis" zu nennen, d. h. eine realistische Einschätzung seiner Zahlungsbereitschaft vorzunehmen.[35]

---

[34] So z. B. bis Januar 2001 die Auktion „ricardo nonstop" des gleichnamigen Auktionshauses oder „Direkt-Auktionen" bei QXL.

[35] *Sester* in CR 2001, S. 98 (106) spricht insoweit von „Vickrey-Auktion", benannt nach dem Ökonom und Nobelpreisträger Mal William Vickrey, welcher diesen Auktionsmechanismus im Jahre 1961 modelltheoretisch analysiert hat.

VI. Rückwärts- oder Abwärtsauktion

Beliebt ist weiterhin die sogenannte „Reverse Auction" – die umgekehrte Versteigerung –, wobei sich der Begriff der Reverse Auction für zwei unterschiedliche Geschäftsformen eingebürgert hat.

1. Angekündigte lineare Preissenkungen

Zum einen wird der Begriff für die Modelle verwendet, bei denen der Versteigerer zunächst ein relativ hohes Anfangsgebot nennt. In festgesetzten zeitlichen Abständen sinkt der Preis um einen bestimmten Betrag, bis der erste Bieter ein Gebot abgibt. Zu dem jeweils aktuellen Preis erhält er sodann den Zuschlag.[36] Das Bietverfahren läuft also nicht – wie herkömmlich – von unten nach oben, sondern von oben nach unten, eben „umgekehrt".[37] Besonders populär ist dieses Verfahren bei Fluggesellschaften, die Flugreisen zu einem bestimmten Preis anbieten, der etwa alle 10 Sekunden um € 5 sinkt.
Die Veranstaltung dieser Auktionsform ist sowohl über einen längeren Zeitraum (dann sinkt der Preis z. B. erst nach Ablauf jeweils eines Tages) als auch „live" möglich (sodann sinkt der Preis bereits nach Ablauf weniger Minuten). Dabei tritt der Seitenanbieter in der Regel selbst als Vertragspartner auf.

2. Ausschreibungen

Daneben wird diese Form der Versteigerung auch in Funktion einer Ausschreibung zum Einkauf von Produkten oder Leistungen genutzt.
Überwiegend Wirtschaftsunternehmen bedienen sich dieses Geschäftsprozesses. Sie stellen ihren Bedarf an einem bestimmten Beschaffungsgut selbst in das Internet, äußern eine Preisvorstellung und warten eine bestimmte Zeit, bis ein Anbieter alle Konkurrenten mit einem Niedrigstangebot unterboten hat.
Es buhlen somit nicht mehrere Käufer um ein Angebot, sondern mehrere Anbieter um einen potenziellen Kunden.[38] Ob der Kunde nach der Ausschreibung den Vertrag zu dem Niedrigstgebot abschließt, sich einem anderen Lieferanten zuwendet oder ganz auf einen Vertragsabschluss verzichtet, liegt ganz bei ihm.
Veranstaltungen dieser Art bringen aufgrund ihrer Eigenart gewisse Probleme mit sich: Zum einen ist die Spezifikation der Beschaffungsgüter häufig mit

---

[36] Als Beispiele sind www.werbietetmehr.de oder www.reverse-auktionen.de zu nennen; eine unternehmenseigene Auktion dieser Art wurde bei www.sixt.de durchgeführt.
[37] Diese Geschäftsform wurde von der Rechtsprechung bislang für unvereinbar mit § 1 UWG gehalten, da hier aleatorische Werbemittel (Ausnutzung der Spiellust) mit solchen der Wertreklame (Übertriebenes Anlocken) verbunden werden (Vgl. *BGH* in GRUR 1986, S. 622 (622) sowie bereits Teil 1, 1. Kapitel, C. II.
[38] Siehe z. B. www.nextag.com; www.priceline.com; www.mengenrabatte.de.

Schwierigkeiten verbunden. Zeitraubende Abstimmungsmaßnahmen mit potenziellen Lieferanten sind im Falle der weitgehend automatisierten Reverse Auctions nicht möglich, so dass Abweichungen in den Eigenschaften der bestellten von denjenigen der angebotenen Produkte nicht selten sind. Zum andern können die Unternehmen nicht sicher sein, ob sie in einem angemessenen Zeitrahmen überhaupt ein Angebot erhalten, nachdem sie ihren Bedarf im Internet veröffentlicht haben.
Sofern sich die Beteiligten der Grenzen des Verfahrens bewusst sind, haben Reverse Auctions dieser Art durchaus Vorteile: vor allem geben sie bei minimalem Zeitaufwand einen Anhaltspunkt über den relativ günstigsten Preis.

VII. Community-Shopping/Powershopping

Als weitere Gestaltungsvariante ist das sogenannte Powershopping zu nennen; hierbei handelt es sich ebenfalls nicht um eine Versteigerung im klassischen Sinn.
Es werden Waren zu einem festen Preis angeboten, der aber ab einer bestimmten Orderzahl sinkt.[39] Dieses Modell bietet also einzelnen Käufern die Möglichkeit, Einkaufsgemeinschaften unabhängig bleibender Kunden zu bilden und dadurch gemeinsam bessere Preise zu erzielen. Der Seitenanbieter tritt hinsichtlich der angebotenen Produkte selbst als Verkäufer auf, wobei der vom Hersteller genannten unverbindlichen Preisempfehlung je nach Anzahl der Käufer gestaffelte günstigere Orderpreise gegenüber stehen.[40]
Regelmäßig werden zwei Preisebenen unterschieden: der Aktuelle Preis und der Beste Preis. Der Aktuelle Preis ist der, zu welchem der Käufer das Produkt erwerben kann, selbst wenn sich keine zusätzlichen Kaufinteressenten mehr finden. Demgegenüber wird – in der Regel über mehrere Zwischenstufen – der Beste Preis erreicht, wenn sich innerhalb einer Frist eine bestimmte Anzahl von Kaufwilligen eingefunden hat. Wird die erforderliche Anzahl innerhalb der festgesetzten Frist erreicht, wird das Angebot zum Besten Preis geschlossen. Haben sich bis Fristende nicht genügend Käufer eingetragen, wird die Ware zu dem gerade Aktuellen Preis abgegeben.
Der Interessent hat dabei die Wahl: er kann das Produkt verbindlich ordern, unabhängig davon, wie weit der Preis sinkt; oder er kann seine Bestellung davon abhängig machen, dass der Beste Preis erreicht wird. Auf einer Preisskala kann

---

[39] So bspw. bei www.letsbuyit.com.

[40] Bei dieser Geschäftsform stellte sich vor allem die Frage nach einem Verstoß gegen das Rabattgesetz (vgl. *OLG Hamburg* in ZUM 2000, S. 510 ff.), die mit dessen Abschaffung nunmehr hinfällig ist; wettbewerbsrechtliche Bedenken bleiben indes; vgl. z. B. *OLG Hamburg* in CR 2001 S. 340 ff., welches einen Verstoß gegen § 1 UWG unter dem Aspekt des übertriebenen Anlockens feststellte; insoweit verneinend *OLG München* in CR 2001, S. 338 ff.

der Besteller verfolgen, wie viele Personen sich bereits für das Produkt entschieden haben, auf welcher Preisstufe es sich zur Zeit befindet, wie viele Personen für die nächste Preisstufe und den Besten Preis benötigt werden und wie lange das Angebot noch besteht. Bei manchen Formen hat der Kunde dann die Möglichkeit, auf einer bestimmten Stufe einzusteigen.[41]

VIII. Tauschbörsen

Abzugrenzen sind Online-Auktionen im Weiteren von sogenannten Tauschbörsen, die sich im Internet als neuer Trend etablieren.
Bei dieser Geschäftsform stellt das Internet-Unternehmen den Kunden eine Tausch-Webseite zur Verfügung, auf der Tauschwillige ihre Gegenstände zum Tausch anbieten können.[42] Der Betreiber ist demnach am Zustandekommen des Tauschvertrages nicht beteiligt. Das Prinzip ist insofern der Privaten Online-Auktion angenähert, mit dem Unterschied, dass keine Verkäufe bzw. Käufe stattfinden und somit keine Preisbildung erfolgt.
Neben ganz allgemeinen Tauschbörsen gibt es sogenannte Special-Interest-Börsen, die sich auf einzelne Rubriken spezialisiert haben.[43]

IX. Zusammenfassung

Das Internet hält inzwischen eine Vielzahl unterschiedlicher auktionsähnlicher Verkaufsveranstaltungen bereit, die sich zum Teil in ganz unterschiedlichen Parametern von den Anforderungen an eine Versteigerung im klassischen Sinne unterscheiden. Dennoch wird sowohl in juristischen Fachaufsätzen als auch in der Presseberichterstattung der allgemeinen Medien in der Regel unterschiedslos der Begriff „Auktion" bzw. „Versteigerung" gebraucht, insbesondere auch dann, wenn es sich nicht um herkömmliche Versteigerungen handelt.[44]

B. Funktionsweise der Privaten Online-Auktion

Die Allgemeinen Versteigerungsbedingungen[45] der Online-Auktionshäuser bieten die rechtliche Grundlage der Auktionen und verdeutlichen zugleich ihren

---

[41] So bei www.powershopping.de.
[42] Bspw. bei www.tauschrausch.de.
[43] So hat sich z. B. die Seite www.playercard.de auf Sammelkarten aller Art spezialisiert oder www.hwpsammler.de auf historische Wertpapiere.
[44] Die Begriffe „Auktion" und „Versteigerung" sowie dementsprechend „Auktionator" und „Versteigerer" werden im Rahmen der vorliegenden Arbeit synonym verwandt.
[45] Nachfolgend zunächst „AVB" genannt.

praktischen Ablauf.[46] Sie sind für Anbieter und Bieter identisch und werden der Zulassung der Teilnehmer zur Online-Auktion zugrunde gelegt. Aus der Fülle der verschiedenen Online-Versteigerungsbedingungen werden nunmehr die wesentlichen Kriterien herausgearbeitet;[47] dabei bleibt zu bedenken, dass die einzelnen Verfahren bisweilen variieren.

I. Ablauf der Privaten Online-Auktion

Wer einen Gegenstand anbieten möchte, veröffentlicht sein Angebot auf den Internetseiten des jeweiligen Auktionshauses, nachdem er sich als Auktionsmitglied hat registrieren lassen.[48]
Für die Registrierung gibt der Teilnehmer über eine Bildschirmmaske seinen Namen, Sitz und seine E-Mail Adresse an, wobei einige Auktionshäuser auch die Angabe einer Kreditkartennummer verlangen. Weiterhin muss der Interessent die AVB des Online-Auktionshauses anerkennen. Durch zweimaliges Anklicken können die Teilnehmer die AVB in der Regel in druckgerechter Form abrufen. Je nach Auktionshaus wählt der Teilnehmer zudem selbst ein Passwort und eine Mitgliedsbezeichnung;[49] zum Teil wird ihm per E-Mail ein Passwort mitgeteilt, mit welchem er seine Anmeldung zu wiederholen hat, worauf er die definitive Bestätigung seiner Registrierung und ein neues Passwort erhält, um eine höhere Sicherheit zu gewährleisten. Das Passwort muss der registrierte Teilnehmer in der Folge jedes Mal eingeben, wenn er sich auf die Seiten des Auktionshauses „einloggt"; unter der Mitgliedsbezeichnung tritt er sodann im Rahmen der jeweiligen Auktion auf.
Nach erfolgreicher Registrierung gibt der Anbieter Daten zu dem Auktionsgegenstand, dessen genauen Beschreibung und gegebenenfalls Zusatzdaten wie Quellen für Bildinformationen[50] oder Konditionen des Kaufs ein: Er kann seinen Artikel regelmäßig mit Worten, oft mit Zeichnungen oder Bildern beschreiben oder auf der Webseite des Auktionshauses einen Link zu entsprechenden Texten, Zeichnungen oder Bildern zur Verfügung stellen.[51] Auch wenn insofern gewisse Objekte auf dem Bildschirm gezeigt werden, ist eine Detailprüfung nicht möglich. Immerhin erlaubt aber die bildhafte Darstellung dem Bieter, das Objekt mit ähnlichen Objekten zu vergleichen, die ihm auf seinem Heimatmarkt zu-

[46] Die gängigen Allgemeinen Versteigerungsbedingungen der Internet-Auktionshäuser sind als Anhang abgedruckt; wegen ihres repräsentativen Charakters wurden hierfür die Klauseln des Auktionshauses www.ricardo.de verwendet. Auf diese wird, wenn immer nötig, verwiesen.

[47] Vgl. hierzu bereits *Pestalozzi* in SJZ 1998, S. 241 (241), welcher den Versteigerungsablauf anschaulich schildert.

[48] Siehe Anhang: § 2 Abs. 2 AVB.

[49] Siehe Anhang: § 2 Abs. 3 AVB.

[50] So stellt z. B. www.photopoint.com kostenlosen Speicherplatz zur Verfügung.

[51] Siehe Anhang: § 6 Abs. 2 und 3 AVB

gänglich sind, z. B. bei einem Computer, Fernseher oder Fotoapparat eines bekannten Herstellers.
Im Weiteren gibt der Anbieter den Startpreis ein, bei dem die Gebote beginnen. Bei vielen Plattformen besteht die Möglichkeit, zusätzlich zu dem Startpreis, den jeder Bieter einsehen kann, einen Mindestpreis zu nennen, dessen Betrag nicht veröffentlicht wird. Die Bieter erkennen lediglich, dass ein Mindestpreis festgesetzt wurde und ob dieser von den vorhandenen Geboten bereits erreicht wurde.
Nach der Einrichtung der Auktion kann der Anbieter seine Angaben noch einmal überprüfen, bevor der Auktionsgegenstand auf der Webseite des Online-Auktionshauses angeboten wird. Ohne eine weitere Kontrolle durch Mitarbeiter des Unternehmens führt die Bestätigung der Angaben seitens des Anbieters automatisch zur Freischaltung der Warenpräsentation und damit zum Beginn der Auktion. Insbesondere werden nicht etwa schriftliche Daten des Anbieters, eine Schufa-Auskunft oder ein Personalausweis-Doppel oder ähnliche Identitätsnachweise verlangt.
Der dargebotene Gegenstand kann von dem potenziellen Käufer unter der entsprechenden Kategorie aufgerufen werden;[52] zudem besteht die Möglichkeit, den gesamten Bestand mit Hilfe von Suchbegriffen zu sichten.
Möchte ein Bieter ein Gebot abgeben, muss er sich ebenfalls als Kunde registrieren lassen. Unter seiner Mitgliedsbezeichnung kann er sodann per E-Mail ein Gebot für eine bestimmte Auktionsnummer abgeben. Der Empfang des Gebotes wird dem Bieter regelmäßig per E-Mail bestätigt; gleichzeitig wird ihm mitgeteilt, ob er der höchste Bieter ist oder nicht. Gebote, die den angegebenen Startpreis unterschreiten, werden automatisch zurückgewiesen.[53] Gesteigert wird in bestimmten, oftmals vom Anbieter vorgegebenen, Bietschritten, die sich regelmäßig nach der Höhe des jeweiligen Preises richten. Ist der Bieter der Höchste, doch wird er später überboten, wird er zum Teil ebenfalls per E-Mail informiert und erhält so die Möglichkeit, ein höheres Gebot einzureichen. Oft muss sich der Bieter aber selbst um diese Information bemühen, indem er die entsprechende Seite regelmäßig abruft. Auf dieser Versteigerungsseite wird die Mitgliedsbezeichnung bzw. das Kürzel des Anbieters, die Dauer sowie die noch verbleibende Zeit bis zum Ende der Auktion, der bisherige Auktionsverlauf, das aktuelle Gebot sowie zum Teil die Kürzel der bisherigen Bieter angegeben. Diese Informationen sind jedem Bieter jederzeit zugänglich.
Ebenso wie der Anbieter kann der Bieter zudem einige Servicefunktionen nutzen.

---

[52] Z. B.: Alle: Bücher: Belletristik: Romane: Klassiker: Gerhard Hauptmann, Wanda. Bei dem Auktionshaus eBay.de gibt es nach eigenen Angaben mehr als 4.300 Kategorien, in denen Artikel angeboten werden können.
[53] Siehe Anhang: § 7 Abs. 3 AVB

Bei einigen Seitenanbietern besteht als besondere Servicefunktion die Möglichkeit, ein sogenanntes Agenten- oder Maximalgebot abzugeben. Hierbei nennt der Bieter einen Maximalbetrag, bis zu dem er mitbieten möchte. Beginnt die Auktion eines Gegenstandes beispielsweise mit einem Mindestgebot von € 50, kann der Bieter ein Maximalgebot von € 200 angeben, sowie die einzelnen Steigerungsschritte. Der „Agent" – eine entsprechende Software – bietet bis zu dem gewünschten Betrag automatisch mit. Jedes später eingehende höhere Gebot wird automatisch um den Minimalbetrag überboten, bis der Rahmen des Maximalgebotes erreicht wird. Zum Teil wird der Bieter über jede Veränderung seines Gebotes automatisch informiert,[54] teilweise erfolgt eine Benachrichtigung erst, wenn das Maximalgebot überboten wurde.[55] Die Maximalgebote der anderen Bieter werden nicht mitgeteilt und können auch nicht in Erfahrung gebracht werden.

Die Internet-Auktion endet automatisch mit dem Ablauf der für sie festgesetzten Zeitspanne, wobei die genaue Dauer entweder ebenfalls vom Anbieter oder vom Auktionshaus bestimmt wird.[56] Insofern ist jedem Auktionsgegenstand ein festes Auktionsende zugeordnet, das – wie bereits angesprochen – etwa zwischen drei Tagen und vier Wochen nach Online-Einlieferung liegen kann.

Derjenige Bieter, der nach Ablauf der angesetzten Frist das höchste Gebot abgegeben hat, erhält automatisch den „Zuschlag" durch Zeitablauf.[57] Eine vorhergehende Mitteilung oder besondere Aufforderung erfolgt nicht.

Spannend – und daher wohl auch sehr beliebt – ist die Schlussphase der angekündigten Auktionsfrist.[58] Hier ergibt sich regelmäßig eine „Endschlacht", bei der die Konkurrenten versuchen, ihre Gebote, deren technische Eingabe doch etwas Zeit benötigt, nach den letzten Eingaben ihrer Konkurrenten, aber noch vor der Mitteilung „auction is closed" zur Registrierung zu bringen.

Anbieter und höchster Bieter werden nach Auktionsende per E-Mail von dem Online-Auktionshaus über den Verlauf der Auktion unterrichtet, d. h. ob, mit wem und zu welchem Preis der Kaufvertrag zustande gekommen ist.[59] Sie erhalten dabei die Daten des jeweils anderen, regelmäßig die E-Mail Adresse, um eine Kontaktaufnahme und die Abwicklung des Kaufs zu ermöglichen, sich insbesondere über Versand, gegebenenfalls Transportversicherung, die Vornahme der Bezahlung etc. zu verständigen.

---

[54] So z. B. bei www.eBay.de.

[55] So z. B. bei www.eBay.com.

[56] Siehe Anhang: § 5 Abs. 2 AVB. So kann der Anbieter z. B. bei ricardo.de einen Angebotszeitraum von 3, 5, 7, 14 oder 21 Tagen wählen.

[57] Siehe Anhang: § 8 Abs. 1 S. 1 AVB.

[58] Daher haben die Auktionshäuser in Rubriken diejenigen Auktionen zusammengestellt, welche in Kürze enden, sog. „Hot Auctions".

[59] Siehe Anhang: § 8 Abs. 2 AVB.

II. Feedback-Systeme

Um den schon eingangs angesprochenen betrügerischen Handlungen entgegen zu wirken und eine größere Transparenz zu erreichen, bieten die Internet-Auktionshäuser zur Kontrolle der Seriosität sowohl der Anbieter als auch der Bieter sogenannte Feedback- oder Bewertungssysteme an.[60]
Anbieter und Bieter erhalten hier die Möglichkeit, in einer einem Auktionsmitglied jeweils zugeordneten Bewertungstabelle Beurteilungen mit Kommentaren und Grundbewertungen (positiv, neutral, negativ) über den Vertragspartner im Hinblick auf die Vertragserfüllung abzugeben.[61] Diese Tabelle ist oft als Punktesystem (zum Teil können auch Smileys oder Sterne vergeben werden) ausgestaltet (z. B. 1/3/2 = eine negative, drei neutrale und zwei positive Bewertungen) und jedem Mitglied zugänglich.
Anhand dieses Zahlen- oder Smileyprofils können sich die Auktionsteilnehmer über die Seriosität des potenziellen Vertragspartners im Rahmen seiner Auktionstätigkeit informieren; eine Überprüfung eines Neumitgliedes ist durch dieses System natürlich nicht möglich.
Zum Teil kann eine Bewertung über ein Auktionsmitglied nur abgegeben werden, wenn mit diesem tatsächlich eine Auktion abgewickelt wurde.[62] Zum Teil ist die Abgabe einer Bewertung jedoch davon unabhängig.[63] Insofern sind Manipulationen durch fingierte Beurteilungen und Geschäfte keinesfalls ausgeschlossen.[64] Eine Überprüfung der Bewertung im Sinne einer Zensierung durch das Auktionshaus erfolgt nicht.[65]
Bei den meisten Online-Auktionshäusern wird bei Erreichen eines bestimmten (negativen) Feedback-Wertes die Anmeldung zurückgenommen und der Teilnehmer für die Zukunft von der Nutzung der Plattform ausgeschlossen.[66]

III. Abwicklungsgarantien

Darüber hinaus bieten einige Auktionshäuser sogenannte Abwicklungsgarantien an, um ihren Mitgliedern die Angst vor den typischen Missbrauchsrisiken von Online-Geschäften zu nehmen.
Insofern räumt das Auktionshaus seinen Mitgliedern – auf einen Eintrittsfall pro Monat begrenzt – die Möglichkeit ein, die Abwicklung von Streitfällen mit

[60] Siehe Anhang: § 11 AVB.
[61] Siehe Anhang: § 11 Abs. 1 AVB.
[62] So bspw. bei www.eBay.de; www.feininger.de.
[63] So bspw. bei www.eBay.com.
[64] So wird bei www.eBay.de in § 4 Abs. 2 AVB darauf hingewiesen, dass „die Bewertungen ihrer Natur nach unzutreffend oder irreführend sein können“.
[65] Siehe Anhang: § 11 Abs. 2 und 3 AVB
[66] Z. B. bei Erreichen eines Feedback-Wertes von –3 (minus drei) bei www.eBay.de.

problematischen Käufern bzw. Verkäufern an den Auktionator zu übertragen.[67] Voraussetzung ist die Abtretung der Ansprüche gegen diesen Käufer bzw. Verkäufer an den Online-Auktionator sowie die Erfüllung bestimmter sachlicher Voraussetzungen (Gebotshöhe/Bewertung). Die Garantie ist zumeist mit etwa € 200 nach oben begrenzt; bis zu diesem Betrag werden Verluste bei unseriösen Vertragspartnern abgedeckt. Transport- und Portokosten sowie sonstige Schäden werden nicht ersetzt, sondern lediglich der Betrag des Höchstgebotes.
Einige Auktionshäuser bieten als Alternative entsprechende Versicherungen mit Versicherungsgesellschaften an.[68]

IV. Treuhandmodelle

In der Praxis wird bei der Vertragserfüllung zuerst die Bezahlung des Kaufpreises und der mit der Versendung etc. verbundenen Kosten verlangt, bevor das Objekt dem Ersteigerer zugestellt wird; somit trägt er regelmäßig das Risiko der Seriosität des Anbieters.
Um die mit der Erfüllung verbundenen Risiken zu vermindern und die Vertragsabwicklung auf beiden Seiten abzusichern, bieten einige Häuser – z. T. in Zusammenarbeit mit Bankinstituten – Treuhandabwicklungen an.[69]
Den verschiedenen Modellen ist gemein, dass der Käufer zunächst Zahlung an einen Dritten leistet, bevor der Verkäufer zu liefern verpflichtet ist. Die Freigabe des Geldes erfolgt je nach Modell nach unterschiedlichen Kriterien: Versand der Ware, quittierter Zugang der Ware oder ausdrückliche Freigabeerklärung durch den Käufer. So hat der Käufer bei einigen Häusern eine Reklamationsfrist von 14 Tagen, innerhalb derer er das Objekt an den Veräußerer zurücksenden kann.[70] Nach Eingang des Beweises der Rücksendung zahlt der Treuhänder den ihm seinerzeit überwiesenen Betrag wieder zurück.
Überdies besteht oftmals die Möglichkeit der Inanspruchnahme eines Versandservices, den die Online-Versteigerungshäuser in Zusammenarbeit mit diversen Kooperationspartnern anbieten.[71]

---

[67] So z. B. die bisherige „ricardo-Garantie".

[68] eBay hat seine bisherige eBay-Garantie durch eine Versicherung mit Lloyds of London ersetzt, welche die Käufer bei bislang € 25 Selbstbeteiligung bis zu einem maximalen Betrag von € 200 pro Artikel schützt.

[69] Z. B. PAGOConfidence bei eBay: Hier wird nicht nur die Zahlung, sondern auch der Transport organisiert.

[70] Die Einräumung dieses Rechts entspricht dem Widerrufsrecht für Fernabsatzverträge gemäß §§ 312d Abs. 1 S. 1, 355 Abs. 1 S. 1 BGB; vgl. hierzu ricardo; atrada, andsold, auxion, eBay und offerto bieten Treuhandkonten mit Lieferservice, aber ohne Reklamationsfrist.

[71] Ricardo bietet z. B. besondere Konditionen bei dem Logistik-Partner Hermes Versandhandel; bei atrada wird der Paketdienst vom Partner elogs beauftragt.

Ein dergestalt integrierter Treuhand- und Logistikservice ist mittlerweile bei nahezu allen Auktionshäusern zentraler Bestandteil des „Sicherheitspaketes", und die Zahl der Mitglieder, die hiervon Gebrauch machen, steigt stetig.

V. Kontroll- bzw. Filtermaßnahmen

Die Internet-Auktionshäuser haben häufig automatisierte Kontrollverfahren entwickelt, um den Handel mit illegalen Produkten, wie z. B. Fälschungen, Propagandamitteln oder Kennzeichen verfassungswidriger Organisationen oder Gegenständen mit pornographischem Inhalt zu unterbinden bzw. einzudämmen.
Bei der Möglichkeit der Kontrolle durch die Auktionshäuser ist zunächst zu berücksichtigen, dass das gesamte datenspeichernde Computersystem unter der Verfügungsgewalt des virtuellen Auktionshauses steht. Anders als die Zugangskontrolle bei fremden Servern ist die Kontrolle der Inhalte auf eigenen Servern nur durch die Kapazität und die Funktionalität der eingesetzten Software begrenzt.[72]
Dabei liegen die Schwierigkeiten zum einen darin begründet, dass auf den Servern ein großes Datenangebot gespeichert ist, welches konstanten Veränderungen unterliegt. Dieses Datenangebot kann im Hinblick auf unbekannte rechtswidrige Inhalte mit den heute zur Verfügung stehenden Mitteln zwar maschinell vorgefiltert (z. B. durch den Einsatz von Wortfiltern), jedoch nur durch arbeitsintensive Einzelkontrollen auf seinen konkreten Inhalt hin geprüft werden.
Durch das Installieren der sogenannten „Filter-Software" werden die vorhandenen Texte auf bestimmte Schlüsselwörter, die regelmäßig auf illegale Produkte hindeuten, untersucht; die Texte werden mit einer zu diesem Zweck vordefinierten Liste von Wörtern abgeglichen. Die Nachteile dieser Filterung auf bestimmte Schlüsselwörter liegen auf der Hand: das Auffinden eines solchen (vermeintlichen) Schlüsselwortes gibt nicht notwendigerweise Aufschluss über ein möglicherweise illegales Produkt. Andererseits kann ein illegales Produkt auch verschlüsselt, d. h. ohne die Nennung der typischen Schlüsselwörter angeboten werden. Darüber hinaus sind die derzeitigen Softwareprogramme nicht sehr zuverlässig; oftmals bereiten sie den Betreibern der entsprechenden Internetseiten mehr Probleme als Nutzen. Umfassendere Filtersysteme, die auf Forschungen zu Sprachanalysesystemen sowie zur „künstlichen Intelligenz" beruhen und inhaltliche Kontextanalysen vornehmen können, sind zur Zeit noch nicht verfügbar.
Aus diesem Grund setzen manche Unternehmen zudem auf eigens ausgebildete „Auktionswächter", die auf regelmäßigen Streifzügen über die Webseiten illegale Angebote aufstöbern sollen.[73]

---

[72] Vgl. grundsätzlich zu den begrenzten Möglichkeiten von computergestützten Kontrollen im Internet *Sieber*, Rn. 105-108; 281 m. w. N.

[73] eBay und ricardo z. B. beschäftigen „Security-Teams", wobei nach Aussage der Häuser diesen Teams „eine ganze Reihe von Möglichkeiten zur Verfügung stehen, um Problemfälle

Wenn bestimmte Angebote als rechtswidrig identifiziert sind, werden sie gelöscht und die Anbieter von der Mitgliedschaft ausgeschlossen und für die Zukunft gesperrt.[74]
Allerdings ist offensichtlich, dass die derzeitigen Filtermaßnahmen lückenhaft sind und keine umfassende Kontrollmöglichkeit bieten.

VI. Finanzierung der Privaten Online-Auktion

Die Finanzierung der Internet-Auktionen ist unterschiedlich geregelt. Zu Einführungszwecken wird die Online-Auktion oftmals für alle Teilnehmer eine Zeit lang kostenlos angeboten. Regelmäßig sind die Registrierung sowie das Bieten und Kaufen kostenlos.[75] Für das Anbieten eines Gegenstandes, d. h. für das Einstellen eines Angebotes auf der jeweiligen Webseite, werden zunehmend Angebotsgebühren erhoben, deren Höhe sich nach der jeweils aktuellen Preisliste bestimmt, welche sich zum Teil am Startpreis der Ware orientiert.[76] Für den Anbieter fällt im Falle eines erfolgreichen Verkaufs eine Provision auf jeden versteigerten Artikel an, die er an das Auktionshaus zu zahlen hat;[77] diese ist abhängig von der Höhe des erfolgreichen Gebotes (in der Regel 4-7 % des Gebotes).[78] Darüber hinaus sind einige Servicefunktionen der Online-Auktionshäuser kostenpflichtig, wie z. B. eine hervorgehobene Präsentation des Gegenstandes[79], die Nutzung eines Treuhandkontos oder das Bieten mit Hilfe eines Agenten.[80]
Zudem werden die Versteigerungen oftmals zu einem nicht unerheblichen Teil – vereinzelt auch ausschließlich – über Bannerwerbung finanziert.[81] Die kostenpflichtigen Angebote sind aber in der Regel einfacher und übersichtlicher; sie

---

zu identifizieren"; vgl. Interview zum Thema Sicherheit bei Online-Auktionen mit den Betreibern von eBay; Atrada und ricardo unter www.tecchannel.de – Artikel vom 27.07.2000.
[74] Siehe Anhang: § 5 Abs. 3 (b) AVB.
[75] Siehe Anhang: § 2 Abs. 4 S. 1; § 9 Abs. 1 S. 1 AVB.
[76] Siehe Anhang: § 9 Abs. 1 S. 2 AVB. Bei vielen Auktionshäusern hängt die Einstellgebühr vom Startpreis ab. Vgl. hierzu exemplarisch die Gebührenstruktur bei www.eBay.de: Für Produkte mit Startpreisen nicht unter € 5 kostet das Einstellen € 0,40, bei einem Startpreis von € 50 bezahlen die Anbieter € 1,20. - Siehe aber z. B. auch www.ricardo.de, wo nach dem System des Mengenrabatts verfahren wird: Bei weniger als 100 eröffneten Auktionen im Monat wird eine Gebühr von € 0,15 erhoben, bei 100 bis 1000 eröffneten Auktionen eine Gebühr von € 0,13 und bei mehr als 1000 Auktionen eine solche von € 0,10. - Bei www.offerto.de und www.atrada.de wird auf eine Angebotsgebühr verzichtet.
[77] Siehe Anhang: § 9 Abs. 1 S. 3 AVB.
[78] Vgl. www.ricardo.de; www.eBay.de.
[79] Vgl. die Gebühren für Zusatzoptionen bei www.eBay.de, wo man z. B. den Auktionstitel fett drucken (sog. „Powertitel") oder den Gegenstand zu einem Preis von € 14,95 in die Kategorie „Top-Angebote" einstellen lassen kann. Wer seinen Gegenstand als Top-Angebot auf der eBay-Startseite präsentieren will, muss € 59,95 zahlen.
[80] Vgl. z. B. www.onetwosold.at; www.ricardo.de; www.spox.at.
[81] Vgl. z. B. www.auxion.de und www.iez-auktion.de.

bieten mehr Service, mehr Bieter und im Hinblick auf ihre Bewertungssysteme auch mehr Sicherheit.[82]

Teil 2: Typologische Einordnung der Vertragsbeziehungen

Vor diesem Hintergrund stellt sich nunmehr die Frage, ob sich die neue Form der Privaten Online-Auktion in die bisher bekannten Vertragsstrukturen zwischen Einlieferer, Bieter und Versteigerer bei der klassischen Versteigerung einfügt oder ob hier abweichende Rechtsverhältnisse geschaffen werden, die sodann auch einer abweichenden Beurteilung unterliegen. Handelt es sich bei der Privaten Online-Versteigerung überhaupt um eine Versteigerung im Rechtssinne, tritt das virtuelle Auktionshaus wie ein herkömmlicher Versteigerer auf oder übt es eine abweichend zu qualifizierende Tätigkeit aus?

1. Kapitel: Die Rechtsnatur der Versteigerung

A. Begriff der Versteigerung

Bei der Auseinandersetzung mit der Frage, was unter dem Begriff der Versteigerung zu verstehen ist, hilft der Blick in die verschiedenen mit „Versteigerungen“ befassten Rechtsnormen zunächst nicht weiter: Das BGB benutzt den Begriff der Versteigerung an verschiedenen Stellen ohne nähere Umschreibung.[83] In § 34b GewO sowie in der auf Abs. 8 dieser Norm beruhenden VerstV findet sich keine Legaldefinition. Auch § 15 BeurkG, § 7 Abs. 1 Nr. 5 PAngV oder Art. 2 b CISG, welche sich auf Versteigerungen beziehen, geben keinen Aufschluss.
Eine Legaldefinition der Versteigerung gibt es nicht.
In Literatur und Rechtsprechung haben sich allerdings im Zusammenhang mit der Frage, was eine Versteigerung im Sinne des § 34b GewO ausmacht, zwischenzeitlich eine Reihe von Merkmalen herausgebildet, die insoweit eine im Wesentlichen einheitliche Begriffsbestimmung der Versteigerung ergeben:
Versteigern heißt, innerhalb einer zeitlich und örtlich begrenzten Veranstaltung eine Mehrzahl von Personen auffordern, eine Sache oder ein Recht in der Weise zu erwerben, dass diese Personen im gegenseitigen Wettbewerb, ausgehend von einem Mindestgebot, Vertragsangebote in Form des Überbietens dem Versteige-

---

[82] Vgl. Stiftung Warentest: „Internetauktionen – Zuschlag mit Risiko“ aus test 11/2000.
[83] Vgl. insbesondere §§ 156; 312d Abs. 4 Nr. 5 BGB; aber auch §§ 383 ff.; 461; 489; 753; 935 II; 966 II; 979, 1219; 1233 ff. BGB.

rer gegenüber abgeben, der in der Regel das höchste Gebot im eigenen oder fremden Namen annimmt.[84]
Hier zeigt sich der Nachteil einer Begriffsdefinition, die einen Versuch darstellt, den vorgegebenen Gebrauch eines Wortes zu beschreiben. Die gegebene Formulierung stellt zwar eine ausführliche Beschreibung dessen dar, was sich bei der traditionellen Auktion seit Jahrhunderten abspielt. Eine verbindliche juristische Definition liefert sie indes nicht.
Ebenso wie es im BGB und in der GewO an einer Definition des Versteigerungsbegriffs fehlt, so mangelt es auch an einer ausdrücklichen Bestimmung der Rechtsverhältnisse zwischen den an der Versteigerung beteiligten Parteien.
§ 156 BGB, welcher im weiteren Verlauf dieser Arbeit noch eingehende Beachtung findet, bezieht sich auf den Zeitpunkt des Vertragsschlusses über den zu versteigernden Gegenstand und gibt über die bestehenden Rechtsverhältnisse keinen Aufschluss. Vorbehaltlich einer näheren Analyse bestimmt § 156 S. 1 BGB, dass der Vertrag – in der Regel ein Kaufvertrag über eine bewegliche Sache – „erst durch den Zuschlag" am Ende der Versteigerungsveranstaltung zustande kommt; wie sich aus § 156 S. 2 Alt. 2 BGB ergibt, kann die Versteigerung auch ohne Erteilung des Zuschlages, d. h. ohne Vertragsabschluss geschlossen werden – es besteht also nach dem Gesetz kein Kontrahierungszwang. Die Rechtsbeziehungen zwischen Auftraggeber (Einlieferer), Versteigerer (Auktionator) und Bieter (Ersteigerer) und die hieraus resultierenden jeweiligen Vertragspflichten und Ansprüche bei der klassischen Versteigerung werden also nicht durch das Gesetz bestimmt, sondern weitgehend von den Allgemeinen Geschäftsbedingungen des Versteigerungshauses erfasst.[85] Das Vertragsverhältnis zum Einlieferer wird dabei bestimmt von den sogenannten „Auftragsbedingungen" des Auktionshauses, während dem Rechtsverhältnis zum Bieter die jeweiligen „Versteigerungsbedingungen" zugrunde liegen.[86] Insofern stellt sich bereits bei der klassischen Auktion die Frage nach der Rechtsnatur der jeweiligen Verträge zwischen den Beteiligten.

---

[84] *Landmann/Rohmer–Bleutge*, § 34b GewO, Rn. 6a m. w. N; *Marx/Arens*, § 34b GewO, Rn. 12; *Wicher*, Der Versteigerer, S. 50; *Schneider*, Auktionsrecht, S. 71; vgl. im Hinblick auf die Internet-Auktion *LG Hamburg* in MMR 1999, S. 678 (678); Bund-Länder-Ausschuss „Gewerberecht" in *Fuchs/Demmer*, GewArch 1997, S. 60 (63); *Ernst* in *Spindler/Wiebe*, B. I., Rn. 9 ff.; *Huppertz* in MMR 2000, S. 65 (66); *Hollerbach* in DB 2000, S. 2001 (2003); *Müller/Petri* in RTkom 2001, S. 153 (153); *Schafft* in CR 2001, S. 393 (395), der eine Versteigerung im wirtschaftlichen Sinne als „organisatorisch eingegrenzte und durch zuvor festgelegte Regeln gesteuerte Verhandlungssituation zwischen einem Einzelnen einerseits und einer Mehrzahl von Personen andererseits mit dem Ziel der Preisfindung" definiert. Ausgehend von dieser sehr weitgehenden wirtschaftlichen Betrachtung fällt ihm eine Einordnung oder Ablehnung der verschiedenen Online-Versteigerungsarten als Versteigerung nicht schwer.
[85] Vgl. *v. Hoyningen–Huene* in NJW 1973, S. 1473 (1473); *Kappus* in *von Westphalen*, AGB, Auktionsbedingungen, Rn. 1; *Schneider* in DB 1981, S. 199 (199).
[86] Vgl. *MüVHB-Locher*, VI. 13, Anm. 1, S. 1269 f.

B. Rechtliche Relevanz der Typologie

Aufgrund des im Schuldrecht herrschenden Grundsatzes der Vertragsfreiheit können die Parteien ihre vertraglichen Beziehungen frei gestalten; es herrscht kein Typenzwang.
Wenn nun aber kein Typenzwang vorgegeben ist, muss man sich zunächst fragen, welchen Nutzen eine Zuordnung der bei der Versteigerung geschlossenen Verträge unter die gesetzlichen Vertragstypen zu bringen vermag.[87] Im Hinblick auf §§ 311 Abs. 1, 241 Abs. 1 BGB erscheint es gerade nicht notwendig, Vertragsbeziehungen einem bestimmten Typus zuzuordnen. Denn die gegenseitigen Ansprüche ergeben sich aus dem Vertrag, d. h. aus den bindenden Leistungsversprechen der Parteien. Eines Rückgriffs auf einen geregelten Vertragstypen bedarf es hierfür nicht.
Indes ist die Frage nach der Rechtsnatur auch bei bewusst zugrunde gelegter Vertragsfreiheit nicht überflüssig. Bei Verträgen, die überwiegend oder ausschließlich auf Allgemeinen Geschäftsbedingungen beruhen, besteht ein Bedürfnis für eine inhaltliche Angemessenheitsprüfung. Das BGB bietet zwar die Möglichkeit, Verträge – in den zwingenden Grenzen der §§ 134, 138 BGB – in beliebiger Form auszugestalten und den Interessen der Beteiligten genau anzupassen. Jedoch wird der jeweilige Online-Versteigerungsvertrag – ebenso wenig wie das Pendant in der realen Welt – nicht mit dem virtuellen Versteigerer ausgehandelt und den Interessen der Parteien individuell angepasst. Diese Feststellung enthält freilich keine Wertung, denn angesichts der Massenhaftigkeit des Geschehens und der Besonderheiten des Mediums Internet ist die Fixierung der vertraglichen Pflichten gar nicht anders möglich als durch die Verwendung eines vorformulierten Klauselwerkes. Dennoch drängt sich bei der Frage nach den Grenzen vertraglicher Gestaltungsfreiheit durch AGB die Bestimmung der Rechtsnatur ebenso auf wie etwa dann, wenn im Bereich der Leistungsstörungen nach den Rechtsfolgen von Vertragsverletzungen gefragt werden soll.
Bei der AGB-Inhaltskontrolle hat das dispositive Recht eine gesteigerte Wirkung, weil seine Vorschriften das Leitbild einer angemessenen Regelung darstellen können.[88] Auf dieser Betrachtungsweise beruht § 307 Abs. 2 Nr. 1 BGB, wonach bei Unvereinbarkeit mit wesentlichen Grundgedanken der gesetzlichen Regelung eine unangemessene Benachteiligung des Vertragspartners durch die abweichende AGB-Bestimmung im Zweifel anzunehmen ist. Hinsichtlich der Frage, an welchen dispositiven gesetzlichen Regelungen das entsprechende Klauselwerk des Vertrages zu messen ist, erlangt die rechtliche Qualifizierung eines Vertragstypus entscheidende praktische Bedeutung.

---

[87] Vgl. zu Typenfreiheit und Rechtsordnung *Stoffels*, S. 357 ff.

[88] Vgl. hierzu *Brandner* in *Ulmer/Brandner/Hensen*, § 9 AGBG, Rn. 42/132; *Fastrich*, § 10 II, S. 284 ff.; *Stoffels*, S. 415 ff.

Diesem Gedankengang lässt sich entgegnen, dass die Zuordnung zu einem bestimmten Vertragstyp mit Blick auf die gerichtliche Inhaltskontrolle nicht notwendig eine Vereinfachung mit sich bringt; dies zeigt sich insbesondere beim Leasing-Vertrag, dessen Zuordnung der Rechtsprechung unter das Leitbild der Miete die rechtlichen Fragen nicht ohne weiteres geklärt hat.[89] Daher wird argumentiert, dass man sich gerade in dem sich entwickelnden Bereich des E-Commerce die Chance der Entwicklung neuartiger Vertragstypen durch die Zuordnung zu einem bereits bestehenden Vertragstypen nicht verbauen sollte.[90]
In der Tat hat sich im Recht mittlerweile eine wachsende Zahl von neuen und aus den Standardtypen abgewandelten Vertragstypen entwickelt, für die sich die wesentlichen Grundgedanken einer ausgewogenen Regelung aus dem Gesetzesrecht nicht unmittelbar herleiten lassen.[91] In diesen Fällen muss sich die Inhaltskontrolle mangels eines passenden gesetzlichen Leitgedankens – wie *Brandner* formuliert – an einem aus den wirtschaftlichen Zusammenhängen und übergeordneten Ordnungsvorstellungen entwickelten typenspezifischen Leitbild orientieren.[92] Dabei brauchen gesetzliche Regelungen, die für den Normaltypus wesentliche Grundgedanken verkörpern, diese Bedeutung für einen Sondertypus nicht aufzuweisen. So hat selbst der *BGH* im Bereich des Leasing anerkannt, dass bei der Inhaltskontrolle jeweils das Eigengepräge des Leasingvertrages unter sachgerechter Bewertung der von den Parteien typischerweise verfolgten Interessen berücksichtigt werden muss.[93]
Insofern folgt aus dem Leitbildgedanken nicht das unbedingte Gebot einer Rechtsnaturbestimmung des jeweiligen Vertrages. Insbesondere § 307 Abs. 2 Nr. 2 BGB zeigt, dass der Gesetzgeber die Rechtskontrolle nicht auf einen Vergleich mit einer vorgegebenen Legalordnung beschränken wollte. Bei dem Kontrolltatbestand des § 307 Abs. 2 Nr. 2 BGB als Ausprägung des Vertrauensgedankens ergeben sich die zu beachtenden Leistungs- und Schutzerwartungen maßgeblich aus der Parteivereinbarung, den typischen Erwartungen der beteilig-

---

[89] Diese Einordnung wirkt sich vor allem für die Zulässigkeit des Ausschlusses der Gewährleistung aus. Vgl. u. a. *BGHZ* 88, S. 113 (116); *BGHZ* 94, S. 44 ff.; *BGHZ* 95, S. 39 ff.; *BGHZ* 96, S. 103 ff.; die Kritik im Schrifttum ist beachtlich; vgl. exemplarisch bereits *Lieb* in DB 1988, S. 946 ff. sowie *Canaris* in ZIP 1993, S. 401 ff.; einen Überblick über den Meinungsstand bietet *MüKo-Habersack*, Leasing, Rn. 21 ff.

[90] So *Kaeding* in NJW-CoR 2000, S. 249 (251).

[91] Hier sind z. B. Factoring-, Bank und Urheberrechtsverträge (in diesem Zusammenhang besonders der Softwarevertrag) zu nennen; vgl. hierzu *Brandner* in *Ulmer/Brandner/Hensen*, § 9 AGBG, Rn. 140.

[92] *Brandner* in *Ulmer/Brandner/Hensen*, § 9 AGBG, Rn. 128/133; grds. auch *MüKo-Basedow*, § 9 AGBG, Rn. 37; *Fastricht*, § 10 II, S. 285 m. w. N.; *Wolf* in *Wolf/Horn/Lindacher*, § 9 AGBG, Rn. 67.

[93] *BGHZ* 112, S. 65 (71); *BGH* NJW 1988, S. 198 (199).

ten Verkehrskreise und den mit jeweils unterschiedlichem Geltungsanspruch auftretenden Grundsätzen und Wertungen der Rechtsordnung.[94]
Eine Aussonderung eines Vertragstypen aus dem gesetzlichen Regelungsmodell ist jedoch nur unter der Voraussetzung gerechtfertigt, dass das Gesetz keine interessengerechte Ordnung aufweist.[95] In den Fällen, in denen die Ausgestaltung der jeweiligen Leistungen eine Zuordnung zu einem gesetzlichen Vertragstyp gebietet, muss eine entsprechende Qualifizierung erfolgen. Dies gilt auch für den sensiblen Bereich des E-Commerce, in dem sich der Kunde auf den AGB-Vertrag des Online-Versteigerers einlässt.
Es ist daher zu untersuchen, ob eine Einordnung in den Geltungsbereich eines normierten Vertragstypus vorzunehmen ist, mit dem ein gesetzliches Leitbild vorliegt, an dem sich eine Inhaltskontrolle orientieren kann. Die Rechtsnatur des jeweiligen Vertrages bestimmt sich dabei aufgrund des Vertragsinhalts, welcher die Leistungen der Parteien festlegt.[96] Die einzelnen Vertragspflichten werden anhand ihres Leistungsinhalts vertragstypisch eingeordnet. Die Bewertung des Gesamtvertrages ergibt sich dann aus einer jeweils unterschiedlichen Bewertung der Einzelleistungen in ihrer Bedeutung für den Vertrag als einheitliches Rechtsverhältnis.[97]

2. Kapitel: Vertragsbeziehungen zwischen Einlieferer, Bieter und Versteigerer bei der klassischen Form der Versteigerung

Unter Beachtung dieser Vorüberlegungen soll im Folgenden erörtert werden, welche typologischen Vertragsbeziehungen bei der traditionellen Versteigerung zwischen den Beteiligten bestehen, um anhand der gewonnenen Erkenntnisse Abweichungen oder Übereinstimmungen für die Private Online-Auktion feststellen zu können.

A. Vertragsverhältnis zwischen Einlieferer und Versteigerer

Dabei ist zunächst die Rechtsnatur des Vertragsverhältnisses zwischen Einlieferer und Versteigerer zu untersuchen.
Der Versteigerer kann zum einen in fremdem Namen für den Einlieferer auftreten, d. h. als aktiver Stellvertreter gemäß § 164 Abs. 1 BGB; demgegenüber ver-

---

[94] Vgl. zu dem Aushöhlungsverbot als Ausprägung des Verbots widersprüchlichen Verhaltens *Stoffels*, S. 479 ff.
[95] *Brandner* in *Ulmer/Brandner/Hensen*, § 9 AGBG, Rn. 140.
[96] *BGHZ* 71, S. 189 (191); *BGHZ* 75, S. 299 (302).
[97] Vgl. hierzu *Larenz*, Methodenlehre der Rechtswissenschaft, S. 303; kritisch *Stoffels*, S. 165 ff.

steigert der Auktionator insbesondere bei Kunstversteigerungen häufig in eigenem Namen als Kommissionär.[98]
Hiervon ist allerdings nur das Außenverhältnis zum Ersteigerer betroffen. Im Innenverhältnis besteht zwischen Einlieferer und Auktionator ein Versteigerungs"auftrag",[99] dem die „Auftragsbedingungen" des Auktionshauses zugrunde liegen.
Ein Auftrag im Sinne des § 662 BGB liegt indes gerade nicht vor, da dieser voraussetzt, dass der Beauftragte das Geschäft unentgeltlich besorgt. Der Versteigerungs"auftrag" regelt dagegen, dass der Versteigerer bis zu 20 % des Verkaufspreises als Provision vom Einlieferer erhält.

I. Werkvertrag gemäß § 631 BGB

Die Regelung der Vergütung im Versteigerungsauftrag spricht für die Einordnung als Werkvertrag, denn der Versteigerer wird nur für den Erfolg bezahlt, nicht schon für sein Tätigwerden. Wegen dieser Erfolgsabhängigkeit der Provision wird in der Literatur zum Teil ein Geschäftsbesorgungsvertrag werkvertraglicher Natur angenommen.[100] Hiernach müsste man die Vermittlung des Kaufvertrages im Sinne eines rein wirtschaftlichen Ergebnisses als geschuldete Tätigkeit im Sinne des § 631 Abs. 2 BGB ansehen.[101] Im Rahmen einer Inhaltskontrolle hätte diese Zuordnung Konsequenzen hinsichtlich der Heranziehung des Gewährleistungsrechts entsprechend den §§ 633 ff. BGB sowie des jederzeitigen Kündigungsrechts nach § 649 S. 1 BGB.[102]
Zwar wird der Versteigerer nur für den Erfolg bezahlt, dieser ist aber nicht geschuldet, sondern lediglich das Bemühen um einen Erfolg. Der Versteigerer hat nur begrenzten Einfluss auf das Verhalten der Bietinteressenten und will sich nicht einem Schadensersatzanspruch wegen Nichterfüllung aussetzen, wenn der Vertrag mangels Geboten nicht zustande kommt. Mit der Übernahme des Ver-

---

[98] Sodann besteht ein Kommissionsvertrag im Sinne des § 383 HGB; vgl. *v. Hoyningen-Huene* in NJW 1973, S. 1473 (1475); *MüVHB-Locher*, VI. 13, Anm. 1, S. 1269; *Palandt-Putzo*, Einf. v. § 433, Rn. 9/17.

[99] § 1 VerstV (Versteigerungsverordnung i. d. F. d. Bek. v. 01.06.1976 (BGBl. I, S. 1345), zuletzt geändert durch G. v. 16.06.1998 (BGBl. I S. 1291)) bestimmt den Mindestinhalt des Vertrages zwischen Einlieferer und Versteigerer, der dort als Versteigerungsauftrag bezeichnet wird. § 1 VerstV ist allerdings nur eine gewerberechtliche Ordnungsvorschrift (vgl. *Marx/Arens*, § 1 VerstV, Rn. 1), deshalb beinhaltet diese Norm keine rechtliche Zuordnung zu einem zivilrechtlichen Vertragstyp.

[100] *Marx/Arens*, § 1 VerstV, Rn. 2.

[101] Vgl. hierzu grundsätzlich *Staudinger-Peters*, § 631, Rn. 6.

[102] Im Hinblick auf die Verjährung ergeben sich in Abgrenzung zum Dienstvertrag nach dem Schuldrechtsreformgesetz keine Unterschiede mehr. Nunmehr gilt die regelmäßige dreijährige Verjährungsfrist des § 195 BGB gemäß § 634a Abs. 1 Nr. 3 BGB ebenso für den Werkvertrag (bisher nach § 638 BGB a. F.) wie für den Dienstvertrag.

steigerungsauftrages verpflichtet sich der Versteigerer nur zur Ausbietung des Versteigerungsgutes; er steht nicht dafür ein, dass die Versteigerung tatsächlich zur Veräußerung führt.[103]
Eine Einordnung als Werkvertrag im Sinne des § 631 BGB ist folglich wegen der fehlenden Erfolgsverpflichtung zu verneinen.

II. Dienstvertrag gemäß § 611 BGB

Nach anderer Auffassung liegt ein Dienstvertrag im Sinne des § 611 BGB vor, welcher eine Geschäftsbesorgung gemäß § 675 BGB beinhaltet.[104] Für eine Einordnung als Dienstvertrag spricht die Tätigkeitspflicht des Versteigerers. Denn dieser verpflichtet sich zwar nicht zur erfolgreichen Vertragsvermittlung, wohl aber zur Vorbereitung und Durchführung der Versteigerung, oft auch zu Zusatzleistungen wie der Versicherung und Schätzung des eingelieferten Gegenstandes.
Beim Dienstvertrag gibt es kein den §§ 633 ff. BGB entsprechendes Gewährleistungsrecht und hinsichtlich der Kündigung sind die Fristen der §§ 621 ff. BGB zu beachten.
Allerdings liegt dem Dienstvertrag seinem Wesen nach eine erfolgsunabhängige Vergütung für das bloße Tätigwerden zugrunde.[105] Dabei erfolgt die Berechnung des Entgelts in der Regel nach Zeitaufwand oder nach Zeitabschnitten.[106]
Wie dargelegt, ist bei der Versteigerung die Vergütung regelmäßig nur bei einer erfolgreichen Vermittlung, d. h. für den Fall, dass der Kaufvertrag mit dem Meistbietenden zustande kommt, zu leisten, was dem Wesen des Dienstvertrages nicht entspricht.

III. Maklervertrag gemäß § 652 BGB

Mangels eindeutiger Zuordnung zum Dienstvertrag ist der zwischen Einlieferer und Versteigerer geschlossene Vertrag an einem weiteren Vertragstypus zu messen, dem Maklervertrag gemäß § 652 BGB.[107] Hier wird die Vergütung für den

---

[103] *Landmann/Rohmer–Bleutge*, § 34b GewO, Rn. 9a.
[104] *Landmann/Rohmer–Bleutge*, § 34b GewO, Rn. 9a; *Schneider*, Auktionsrecht, S. 24; *MüKo-Seiler*, § 675, Rn. 95; *MüVHB-Locher*, VI. 13, Anm. 3; der *BGH* hat die Frage der Rechtsnatur des zwischen Einlieferer und Auktionshaus geschlossenen Vertrages in NJW 1996, S. 527 (528) ausdrücklich offen gelassen.
[105] *Hk-BGB-Eckert*, § 611, Rn. 5; *Palandt-Sprau*, Einf v § 631, Rn. 5.
[106] Vgl. *Reuter* in NJW 1990, S. 1321 (1327) unter Bezugnahme auf *BGHZ* 99, S. 374 (382); *Hk-BGB-Eckert*, § 611, Rn. 19; *MüKo-Müller-Glöge*, § 611, Rn. 18, 19.
[107] Vgl. hierzu *v. Hoyningen–Huene* in NJW 1973, S. 1473 (1475); *Thomsen*, S. 20; kritisch *Schneider*, Auktionsrecht, S. 17.

Erfolg geleistet, anders als beim Werkvertrag wird der Erfolg aber nicht geschuldet.
Gemäß § 652 Abs. 1 S. 1 BGB besteht die Leistung des Maklers entweder in dem Nachweis der Gelegenheit zum Abschluss eines Vertrages oder in der Vermittlung eines solchen, so dass zunächst zu untersuchen ist, ob sich die Tätigkeit des Versteigerers hierunter subsumieren lässt. Neben der eigentlichen Versteigerung übernimmt das Auktionshaus regelmäßig die Katalogisierung, Lagerung, Versicherung und Ausstellung der Ware sowie die Werbung hierfür. Diese Fülle von Tätigkeiten zielt auf die Vermittlung des Vertragsschlusses ab. Dabei soll sich der klassische Versteigerer nicht nur um die Vermittlung bemühen, sondern den Kaufvertragsabschluss auch selbst durchführen. Der bloße Nachweis der Gelegenheit eines Vertragsschlusses im Sinne des § 652 Abs. 1 S. 1 Alt. 1 BGB führt nicht bereits zu der Provisionszahlungspflicht. Vielmehr ist die Provision geknüpft an das finale Herbeiführen der Abschlussbereitschaft des jeweiligen Höchstbieters, so dass die Qualifizierung der Leistung als Vermittlungstätigkeit gemäß § 652 Abs. 1 S. 1 Alt. 2 BGB zutreffend ist.
Allerdings ist dem Typus des Maklervertrages immanent, dass der Makler gerade nicht zum Tätigwerden verpflichtet, sondern lediglich hierzu *berechtigt* ist.[108] Da den Versteigerer im Verhältnis zum Einlieferer eine Tätigkeitspflicht trifft, ist eine Qualifizierung des Versteigererauftrages als reiner Maklervertrag im Sinne des § 652 BGB ebenfalls nicht möglich.

IV. Maklerdienstvertrag

Indes ist anerkannt, dass der grundsätzlich einseitig verpflichtende Maklervertrag modifiziert werden kann.[109] Der Makler kann einen sogenannten Alleinauftrag mit dem Auftraggeber vereinbaren, durch den er sich zum Tätigwerden verpflichtet; im Gegenzug verpflichtet sich der Auftraggeber, während der Laufzeit des Vertrages nicht einen weiteren Makler einzuschalten.[110]
Der Versteigerer erhält von dem Einlieferer einen derartigen Alleinauftrag.[111] Der Einlieferer darf (und kann) während der Dauer der Einlieferung des Versteigerungsgegenstandes beim Versteigerer keinen anderen Versteigerer beauftragen, ohne seine vertraglichen Pflichten zu verletzen. Im Gegenzug verpflichtet sich der Versteigerer zu einer Leistung, welche bereits als Vermittlungstätigkeit im Sinne des § 652 Abs. 1 S. 1 Alt. 2 BGB qualifiziert wurde. Mit der Tä-

---

[108] *Hk-BGB-Ebert*, § 652, Rn. 4; *MüKo-Seiler*, § 652, Rn. 3; *Staudinger–Reuter*, Vorbem. zu §§ 652 ff., Rn. 1.
[109] Siehe zum Alleinauftrag *Staudinger–Reuter*, Vorbem. zu §§ 652 ff., Rn. 8 ff.; *Schwerdtner*, Maklerrecht, Rn. 949 ff.
[110] *Hättig* in *von Westphalen*, AGB, Maklervertrag, Rn. 2/3; *MüKo-Roth*, § 652, Rn. 7; *Staudinger–Reuter*, Vorbem. zu §§ 652 ff., Rn. 8.
[111] Ebenso *Hoyningen–Huene* in NJW 1973, S. 1473 (1475); *Schneider*, Auktionsrecht, S. 19.

tigkeitspflicht ist trotz Erfolgsprovision gleichzeitig ein Element des Dienstvertrages erfüllt. Aus diesem Grund wird der Alleinauftrag des Maklers auch als Maklerdienstvertrag beschrieben.[112]
Fraglich ist allerdings, an welchem gesetzlichen Leitbild sich dieser „Mischtyp" zu orientieren hat, denn aufgrund der bestehenden Tätigkeitspflicht hat sich der Alleinauftrag vom Leitbild des gewöhnlichen Maklervertrages gemäß § 652 BGB entfernt.[113]
Roth sieht in dem Alleinauftrag einen gegenseitigen Vertrag im Sinne der §§ 320 ff. BGB, wobei die Tätigkeitspflicht des Maklers und die durch den Kaufvertrag zustande kommende Provisionszahlungspflicht des Auftraggebers im Gegenseitigkeitsverhältnis stehen sollen;[114] für diesen Vertragstypus seien somit im Rahmen einer Inhaltskontrolle die §§ 652 ff. BGB nicht heranzuziehen.[115]
Demgegenüber stellen der *BGH* und die herrschende Lehre den Alleinauftrag unter das Leitbild des Maklervertrages,[116] welches sich insbesondere an der Erfolgsabhängigkeit der Provision, der Ursächlichkeit der Maklertätigkeit für den Vertragsabschluss und der Entschließungsfreiheit des Auftraggebers orientiert.[117] Entscheidend sei, dass sich die Parteien mit der Vereinbarung einer erfolgsabhängigen, prozentual auf den Vertragsgegenstand bezogenen Provision für das Leitbild des § 652 BGB entschieden hätten; das Leitbild der §§ 611 ff. BGB soll demgegenüber erst durch die nach Zeitaufwand oder Zeitabschnitten bemessene Vergütung erschlossen werden.[118]
Wie *Larenz* zutreffend formuliert, richtet sich grundsätzlich die Beantwortung der Frage, welche Regeln bei typengemischten Verträgen zu gelten haben, danach, ob die Elemente des einen oder des anderen Vertragstypus im Gesamtbild

---

[112] *BGHZ* 99, S. 374 (382); *BGH* NJW 1988, S. 967 (968); *Soergel-Lorentz*, § 652, Rn. 94; *Palandt–Sprau*, § 652, Rn. 73; vgl. für den Versteigerungsvertrag *Hoyningen–Huene* in NJW 1973, S. 1473 (1475); *Palandt–Sprau*, § 675, Rn. 25.
[113] Vgl. hierzu *BGH* NJW 1988, S. 967 (968); *Schwerdtner*, Maklerrecht, Rn. 30 f.; *Wolf* in *Wolf/Horn/Lindacher*, § 9 AGBG, M 3; vgl. zur Leitbildrechtsprechung des *BGH* beim Maklervertrag *Reuter* in NJW 1990, S. 1321 (1327).
[114] *MüKo–Roth*, § 652, Rn. 26, Rn. 207, 208; vgl. auch *Knieper* in NJW 1970, S. 1293 (1298).
[115] *MüKo–Roth*, § 652, Rn. 26, Rn. 207, 208; kritisch zur Rspr. auch *Schwerdtner*, Maklerrecht, Rn. 30, 900.
[116] *BGHZ* 99, S. S. 374 (382); *BGH* NJW 1985, S. 2477 (2478); für den Ehemaklervertrag *LG Hamburg* in BB 1978, S. 172 (172).
[117]; *BGH* NJW 1967, 1225 (1225); *BGHZ* 99, S. S. 374 (382); zur Unwirksamkeit einer Klausel, nach der die Provisionszahlung trotz Nichtabschluss erfolgen soll: *BGH* NJW 1973, S. 1458 (1458); *BGH* DB 1979, S. 159 (159); für den Alleinauftrag: *Soergel-Lorentz*, Vor § 652, Rn. 5; *Staudinger-Reuter*, Vorbem. zu §§ 652 ff., Rn. 8; §§ 652, 653, Rn. 221; *Palandt–Sprau*, § 652, Rn. 75-77.
[118] *BGHZ* 99, S. 374 (382); *BGH* NJW 1988, S. 967 (968).

des Vertrages „überwiegen".[119] Insofern ist durch Auslegung zu ermitteln, wie die Beteiligten die dienst- und maklervertraglichen Elemente gewichtet haben.[120] Vor diesem Hintergrund ist der Ansicht der Rechtsprechung zuzustimmen. Die Anknüpfung des *BGH* an die Berechnung des Entgelts ist überzeugend, da diese in der Tat Aufschluss darüber gibt, was nach dem Willen der Parteien entgolten werden soll.[121]

Bei dem Versteigerungsauftrag soll der Nutzen des Einlieferers an der erfolgreichen Veräußerung entlohnt werden, nicht die Dienstleistung des Versteigerers. Es fehlt an einem synallagmatischen Verhältnis zwischen Tätigkeit und Provision. Bereits beim reinen Maklervertrag verpflichtet sich der Auftraggeber zur Provisionszahlung für den Fall der erfolgreichen Vermittlung. Die Tätigkeitspflicht des Versteigerers wird gerade nicht vereinbart, um die Provision zu erhalten, sondern um den Einlieferer an sich binden zu können. Der bei der klassischen Versteigerung bestehende Mischtyp des Maklerdienstvertrages kann deshalb nicht dazu führen, dass vorrangig die §§ 611 ff. BGB und nur ergänzend die §§ 652 ff. BGB einer Inhaltskontrolle zugrunde zu legen sind. Der Vertrag bleibt vielmehr „im Kern" ein Maklervertrag und wird als solcher grundsätzlich am Leitbild des § 652 BGB gemessen.[122]

Die dem Versteigerungsauftrag zugrunde liegenden Auftragsbedingungen sind somit im Rahmen einer Inhaltskontrolle insbesondere an den Strukturmerkmalen der Erfolgsabhängigkeit der Provision, dem Kausalitätserfordernis sowie der grundsätzlichen Abschluss- und Entschließungsfreiheit des Einlieferers zu messen. Darüber hinaus muss das besondere Vertrauensverhältnis zu dem Einlieferer Beachtung finden, welches den als Makler fungierenden Versteigerer verpflichtet, bei seiner Tätigkeit die Interessen des Auftraggebers zu wahren;[123] im Einzelnen sind Beratungs-, Aufklärungs- und Unterlassungspflichten zu beachten.[124]

V. Ergebnis

Es bleibt im Ergebnis festzuhalten, dass sich der Versteigerungsauftrag zwischen Einlieferer und Versteigerer bei der klassischen Auktion durch eine Mi-

---

[119] *Larenz*, Methodenlehre der Rechtswissenschaft, S. 303.

[120] *BGH* NJW 1988, S. 967 (968); *Soergel-Lorentz*, Vor § 652, Rn. 5; § 652, Rn. 88.

[121] Ebenso *Staudinger-Reuter*, §§ 652, 653, Rn. 221.

[122] Vgl. hierzu grds. für den Maklerdienstvertrag *BGHZ* 99, S. 374 (382); *BGH* NJW 1988, S. 967 (968); *Hättig* in *von Westphalen*, AGB, Maklervertrag, Rn. 18; *Staudinger-Reuter*, Vorbem. zu §§ 652 ff., Rn. 8/11.

[123] Vgl. für den Makler *BGH* JZ 1968, S. 69 (69); *BGH* WM 1973, S. 1382 (1383); für den Versteigerer *BGH* NJW 1985, S. 850 (851); *Hoyningen-Huene* in NJW 1973, S. 1473 (1478); *MüVHB-Locher*, VI. 13, Anm. 10, S. 1274.

[124] Vgl. für den Makler *MüKo-Roth*, § 652, Rn. 209; *Schwertner*, Maklerrecht, Rn. 301; *Staudinger-Reuter*, Vorbem zu §§ 652 ff., Rn. 6; *Palandt–Sprau*, § 654, Rn. 5.

schung aus dienst- und maklervertraglichen Elementen auszeichnet, welcher als atypische Ausprägung des Maklervertrages im Rahmen einer Inhaltskontrolle an den §§ 652 ff. BGB zu messen ist.

B. Vertragsverhältnis zwischen Bieter und Versteigerer

Bei einer Versteigerung im Namen des Einlieferers gemäß § 164 Abs. 1 BGB kommt der Kaufvertrag unmittelbar zwischen Einlieferer und Höchstbieter zustande. Versteigert der Auktionator dagegen im eigenen Namen als Kommissionär, wird er selbst Partei des Kaufvertrages im Sinne des § 433 BGB, welchem seine Versteigerungsbedingungen zugrunde liegen. Die Folgen des Geschäfts treten in dieser Konstellation allein in der Person des Versteigerers ein; die Versteigerungsbedingungen, insbesondere solche, welche die Gewährleistungsrechte des Käufers betreffen, sind an den §§ 437, 434 ff. BGB zu messen.[125]
In der Regel verpflichtet sich der Bieter, dem Versteigerer ein Aufgeld von ca. 13-15 % des Kaufpreises zu zahlen.[126]
Diese sogenannte Aufgeldvereinbarung wird nach einer Auffassung als Geschäftsbesorgungsvertrag im Sinne der §§ 675, 611 BGB qualifiziert.[127] Dies erscheint zunächst auch überzeugend, denn der Versteigerer stellt seine Dienste und Einrichtungen auch den Bietern zur Verfügung und führt die Versteigerungsveranstaltung hinsichtlich des konkreten Versteigerungsgegenstandes durch.[128] Er gibt dem Bieter die Möglichkeit des Vertragsschlusses, so dass der Bezug zu dem Vermögen des Bieters durch die Schaffung einer Chance zum Abschluss des Kaufvertrages begründet wird.[129]
Mit Blick auf die erfolgsabhängige Vergütung, also die Vereinbarung, dass das Aufgeld nur bei Zuschlagerteilung zu leisten ist, soll nach anderer Ansicht wiederum ein Maklerdienstvertrag vorliegen.[130] Macht man sich klar, dass der Höchstbieter die kaufpreisabhängige Provision ebenfalls für die erfolgreiche Vermittlung des Vertragsabschlusses entrichtet, ist auch hier die Annahme eines Maklerdienstvertrages konsequent, für den die §§ 652 ff. BGB als Maßstab im

---

[125] Vgl. *MüVHB–Locher*, VI. 13, Anm. 3, S. 1273.
[126] In § 2 Nr. 2 VerstV wird eine Regelung des Aufgelds in den Versteigerungsbedingungen ausdrücklich vorgeschrieben.
[127] *Hoyningen–Huene* in NJW 1973, S. 1473 (1476); *MüVHB-Locher*, VI. 13, Anm. 1, S. 1273; *Landmann/Rohmer–Bleutge*, § 34b GewO, Rn. 9b; *BGH* NJW 1996, S. 527 (528) und *BGH* ZIP 1985, S. 550 (551) lassen offen, ob mit der Geschäftsbesorgungstätigkeit Maklerdienste vorliegen.
[128] Vgl. *OLG Hamburg* MMR 1967, S. 124 (125).
[129] Ebenso *Schneider*, Auktionsrecht, S. 91; grds. zum Erfordernis des Vermögensbezugs beim Geschäftsbesorgungsvertrag *Staudinger-Martinek*, § 675, Rn. A 31; *Palandt-Sprau*, § 675, Rn. 3; *Hk-BGB-Schulze*, § 675, Rn. 4.
[130] *Braunfels*, S. 7; ausdrücklich offengelassen *BGH* ZIP 1985, S. 550 (551) sowie *BGH* NJW 1996, S. 527 (528).

Rahmen einer Inhaltskontrolle dienen. Der Versteigerer übernimmt gegenüber dem Bieter eine Maklerdienstleistung, wobei nur derjenige Bieter, der den Zuschlag erhält, zur Zahlung des Aufgeldes verpflichtet ist. Die dem Leitbild des Maklervertrages entsprechende Vermittlungsleistung des Versteigerers beinhaltet die Verpflichtung, nicht nur einseitig die Interessen des Einlieferers zu wahren; vielmehr gebietet die besondere Eigenart der Stellung des Versteigerers die Wahrung der Interessen beider Parteien und begründet auch eine Treuepflicht gegenüber dem Dritten als Käufer.[131] Diese Elemente aus dem Maklerdienstverhältnis müssen im Rahmen einer inhaltlichen Angemessenheitsprüfung Berücksichtigung finden.

C. Vertragsverhältnis zwischen Einlieferer und Bieter

Versteigert der Auktionator als Kommissionär, entsteht zwischen Einlieferer und Bieter keine rechtliche Beziehung. Wie dargelegt, wird der Versteigerer alleiniger Vertragspartner des Höchstbieters und der Einlieferer hat lediglich Ansprüche gegen den Auktionator aus dem Versteigerungsauftrag.[132]
Bei der Versteigerung im Namen des Einlieferers gemäß § 164 Abs. 1 BGB kommt zwischen Einlieferer und Höchstbieter der Kaufvertrag gemäß § 433 BGB über den Auktionsartikel zustande, welchem auch in dieser Konstellation die Versteigerungsbedingungen des Auktionshauses zugrunde liegen. Die Rechtswirkungen des Kaufvertrages treffen in diesem Fall also nur den Einlieferer; Leistungsstörungen sind allein in diesem Verhältnis zu behandeln. Etwaige Gewährleistungs- und Haftungsausschlüsse zugunsten des Einlieferers in den Versteigerungsbedingungen müssen sich ebenfalls an den §§ 437, 434 ff. BGB messen lassen.

D. Ergebnis Teil 2, 2. Kapitel

Der klassische Versteigerungsauftrag zwischen Einlieferer und Versteigerer, welchem die Auftragsbedingungen des Auktionshauses zugrunde liegen, weist Züge des Dienst- und des Maklervertrages auf und ist als solche „Typenmischung“ wegen der überwiegenden Maklerelemente als atypischer Maklervertrag zu qualifizieren, der an dem Leitbild der §§ 652 ff. BGB zu messen ist. Im Rahmen einer Inhaltskontrolle müssen insbesondere die Grundsätze der Erfolgsabhängigkeit der Provision, das Kausalitätserfordernis und die grundsätzliche Abschluss- und Entschließungsfreiheit des Einlieferers, sowie die dem Makler obliegenden besonderen Sorgfalts- und Treuepflichten Beachtung finden.

---

[131] So ausdrücklich *BGH* ZIP 1985, S. 550 (551); *BGH* NJW 1996, S. 527 (528); *Kappus* in *von Westphalen*, AGB, Auktionsbedingungen, Rn. 6; *MüVHB–Locher*, VI. 13, Anm. 10, S. 1274.

[132] Vgl. hierzu *MüVHB-Locher*, VI. 13, Anm. 3, S. 1273.

Auch im Verhältnis zum Bieter entsteht mit der Aufgeldabrede ein Maklerdienstverhältnis, so dass insoweit ebenfalls die wesentlichen Grundgedanken der §§ 652 ff. BGB als Maßstab dienen; dabei verpflichtet die Maklertätigkeit den Versteigerer insbesondere auch zur Wahrung der Interessen des Ersteigerers. Versteigert der Auktionator als Kommissionär, wird er Partei des Kaufvertrages; in den Versteigerungsbedingungen vorgesehene Beschränkungen der Gewährleistungsansprüche des Käufers sind anhand der §§ 437, 434 ff. BGB zu beurteilen. Bei der Versteigerung im Namen des Einlieferers kommt der Kaufvertrag unmittelbar zwischen Einlieferer und Höchstbieter zustande; diesem liegen wiederum die Versteigerungsbedingungen des Auktionshauses zugrunde, welche sich an den §§ 437, 434 ff. BGB messen lassen müssen.

3. Kapitel: Vertragsbeziehungen zwischen Anbieter, Bieter und Auktionshaus bei der Privaten Online-Auktion

Anhand der gewonnenen Ergebnisse sind nunmehr die rechtlichen Beziehungen der Beteiligten bei der Privaten Online-Auktion unter Berücksichtigung der Gemeinsamkeiten und Unterschiede zur traditionellen Auktion zu untersuchen.

A. Anwendbares Recht

Angesichts der Allgegenwart des Internets ist vorab die Frage des auf die im Rahmen der Versteigerung geschlossenen Verträge anzuwendenden Rechts zu klären.[133]
Zum Teil wird in den Versteigerungsbedingungen der virtuellen Auktionshäuser auf die Anwendbarkeit von deutschem Recht im Sinne des Art. 27 Abs. 1 S. 1 EGBGB hingewiesen.[134] Soweit das auf den Vertrag anzuwendende Recht nicht nach Art. 27 Abs. 1 EGBGB vereinbart wurde, bestimmt sich das anzuwendende Recht gemäß Art. 28 EGBGB nach einer objektiven Anknüpfung; Regelanknüpfung ist gemäß Art. 28 Abs. 2 S. 1 EGBGB der Sitz des Veräußerers. Bei Verbraucherverträgen ist Art. 29 EGBGB einschlägig, wonach dem Verbraucher der durch die zwingenden Bestimmungen des Staates, in dem er seinen gewöhnlichen Aufenthalt hat, gewährte Schutz nicht entzogen werden darf; vielmehr ist das Recht des Verbraucherstaates anzuwenden, Art. 29 Abs. 2 EGBGB.
Es wird insofern im Folgenden von einer Geltung des deutschen Rechts ausgegangen.

---

[133] Ausführlich zu Fragen des Internationalen Privatrechts im Internet: *Mankowski* in CR 1999, S. 512 ff.; *Spindler* in MMR 2000, S. 18 ff., jeweils m. w. N.; bezogen auf die Internet-Auktion: *Mankowski* in *Spindler/Wiebe*, S. 157 ff.

[134] Siehe Anhang: § 13 Abs. 1 AVB; § 15 AVB von www.eBay.de; § 14 Abs. 1 AVB von www.offerto.de.

B. Vertragsbeziehungen

Im Rahmen der Registrierung bei dem Online-Auktionshaus schließt der jeweilige Auktionsteilnehmer mit der Eingabe seiner Daten einen unentgeltlichen Rahmenvertrag mit dem Auktionshaus, welcher pauschal auf die Nutzung der Auktionsplattform gerichtet ist.[135] Dieses Rahmenvertragsverhältnis endet nicht nach der Teilnahme an einer einzelnen Online-Auktion; vielmehr bleibt der Teilnehmer bei dem jeweiligen Auktionshaus registrierter Nutzer, sofern er nicht kündigt.[136]
Innerhalb des Rahmenvertrages werden unterschiedliche Vertragsverhältnisse zwischen dem virtuellen Auktionshaus und dem einzelnen Teilnehmer begründet – je nachdem, ob dieser in der jeweiligen Auktion als Anbieter oder Bieter auftritt.[137]
Zur typologischen Einordnung dieser Beziehungen finden sich in der Literatur bereits einige Stellungnahmen, welche zu unterschiedlichen Ergebnissen kommen.[138] In Auseinandersetzung mit den bestehenden Arbeiten soll nunmehr eine Auslotung des typischen Inhalts der jeweiligen Vertragsbeziehungen erfolgen.

I. Vertragsverhältnis zwischen Anbieter und Auktionshaus

Der zwischen Auktionshaus und Anbieter geschlossene Vertrag hat wie bei der traditionellen Versteigerung zum Inhalt, dass der virtuelle Versteigerer den Verkauf einer Ware organisiert. Im Vergleich zur herkömmlichen Versteigerung ergeben sich dennoch hinsichtlich der Tätigkeit des Auktionshauses wesentliche Unterschiede:
Der Auktionator tritt als solcher nicht in Erscheinung. Er hat keinen Zugriff auf das Auktionsgut und kann nicht kontrollieren, ob es überhaupt existiert und ob

---

[135] Vgl. Anhang: § 2 AVB.
[136] Vgl. Anhang: § 2 Abs. 5 AVB
[137] Unabhängig von der folgenden typologischen Einordnung der jeweiligen Vertragsbeziehungen zwischen Anbieter und Auktionshaus sowie Bieter und Auktionshaus werden diese Verträge aus Gründen der Übersichtlichkeit als Benutzungsverträge im Benutzungsverhältnis im Gegensatz zum Teilnehmerverhältnis, d. h. dem Verhältnis zwischen Anbieter und Bieter, bezeichnet. *Rüfner* in MMR 2000, S. 597 ff. verwendet diese anschauliche Terminologie, die im Rahmen der vorliegenden Arbeit aufgegriffen wird.
[138] Mit der rechtlichen Einordnung der Vertragsbeziehungen bei der Online-Versteigerung haben sich *Wilmer* in NJW-CoR 2000, S. 94 (96); *Kaeding* in NJW-CoR 2000, S. 249 (249) in einer Anmerkung hierzu sowie *Gaul* in WM 2000, S. 1783 (1784) und *Wessely* in medien und recht 2000, S. 266 (269) beschäftigt; ausführlich hat sich bereits *Wiebe* in *Spindler/Wiebe*, D. II. Rn. 3 ff. mit diesem Thema auseinander gesetzt, vgl. für die Plattformlösung grds. auch *Spindler* in *Spindler/Wiebe*, E. II. Rn. 31; ohne nähere Untersuchung sprechen *Ernst* in CR 2000, S. 304 (310) und *Hager* in JZ 2001, S. 786 (789) das Vertragsverhältnis zwischen Anbieter und Versteigerer selbstverständlich als Dienstvertrag an.

die Angaben des Anbieters richtig sind. Er stellt keinen Auktionskatalog zusammen, kümmert sich nicht selbst um die sorgfältige Beschreibung der Waren und legt das Startgebot nicht in Absprache mit dem Anbieter fest. Er schließt den Kaufvertrag nicht selbst durch Zuschlag mit dem Höchstbieter ab. Überdies trägt der Online-Versteigerer nicht für die Abwicklung des Kaufvertrages und die Verwahrung der Ware bis zu diesem Zeitpunkt die Verantwortung.

Die Stellung des Anbieters wird demgegenüber vermeintlich gestärkt, da er mit seinen Angaben im Vorfeld die Rahmenbedingungen für den Auktionsverlauf festlegt: Er bestimmt den Startpreis und regelmäßig die Bietschritte sowie die Dauer der Online-Auktion. Bei vielen Auktionshäusern besteht zudem die Option, ein (verdecktes) Mindestgebot festzusetzen. Der Anbieter hat das Auktionsgut in den Händen und bestimmt die Beschreibung des zu versteigernden Gegenstandes im „virtuellen Versteigerungskatalog".

Auf der Grundlage dieser Angaben betreibt das virtuelle Auktionshaus ein Softwareprogramm, welches die Gebote entgegennimmt, sie nach entsprechender Prüfung auf der Auktionsseite ausweist und das Ende der Auktion nach dem Ablauf der festgesetzten Zeitspanne bestimmt.

Dabei ist das Online-Auktionshaus wie der herkömmliche Versteigerer gegenüber dem Anbieter zu den beschriebenen Leistungen verpflichtet, ohne für einen Erfolg, d. h. für den erfolgreichen Vertragsabschluss über den angebotenen Gegenstand einstehen zu wollen. Wie in der klassischen Variante soll das Auktionshaus eine Vergütung nur erhalten, wenn der Abschluss des Kaufvertrages zustande kommt. Bei erfolgtem Verkauf verpflichtet sich der Anbieter insofern, einen Teil des Kauferlöses, in der Regel 4 % bis 7 %, an den Online-Versteigerer abzuführen.[139] Darüber hinaus hat der Anbieter bei einigen Häusern bereits für das Anbieten des Artikels eine „Einstell- oder Angebotsgebühr" in der Größenordnung von € 0,15 bis € 1 zu leisten.[140]

Liegt mit diesem Online-Versteigerungsvertrag nunmehr ebenfalls ein Maklerdienstvertrag vor, welcher am Maklertypus gemessen wird oder ist eine abweichende Typisierung zu treffen? Oder vereinigt der Online-Versteigerungsvertrag in sich Züge verschiedener Typen in eigenartiger Weise zu einem neuen Typus, der auch als atypische Ausprägung eines gesetzlichen Vertragstypus nicht mehr zutreffend erfasst werden kann?

Da den Parteien das Recht zur Vertragsinhaltsbestimmung zusteht, ist maßgeblich, welchem Leitbild der Online-Versteigerungsvertrag nach dem Willen der Vertragspartner unterstellt wurde.[141] Haben sich die Parteien für ein konkretes Leitbild entschieden, sind sie hieran gebunden und müssen sich daran messen lassen.[142]

---

[139] Siehe hierzu Teil 1, 2. Kapitel, B. VI. sowie Anhang: § 9 Abs. 1 S. 3 AVB.

[140] Siehe Anhang: § 9 Abs. 1 S. 2 AVB.

[141] Vgl. grds. *BGH* NJW-RR 1991, 914 (915); *Soergel-Lorentz*, § 652, Rn. 88.

[142] Vgl. *BGHZ* 99, S. 374 (382).

1. Typus Mietvertrag

Nachdem die Leistungen des Online-Versteigerers, wie beschrieben, hinter denen des klassischen Versteigerers zurück bleiben, könnte man daran denken, dass mit der „Bereitstellung“ der jeweiligen Webseite in dem „virtuellen Versteigerungskatalog“ eine mietvertragsähnliche Vereinbarung getroffen wird.[143] Bei dem Mietvertrag gemäß § 535 BGB verpflichtet sich der eine Teil, dem anderen den Gebrauch einer Sache während einer bestimmten Zeit zu gewähren, der andere dazu, dafür den vereinbarten Mietzins zu entrichten. Neben der Gebrauchsüberlassung der Sache nach § 535 Abs. 1 S. 1 BGB umfassen die Hauptpflichten des Vermieters gemäß § 535 Abs. 1 S. 2 BGB die Verpflichtung, den Mietgegenstand auch im vertragsgemäßen Zustand zu erhalten, d. h. alle Maßnahmen vorzunehmen, die erforderlich sind, damit der Mieter während der gesamten Vertragszeit die Sache vertragsgemäß nutzen kann.[144]
Die Typisierung des Online-Versteigerungsvertrages als Mietvertrag wird von keinem der Kommentatoren in Betracht gezogen. Vergleicht man indes die Zurverfügungstellung der Auktionsseite, auf welcher der Auktionsgegenstand des Anbieters nach seinen Vorgaben für den bestimmten Zeitraum der Versteigerung – wenige Tage bis zu mehreren Wochen – präsentiert wird, mit Räumlichkeiten, die dem Mieter zum eigenen Gebrauch zur Verfügung gestellt werden, erscheint der Schluss auf den Typus Miete zunächst nicht fernliegend.
Zwar erfordert der Mietvertrag die *Überlassung* einer *Sache*. Die Besitzverschaffung ist dabei aber kein konstitutives Merkmal der Miete, so dass zum Beispiel auch dann ein Mietvertrag angenommen wird, wenn jemand das Recht erhält, eine Hauswand zum Anbringen von Reklametafeln zu verwenden.[145] Auch die Frage der Sacheigenschaft, welche vor allem im Zusammenhang mit Computersoftware zu Streit geführt hat, scheint nicht problematisch. Mittlerweile ist anerkannt, dass Programme, die auf einem Datenträger verkörpert sind, als körperliche Gegenstände im Sinne des § 90 BGB anzusehen sind.[146] Als Gegenstand der Miete käme die einzelne Auktionsseite mit der Infrastruktur der installierten Software insofern durchaus in Betracht.
Die Zugrundelegung von Mietvertragsrecht wäre für den Anbieter wegen des spezifischen Gewährleistungsrechts günstig – man denke nur an § 536 Abs. 1 BGB, welcher die gesetzliche Entgeltreduzierung für die Zeitspanne vorsieht, während der ein Fehler der Mietsache zu einer nicht unerheblichen Minderung

---

[143] Vgl. Anhang: § 1 Abs. 2 AVB, wo von der „Bereitstellung“ eines Handelsplatzes die Rede ist.

[144] Vgl. zu den Merkmalen des Mietvertrages *Erman-Jendrek*, § 535, Rn. 20 sowie § 536, Rn. 1.

[145] *Staudinger-Emmerich*, §§ 535, 536, Rn. 23; *Palandt-Weidenkaff*, § 535, Rn. 2.

[146] *BGH* NJW 1993, S. 2436 (2438); vgl. speziell zur Sachqualität von Software *Cichon*, Internetverträge, S. 25 ff.

der Gebrauchstauglichkeit führt. Zu denken ist ferner an das scharfe Schadensersatzrecht des Mieters aus § 536a BGB sowie an das fristlose Kündigungsrecht bei Nichtgewährung des Gebrauchs gemäß § 543 Abs. 2 Nr. 1 BGB.
Eine Zuordnung des Online-Versteigerungsvertrages zum Typus der Miete ist im Ergebnis allerdings nicht möglich.
Ein wesentliches Argument gegen die Einordnung als Mietvertrag ergibt sich dabei aus der Beschreibung der vertraglichen Leistung des virtuellen Versteigerers selbst. Die versprochene Leistung ist nicht als Gebrauchsgewährung anzusehen, sondern als Tätigkeit. Nicht der Anbieter wird im Rahmen der Versteigerung durch „Nutzung der Auktionsseite" tätig, sondern das virtuelle Auktionshaus führt für den Anbieter auf der Grundlage seiner Angaben die konkrete Verkaufsveranstaltung durch. Der Anbieter gibt lediglich im Vorfeld die erforderlichen Daten in die Eingabemaske ein. Die Präsentation des Gegenstandes in ihrer konkreten Ausgestaltung auf der entsprechenden Seite und die Auflistung in der jeweiligen Produktkategorie nimmt das virtuelle Auktionshaus vor.[147] Es bietet die Ware an, prüft die eingehenden Gebote für den Anbieter und weist sie gegebenenfalls zurück. Es schließt die Auktionsveranstaltung und benachrichtigt die jeweiligen Parteien über das Zustandekommen des Kaufvertrages.[148] Zudem bietet das Online-Auktionshaus zahlreiche Zusatz- und Serviceleistungen an, welche die Präsentation der Ware oder die Abwicklung des Kaufs betreffen.
Die geschuldete Leistung des Online-Auktionshauses ist somit nicht nutzungs- sondern tätigkeitsbezogen. Das Auktionshaus stellt nicht einen „(leeren) Raum" zur Verfügung, welchen der Anbieter nutzen kann, sondern wird für ihn tätig. Nicht die Ermöglichung der Nutzung eines zur Verfügung gestellten Raumes oder Gegenstandes seitens des Anbieters steht in Rede, sondern das aktive Betreiben automatisierter Abläufe auf „Anfrage" des Anbieters. Dies unterscheidet das Online-Auktionshaus wesentlich von dem des Vermieters einer Wohnung, der die Räumlichkeiten lediglich dem Mieter zum eigenen Gebrauch zur Verfügung stellt.
Schließlich ist es konstitutives Merkmal der Miete, dass der Mieter als Gegenleistung einen Mietzins im Sinne des § 535 Abs. 2 BGB entrichtet, welcher sich an der Dauer der Überlassung orientiert.
Zwar hat der Anbieter bei einigen Häusern eine geringe Einstell- oder Angebotsgebühr zu entrichten und der Mietzins kann durchaus auch in einer einmaligen Leistung des Mieters liegen.[149] Indes bewegt sich die Angebotsgebühr je nach Auktionshaus lediglich in einer Größenordnung von € 0,15 bis € 1 und ist nicht abhängig von der zeitlichen Dauer der Versteigerung. Es besteht keine Pflicht seitens des Anbieters zur Entrichtung eines Mietzinses als Gegenleistung für eine Nutzungsgewährung, so dass auch die Anwendung von § 536 BGB kei-

[147] Vgl. Anhang: § 5 Abs. 3 AVB.
[148] Siehe Anhang: § 8 Abs. 2 AVB.
[149] *BGH* NJW-RR 1989, S. 589 (590); *Staudinger-Emmerich*, §§ 535, 536, Rn. 157.

nen Sinn ergäbe. Die eigentliche Vergütung als Hauptleistung des Anbieters besteht vielmehr in der Zahlung der kaufpreisabhängigen Erfolgsprovision für den Fall, dass der Kaufvertrag zustande kommt.
Nach allem bleibt als Ergebnis festzuhalten, dass die jeweiligen Leistungen von Online-Auktionshaus und Anbieter eine Zuordnung zum Typus der Miete nicht zulassen.

2. Typus Dienstvertrag

Nach wohl überwiegender Ansicht ist der Online-Versteigerungsvertrag zwischen Anbieter und Versteigerer als Dienstvertrag zu qualifizieren,[150] so dass sich eine Inhaltskontrolle an den §§ 611 ff. BGB orientieren müsste. Mangels eines spezifischen Gewährleistungsrechtes kämen die §§ 323 ff. BGB zur Anwendung; des Weiteren wären die §§ 621 ff. BGB zu beachten.
Wie dargelegt, verpflichtet sich beim Dienstvertrag im Sinne des § 611 BGB der eine Teil zur Tätigkeit ohne Einstandspflicht für einen konkreten Erfolg, der andere Teil dazu, dafür die vereinbarte Vergütung zu gewähren.
Soeben wurde herausgearbeitet, dass die geschuldete Leistung des Auktionshauses nicht als Sachüberlassung, sondern als Tätigkeit zu qualifizieren ist. Dabei ist die Herbeiführung eines konkreten Erfolges, d. h. das Zustandekommen des Kaufvertrages am Ende der Versteigerungsveranstaltung von dem virtuellen Versteigerer ebenso wenig geschuldet wie von seinem Pendant in der realen Welt. Die Annahme von Dienstvertragsrecht wäre daher zutreffend, wenn das Entgelt für das Auktionshaus unabhängig von dem Abschluss des Kaufvertrages zu entrichten wäre.[151]
Indes haben sich die Befürworter des Dienstvertrages[152] nicht damit auseinandergesetzt, dass bei der Privaten Online-Auktion trotz Tätigkeitspflicht eine erfolgsunabhängige Vergütung vom Anbieter nicht geschuldet ist, sondern sich auch das Online-Auktionshaus über eine erfolgsabhängige Provision finanziert. Dies spricht ebenso wie bei der klassischen Versteigerung gegen die Annahme eines reinen Dienstvertrages.

---

[150] *Ernst* in CR 2000, S. 304 (310) sowie *Hager* in JZ 2001, S. 786 (789) jeweils ohne Auseinandersetzung mit anderen Vertragstypen; für einen Dienstvertrag wohl auch *Gaul* in WM 2000, S. 1783 (1784) sowie *Spindler* in *Spindler/Wiebe*, E. II., Rn. 31 für den Fall, dass ein vermittlungsunabhängiges Entgelt verlangt wird.
Vgl. auch Anhang: § 1 Abs. 2, § 3 Abs. 1 AVB, wonach das Online-Auktionshaus seine Leistungen als „Dienste" beschreibt.

[151] So auch *Spindler* in *Spindler/Wiebe*, E. II., Rn. 31; vgl. auch zu anderen Verkaufsformen der Internet-Auktion *Spindler* in *Spindler/Wiebe*, E. II., Rn. 8 ff; 39 ff.

[152] Vgl. *Ernst* in CR 2000, S. 304 (310) und *Hager* in JZ 2001, S. 786 (789); offengelassen *Wessely* in medien und recht 2000, S. 266 (269).

3. Typenkombination Maklerdienstvertrag

Die geschäftswertbezogene, prozentual am Gegenstand des Kaufvertrages orientierte Provision könnte wiederum zu der Typenmischung des Maklerdienstvertrages führen.[153]
Es stellt sich die Frage, ob sich die Parteien mit dem Merkmal der Erfolgsprovision, welches nach der Rechtsprechung entscheidend ist für die Heranziehung der maklerrechtlichen Grundsätze, unter das Leitbild des § 652 BGB gestellt haben.[154]
Mit Blick auf die übernommene Tätigkeitspflicht ergeben sich für die Rechtsfolgen von Pflichtverletzungen des virtuellen Auktionshauses freilich insoweit keine nennenswerten Unterschiede, als auch das Dienstvertragsrecht keine speziellen Gewährleistungsvorschriften bereithält.[155] Fungiert der Online-Versteigerer als Makler und kommt er seiner Tätigkeitspflicht in zu vertretener Weise nicht oder nur unvollkommen nach, z. B. weil er den Gegenstand gar nicht oder verfälscht auf seinen Auktionsseiten präsentiert, besteht eine Haftung aus Unmöglichkeit oder Schadensersatz wegen Pflichtverletzung nach den §§ 280 ff. BGB.[156]
Indes wären die Versteigerungsbedingungen beim Online-Versteigerungsvertrag unter Heranziehung der §§ 652 ff. BGB im Rahmen einer Inhaltskontrolle vor dem Hintergrund der grundsätzlichen Erfolgsabhängigkeit der Provision vom Zustandekommen des Kaufvertrages infolge der Tätigkeit, der Entschließungsfreiheit des Anbieters sowie der dem Makler obliegenden Beratungs- und Betreuungspflichten zu beurteilen.

a) Nachweis- oder Vermittlungstätigkeit des virtuellen Auktionshauses

Als Voraussetzung für die Heranziehung der §§ 652 ff. BGB müsste die – geschuldete – Hauptleistung des Online-Versteigerers, welche bereits als Tätigkeit

---

[153] Diesen Vertragstypus befürworten *Wiebe* in *Spindler/Wiebe*, D. II., Rn. 3 ff. sowie *Wilmer* in NJW-CoR 2000, S. 94 (98); ebenso wohl auch *Spindler* in *Spindler/Wiebe*, E. II., Rn. 31; offengelassen *Wessely* in medien und recht 2000, S. 266 (269).

[154] So *BGHZ* 99, S. 374 (382).

[155] Vgl. hierzu *BGH* WM 1973, S. 1382 (1383); *MüKo-Roth*, § 652, Rn. 211; *Staudinger-Reuter*, Vorbem zu §§ 652 ff., Rn. 11; beim Maklerwerkvertrag kann die Nichterfüllung werkvertraglicher Verpflichtungen aber zur Anwendung der §§ 633 ff. BGB führen.

[156] Vgl. zu der Thematik der vertraglichen und außervertraglichen Haftung des Internet-Auktionshauses bereits ausführlich *Spindler* in *Spindler/Wiebe*, E.; vgl. auch zur Haftung nach den Grundsätzen der pVV bei Fehlschlagen einer Online-Auktion: *AG Westerstede* in CR 2002, S. 377 f. Vgl. grds. zur Schadensersatzpflicht des Maklers bei übernommener Tätigkeitspflicht *BGH* WM 1991, S. 246 (247).

qualifiziert wurde, zunächst eine spezifische Maklerleistung im Sinne einer Nachweis- oder Vermittlungstätigkeit darstellen.[157]
Nach *Wiebe* steht die Schaffung der Voraussetzungen für die Transaktion zwischen den beiden Kaufvertragsparteien bei der Privaten Online-Auktion im Vordergrund, welche der Vermittlungstätigkeit bei der klassischen Auktion gleichzustellen sei.[158]
Vermittlung im Sinne des § 652 Abs. 1 S. 1 Alt. 2 BGB bedeutet das unmittelbare oder mittelbare Einwirken auf den Willensentschluss des vorgesehenen Vertragspartners im Sinne eines bewussten und zweckgerichteten Herbeiführens oder Förderns der Abschlussbereitschaft;[159] die bloße Unterstützung des Auftraggebers ohne Beteiligung an den Verhandlungen genügt nicht.[160] Im Unterschied hierzu begnügt sich der Nachweismakler gemäß § 652 Abs. 1 S. 1 Alt. 1 BGB damit, seinem Auftraggeber eine diesem bis dahin unbekannte konkrete und substantiierte Möglichkeit zum Vertragsschluss zu benennen, die den Wünschen des Auftraggebers entspricht;[161] nicht erforderlich ist, dass bereits alle Einzelheiten des Vertrages festgelegt sind.[162]
Im Gegensatz zu dem klassischen Auktionator, der den Kaufvertrag im Namen des Einlieferers abschließt und als Vermittlungsmakler gemäß § 652 Abs. 1 S. 1 Alt. 2 BGB fungiert, ist der Online-Auktionator am Vertragsschluss nicht unmittelbar beteiligt. Zwar ist auch für den Vermittlungsmakler anerkannt, dass eine Mitwirkung bei dem Vertragsschluss nicht notwendigerweise erforderlich ist, sie ist allerdings häufig.[163] Bei der Privaten Online-Auktion tritt der Abschluss des Kaufvertrages in Vertretung des Einlieferers als die eigentliche Tätigkeit des herkömmlichen Auktionators hinter der Vorbereitung und Durchführung der Versteigerung im Internet zurück. *Spindler* weist insoweit zutreffend darauf hin, dass die Leistung des Auktionshauses dabei auch von den zur Durchführung der Veranstaltung erforderlichen technischen Leistungen geprägt ist.[164]
Die einzelnen Tätigkeiten des virtuellen Auktionshauses sind indes sämtlich darauf ausgerichtet, die Möglichkeit für den Abschluss des Kaufvertrages zu

---

157 Vgl. hierzu *BGH* NJW 1988, S. 967 (968).
158 *Wiebe* in *Spindler/Wiebe*, D. II., Rn. 6; in diesem Sinne auch *Wilmer* in NJW-CoR 2000, S. 94 (98).
159 *BGH* NJW-RR 1997, S. 884 (884); *MüKo-Roth*, § 652, Rn. 96; *Palandt-Heinrichs*, § 652, Rn. 27.
160 *Hättig* in *von Westphalen*, AGB, Maklervertrag, Rn. 50; *Staudinger-Reuter*, §§ 652, 653, Rn. 38.
161 *Staudinger-Reuter*, §§ 652, 653, Rn. 36; *Wolf* in WM 1985, Sonderbeil. Nr. 3, S. 3 (5).
162 Vgl. *BGH* NJW-RR 1997, S. 884 (884); *BGH* NJW 1980, S. 123 (123); *Hättig* in *von Westphalen*, AGB, Maklervertrag, Rn. 48; *MüKo-Roth*, § 652, Rn. 89; *Erman-Werner*, § 652 BGB, Rn. 12.
163 *BGH* WM 1974, S. 257 (258); *Hättig* in *von Westphalen*, AGB, Maklervertrag, Rn. 50; *MüKo-Roth*, § 652, Rn. 96.
164 *Spindler* in *Spindler/Wiebe*, E. II., Rn. 9.

schaffen. Wie bei der klassischen Auktion steht als geschuldete Hauptleistung das Bemühen um die erfolgreiche Vermittlung des Vertragsabschlusses im Vordergrund; dabei vermag die Tatsache, dass das Auktionshaus – bedingt durch das Medium Internet – seine Vermittlungsleistungen auf technischer Grundlage erbringt, eine Unterscheidung zur Vermittlungstätigkeit des herkömmlichen Versteigerers nicht zu begründen.[165]

Es spricht einiges dafür, die Tätigkeit des Online-Auktionators der eines Nachweismaklers gleichzustellen. Die Abgrenzung zwischen Nachweis- und Vermittlungstätigkeit lässt sich indes im Einzelfall häufig nicht ganz exakt ziehen. Eine genaue Differenzierung ist bei der Privaten Internet-Auktion auch nicht vonnöten, da beide Leistungen vom Gesetz gleichrangig behandelt werden und eine Unterscheidung lediglich bei dem Einwand der Vorkenntnis relevant ist, auf die sich der Anbieter bei der Online-Auktion ohnehin nicht berufen kann.[166]

An dieser Stelle gilt zunächst festzuhalten, dass die geschuldete Hauptleistung des Online-Versteigerers eine Nachweis- bzw. Vermittlungstätigkeit im Sinne des Maklervertrages darstellt. Der Anbieter leistet demgegenüber – dem Maklertypus entsprechend – bei erfolgreichem Kaufvertragsabschluss, welcher infolge dieser Vermittlung zustande kommt, eine kaufpreisabhängige Provision. Nach der bisherigen Analyse besteht somit wie bei der klassischen Auktion eine Kombination aus dienst- und maklervertraglichen Elementen, so dass für die rechtliche Beurteilung wiederum durch Auslegung zu ermitteln wäre, welche Bedeutung den einzelnen Elementen nach dem Parteiwillen zukommt.[167] Dabei wurde allerdings noch nicht untersucht und soll auf der Basis der bisherigen Ergebnisse nachgeholt werden, wie sich die oftmals vorgesehene Pflicht des Anbieters zur Entrichtung einer sogenannten Einstell- oder Angebotsgebühr – welche unabhängig vom Zustandekommen des Kaufvertrages zu leisten ist – in das bisher ermittelte Gesamtbild des Vertrages einfügt.

b) Angebotsgebühr als Aufwendungsersatz gemäß § 652 Abs. 2 BGB

Fraglich ist, ob die Verpflichtung zur Leistung der Angebotsgebühr einer Zuordnung der vertraglichen Hauptleistung des Anbieters zum Maklertypus entgegen steht. Dies wäre zu bejahen, sofern die Angebotsgebühr den Charakter einer

---

[165] Ähnlich *Hager* in JZ 2001, S. 786 (789).

[166] Grundsätzlich ist der Einwand der Vorkenntnis (z. B. aufgrund eines Nachweises eines anderen Maklers) nur bei Nachweismaklertätigkeiten relevant und kann dem Vermittlungsmakler nicht entgegengesetzt werden. Vgl. grds. hierzu *Hättig* in *von Westphalen*, AGB, Maklervertrag, Rn. 73; *MüKo-Roth*, § 652, Rn. 52/158; *Staudinger-Reuter*, §§ 652, 653, Rn. 28.

[167] Bezogen auf den Maklerdienstvertrag *BGH* NJW 1988, S. 967 (968); *Soergel-Lorentz*, Vor § 652, Rn. 5; vgl. hierzu auch *Wolf* in *Wolf/Horn/Lindacher*, § 9 AGBG, M 19.

erfolgsunabhängigen Vergütung aufweist, welche nach dem Willen der Parteien als Gegenleistung die Vermittlungstätigkeit des Online-Versteigerers entlohnt.
Im Schrifttum wird diese Frage unterschiedlich beantwortet; während *Kaeding* hierin eine Vergütung für das Tätigwerden schlechthin sieht, qualifiziert *Wiebe* die Angebotsgebühr als Aufwendungsersatz.[168]
Zwar ist dem Maklertypus die Erhebung einer erfolgsunabhängigen Provision fremd, den Ersatz seiner Auslagen und Unkosten gemäß § 652 Abs. 2 S. 1 BGB kann der Makler bei entsprechender Vereinbarung aber durchaus verlangen. Dies erscheint gerade im Rahmen des Maklerdienstvertrages auch insofern nicht unbillig, als der Makler bzw. Versteigerer hier Aufwendungen zur Erfüllung konkreter Leistungsverpflichtungen hat.[169] Aufgrund der Tätigkeitspflicht des Online-Versteigerers stellt der Versteigerungsvertrag regelmäßig eine Geschäftsbesorgung dar, und gedanklich setzt Aufwendungsersatz ein Handeln im fremden Namen voraus. Mit Blick auf § 652 Abs. 2 S. 2 BGB steht es der Ersatzfähigkeit von Aufwendungen grundsätzlich auch nicht entgegen, wenn der Kaufvertrag im Rahmen der Online-Auktion nicht zustande kommt.
Aufwendungen stellen keinen Ausgleich für Zeitaufwand oder entgangenen Gewinn dar, sondern orientieren sich „wirklich und ausschließlich" am tatsächlichen Aufwand und decken herkömmlicher Weise z. B. Kosten für Telefon und Inserate ab.[170]
Die Angebotsgebühr deckt bei der Privaten Online-Auktion verschiedenartige Leistungen ab, so zum Beispiel die Möglichkeit, einen verdeckten Mindestpreis zu äußern oder die Bietschritte sowie das Ende der Auktion festzulegen.[171] Auch erheben einige Häuser Gebühren für die Nutzung bestimmter Einstelloptionen, wie z. B. die durch Größe und Platzierung besonders hervorgehobene Präsentation.[172]
Ähnlich den Veröffentlichungskosten des Maklers ist der konkrete Aufwand des Auktionshauses, an dem sich die Angebotsgebühr ausrichtet, mit der Veröffentlichung des angebotenen Gegenstandes auf der entsprechenden Auktionsseite messbar.[173] Macht man sich klar, dass sich die Angebotsgebühr in der Größenordnung von € 0,15 bis € 1 bewegt und demgegenüber die erfolgsabhängige

---

[168] *Wiebe* in *Spindler/Wiebe*, D. II., Rn. 9; *Kaeding* in NJW-CoR 2000, S. 249 (249).
[169] Vgl. für den Alleinauftrag *BGH* WM 1987, S. 471 (473).
[170] *BGHZ* 99, S. 374 (383); *Hättig* in *von Westphalen*, AGB, Maklervertrag, Rn. 58; vgl. auch *Staudinger–Reuter*, §§ 652, 653, Rn. 172.
[171] Laut Stiftung Warentest: „Internetauktionen – Zuschlag mit Risiko" aus test 11/2000 bieten gerade die Auktionshäuser, die Angebotsgebühren erheben, einen umfangreichen Service, beispielsweise gute Bewertungssysteme.
[172] Siehe Teil 1, 2. Kapitel, B. I./VI.
[173] Vgl. für die Online-Auktion *Wiebe* in *Spindler/Wiebe*, D. II., Rn. 9; für die klassische Versteigerung *v. Hoyningen–Huene* in NJW 1973, S. 1473 (1475); für den Makler *Staudinger–Reuter*, §§ 652, 653, Rn. 172/173.

Provision 4-7 % des Kaufpreises beträgt,[174] wird deutlich, dass in der Angebotsgebühr keine erfolgsunabhängige Provision liegt, durch die nach dem Willen der Vertragspartner die Vermittlungstätigkeit des Online-Auktionshauses entlohnt werden soll. Aufgrund ihrer geringen Höhe soll die Angebotsgebühr keine Gegenleistung für die eigentliche Vermittlungstätigkeit des Auktionshauses darstellen; vielmehr orientiert sie sich am konkreten Aufwand für die Leistung des Anbietens des Gegenstandes und steht einer Einordnung als Aufwendung im Sinne des § 652 Abs. 2 BGB nicht entgegen.[175]
Es bleibt festzuhalten, dass die Angebotsgebühr als bloßer Aufwendungsersatz im Sinne des § 652 Abs. 2 BGB zu qualifizieren ist, welcher den Charakter der Hauptleistung des Anbieters als ein vom Zustandekommen des Kaufvertrages abhängiges Zahlungsversprechen im Sinne des Maklertypus unberührt lässt.

c) Fehlende Abschluss- und Entschließungsfreiheit des Anbieters

Die Versteigerungsbedingungen der Online-Auktionshäuser enthalten regelmäßig eine Bestimmung,[176] wonach es dem Anbieter nicht freistehen soll, zu entscheiden, ob er den Kaufvertrag am Ende der Auktion abschließen will oder nicht, sondern der Vertrag soll automatisch mit Verstreichenlassen des Angebotszeitraumes zustande kommen, sofern ein entsprechendes Gebot vorliegt.
Es gilt im Weiteren zu untersuchen, ob und inwieweit sich diese in den Versteigerungsbedingungen des Internet-Auktionshauses festgelegte Verpflichtung des Anbieters, dass er das höchste Gebot des zeitlich letzten Bieters für den Kaufvertragsschluss als verbindlich erachte, auf die typologische Zuordnung des Vertragsverhältnisses zwischen Anbieter und Auktionshaus auswirkt.
Neben der Abhängigkeit des Provisionsanspruchs vom Zustandekommen des Hauptvertrages infolge der entsprechenden Vermittlungstätigkeit ist es ein wesentlicher Grundgedanke des Maklervertrages, dass der Auftraggeber nicht zum Abschluss des Hauptvertrages verpflichtet ist.[177] Grundsätzlich soll der Auftraggeber „Herr des Geschäfts" bleiben und sich allein von der Wahrung seiner eigenen Interessen leiten lassen.[178] Dieser Entschließungs- und Abschlussfreiheit des Auftraggebers könnte die genannte Verpflichtung des Anbieters zum Vertragsabschluss mit dem Höchstbieter entgegenstehen und bereits insoweit gegen eine Vertragszuordnung zum Maklertypus sprechen.

---

[174] Siehe hierzu Teil 1, 2. Kapitel, B. VI.
[175] Ebenso *Wiebe* in *Spindler/Wiebe*, D. II., Rn. 9.
[176] Siehe Anhang: § 6 Abs. 6 AVB.
[177] Vgl. zur Abschlussfreiheit des Auftraggebers beim Maklervertrag *BGH* NJW 1985, S. 2477 (2478) sowie *MüKo-Roth*, § 652, Rn. 218; *Schwerdtner*, Maklerrecht, Rn. 293/985; *Staudinger-Reuter*, Vor §§ 652 ff., Rn. 1.
[178] *BGH* NJW 1967, S. 1225 (1226); *BGH* MDR 1968, S. 404 (405); *Staudinger-Reuter*, §§ 652, 653, Rn. 176; *MüKo-Roth*, § 652, Rn. 229; *Reuter* in NJW 1990, S. 1321 (1327).

Im Schrifttum finden sich zu dieser Frage bislang lediglich zwei Stellungnahmen, die in ihrer Gegensätzlichkeit die Problematik aber genau zu Tage fördern: *Kaeding* ist der Ansicht, dass gerade die in den Versteigerungsbedingungen der Auktionshäuser vorgesehene eingeschränkte Abschlussfreiheit des Anbieters gegen die Einordnung als Maklerdienstvertrag spreche.[179] Demgegenüber begnügt sich *Wiebe* mit der Feststellung, dass eine solche in den Auktionsbedingungen festgeschriebene Bindung des Anbieters für die typologische Einordnung der Leistungen nicht relevant und insofern für die Rechtsnatur des Vertrages unerheblich sei.[180]
Eingangs dieses Kapitels wurde die Frage aufgeworfen, welchen Nutzen eine Typisierung zu bringen vermag und gleichsam dahingehend beantwortet, dass bei einer entsprechenden Vertragszuordnung das jeweilige dispositive Gesetzesrecht als Leitbild im Rahmen einer gerichtlichen Inhaltskontrolle dient. Führt man sich diese Vorüberlegung vor Augen, erscheint es nicht logisch, eine Versteigerungsbedingung, welche die Entschließungsfreiheit des Anbieters einschränken soll, als Argument dafür heranzuziehen, eine Zuordnung zu dem gesetzlichen Typus Maklervertrag zu verneinen, weil sie seinem Wesen nicht entspricht. Dergestalt würde man sich ja gerade den Weg zu einer Überprüfung der „Vertragsabschlussklausel" anhand der Grundgedanken des Maklervertrages abschneiden.
Andererseits wurde bereits deutlich, dass die Zuordnung zu einem Typus im Unterschied zu der Subsumtion unter einen Begriff einen gewissen Beurteilungsspielraum bietet; maßgeblich ist das Vorliegen „typischer" kennzeichnender Züge eines Vertragstypen, die sich aus den jeweiligen Leistungsversprechen ergeben. Dabei muss man sich vergegenwärtigen, dass sich die Leistungsversprechen der Parteien bei dem Online-Versteigerungsvertrag gerade aus dem vorgefertigten Klauselwerk des Auktionshauses ergeben.
Im Blick hierauf könnte man die Auffassung vertreten, dass die spezielle Eigenart dessen, was der Anbieter gegenüber dem virtuellen Auktionshaus verspricht und damit der Umfang seiner vertraglich festgelegten Leistungspflicht – nämlich die Pflicht zum Abschluss des Kaufvertrages bei Vorliegen eines Gebotes in Verbindung mit der Zahlung einer Provision für diesen Fall – von dem Leistungsversprechen des Auftraggebers beim Maklervertrag – Zahlung ebenfalls nur bei Vertragsschluss, wobei der Abschluss dem Auftraggeber freisteht – so weit abweicht, dass diese Leistungspflicht des Anbieters eben nicht mehr der Leistungspflicht des Auftraggebers beim Maklervertrag entspricht. Folglich müsste man zu dem Schluss kommen, dass aufgrund der entsprechenden Vertragsabschlussklausel eine derart veränderte Leistungspflicht vorliegt, welche durch eine Zuordnung zum Maklertypus nicht mehr zutreffend erfasst wird.

---

[179] *Kaeding* in NJW-CoR 2000, S. 249 (249).
[180] *Wiebe* in *Spindler/Wiebe*, D. IV., Rn. 8.

Eine solche Betrachtung vermag aber letztlich nicht zu überzeugen, wie die folgenden Überlegungen zeigen:
Im Gegensatz zu der Erfolgsabhängigkeit der Provision und dem Kausalitätserfordernis zwischen Vermittlungsleistung und Vertragsabschluss („infolge") ist die Entschließungsfreiheit des Auftraggebers kein konstitutives Tatbestandsmerkmal des Maklervertrages gemäß § 652 Abs. 1 S. 1 BGB. Bei dem Online-Versteigerungsvertrag verpflichtet sich der Anbieter zur Zahlung einer Provision nur „im Falle des Zustandekommens eines Vertrages".[181] Führt die Versteigerung nicht zum Erfolg, weil das Start- oder Mindestgebot nicht erreicht wurde, besteht auch keine Verpflichtung zur Provisionszahlung. Diese erfolgsabhängige Leistungspflicht entspricht dem Leistungsversprechen beim Maklervertrag. Die sich aus den Versteigerungsbedingungen ebenfalls ergebende Verpflichtung zum Abschluss des Kaufvertrages gegenüber dem Höchstbieter steht mit dieser Hauptleistungspflicht „lediglich" mittelbar in Zusammenhang.
Dies stellt im Übrigen wohl auch einen Unterschied zu der ansonsten verwandten Problematik hinsichtlich der Zuordnung des Leasingvertrages dar. Ohne an dieser Stelle näher auf den Streit um die Rechtsnatur des Leasingvertrages einzugehen, normiert § 535 Abs. 1 S. 1, 2 BGB als konstitutive Hauptleistungspflichten des Vermieters die Gebrauchsüberlassung *und* Erhaltung zum vertragsgemäßen Gebrauch der Mietsache, wohingegen das Leistungsversprechen beim Leasingvertrag nach dem übereinstimmenden Willen beider Vertragspartner nur die Überlassungspflicht umfasst.[182]
Beim Online-Versteigerungsvertrag hingegen umfasst die vom Willen des Anbieters getragene Verpflichtung zur erfolgsabhängigen Vergütung als seine Hauptleistung gegenüber dem Auktionshaus zunächst einmal genau diejenige Pflicht, die § 652 Abs. 1 S. 1 BGB festschreibt. Insofern ist eine Zuordnung dieser Hauptleistungspflicht zum Maklertypus konsequent. Demgegenüber wird die Vertragsabschlussbestimmung, die keine unmittelbare Leistungspflicht im Verhältnis zum Auktionshaus darstellt, sondern nur mittelbar auf das Provisionsversprechen ausstrahlt, gerade nicht notwendig von seinem Parteiwillen getragen.
Vor diesem Hintergrund muss man zu dem Ergebnis kommen, dass sich die in den Versteigerungsbedingungen festgeschriebene Abschlussklausel nicht auf die typologische Zuordnung der Hauptleistungen von Anbieter und virtuellem Auktionshaus auswirkt. Es gilt an dieser Stelle vielmehr festzuhalten, dass die ent-

---

[181] Siehe Anhang: § 9 Abs. 3 AVB.
[182] Nicht zuletzt vor diesem Hintergrund wird man den Leasingvertrag wohl nur als eigenen Vertragstyp und nicht als atypischen Mietvertrag einordnen können; vgl. hierzu *Lieb* in DB 1988, S. 946 (948). – Vgl. zum Überblick über den Meinungsstand der Rechtsnatur des Leasing sowie zu der Grundstruktur des Vertrages *MüKo-Habersack*, Leasing, Rn. 21 ff.; vgl. auch *Brandner* in *Ulmer/Brandner/Hensen* § 9 AGBG, Rn. 140 – Zwar hält der *BGH* an seiner Einordnung als Mietvertrag fest, betont aber gleichzeitig, dass Durchbrechungen und Ausnahmen vom Leitbild der Miete grundsätzlich möglich sind; vgl. *BGHZ* 95, S. 39 (49).

sprechende Vertragsabschlussklausel keine Relevanz für die Bestimmung der Rechtsnatur des Online-Versteigerungsvertrages zwischen Anbieter und Auktionshaus aufweist, sondern es sich bei der mit der Klausel beabsichtigten Bindung des Anbieters um ein Problem der AGB-rechtlichen Zulässigkeit handelt.[183]

4. Abwägung der einzelnen Vertragselemente

Die Analyse der jeweiligen Leistungspflichten des virtuellen Versteigerers sowie des Anbieters hat schließlich zu dem Ergebnis geführt, dass auch dieses Vertragsverhältnis aus einer Mischung von dienst- und maklervertraglichen Elementen gekennzeichnet ist, so dass wiederum eine Abwägung der einzelnen Vertragselemente zu erfolgen hat.
Führt man sich vor Augen, dass einerseits die Pflicht des Online-Auktionshauses zum Tätigwerden nicht dem Wesen des Maklervertrages entspricht, und andererseits der Anbieter neben der Erfolgsprovision eine Einstellgebühr zahlt, stellt sich die Frage, ob die Parteien mit dem Online-Versteigerungsvertrag einen eigenständigen neuen Vertragstypus geschaffen haben, für den das Leitbild der §§ 652 ff. BGB nicht herangezogen werden kann. So sprechen sich einzelne Stimmen in der Literatur für einen Vertragstypus eigener Art aus,[184] wobei sich eine Angemessenheitskontrolle gemäß § 307 Abs. 2 Nr. 1 BGB an einem aus den allgemein anerkannten Rechtsgrundsätzen entwickelten Leitbild bzw. nach § 307 Abs. 2 Nr. 2 BGB an der durch die Privatautonomie geprägten Vertragsnatur und an der Verkehrsanschauung orientieren müsste.[185]
Dieser Auffassung ist aber vor dem Hintergrund der soeben erfolgten Vertragsanalyse unter Zugrundelegung des Parteiwillens nicht zu folgen. Der Vertrag zwischen Anbieter und virtuellem Auktionshaus hat eine Nachweis- bzw. Vermittlungstätigkeit zum Gegenstand. Wie im gesetzlichen Normalfall des Maklervertrages knüpft die Berechnung des Entgelts nicht an den Aufwand des Online-Versteigerers an; vielmehr gehen beide Parteien übereinstimmend davon aus, dass das virtuelle Auktionshaus die Vertragsvermittlung sozusagen auf eigenes Risiko besorgt. Die Angebotsgebühr deckt insoweit lediglich die Kosten für das Anbieten des Gegenstandes ab. Gleichwohl sind sich die Parteien darüber einig, dass das Online-Auktionshaus eine Tätigkeitspflicht trifft; insbesondere muss es die technischen Mittel zur Durchführung der Auktion bereitstellen. Vorbereitung und Durchführung der Auktion und die hierfür erforderlichen

[183] Ebenso *Wiebe* in *Spindler/Wiebe*, D. IV., Rn. 8; a. A. *Kaeding* in NJW-CoR 2000, S. 249 (249).
[184] *Kaeding* in NJW-CoR 2000, S. 249 (251); bezogen auf alle Arten der Internet-Auktion *Spindler* in *Spindler/Wiebe*, E. II., Rn. 11.
[185] Vgl. zu dem Verhältnis von § 307 Abs. 2 Nr. 1 und Nr. 2 BGB *Brandner* in *Ulmer/Brandner/Hensen*, § 9 AGBG, Rn. 131 sowie *Stoffels*, S. 415 ff.

technischen Leistungen werden aber für den Anbieter nur „wertvoll", wenn es zum Vertragsabschluss kommt.[186] Maßstab und Anknüpfungspunkt für die Entgeltpflicht ist der subjektive Wert für den Anbieter, welcher nur bei erfolgreichem Kaufvertragsabschluss messbar ist. Dabei wurde herausgearbeitet, dass die Vertragsabschlussklausel im Rahmen der typologischen Zuordnung der Hauptleistungen von Anbieter und Auktionshaus gerade nicht heranzuziehen ist.
Im Gesamtbild des Vertrages ist entscheidend, dass nach dem Willen der Parteien als Gegenleistung eben nicht die Tätigkeit des Online-Versteigerers vergütet werden soll, sondern der Nutzen des Anbieters bei erfolgreichem Vertragsabschluss infolge der Inanspruchnahme des Online-Auktionshauses. Damit sind die entscheidenden Elemente des Maklervertrages vorhanden, so dass sich die Parteien mit dem Online-Versteigerungsvertrag primär dem Leitbild des § 652 BGB unterworfen haben und sich die Versteigerungsbedingungen des Online-Auktionshaus im Rahmen einer Inhaltskontrolle auch hieran messen lassen müssen. Der Tätigkeitspflicht und damit dem Charakter des Makler*dienst*vertrages wird durch ergänzende Heranziehung der §§ 611 ff. BGB Rechnung getragen.[187] Folglich ist die Vertragsabschlussklausel im Rahmen einer inhaltlichen Angemessenheitsprüfung vor dem Hintergrund der grundsätzlichen Entschließungsfreiheit des Auftraggebers zu würdigen.
Hinter dem Prinzip der Entschließungs- und Abschlussfreiheit des Auftraggebers steht der dem Maklerrecht immanente Gedanke, dass der Nichtabschluss eines dem Auftraggeber angetragenen provisionspflichtigen Vertragsabschlusses sanktionslos bleiben muss.[188] Der Auftraggeber soll nicht das Provisionsinteresse des Maklers berücksichtigen müssen, sondern frei entscheiden können, ob er die provisionspflichtige Vertragsgelegenheit wahrnimmt oder nicht.[189] Bei Zugrundelegung der Vertragsabschlussklausel verzichtet der Anbieter im vorhinein auf seine Entscheidungsfreiheit; nur durch abstrakte Kriterien, wie der Festlegung des Startgebotes und der Bietschritte, soll der Anbieter bei der Privaten Online-Auktion gewisse Richtlinien setzen können. Dies kann er insbesondere für den Fall, dass das Internet-Auktionshaus die Option der Angabe eines Mindestpreises bietet und der Anbieter von dieser Möglichkeit Gebrauch macht. Auch in der klassischen Auktion entscheidet nicht der Einlieferer am Ende der Versteigerung, ob er das höchste Gebot annimmt oder nicht; vielmehr schließt der Auktionator als Stellvertreter des Einlieferers den Kaufvertrag ab. Er ist

---

[186] Vgl. zur Abgrenzung zwischen Makler- und Geschäftsbesorgungsvertrag: *BGH* BB 1977, S. 1672 (1673).
[187] Vgl. zur Einordnung des Maklerdienstvertrages unter das Leitbild des § 652 BGB *BGH* NJW 1988, S. 967 (968); I. E. für die Private Internet-Auktion wie hier *Wiebe* in *Spindler/Wiebe*, D. II., Rn. 9.
[188] Vgl. *BGH* NJW 1967, S. 1225 (1226); *Soergel-Lorentz*, § 652, Rn. 94; *Staudinger-Reuter*, §§ 652, 653, Rn. 176.
[189] *BGH* NJW 1967, S. 1225 (1226).

hierzu allerdings nicht verpflichtet, sondern kann den Vertragsschluss verweigern; hierbei muss er die Interessen des Einlieferers berücksichtigen und sich an dessen Anweisungen halten.
Die Zulässigkeit der Abschlussbestimmung erscheint mit Blick auf die vorstehenden Ausführungen fragwürdig. Insofern ist es gerade Aufgabe einer inhaltlichen Angemessenheitsprüfung anhand des Leitbildes des § 652 BGB – eine wirksame Einbeziehung der Klausel als AGB zunächst vorausgesetzt – zu prüfen, ob die mit dieser Versteigerungsbedingung verbundene Einschränkung der Entschließungsfreiheit des Anbieters bei der Online-Versteigerung möglicherweise aufgrund der Besonderheiten des Mediums Internet notwendig ist und die Interessen des Anbieters funktionsgleich kompensiert werden.
Diese Frage ist eng verbunden mit einer Problematik, für die in diesem Zusammenhang schon einmal das Bewusstsein geweckt werden soll: Die Zulässigkeit der Vertragsabschlussklausel erscheint insbesondere vor dem Hintergrund bedenklich, dass der Anbieter hiermit im Verhältnis zum Höchstbieter einem Kontrahierungszwang unterworfen wird – unabhängig davon, ob ihm das „Höchst"gebot für den von ihm angebotenen Gegenstand angemessen erscheint oder nicht. Ohne den folgenden Ausführungen vorzugreifen, müsste man unter Heranziehung der Vertragsabschlussklausel bereits mit Eröffnung der Auktion eine bindende Willenserklärung des Anbieters gerichtet auf Abschluss des Kaufvertrages annehmen. Im weiteren Verlauf dieser Arbeit wird aufzuzeigen sein, dass eine derartige Ausgestaltung des Vertragsabschlusses im Hinblick auf § 156 BGB, welcher keinen Kontrahierungszwang vorsieht, nicht unproblematisch ist.

5. Ergebnis

Die Untersuchungen zur Einordnung des Vertragsverhältnisses zwischen Anbieter und Online-Auktionshaus sind wie folgt zusammenzufassen:
Eine Zuordnung zum Typus Miete kommt nicht in Betracht. Die Leistung des Internet-Auktionshauses stellt keine Sachüberlassung, sondern eine Tätigkeit dar; zudem fehlt es an der Pflicht zur Entrichtung eines Mietzinses. Wie beim Maklervertrag löst erst der erfolgreiche Vertragsabschluss die Zahlungspflicht als Hauptleistung des Anbieters im Sinne einer prozentual am Gegenstand des Kaufvertrages orientierten Provision aus. Die Leistung der Angebotsgebühr ist lediglich als Aufwendungsersatz gemäß § 652 Abs. 2 S. 1 BGB zu werten. Demgegenüber übt der virtuelle Versteigerer gleich seinem Pendant in der realen Welt eine Nachweis- bzw. Vermittlungstätigkeit im Sinne des § 652 Abs. 1 S. 1 BGB aus, wobei er nach den Vorstellungen beider Parteien zum Tätigwerden verpflichtet ist.
Eine Abwägung der einzelnen Elemente anhand des Parteiwillens führt zu dem Schluss, dass dieser Mischtypus des Maklerdienstvertrages im Rahmen einer

Inhaltskontrolle an dem Leitbild der §§ 652 ff. BGB zu messen ist, ergänzend sind die §§ 611 ff. BGB heranzuziehen. Die in den Versteigerungsbedingungen der Online-Auktionshäuser festgeschriebene Vertragsabschlussklausel muss sich daher an dem Grundgedanken der Abschluss- und Entschließungsfreiheit des Auftraggebers messen lassen.

II. Vertragsverhältnis zwischen Bieter und Auktionshaus

Nunmehr ist zu untersuchen, wie das Vertragsverhältnis zwischen Online-Auktionshaus und Bieter einzuordnen ist.
Zwischen dem Bieter und dem virtuellen Auktionshaus kommt ähnlich wie bei der herkömmlichen Auktion ein Vertragsverhältnis zustande, das im Wesentlichen die technische Organisation der Entgegennahme und Ausweisung der gewünschten Gebote im Rahmen der Internet-Auktion beinhaltet. Der virtuelle Versteigerer übernimmt die Verpflichtung, die von den Bietern eingehenden Gebote ordnungsgemäß zu verarbeiten und zu publizieren und gibt dem Bieter hiermit die Chance zum Abschluss des Kaufvertrages mit dem Anbieter. Er übt insofern eine Tätigkeit in fremdem Interesse im Sinne der Besorgung eines Geschäfts für den Bieter aus.[190]
Im Unterschied zur klassischen Variante, in der eine sogenannte Aufgeldvereinbarung getroffen wird, ist regelmäßig vom Bieter keine Gebühr oder Provision an den Online-Versteigerer zu entrichten.[191] Aufgrund der fehlenden Vergütung kommt somit eine Qualifizierung des Vertragsverhältnisses zwischen Internet-Auktionshaus und Bieter als Dienst- oder Maklervertrag nicht in Betracht. Vielmehr ist – in Übereinstimmung mit der einhelligen Auffassung in der Literatur – ein Geschäftsbesorgungsvertrag in Gestalt eines Auftrages gemäß § 662 BGB anzunehmen.[192]
Nutzt der Bieter die in der Regel kostenpflichtige Möglichkeit, mit Hilfe eines Agenten, d. h. einer speziellen Software zu bieten, übernimmt der Online-Versteigerer als konkrete Gegenleistung für die Entrichtung der entsprechenden Gebühr zusätzlich die Verpflichtung, mittels des entsprechenden Computerprogramms die jeweiligen Gebote für den Bieter abzugeben und wird damit eindeutig in dessen Interesse tätig. Für diesen Fall besteht ein Dienstvertrag mit Geschäftsbesorgungscharakter gemäß §§ 611, 675 BGB. Eine Einordnung als

---

[190] Vgl. zu den Voraussetzungen des Geschäftsbesorgungsvertrages gemäß § 675 BGB *Hk-BGB-Schulze*, § 675, Rn. 4; *Palandt-Sprau*, § 675, Rn. 2 ff.; *Staudinger–Martinek*, § 675, Rn. A 23.
[191] Siehe Anhang: § 9 Abs. 1 S. 1 AVB sowie für die klassische Versteigerung Teil 2, 2. Kapitel, B.
[192] So *Wiebe* in *Spindler/Wiebe*, D. II., Rn. 15; *Spindler* in *Spindler/Wiebe*, E. II., Rn. 9; *Wessely* in medien und recht 2000, S. 266 (269); *Wilmer* in NJW-CoR 2000, S. 94 (99); *Gaul* in WM 2000, S. 1783 (1784).

Werkvertrag nach §§ 631, 675 BGB ist zu verneinen, denn mangels Einflussmöglichkeit auf die Bietkonkurrenz kann das virtuelle Auktionshaus als Betreiber des Softwareprogramms nicht dafür einstehen, dass das Agentengebot schließlich zum Vertragsabschluss führt.
Es bleibt somit als Ergebnis festzuhalten, dass der Online-Versteigerer im Verhältnis zum Bieter eine Geschäftsbesorgungs- bzw. Auftragstätigkeit übernimmt. Im Rahmen einer Inhaltskontrolle gilt es zu beachten, dass die dem Leitbild des Geschäftsbesorgungsvertrages entsprechende Leistung des Online-Auktionshauses ebenfalls von einem gewissen Vertrauen geprägt ist, welches das Auktionshaus auch zur Wahrung der Interessen des Bieters verpflichtet.[193]

III. Vertragsverhältnis zwischen Anbieter und Bieter

Wie bei der traditionellen Versteigerung, bei welcher der Versteigerer in fremdem Namen versteigert, kommt bei der virtuellen Auktion der Kaufvertrag gemäß § 433 BGB zwischen dem Anbieter und dem erfolgreichen Bieter zustande. Insofern ergeben sich Ansprüche bezüglich des Auktionsgegenstandes hinsichtlich Leistungsstörungen oder Gewährleistung ausschließlich in diesem Vertragsverhältnis.[194]
Allerdings ist – wie bereits angesprochen – problematisch und insofern im Folgenden Gegenstand der Untersuchungen, ob und unter welchen Gesichtspunkten von einem verbindlichen Vertragsschluss zwischen Anbieter und Bieter im weltumspannenden Netz auszugehen ist.

C. Ergebnis Teil 2, 3. Kapitel

Obwohl sich die Private Online-Auktion in ihrem praktischen Ablauf deutlich von der klassischen Versteigerung unterscheidet, weisen die hier entstehenden Vertragsbeziehungen bei näherer Betrachtungen für die typologische Zuordnung entscheidende Übereinstimmungen mit der herkömmlichen Auktion auf.
Auch der Online-Versteigerungsvertrag zwischen Anbieter und virtuellem Auktionshaus zeichnet sich durch dienst- und maklervertragliche Züge aus und ist als solcher „Mischtyp“ vorrangig an den §§ 652 ff. BGB zu messen; ergänzend sind die §§ 611 ff. BGB heranzuziehen. Insofern ist die in den Versteigerungsbedingungen enthaltene Vertragsabschlussklausel im Rahmen einer inhaltlichen Angemessenheitsprüfung vor dem Hintergrund des maklerrechtlichen Prinzips der Entschließungs- und Abschlussfreiheit des Auftraggebers zu untersuchen.
Demgegenüber begründen Auktionshaus und Bieter regelmäßig ein Geschäftsbesorgungsverhältnis in Gestalt des Auftrages gemäß § 662 BGB, so dass bei

---

[193] Vgl. hierzu grds. *Wolf* in *Wolf/Horn/Lindacher*, § 9 AGBG, G 151 ff.; für die klassische Versteigerung *BGH* NJW 1996, S. 527 (528).
[194] Siehe hierzu *Gaul* in WM 2000, S. 1783 (1788).

einer Inhaltskontrolle die Regeln des Auftragsrechts Berücksichtigung finden müssen.

Teil 3: Der Vertragsschluss zwischen Anbieter und Bieter im Rahmen der Privaten Online-Auktion

Der Vertrag ist ein mehrseitiges Rechtsgeschäft, durch das die Vertragsschließenden sich wechselseitig an die Vertragsnorm binden, welche sie sich selbst mit der beiderseitigen Erklärung eines übereinstimmenden Rechtsfolgewillens gesetzt haben.[195] Der Vertragsschluss erfordert somit mindestens zwei übereinstimmende, mit Bezug aufeinander abgegebene Willenserklärungen.[196]
Im Folgenden ist zunächst darauf einzugehen, ob sich grundsätzlich hinsichtlich des Vertragsschlusses im Internet Besonderheiten ergeben.

1. Kapitel: Die Willenserklärung im Internet

Auch ein elektronischer Vertragsschluss erfordert die Abgabe zweier sich deckender – elektronischer – Willenserklärungen.
Die Willenserklärung ist Äußerung eines auf die Herbeiführung einer Rechtswirkung gerichteten Willens, d. h. eines Willens, der auf die Begründung, inhaltliche Änderung oder Beendigung eines privaten Rechtsverhältnisses abzielt.[197] Sie setzt sich aus objektiven und subjektiven Wesensmerkmalen zusammen. Subjektiv unterscheidet man den auf die Vornahme der Erklärungshandlung bezogenen Handlungswillen, das Erklärungsbewusstsein im Sinne des Bewusstseins, damit rechtsgeschäftlich tätig zu werden, und den Geschäftswillen, d. h. den auf die Herbeiführung einer bestimmten Rechtsfolge gerichteten Rechtsbindungswillen; zum objektiven Tatbestand genügt jede Äußerung, die den Rechtsfolgewillen nach außen erkennen lässt.[198]
Seit jeher umstritten ist die Frage, welche von den genannten typologischen Merkmalen der Willenserklärung zu deren konstitutiven Tatbestandsmerkmalen zählt.[199]
Folgt man der Geltungstheorie und der Lehre von der normativen Zurechnung, setzt der Tatbestand der Willenserklärung einen objektiven, als Geltungserklärung auszulegenden Erklärungsakt voraus, den der Erklärende zumindest mit

---

[195] Vgl. zum Wesen und Begriff des Vertrages *Larenz/Wolf*, AT, § 29; *MüKo–Kramer*, Vor § 145, Rn. 1 ff.
[196] Vgl. zum Vertragsschluss *Flume*, AT II, § 35 sowie *Larenz/Wolf*, AT, § 23, Rn. 8.
[197] Siehe *Larenz/Wolf*, AT, § 22, Rn. 6; *MüKo–Kramer*, Vor § 116, Rn. 18.
[198] Vgl. den Überblick in *MüKo-Kramer*, Vor § 116, Rn. 18 ff.
[199] Übersicht zum Theorienstreit bei *Flume*, AT II, § 4, 6; § 19; *MüKo–Kramer*, Vorb. § 116, Rn. 4 f.; *Eisenhardt* in JZ 1986, S. 875 (877).

Handlungswillen vorgenommen hat und dessen rechtsgeschäftliche Bedeutung ihm normativ zuzurechnen ist.[200] Dagegen zählen der Geschäftswille und das Erklärungsbewusstsein nach überwiegender Meinung nicht zu den unerlässlichen Tatbestandsmerkmalen einer Willenserklärung.[201]

An dieser Stelle ist die Darstellung von Einzelheiten entbehrlich. Anknüpfungspunkt für den Tatbestand einer Willenserklärung ist immer die menschliche Erklärungshandlung, welche auf einen Rechtsbindungswillen zumindest schließen lässt.

Im Hinblick auf die elektronischen Medien ist zu unterscheiden, ob sie als reine Kommunikationsmittel dienen oder als eigenständige Erzeuger und Empfänger von Erklärungen fungieren.

A. Elektronisch übermittelte Willenserklärung

Einer Erklärung, die vom Erklärenden selbst formuliert und im Wege der Telekommunikation übermittelt wird, mangelt es nicht an der erforderlichen menschlichen Willensbildung; an dem Vorliegen einer Willenserklärung bestehen hier keine Zweifel.[202]

Denn beispielsweise durch das individuelle Ausfüllen eines Bestellformulars manifestiert sich der Wille einer natürlichen Person, welcher lediglich auf elektronische Weise an den Empfänger übermittelt wird. Es kann keinen Unterschied machen, ob eine Willenserklärung per Mausklick, Enter-Taste oder per E-Mail abgegeben wird oder klassisch durch Briefpost oder das gesprochene Wort.[203] So hat auch der *BGH* nunmehr ausdrücklich klargestellt, dass Willenserklärungen durch elektronische Übermittlung einer Datei im Internet – online – abgegeben werden können.[204] Man spricht insoweit anschaulich von elektronisch übermittelten Willenserklärungen.[205]

B. Automatisierte Willenserklärung

Hiervon zu unterscheiden sind solche Erklärungen, die, nachdem die maßgeblichen Daten von Hand eingegeben wurden, von einem Computer mit Hilfe eines

---

[200] *Medicus*, Bürgerliches Recht, Rn. 129-131.

[201] *Palandt–Heinrichs*, Einf. v. § 116, Rn. 2 ff.; a. A. *Köhler*, BGB AT, § 13 I.

[202] Vgl. allgemein hierzu *Mehrings* in *Hoeren/Sieber*, Kap. 13.1, Rn. 25/30; *Soergel–Wolf*, Vor § 145, Rn. 108; *Heun* in CR 1994, S. 595 (595); *Rott* in NJW-CoR 1998, S. 420 (422); *Jessen* in ZUM 1998, S. 282 (291); *Köhler/Arndt*, Rn. 87 ff.

[203] Vgl. bereits *Fritzsche/Malzer* in DNotZ 1995, S. 3 (8); *Ernst* in NJW-CoR 1997, S. 165 (165); *v. Herget* in DStR 1996, S. 1288 (1291); *Scherer/Butt* in DB 2000, S. 1009 (1012).

[204] *BGH* MMR 2002, S. 95 (96).

[205] *Soergel–Wolf*, Vor § 145, Rn. 108; *Larenz–Wolf*, AT, § 30, Rn. 52. Die Begriffsbestimmung ist in diesem Bereich nicht einheitlich, z. T. wird auch von automatisierter bzw. elektronischer Willenserklärung gesprochen.

Computerprogramms erzeugt werden.[206] Auch hier liegt eine Willenserklärung vor, weil sich der Absender das maschinelle Arbeitsergebnis durch den Akt des In-Verkehr-Bringens zu eigen macht.[207] In Abgrenzung zur elektronisch übermittelten Erklärung soll der Terminus automatisierte Willenserklärung verwendet werden.

C. Computererklärung

Problematischer erscheint der Fall, in dem die Erklärung mittels eines Computerprogramms aufgrund vorheriger Programmierung automatisiert erzeugt und elektronisch übermittelt wird, ohne dass konkret ein Mensch daran beteiligt ist.[208] Die Besonderheit besteht insofern darin, dass weder im Zeitpunkt der Erstellung noch im Zeitpunkt der Abgabe der Erklärung ein aktives menschliches Handeln erfolgt.

Eine solche als Computererklärung zu bezeichnende Erklärung liegt beispielsweise vor, wenn ein Versandhaus die Bestellung eines Kunden sofort über das Netz bestätigt. Aber auch im Falle des sogenannten Agentengebotes bei der Privaten Internet-Auktion, bei dem eine Software die gewünschten Gebote automatisch abgibt, liegt eine Computererklärung vor.[209] Der Bieter „programmiert" die Software zunächst nach seinen Wünschen, welche daraufhin in dem vom Bieter vorgegebenen Rahmen tätig wird.

Die Einordnung einer solchen Computererklärung als Unterfall der automatisierten Erklärung als Willenserklärung war lange nicht unumstritten, dürfte aber mittlerweile im Sinne einer Bejahung rechtsdogmatisch geklärt sein.[210]

Einer Ansicht zufolge ist hierfür die Figur der Willenserklärung „ad incertas personas" beim Automatenkauf als Vergleich heranzuziehen, wo ebenfalls bereits in dem Aufstellen des Automaten ein Angebot liegt, ohne dass der Automatenaufsteller jeweils noch eine gesonderte Willenserklärung abgeben müsse.[211]

---

[206] Z. B. die Erstellung eines Versicherungsscheins unter Berechnung der Versicherungsprämie nach Eingabe der entsprechenden Daten wie Laufzeit, Risiko, Alter des Kunden etc.

[207] *Mehrings* in *Hoeren/Sieber*, Kap. 13.1, Rn. 32.

[208] *Mehrings* in *Hoeren/Sieber*, Kap. 13.1, Rn. 27.

[209] Ebenso *Gaul* in WM 2000, S. 1783 (1791); *Wiebe* in *Spindler/Wiebe*, D. III., Rn. 38; vgl. grds. zum Vertragsabschluss durch autonome (intelligente) elektronische Agenten *Cornelius* in MMR 2002, S. 353 ff. Dabei wird ein Softwareprogramm dann als intelligenter elektronischer Agent angesehen, wenn dieser für einen Benutzer bestimmte Aufgaben erledigen kann und dabei einen Grad an Intelligenz besitzt, die ihn befähigt, seine Aufgaben in Teilen autonom durchzuführen und mit seiner Umwelt auf sinnvolle Art und Weise zu interagieren.

[210] Auf eine ausführliche Darstellung und Auseinandersetzung mit den einzelnen Begründungsansätzen wird im Rahmen der vorliegenden Arbeit verzichtet; vgl. hierzu aber *Kuhn*, S. 59 ff. sowie *Mehrings* in *Hoeren/Sieber*, Kap. 13.1, Rn. 33 ff; *Taupitz/Kritter* in JuS 1999, S. 839 (840).

[211] *Fritsche/Malzer* in DNotZ 1995, S. 1 (7).

Andere Begründungsansätze ziehen eine Parallele zur Blanketterklärung oder befürworten eine analoge Anwendung der §§ 164 ff. BGB.[212] Wegen der relativen Autonomie solcher Softwareprogramme liege es nahe, ihr „Handeln" dem Nutzer zuzurechnen, welcher mit der Initialisierung der Software bzw. des Agenten unter einer bestimmten Verhandlungsstrategie – gleichsam einer Blanketterklärung – eine Vollmacht abgegeben habe.[213] Dabei wird jedoch übersehen, dass das Computerprogramm keine autonomen Entscheidungen trifft, sondern lediglich Operationen nach dem vorgegebenen Programm durchführt. Im Hinblick darauf, dass das Recht der Stellvertretung von einer gewissen Eigenverantwortlichkeit und Selbständigkeit des Stellvertreters ausgeht, ist dieser Ansatz – auch mit der Maßgabe der „analogen" Anwendung – abzulehnen.[214]

Greift man das bereits oben Dargelegte wieder auf, nämlich dass für eine Willenserklärung eine menschliche Erklärungshandlung erforderlich ist, die auf einen Rechtsbindungswillen des Erklärenden schließen lässt, ergibt sich die Einordnung der Computererklärung als Willenserklärung mit *Kuhn*[215] und *Mehrings*[216] auf der Grundlage allgemeiner Erwägungen. Denn auch der Tätigkeit des Computers liegt immer ein menschlicher Wille zugrunde. Schon darin, dass sich der Erklärende überhaupt des Computers bedient, liegt eine vom Willen des Erklärenden getragene Handlung. Der Umstand, dass dieser Wille möglicherweise nicht zum Zeitpunkt der Erzeugung der Computererklärung vorliegt, ändert daran nichts. Wie *Mehrings* zutreffend herausgearbeitet hat, kann eine Willenserklärung sozusagen auch im Wege einer Arbeitsteilung zwischen Mensch und Maschine vorgenommen werden.[217] Mit der Inbetriebnahme der entsprechenden Software legt der Nutzer die Rahmenbedingungen für die vom Computer erstellten Erklärungen fest, auch wenn er diese nicht im Detail bestimmt.[218] Die Herstellung der einzelnen Erklärungen beruht somit zwar nicht auf dem konkreten Rechtsfolgewillen, aber auf dem generellen Willen des Benutzers, der den Computer als technisches Werkzeug für die Verfertigung seiner Willenserklärung einsetzt. Es ist nicht erforderlich, dass sich der Benutzer jede einzelne Erklärung (durch eine Unterschrift oder ähnliches) zu eigen macht. Allein der Wille, sich die Ergebnisse als eigene Willenserklärungen zurechnen zu lassen, reicht aus.[219] Schließlich ist zu bedenken, dass hinsichtlich der Frage der Zurechnung die Sicht des Erklärungsempfängers maßgeblich ist und der Erklären-

[212] So *Wiebe* in *Spindler/Wiebe*, D. III., Rn. 39 im Hinblick auf das „Agentengebot" bei der Privaten Internet-Auktion.
[213] Vgl. *Wiebe* in *Spindler/Wiebe*, D. III., Rn. 39.
[214] Ebenso *Kuhn*, S. 65; *Cornelius* in MMR 2002, S. 353 (355).
[215] *Kuhn*, S. 69 ff.
[216] *Mehrings* in *Hoeren/Sieber*, Kap. 13.1, Rn. 40 ff.
[217] *Mehrings* in *Hoeren/Sieber*, Kap. 13.1, Rn. 41; ebenso *Kuhn*, S. 69 ff.
[218] *Mehrings* in MMR 1998, S. 30 (31); *Cornelius* in MMR 2002, S. 353 (355).
[219] *Kuhn*, S. 58; *Mehrings* in *Hoeren/Sieber*, Kap. 13.1, Rn. 45; *Cornelius* in MMR 2002, S. 353 (355).

de auf der Empfängerseite ein berechtigtes Vertrauen darauf schafft, an die von seinem Computer erstellte und übermittelte Erklärung gebunden zu sein.[220]
Als Fazit bleibt festzuhalten, dass unter Heranziehung der soeben dargestellten Begründung mit der mittlerweile ganz herrschenden Meinung die Computererklärung als Willenserklärung zu qualifizieren ist.[221]

D. Ergebnis Teil 3, 1. Kapitel

Sowohl die lediglich auf elektronischem Weg – z. B. per E-Mail – übermittelte Willenserklärung als auch die automatisierte Willenserklärung und die Computererklärung als Unterfall derselben erfüllen den Tatbestand der Willenserklärung.
Auch bei der Nutzung des Internets kommt folglich ein Vertrag zustande, wenn und soweit der Grundtatbestand des Vertragsschlusses, die Abgabe eines Angebots und dessen Annahme, gegeben sind.[222]

2. Kapitel: Die gesetzliche Ausgangslage

Losgelöst von den Versteigerungsbedingungen der virtuellen Auktionshäuser kommen aus dem allgemeinen Teil des BGB nunmehr zwei dogmatische Lösungsansätze zur Begründung des Kaufvertrages zwischen Anbieter und Bieter in Betracht. Einerseits könnte man anknüpfen an die allgemeinen Grundsätze der §§ 145 ff. BGB, andererseits könnte der Vertrag nach der bereits angesprochenen Sondervorschrift des § 156 BGB zustande kommen, welche den Vertragsschluss bei der Versteigerung zum Gegenstand hat.
Zunächst sei der Ablauf bei der Privaten Auktion im Internet nochmals in Erinnerung gerufen: Nachdem der Anbieter die erforderlichen Angaben hinsichtlich des Auktionsgegenstandes, einen Startpreis für die Gebote sowie die Dauer der Auktion in die hierfür vorgesehene Maske eingegeben hat, präsentiert das virtuelle Auktionshaus den vom Anbieter zu veräußernden Gegenstand auf einer seiner Auktionsseiten. Nach der Freischaltung der Präsentationsseite können alle bei dem gleichen Auktionshaus registrierten Personen mittels E-Mail ihre Gebote abgeben. Das Ende der Auktion vollzieht sich computergesteuert mit dem Ablauf des Zeitraumes, der vorher festgelegt wurde.

---

[220] *Heun* in CR 1994, S. 595 (596); *Köhler* in AcP 182, S. 126 (134).
[221] Vgl. *Palandt–Heinrichs*, Einf. v. § 116, Rn. 1; *Soergel–Hefermehl*, Vor § 116, Rn. 30; *Staudinger–Dilcher*, Vorbem. §§ 116-144, Rn. 6; *Jauernig-Jauernig*, Vor § 104, Rn. 1; *Medicus*, Allg. Teil, Rn. 256; *Larenz/Wolf*, AT, § 30, Rn. 56.
[222] Vgl. *BGH* MMR 2002, S. 95 (96); *Palandt–Heinrichs*, § 145, Rn. 2; *Soergel–Wolf*, Vor § 145, Rn. 108 ff; vgl. zum Ganzen *Hoeren*, Grundzüge des Internetrechts, S. 6 ff.; *Köhler/Arndt*, Rn. 87 ff.

A. Der Vertragsschluss nach den §§ 145 ff. BGB

Zieht man die §§ 145 ff. BGB als allgemeine Grundsätze für das Zustandekommen von Verträgen heran und lässt – wie bereits eingangs bemerkt – zunächst die Versteigerungsbedingungen der Internet-Auktionshäuser außer Acht, stellt sich die Frage, ob in der Warenpräsentation des Anbieters bereits ein Angebot oder lediglich eine bloße Aufforderung zur Abgabe von Angeboten zu sehen ist. Bei Warenangeboten auf Webseiten im Internet liegt nach herrschender Ansicht für gewöhnlich nur eine invitatio ad offerendum vor.[223]
Demgegenüber vertritt *Mehrings* die Auffassung, dass die Präsentation von Waren im Internet grundsätzlich als ein rechtlich bindendes Angebot „ad incertas personas" zu werten sei, soweit kein einschränkender Zusatz erfolge.[224] Diese Sichtweise erscheint indes auch für den elektronischen Geschäftsverkehr nicht zutreffend, ist sie doch mit den gleichen Argumenten angreifbar, mit denen sie auch beim herkömmlichen Verkauf verneint wird: Der Verkäufer möchte sich nicht binden, etwa weil noch eine Überprüfung der Bonität des Kunden oder der eigenen Liefermöglichkeit erfolgen soll; insbesondere eine Schadensersatzpflicht wegen Nichterfüllung steht hier ebenso im Raum. Das vorgebrachte Argument, der „juristisch nicht vorgebildete Internetteilnehmer" würde beispielsweise in dem Aufruf „Sonderangebot! Bestellen Sie jetzt!" ein Angebot sehen,[225] überzeugt nicht; denn es ist nicht einzusehen, wieso hinsichtlich der Verständnismöglichkeit des durchschnittlichen Internetteilnehmers ein anderer Maßstab angelegt wird, als bei dem Kunden in der realen Welt.
Ein vermittelnder Ansatz will die Frage nicht pauschal und einheitlich beantworten, sondern auf die jeweilige Sicht eines durchschnittlichen Empfängers abstellen. Reißerisch und befristet ausgestaltete Angebote müssten hiernach als rechtlich verbindliche Angebote gelten.[226]
Die Argumentation, dass der Verkäufer sich nicht gegenüber einer beliebigen Vielzahl von Vertragspartnern binden möchte, muss gleichermaßen für den Anbieter bei der Privaten Internet-Auktion Geltung beanspruchen. Die Warenpräsentation richtet sich an sämtliche potenzielle Auktionsteilnehmer, die alle rechtliche Folgen aus der Erklärung herleiten könnten, obwohl dies die Kapazitäten des Anbieters übersteigt. Vor diesem Hintergrund besteht weitgehend Einigkeit,

---

223 Vgl. bereits *Ernst* in NJW-CoR 1997, S. 165; *Köhler* in NJW 1998, S. 185 (187) sowie *Kuhn*, S. 112; *Hoeren*, Rechtsfragen des Internet, Rn. 281, S. 119; *Palandt-Heinrichs*, § 145, Rn. 2; *ders.* § 312b, Rn. 4.

224 *Mehrings* in BB 1998, S. 2373 (2375); *ders.* in *Hoeren/Sieber*, Kap. 13.1, Rn. 61.

225 *Mehrings* in *Hoeren/Sieber*, Kap. 13.1, Rn. 60.

226 *Ende/Klein*, S. 18. - Einheitlich werden die Fälle, in denen prinzipiell beliebig vermehrbare Leistungen angeboten werden, z. B. der Verkauf von Standardsoftware per Download, als verbindliche Angebote qualifiziert. Vgl. hierzu *Hoffmann* in NJW 2001, Heft 14, S. 7; *Ende/Klein*, S. 18; *Taupitz/Kritter* in JuS 1999, S. 839 (840); *Lauktien/Varadinek* in ZUM 2000, S. 466 (467).

dass grundsätzlich auch das Anbieten der Auktionsware im Internet lediglich als invitatio ad offerendum gewertet werden kann.[227]
Es gilt somit zunächst festzuhalten, dass nach der gesetzlichen Ausgangslage unter Heranziehung der §§ 145 ff. BGB in der Freischaltung der Warenpräsentation eine invitatio ad offerendum zu sehen ist.
Der Antrag auf einen Vertragsabschluss im Sinne des § 145 BGB müsste demzufolge von dem Bieter ausgehen, welchen der Anbieter zur Begründung des Kaufvertrages annehmen müsste. Dabei stellt sich angesichts der Vielzahl der Bieter, die bei der auf eine bestimmte Dauer angelegten Veranstaltung ihre Gebote abgeben, zum einen die Frage, wie lange der einzelne Bieter an seinen Antrag gebunden ist und wann sein Antrag erlischt? Korrespondierend hierzu fragt sich, wie lange der Anbieter das Angebot annehmen kann und ob er das Recht hat, mit einem Bieter zu kontrahieren, der unterhalb des Höchstgebotes liegt? Diese Fragen führen zu § 156 BGB, welcher den Vertragsschluss innerhalb der Versteigerungsveranstaltung zum Gegenstand hat.

B. Das Vertragsschlussmodell des § 156 BGB

Unter der Voraussetzung, dass eine Versteigerung vorliegt, hat die Art des Zustandekommens des Vertrages mit der Vorschrift des § 156 BGB eine besondere Ausgestaltung erfahren.
Das Gesetz bestimmt in § 156 BGB:

„Bei einer Versteigerung kommt der Vertrag erst durch Zuschlag zustande. Ein Gebot erlischt, wenn ein Übergebot abgegeben oder die Versteigerung ohne Erteilung des Zuschlags geschlossen wird."

Im Folgenden wird zunächst grundsätzlich das Vertragsschlussmodell des § 156 BGB vorgestellt und die sich mit dieser Vorschrift gegenüber den allgemein für Willenserklärungen geltenden Regeln der §§ 145 ff. BGB ergebenden Modifizierungen analysiert.

I. Ausbieten als invitatio ad offerendum

Bereits seit dem ausgehenden Mittelalter wurde die Frage erörtert, wie bei einer Auktion der Kaufvertrag zustande kommt.[228]

---

[227] Bezogen auf die Internet-Auktion: *LG Münster* in MMR 2000, S. 280 (282); *Burgard* in WM 2001, S. 2102 (2104); *Ernst* in CR 2000, S. 303 (308); *Lettl* in JuS 2002, S. 219 (221); *Wiebe* in MMR 2000, S. 323 (325); *Ulrici* in JuS 2000, S. 947 (948); *Wilkens* in DB 2000, S. 666 (667); *Stögmüller* in K & R 1999, S. 391 (394).
[228] Vgl. zum Ganzen *Rüfner* in JZ 2000, S. 715 (716), der in einer Anmerkung zur Entscheidung des *LG Münster* im „ricardo-de-Fall" in MMR 2000, S. 280 die Entstehungsgeschichte

In der im 19. Jahrhundert ausführlich geführten Diskussion ging es gerade darum, ob die Ausbietung des Auktionsgegenstandes bereits ein verbindliches Angebot darstellt oder lediglich eine unverbindliche invitatio ad offerendum.[229] Nach dem Wortlaut des § 156 S. 1 BGB kommt der Vertrag erst durch Zuschlag zustande. Somit ist der Streit von den Vätern des BGB klar zugunsten der Ansicht entschieden worden, die in dem Ausbieten nur eine invitatio ad offerendum sah; denn der Vertragsschluss erfolgt gerade nicht schon mit Abgabe eines Gebotes, sondern erst mit Erteilung des Zuschlages. Daraus ergibt sich, dass das Ausbieten des Versteigerers nicht bereits das Angebot an die Bieter ist, welches durch ein Gebot angenommen werden kann, sondern die Aufforderung zum Stellen von Angeboten.[230]

II. Das Gebot als Antrag

Erst der Bieter gibt mit seinem Gebot im Sinne des § 156 S. 2 BGB eine Angebotserklärung ab, welche den allgemeinen Bestimmungen einer empfangsbedürftigen Willenserklärung unterliegt;[231] das Gebot muss insbesondere inhaltlich bestimmt sein und dem Versteigerer zugehen.[232] Es wird in der klassischen Versteigerung in der Regel als mündliche Erklärung unter Anwesenden abgegeben.[233] Insofern tritt die Wirksamkeit des nicht verkörperten Gebotes – entspre-

---

des § 156 BGB und den historischen Streit zwischen *Jhering* und *Kindervater* aufgearbeitet hat. Dabei weist *Rüfner* in JZ 2000, S. 715 (716) darauf hin, dass die anscheinend erste Stellungnahme von dem berühmten italienischen Rechtsgelehrten *Bartolus von Saxoferrato* (1313 oder 1314 bis 1357) stammt, der die Frage im Zusammenhang mit der in italienischen Kommunen üblichen Versteigerung des Rechts auf bestimmte öffentliche Abgaben an Zollpächter untersuchte; vgl. *Bartolus de Saxoferrato*, In Primam Digesti Novi Partem Praelectiones (Lyon 1554) f. 53vb (ad D. 39,4,9 pr.). Vgl. auch *Hager* in JZ 2001, S. 786 (787), der im Zusammenhang mit der Internet-Auktion ebenfalls kurz auf die Vorgeschichte des § 156 BGB eingeht.

229 Aus dem Jahre 1865 ist eine viel zitierte Kontroverse bekannt: *Kindervater* in JheringsJb 7, S. 1 ff. favorisierte dieses Modell, während *Jhering* in JheringsJb 7, S. 166 ff. die Lösung im Sinne des heutigen § 156 BGB anstrebte.

230 Vgl. hierzu die Motive zum Entwurfe eines BGB für das Deutsche Reich, Band I, S. 176/177; *BGH* NJW 1998, S. 2350 (2350); *RGZ* 96, S. 102 (102); *Flume*, AT II, § 35 I. 1.; *v. Tuhr*, BGB AT, Band II, Hb. 1, § 62 VII, S. 491; *v. Hoyningen-Huene* in NJW 1973, S. 1473 (1476); *Soergel-Wolf*, § 156, Rn. 2; *Staudinger–Bork*, § 156, Rn. 3.

231 *BGH* NJW 1998, S. 2350 (2350); *MüKo–Kramer*, § 156, Rn. 2; *Soergel–Wolf*, § 156, Rn. 4; *Staudinger–Bork*, § 156, Rn. 3.

232 Zu den Voraussetzungen des Antrages *Larenz/Wolf*, AT, § 29, Rn. 15; *Palandt-Heinrichs*, § 145, Rn. 1.

233 Vgl. *BGH* NJW 1983, S. 1186 (1187); *Soergel-Wolf*, § 156, Rn. 4; *Staudinger–Bork*, § 156, Rn. 3.

chend der eingeschränkten Vernehmungstheorie[234] – ein, wenn es vom Versteigerer wahrgenommen wird.
Nach der allgemeinen Regel des § 146 Alt. 1 BGB endet die Bindung des Bieters an das Gebot, wenn es von dem Versteigerer zurückgewiesen wird. In Abweichung zu dem Rechtssatz des § 147 Abs. 1 S. 1 BGB, dass das mündlich gestellte Angebot erlischt, wenn es nicht sofort angenommen wird, bestimmt § 156 S. 2 BGB, dass das Gebot erlischt, wenn ein Übergebot abgegeben wird oder die Versteigerung ohne Erteilung des Zuschlages geschlossen wird. Aus diesem Wortlaut folgt, dass der letzte Bieter bis zum Schluss der Versteigerung an seinen Antrag gebunden ist. Gleichzeitig stellt § 156 S. 2 Alt. 2 BGB klar, dass das Gebot nach Schließung der Versteigerung nicht mehr angenommen werden kann.
Die Motive zum Entwurfe des § 90 BGB, dem direkten Vorläufer des heutigen § 156 BGB, führen hierzu als Begründung an, dass der Bieter erwarten könne und in der Regel davon ausgehen werde, „dass bis zum Schlusse der Versteigerung über die Annahme oder Ablehnung seines Gebotes entschieden wird."[235] Angestrebt war mit § 156 S. 2 BGB insoweit eine transparente und eindeutige Regelung, die allen Beteiligten Klarheit darüber verschafft, ob und wann ein Gebot erlischt.[236]
Hinsichtlich des Übergebotes als Erlöschensgrund für das Gebot des Bieters gemäß § 156 S. 2 Alt. 1 BGB war umstritten, ob diese Folge nur bei einem wirksamen Gebot eintritt.[237] Die heutige Literatur ist übereinstimmend der Ansicht, dass es auf die Rechtswirksamkeit des Übergebotes nicht ankommt, sondern nur auf dessen Existenz.[238]
Diese Sichtweise ist auch zutreffend, denn dem Wortlaut des § 156 S. 2 Alt. 1 BGB lässt sich nicht entnehmen, dass er an ein „wirksames" Übergebot anknüpft; vielmehr stellt die Norm nur auf die Tatsache der Abgabe des Übergebots ab. Das ändert freilich nichts daran, dass das Übergebot eine Willenserklärung ist, die wirksam sein muss, um einen Vertragsschluss herbeizuführen. Bei § 156 S. 2 Alt. 1 BGB geht es aber nicht um diese Rechtsfolge einer Willenserklärung, so dass daraus nicht der Schluss gezogen werden kann, auch § 156 S. 2 Alt. 1 BGB setze zwingend ein wirksames Übergebot voraus.[239] Dass der Normgeber § 156 S. 2 Alt. 1 BGB in diesem Sinne verstanden wissen wollte, zeigt wiederum der Blick in die Motive zum Entwurf des damaligen § 90 BGB. Das Problem, dass der Zweck der Versteigerung möglicherweise durch das Dazwi-

---

[234] Vgl. hierzu *Larenz/Wolf*, AT, § 26, Rn. 32.
[235] Vgl. die Motive zu dem Entwurfe eines BGB für das Deutsche Reich, Band I, S. 177.
[236] *BGH* NJW 1983, S. 1186 (1187).
[237] Vgl. *Birkel*, S. 16; *Schneider*, Auktionsrecht, S. 86.
[238] *Soergel–Wolf*, § 156, Rn. 6; *Staudinger–Bork*, § 156, Rn. 4; *MüKo-Kramer*, § 156, Rn. 4; *Erman-Hefermehl*, § 156, Rn. 3.
[239] Ebenso *Schneider*, Auktionsrecht, S. 87, Fn. 446.

schentreten eines zahlungsunfähigen Bieters vereitelt wird, wurde nämlich durchaus gesehen, aber von einer ausdrücklichen Regelung, den Bietenden im Falle des Übergebotes nur dann frei werden zu lassen, wenn der Versteigerer das letztere nicht sofort zurückgewiesen hat, abgesehen.[240] Auch eine teleologische Auslegung stützt diese Sichtweise, denn nur so kann Rechtssicherheit gewährleistet werden. Mit § 156 S. 2 Alt. 1 BGB wird zum einen der vorangehende Bieter geschützt, der ein berechtigtes Interesse an der alsbaldigen Klärung hat, ob sein Gebot noch fortwirkt.[241] Zum andern verschafft § 156 S. 2 Alt. 1 BGB den übrigen Bietern Klarheit, welches Gebot aktuell wirksam ist, um hierauf interessengerecht reagieren zu können. Insofern wird – um mit dem *BGH* zu formulieren – dem Grundsatz der Transparenz des Versteigerungsablaufs Rechnung getragen.[242] Etwas anderes kann nach diesem Grundsatz nur ausnahmsweise dann gelten, wenn das Übergebot offensichtlich unwirksam ist oder wegen eines Mangels vom Versteigerer sofort zurückgewiesen wird. Geschieht die Zurückweisung sofort nach Abgabe des Gebotes, liegt also – für jeden Bieter erkennbar – kein Übergebot vor und das vorangegangene Gebot erlischt nicht.[243]

III. Der Zuschlag als Annahme

Gemäß § 156 S. 1 BGB kommt durch den Zuschlag der Vertrag zustande. Der Zuschlag hat demnach die Wirkung einer Annahmeerklärung und unterliegt ebenfalls den allgemeinen Regeln über Willenserklärungen.[244]

Wie dargelegt, erlischt nach dem Wortlaut des § 156 S. 2 Alt. 2 BGB das Höchstgebot, wenn die Versteigerung ohne Erteilung des Zuschlags geschlossen wird. Daraus folgt, dass für den Versteigerer nicht die Möglichkeit bestehen soll, außerhalb der Versteigerungsveranstaltung „nachträglich" den Vertragsschluss durch Annahme herbeizuführen. Vielmehr muss der Versteigerer den Zuschlag als nicht verkörperte Erklärung in der Versteigerungsveranstaltung abgeben.

Im praktischen Ablauf wird der Zuschlag vom Versteigerer nach „Ausbieten", d. h. in der Regel erst dann erteilt, wenn nach dreimaligem Wiederholen des Höchstgebotes kein Übergebot abgegeben wird.[245]

Nach allgemeiner Ansicht ist der Zuschlag im Unterschied zu der Annahmeerklärung nicht empfangsbedürftig.[246] Er wird demnach mit Abgabe wirksam und

---

[240] Vgl. die Motive zu dem Entwurfe eines BGB für das Deutsche Reich, Band I, S. 177.

[241] *Erman-Hefermehl*, § 156, Rn. 3; *Staudinger-Borg*, § 156, Rn. 4; *MüKo-Kramer*, § 156, Rn. 4.

[242] Vgl. *BGH* in NJW 1983, S. 1186 (1187).

[243] Vgl. *MüKo-Kramer*, § 156, Rn. 4; *Soergel–Wolf*, § 156, Rn. 8.

[244] So ausdrücklich die Motive zu dem Entwurfe eines BGB für das Deutsche Reich, Band I, S. 177; vgl. auch *BGH* NJW 1998, S. 2350 (2350); *RGZ* 96, S. 102 (103).

[245] Siehe § 18 VerstV.

[246] *V. Tuhr*, BGB AT, Band II, Hb. 1, § 62 VII, S. 492; *Erman-Hefermehl*, § 156, Rn. 2; *Staudinger–Bork*, § 156, Rn. 5 m. w. N.; *Staudinger–Dilcher*, § 130, Rn. 7.

es kommt nicht darauf an, dass der Bieter ihn vernimmt. Der Zuschlag kann insofern auch abgegeben werden, nachdem der Bieter sich entfernt hat.[247]
Für die Richtigkeit dieser Annahme lässt sich zum einen § 156 S. 2 BGB heranziehen. Bereits *von Tuhr* hat hieraus zutreffend geschlossen, wenn der Bieter nach § 156 S. 2 BGB an sein Gebot bis zum Schluss der Versteigerung gebunden sei, dürfe es ihm nicht freistehen, sich durch Entfernung vom Versteigerungsort dem Zuschlag zu entziehen.[248]
Die Nichtempfangsbedürftigkeit des Zuschlags ergibt sich zum andern aus dem systematischen Zusammenhang mit § 15 BeurkG, welcher sich auf die Beurkundung freiwilliger Versteigerungen bezieht.[249] Zur Vereinfachung des Beurkundungsverfahrens bestimmt § 15 S. 1 BeurkG, dass nicht jeder Anwesende, sondern nur der an sein Gebot gebundene Bieter als „Beteiligter" im Sinne des BeurkG anzusehen ist; insofern hat nur der Meistbietende, der an den Zuschlag gebunden bleibt, die Niederschrift gemäß § 13 Abs. 1 BeurkG zu unterschreiben.[250] Hiervon abweichend sieht § 15 S. 2 BeurkG vor, dass die Unterschrift zur Gültigkeit der Urkunde über die Versteigerung nicht erforderlich ist, wenn sich der Meistbieter vor dem Schluss der Versteigerung, d. h. vor Erteilung des Zuschlages, entfernt hat; in diesem Fall genügt eine entsprechende Feststellung des Notars. § 15 S. 2 BeurkG stellt somit den wirksamen Vertragsschluss nicht in Frage, sondern geht vielmehr ausdrücklich davon aus, dass auch gegenüber demjenigen Bieter, der die Verhandlung vorzeitig verlässt, der Zuschlag wirksam erteilt und damit der Vertrag geschlossen werden kann.[251]
Auch führt die teleologische Auslegung zu diesem Ergebnis. Denn andernfalls könnte sich der Meistbietende in einem Zeitpunkt, in dem die anderen Gebote wegen Überbietung gegenstandslos geworden sind, durch einfaches Entfernen aus seiner Verpflichtung lösen und die ganze Versteigerung hinfällig werden lassen.[252] Schließlich ist auf die Drittbezogenheit der Erklärung abzustellen; wegen des unmittelbaren Interesses aller an der Versteigerung Beteiligten müssen klare Regeln gelten. Dem würde es entgegenlaufen, wenn die Wirksamkeit der Annahmeerklärung von der Anwesenheit und dem Zugang zum Bietenden abhängig gemacht würde.[253] Es widerspricht auch nicht der Billigkeit, dass der Zu-

---

[247] *Soergel–Wolf*, § 156, Rn. 10; *v. Tuhr*, BGB AT, Band II, Hb. 1, § 62 VII, S. 492.
[248] *V. Tuhr*, BGB AT, Band II, Hb. 1, § 62 VII, S. 492, Fn. 216.
[249] Vgl. *Mecke/Lerch*, § 15 BeurkG, Rn. 1; *Huhn*, § 15 BeurkG, Rn. 1; *Keidel/Winkler*, § 15 BeurkG, Rn. 2.
[250] *Keidel/Winkler*, § 15 BeurkG, Rn. 9; *Huhn*, § 15 BeurkG, Rn. 7.
[251] *Keidel/Winkler*, § 15 BeurkG, Rn. 10; *Mecke/Lerch*, § 15 BeurkG, Rn. 5; mit dem Hinweis auf § 15 S. 2 BeurkG begründen auch *Palandt-Heinrichs*, § 156, Rn. 1; *MüKo-Kramer*, § 156, Rn. 3; *Staudinger–Bork*, § 156, Rn. 5; *Soergel–Wolf*, § 156, Rn. 4 die Nichtempfangsbedürftigkeit des Zuschlages.
[252] Vgl. *Keidel/Winkler*, § 15 BeurkG, Rn. 10.
[253] Diese Begründung für die Nichtempfangsbedürftigkeit des Zuschlages liefert *Wiebe* in *Spindler/Wiebe*, D. III., Rn. 17 in Zusammenhang mit der Internet-Auktion.

schlag in Abwesenheit des Bieters erteilt werden kann; denn dieser muss, wenn er das Lokal verlässt, dafür sorgen, dass die Erteilung des Zuschlages zu seiner Kenntnis kommt.[254]
Dogmatisch wird die Nichtempfangsbedürftigkeit des Zuschlages von *Birkel* damit begründet, dass eine Verkehrssitte im Sinne des § 151 S. 1 Alt. 1 BGB existiere und demnach ein Zugang der Annahmeerklärung nicht erforderlich sei.[255] Nach *Schneider* ist in dem Verhalten des Bieters ein konkludenter Verzicht auf den Zugang der an sich empfangsbedürftigen Willenserklärung gemäß § 151 S. 1 Alt. 2 BGB zu sehen.[256] Die erste Auffassung, dass bei der Versteigerung eine entsprechende Verkehrssitte besteht, erscheint aufgrund der Besonderheit des Verfahrens und der Vielzahl der Beteiligten zutreffender. Jedem Bieter, der den Versteigerungsraum vor Zuschlagerteilung verlässt, ist klar, dass der Zuschlag auch noch an ihn erteilt werden kann, solange kein höheres Gebot vorliegt. Hierin wird freilich regelmäßig auch ein stillschweigender Verzicht auf den Zugang nach § 151 S. 1 Alt. 2 BGB zu sehen sein.

IV. Fehlender Kontrahierungszwang

Der Versteigerer unterliegt keinem Kontrahierungszwang, sondern kann frei entscheiden, ob er ein Gebot annimmt oder nicht.[257] Er ist nicht verpflichtet, dem Meistbietenden den Zuschlag zu erteilen.[258] Dies ergibt sich aus § 156 S. 2 Alt. 2 BGB, der ausdrücklich die Schließung der Versteigerung ohne Zuschlagerteilung vorsieht. Bei Verweigerung des Zuschlages an das Höchstgebot lebt das vorher abgegebene Gebot wieder auflebt. Dies ist aber wegen des eindeutigen Wortlauts des § 156 S. 2 Alt. 1 BGB zu verneinen; hiernach ist das vorangegangene Gebot durch die Abgabe des Übergebotes erloschen und kann nicht aufgrund einseitiger Erklärung des Versteigerers wieder wirksam werden.[259]

V. Entstehungsgeschichte und Regelungsgehalt des § 156 BGB

Vor diesem Hintergrund drängt sich die Frage auf, welche Motive den Gesetzgeber veranlasst haben, das soeben vorgestellte Modell für das Zustandekommen von Verträgen im Rahmen der Versteigerung gesetzlich festzuschreiben,

---

[254] Vgl. *Schneider,* Auktionsrecht, S. 87; *v. Tuhr*, BGB AT, Band II, Hb. 1, § 62 VII, S. 492, Fn. 216.
[255] *Birkel*, S. 22.
[256] *Schneider,* Auktionsrecht, S. 87.
[257] Vgl. *v. Tuhr*, BGB AT, Band II, Hb. 1, § 62 VII, S. 491; *Schneider,* Auktionsrecht, S. 88.
[258] Vgl. die Motive zu dem Entwurfe eines BGB für das Deutsche Reich, Band I, S. 177; *MüKo-Kramer*, § 156, Rn. 4; *Thomsen*, S. 50; *v. Hoyningen-Huene*, NJW 1973, S. 1473 (1477).
[259] *Soergel–Wolf*, § 156, Rn. 6; *MüKo-Kramer*, § 156, Rn. 4.

welches dem Verkäufer die Freiheit lässt, das Höchstgebot anzunehmen oder auf den Vertragsschluss zu verzichten.
Denn wie bereits eingangs angesprochen, war vor Einführung des § 156 BGB keinesfalls unumstritten, ob nicht bereits in dem Ausruf des Versteigerers das bindende Angebot liegt. Diese Variante ist schließlich auch Grundlage einiger Gesetze geworden; in diesem Zusammenhang ist zum Beispiel das Sächsische BGB zu nennen, welches in seinem § 819 eine entsprechende Bindung des Verkäufers vorsah.[260]
Aufschluss über die Beweggründe des Gesetzgebers, sich für das vorgestellte Verfahren zu entscheiden, geben wiederum die Motive zum Entwurfe des § 90 BGB, dem Vorläufer des heutigen § 156 BGB. Ausweislich der Gesetzesbegründung hat man die vorliegende Gestaltung nicht etwa aus dem Grund gewählt, weil man in dem anderen Modell einen Widerspruch zu den Bestimmungen über die Bestimmtheit eines Angebotes sah[261] – insofern ebenso wenig wie die heute herrschende Meinung.[262] Nach dem Willen der Gesetzesväter sollte der Vertragsschluss unter dem Vorbehalt des Zuschlages stehen, weil „nur diese Gestaltung der Auffassung des Lebens entspricht und dem regelmäßigen Zweck der Versteigerung gerecht wird".[263] Zum einen wollte man mit der bewussten Entscheidung, den Verkäufer nicht vor Ende der Auktion zu binden, vorbeugen, dass dieser mit einem ihm nicht zusagenden Vertragspartner kontrahieren muss.[264] Vor allem aber wurde befürchtet, dass sich ansonsten die Kaufinteressenten verabreden könnten, nur einen Bruchteil des Wertes der angebotenen Sache zu bieten, um so den Anbieter zu zwingen, die Auktionsware für einen Spottpreis herzugeben.[265] Dieser Gefahr wollte man mit dem Zuschlagverfahren des § 156 S. 1 BGB entgegenwirken, denn mit der rechtlichen Ausgestaltung der volkswirtschaftlich erwünschten Veranstaltung einer Auktion sollte dem Ab-

---

[260] Publiziert am 02.01.1863 (*Sächs. GVBl. 1863*, S. 1 ff.; in Kraft getreten am 01.03.1865): „Bei Versteigerungen an den Meistbietenden oder Wenigstnehmenden ist, wenn die Versteigerungsbedingungen nicht ein Anderes bestimmen, sobald ein Gebot gethan wird, der Vertrag mit dem Bietenden unter der Bedingung geschlossen, dass innerhalb der vorausbestimmten Zeit oder bis zum Zuschlage kein besseres Gebot geschieht. Erfolgt zeitig ein besseres Gebot, so löst sich der Vertrag mit dem früheren Bieter auf und der Versteigernde ist nicht berechtigt, das bessere Gebot zurückzuweisen und den früheren Bieter an sein Gebot zu halten." – Vgl. hierzu auch in Zusammenhang mit der Internet-Auktion *Hager* in JZ 2001, S. 786 (788).
[261] *Jhering* in JheringsJb 7, S. 166 (172/177) sah hierin das Hauptproblem: Ein Angebot, das an eine incerta persona gerichtet sei und kein certum pretium nenne, könne nicht zu einem Vertragsschluss führen.
[262] Vgl. Teil 3, 5. Kapitel, B. I. 4. d).
[263] Motive zu dem Entwurfe eines BGB für das Deutsche Reich, Band I, S. 177.
[264] Vgl. zu diesem Aspekt im Rahmen der Internet-Auktion *Lettl* in JuS 2002, S. 219 (221); *LG Berlin* in CR 2001, S. 412 (413) und die Berufung beim *KG* in BB 2002, S. 168 (168) sowie hierzu Teil 3, 7. Kapitel, A. II. 2.
[265] Vgl. die Motive zu dem Entwurfe eines BGB für das Deutsche Reich, Band I, S. 177; ähnlich auch *Jhering* in JheringsJb 7, S. 166 (168).

schluss von Verträgen Vorschub geleistet werden. Dem liefe es entgegen, wenn die überwiegende Zahl von Verkäufern das Auktionsverfahren angesichts des Risikos, zu einem niedrigen Preis abschließen zu müssen, scheuten.
So führt der Gesetzgeber aus, dass dem Zweck der Versteigerung „nur dann ausreichend gedient sei, wenn der Versteigerer es in der Hand behält, den schließlich gebotenen Preis anzunehmen oder abzulehnen, je nachdem dieser seinem Interesse entspricht oder nicht entspricht."[266] Insofern ist es Zweck des Vertragsschlussverfahrens nach § 156 BGB, den Beteiligten in der konkreten Situation der Versteigerung zu einem fairen und angemessenen Preis zu verhelfen.[267] Wesentlicher Grundgedanke des § 156 BGB ist es, dass durch die Versteigerung nur solche Verträge zustande kommen, die gerade auch den Interessen des Anbieters an der Bildung eines angemessenen Preises entsprechen;[268] § 156 BGB dient somit dem Schutz des Anbieters durch Gewährleistung des vertragstypischen Interessenausgleichs.[269]
Im Bewusstsein des Risikos, dass der Verkäufer nach dem Modell, wonach bereits in dem Ausbieten der verbindliche Antrag liegt, möglicherweise dem Kaufvertragsschluss zu einem abwegigen Höchstgebot ausgesetzt und der vertragstypische Interessenausgleich dergestalt nicht mehr gewährleistet ist, sprach sich im Rahmen der geschichtlichen Diskussion insbesondere *Windscheid* dafür aus, dass grundsätzlich auch ein Vertragsschluss nach dieser Ausgestaltung möglich sein sollte, sofern bei der Versteigerung gleichzeitig ein Mindestpreis ausgerufen werde, unterhalb dessen ein Verkauf nicht zustande kommen könne.[270] Macht man sich klar, dass es dem Gesetzgeber mit der Schaffung des § 156 BGB gerade darauf ankam, den Anbieter vor unangemessen niedrigen Preisen zu schützen, erscheint es in der Tat dann nicht notwendig, dem Verkäufer das Recht an die Hand zu geben, den Zuschlag zu verweigern, wenn er einen Mindestpreis vorgegeben hat, welcher von dem Höchstgebot erreicht wird.[271] In diesem Fall scheint der von den Vätern des BGB mit § 156 BGB bezweckte Schutz des Verkäufers vor Übervorteilung bei der Versteigerung gewahrt.
Im Ergebnis gilt an dieser Stelle jedenfalls festzuhalten, dass das gesetzliche Vertragsschlussmodell des § 156 BGB die Gewähr für einen angemessenen Interessenausgleich der Parteien bietet, denn durch das Zuschlagverfahren kommen

---

[266] Motive zu dem Entwurfe eines BGB für das Deutsche Reich, Band I, S. 177.
[267] In diesem Sinne im Zusammenhang mit der Internet-Auktion insbesondere *Sester* in CR 2001, S. 98 (104).
[268] Vgl. hierzu im Hinblick auf die Internet-Auktion *Wiebe* in MMR 2000, S. 284 (285); *Burgard* in WM 2001, S. 2102 (2110); *Sester* in CR 2001, S. 98 (103).
[269] Grds. *Marx/Arens*, § 17 VerstV, Rn. 14.
[270] *Windscheid/Kipp*, § 308, 2, S. 263/264.
[271] Vgl. hierzu *Landmann/Rohmer-Bleutge*, § 34b GewO, Rn. 6a; *Hensen* in *Ulmer/Brandner/Hensen*, Anh. §§ 9-11 AGBG, Rn. 866a.

mit großer Wahrscheinlichkeit Höchstpreise zustande, die innerhalb einer realistischen Bandbreite von Preisen liegen.[272]

VI. Das schriftliche „Gebot“ bzw. der Ersteigererauftrag

Wer nicht an der Versteigerung persönlich teilnehmen will, kann durch ein sogenanntes schriftliches „Gebot“ mitbieten, welches er vor Beginn der Versteigerung dem Versteigerer mitteilt. Dieses schriftliche „Gebot“ lautet nicht auf einen bestimmten Betrag, sondern enthält nur eine Höchstbegrenzung.
Nach einhelliger Ansicht in Rechtsprechung und Literatur liegt hierin kein Gebot im Sinne des § 156 S. 2 BGB.[273] Vielmehr ist die schriftliche Bietererklärung als sogenannter Biet- bzw. Ersteigererauftrag und Vollmacht für den Versteigerer auszulegen, welche diesen ermächtigt, in der Versteigerung als Vertreter des Bieters gemäß § 164 Abs. 1 BGB Gebote im Sinne des § 156 S. 2 BGB abzugeben, verbunden mit einer stillschweigend erklärten Befreiung von dem Verbot des Selbstkontrahierens nach § 181 BGB.[274]
Als Folge hiervon ist § 156 S. 2 Alt. 2 BGB nicht auf den Ersteigererauftrag zu beziehen, so dass dieser die ergebnislos abgebrochene Versteigerung durchaus überdauern kann.[275] Der Versteigerer kann aufgrund des Ersteigererauftrages also auch noch außerhalb der Versteigerungsveranstaltung den Vertragsschluss für den Bieter nach den allgemeinen Regeln durch Annahme herbeiführen.[276]
Zur Begründung der Abgrenzung zwischen dem Gebot im Sinne des § 156 S. 2 BGB und der schriftlichen Bietererklärung als Ersteigererauftrag werden zwei Argumente angeführt.
Schneider weist darauf hin, dass die schriftliche Bietererklärung bereits wegen der fehlenden Betragsangabe die Kriterien eines bestimmten Vertragsangebotes nicht erfülle.[277] Dieser Hinweis ist zutreffend, denn wie festgestellt, unterliegt das Gebot als bindendes Angebot zum Abschluss des Vertrages den allgemeinen Regeln über Willenserklärungen und muss daher bestimmt oder zumindest bestimmbar sein.

---

272 Ebenso im Zusammenhang mit der Internet-Auktion *Sester* in CR 2001, S. 98 (103); *Wiebe* in MMR 2000, S. 284 (285); *Burgard* in WM 2001, S. 2102 (2110); *Spindler* in ZIP 2001, S. 809 (817); *Hager* in JZ 2001, S. 786 (789); *ders.* in JZ 2002, S. 506 (508).
273 *BGH* NJW 1983, S. 1186 (1187); *BGH* NJW 1985, S. 850 (850) unter Verweis auf die vorhergenannte Entscheidung; ebenso *Kelwing/Joch* in NJW 1983, S. 1187 (1188); *Thomsen*, S. 52; *v. Hoyningen-Huene* in NJW 1973, S. 1473 (1477).
274 *BGH* NJW 1983, S. 1186 (1187); *v. Hoyningen–Huene* in NJW 1973, S. 1473 (1478); *Schneider*, Auktionsrecht, S. 91; vgl. zur Gestattung grds. *RGZ* 51, 422 (427); *RGZ* 68, 172 (175); *RGZ* 121, 48 (50); *Palandt–Heinrichs*, § 181, Rn. 17.
275 *BGH* NJW 1983, S. 1186 (1186).
276 *BGH*, a. a. O., S. 1186 (1186).
277 *Schneider*, Auktionsrecht, S. 90.

Der *BGH* liefert eine weitere überzeugende Begründung, die sich vor dem Hintergrund des Regelungszwecks des § 156 S. 2 BGB ergibt.[278] Nach seiner Auffassung sind bei einem dem Versteigerer schriftlich mitgeteilten „Gebot" wegen des offenen Betrages die Wirksamkeit und das Erlöschen der mündlichen Gebote nicht eindeutig und erkennbar.[279] Unklar bliebe etwa, welches Gebot in welcher Höhe und zu welchem Zeitpunkt wirksam würde, ob und wann mündlich abgegebene Gebote anwesender Bieter gültig wären und welches Gebot als Übergebot gemäß § 156 S. 2 Alt. 1 BGB ein anderes zum Erlöschen brächte oder seinerseits zum Erlöschen gebracht würde. Diese Unklarheit kann nach Auffassung des *BGH* eindeutig und wirksam nur vermieden werden, wenn die dem Versteigerer vorliegenden schriftlichen Erklärungen nicht als Gebote im rechtstechnischen Sinne aufgefasst werden.[280] Denn das schriftliche „Gebot" füge sich „nicht sinnvoll in den praktischen Ablauf der Versteigerung ein, der gekennzeichnet ist durch augenblicks- und situationsbedingte Entschlüsse der Bieter und die sich nach und nach in Stufen steigernden Gebote".[281]
Es bleibt somit festzuhalten, dass es sich bei dem sogenannten schriftlichen „Gebot" um einen Biet- bzw. Ersteigererauftrag an den Versteigerer handelt, gemäß § 164 Abs. 1 BGB in Vertretung des Bieters in der konkreten Veranstaltung Gebote im Sinne des § 156 S. 2 BGB abzugeben.

VII. Das telefonische Gebot

Hiervon zu trennen sind solche Gebote, die der Bieter selbst während der Veranstaltung telefonisch abgibt und die von einem Mitarbeiter des Versteigerers nur noch an diesen jeweils sofort weitergegeben werden.[282] Unter Heranziehung der soeben dargelegten Begründung handelt es sich hierbei nicht wie bei dem schriftlichen „Gebot" lediglich um einen Auftrag an den Versteigerer, für den Bieter zu bieten.
Zum einen steht die Bestimmtheit des Gebotes nicht in Frage. Der Bieter gibt sein auf einen bestimmten Betrag lautendes Gebot im Sinne des § 156 S. 2 BGB selbst ab und verwendet den Mitarbeiter des Auktionshauses nur als Sprachrohr, mithin als Boten. In der Literatur wird insoweit zutreffend darauf hingewiesen, dass in diesem Fall § 147 Abs. 1 S. 2 Alt. 1 BGB vorliegt, welcher ein telefonisches Angebot dem Angebot eines Anwesenden gleichsetzt.[283] Zum andern steht diese Sichtweise auch nicht im Widerspruch zu den Anforderungen des *BGH*,

---

[278] Siehe *BGH* NJW 1983, S. 1186 (1187).
[279] *BGH*, a. a. O., S. 1186 (1187).
[280] *BGH*, a. a. O., S. 1186 (1187); vgl. auch *BGH* NJW 1981, S. 1204 (1205).
[281] *BGH*, a. a. O., S. 1186 (1187).
[282] Vgl. hierzu *Schneider*, Auktionsrecht, S. 93 sowie *Thomsen*, S. 53; mit Blick auf § 34b GewO: *Landmann/Rohmer-Bleutge*, § 34b, Rn. 60.
[283] *Thomsen*, S. 53.

dass das jeweilige Gebot eindeutig und erkennbar sein muss. Das telefonische Gebot ist keinesfalls weniger deutlich erkennbar als etwa ein Handzeichen des anwesenden Bieters. Es fügt sich ohne weiteres ein in den praktischen Ablauf der Versteigerung, bei dem Wirksamkeit und Erlöschen der Gebote jedem Bieter erkennbar sind.

VIII. Charakter der Norm

Mit Blick auf die gesamten Ausführungen zu § 156 BGB stellt sich die Frage, welchen Charakter die Bestimmung aufweist – beinhaltet § 156 BGB nunmehr dispositives Recht oder ist die Norm möglicherweise zwingender Natur?

Ausgehend von dem Wortlaut des § 156 BGB liegt der Schluss nahe, dass es sich hierbei um eine absolute Vorschrift handelt. § 156 BGB liest sich, als ob das Zustandekommen des Vertrages nach der dort beschriebenen Ausgestaltung zwingend sei, sofern eine „Versteigerung" im Sinne des § 156 BGB vorliegt; die Regelung enthält weder die Worte „im Zweifel", noch ist § 156 BGB etwa in der Weise formuliert, dass der Vertrag in der genannten Art zustande kommen „kann".

Nach herrschender Meinung enthält die Vorschrift des § 156 BGB dennoch dispositives Recht.[284] Zur Begründung dieser These ist erneut auf die Gesetzesmaterialien zurückzugreifen.[285]

Der Erste Entwurf des § 90 BGB formulierte wie folgt:

„Bei einer Versteigerung an den Meistbietenden oder den Wenigstfordernden ist im Zweifel der Vertrag erst geschlossen, wenn auf ein Gebot der Zuschlag erfolgt ist, und der Bietende an sein Gebot so lange gebunden ist, als er nicht überboten worden ist. Mit dem Uebergebote oder, wenn kein solches gemacht und der Zuschlag nicht vorher erfolgt ist, mit dem Ablaufe des Versteigerungstermines ist das Gebot im Zweifel erloschen."[286]

In der Vorkommission des Reichsjustizhauptamtes wurden die Worte „im Zweifel" und die Bezugnahme auf Versteigerungen an den Wenigstfordernden gestrichen und der § 90 BGB entstand in der Form des heutigen § 156 BGB.[287] Die Befürworter der Formulierung des Ersten Entwurfes wollten die Worte „im Zweifel" mit der Begründung beibehalten, dass andernfalls das Missverständnis

---

[284] *RGZ* 96, S. 102 (103); *BGH* NJW 1998, S. 2350 (2350); *Soergel–Wolf*, § 156, Rn. 14; *Staudinger–Bork*, § 156, Rn. 1/9; *Hübner*, Allg. Teil, Rn. 997; a. A. nur *Enneccerus/Nipperdey*, I. Bd. 2. Hb. S. 988 (§ 49 II 2), der hierin eine Auslegungsregel sieht.

[285] Vgl. hierzu auch wiederum *Rüfner* in JZ 2000, der sich – wie angesprochen - in einem Beitrag zum Vertragsschluss bei der Internet-Auktion intensiv mit der Entstehungsgeschichte des § 156 BGB auseinandergesetzt hat.

[286] Siehe *Mugdan*, Die gesamten Materialien zum Bürgerlichen Gesetzbuch I, S. LXXXI.

[287] Siehe *Mugdan*, Die gesamten Materialien zum Bürgerlichen Gesetzbuch I, S. 695; im Zusammenhang mit der Internet-Auktion *Rüfner* in JZ 2000, S. 715 (716).

aufkommen könne, es handele sich um eine absolute Rechtsnorm.[288] Die Gegenansicht, die sich schließlich durchgesetzt hat, argumentierte, man wolle durch Weglassen der zweimal gebrauchten Worte „im Zweifel“ zum Ausdruck bringen, dass es sich bei beiden Sätzen nicht um bloße Auslegungsregeln, sondern um dispositive Vorschriften handele. Es wurde hierfür geltend gemacht, „dass die beiden Sätze des Antrages so sehr das für Versteigerungen Natürliche und Regelmäßige aussprächen, dass ihnen die erhöhte Bedeutung dispositiver Rechtssätze zukomme“.[289] Aus dem Bezug auf das „Regelmäßige“ ergibt sich, dass man nicht vorhatte, diese Regel zum Vertragsschluss zu einer zwingenden Vorschrift zu machen. Durch die Beschränkung auf den „Regelfall“ erhielt die Vorschrift vielmehr den Charakter einer dispositiven Norm.[290]

IX. Zwischenergebnis

Im Hinblick auf die hier zu untersuchende Frage des Vertragsschlusses bei der Privaten Internet-Auktion gilt nach der Darstellung des § 156 BGB nunmehr zunächst festzuhalten, dass unter Zugrundelegung des vorgestellten Vertragsschlussmodells in der Freischaltung der Warenpräsentation des Anbieters lediglich eine invitatio ad offerendum liegt. Das entsprechende Höchstgebot gemäß § 156 S. 2 BGB als Angebotserklärung müsste am Schluss der Internet-Auktion durch den Zuschlag im Sinne einer nicht empfangsbedürftigen Annahmeerklärung gemäß § 156 S. 1 BGB angenommen werden, um den Kaufvertrag zu begründen.

C. Ergebnis Teil 3, 2. Kapitel

Nach der gesetzlichen Ausgangslage ist sowohl unter Heranziehung der allgemeinen Regeln der §§ 145 ff. BGB als auch bei Anwendung der Sondervorschrift des § 156 BGB, welcher den Vertragsschluss bei der Versteigerung zum Gegenstand hat, die Präsentation der Auktionsware auf der entsprechenden Webseite im Internet lediglich als invitatio ad offerendum zu werten.
Dabei verkörpert das Zuschlagverfahren im Rahmen der Versteigerung des § 156 BGB ein Gerechtigkeitsgebot: Es bietet in der besonderen Situation der

---

[288] Anlass zum Schmunzeln bietet freilich der Hinweis, dass gerade bei Versteigerungen, die häufig *durch Beamte* vorgenommen würden, ein entsprechendes Missverständnis nahe liegen könne; vgl. *Mugdan*, Die gesamten Materialien zum Bürgerlichen Gesetzbuch I, S. 695.

[289] *Mugdan*, Die gesamten Materialien zum Bürgerlichen Gesetzbuch I, S. 695.

[290] So die ganz herrschende Meinung; vgl. *RGZ* 96, S. 102 (103); *BGH* NJW 1998, S. 2350 (2350); *Hübner*, Allg. Teil, Rn. 997; *Erman-Hefermehl*, § 156, Rn. 5; *Soergel–Wolf*, § 156, Rn. 14; *Staudinger–Bork*, § 156, Rn. 1/9; im Zusammenhang mit der Internet-Auktion z. B. *Hager* in JZ 2001, S. 786 (787); *Rüfner* in JZ 2000, S. 715 (717); *Sester* in CR 2001, S. 98 (102/107).

Versteigerung die Gewähr für einen angemessenen Interessenausgleich zwischen den Parteien und dient dem Schutz des Anbieters an der Herausbildung eines angemessenen Preises.

3. Kapitel: Die Abschlussmechanik der virtuellen Auktionshäuser

Wie bereits im Rahmen der typologischen Einordnung der Vertragsbeziehungen angesprochen, haben die Auktionshäuser für die Private Internet-Auktion, die ohne Auktionator in seiner herkömmlichen Funktion stattfindet und nach Ablauf einer exakt vorher bestimmten Zeitspanne automatisch endet, in ihren Versteigerungsbedingungen hinsichtlich des Vertragsschlusses zwischen Anbieter und Bieter eine von § 156 BGB abweichende Konstruktion zugrunde gelegt.
Mit der Begründung, dass die Verlässlichkeit des Vertragsabschlusses zwischen den Teilnehmern an der Privaten Internet-Auktion eine wesentliche Voraussetzung für den Erfolg der Auktionsveranstaltung im Internet darstelle, wird die Anwendung des § 156 BGB regelmäßig durch die Versteigerungsbedingungen ausdrücklich oder implizit durch Vereinbarung abweichender Regeln für den Vertragsschluss zwischen den einzelnen Teilnehmern ausgeschlossen.[291] Denn insbesondere für den Bieter müsse feststehen, dass er bei einem Höchstgebot den „Zuschlag" auch erhält und er dürfe nicht mehr von einer Annahme des Anbieters abhängig sein.[292] Insofern haben sich die Auktionshäuser bemüht, die Versteigerungssituation möglichst nachzuzeichnen, aber eben ohne den nach § 156 S. 1 BGB erforderlichen Zuschlag einzuführen.

A. Gängige Ausgestaltung der Vertragsabschlussklauseln in den AVB

Im Wesentlichen haben sich zwei Modelle einer veränderten Abschlussmechanik herausgebildet, wobei beide Verfahren letztlich zu dem gleichen Ergebnis führen. Es soll dem Anbieter im Unterschied zu § 156 BGB nicht freistehen, ob er das abgegebene Höchstgebot annehmen möchte oder nicht; vielmehr soll zwischen dem Anbieter und dem höchsten Bieter nach Ablauf der Auktion ohne weiteres der Kaufvertrag zustande kommen.
Nach dem Wortlaut der entsprechenden AVB-Klauseln – d. h. vorbehaltlich einer normativ-teleologischen Auslegung – ist der Vertragsabschlussmechanismus zwischen Anbieter und Bieter wie folgt strukturiert:

---

[291] Siehe Anhang: §§ 6, 7, 8 AVB; vgl. auch Ziff. 11 AVB von online.auktionen.de; § 7 AVB von eBay.de; Ziff. 2.3-2.5 AVB von amazon.de.
[292] In diesem Sinne liest sich die überwiegend in der Literatur anzutreffende Begründung für die Wahl des abweichenden Verfahrens; vgl. etwa *Hollerbach* in DB 2000, S. 2001 (2006); *Spindler* in ZIP 2001, S. 809 (810); *Heiderhoff* in MMR 2001, S. 640 (640).

I. Einrichtung der Auktion als invitatio ad offerendum verbunden mit einer antizipierten Annahmeerklärung

Die Versteigerungsbedingungen einiger Auktionshäuser sehen – insofern noch in Übereinstimmung mit § 156 BGB und den allgemeinen Grundsätzen der §§ 145 ff. BGB – in der Einrichtung der Präsentationsseite auf der Webseite des Auktionshauses durch den Anbieter (scheinbar) nur eine invitatio ad offerendum. Allerdings wird in Abweichung zu § 156 S. 1 BGB an die Freischaltung der Warenpräsentation die Verpflichtung des Anbieters geknüpft, „antizipiert die Annahme des höchsten wirksam abgegebenen Kaufangebots" zu erklären.[293] Die potenziellen Erwerber sollen mit ihren Geboten das Angebot zum Abschluss des Kaufvertrages abgeben,[294] welches für die Dauer der Auktion verbindlich und unwiderruflich ist und bei Abgabe eines Übergebotes erlischt.[295] Laut AVB soll der Vertrag automatisch mit Ablauf der Schlusszeit zustande kommen, wobei der das Höchstgebot abgebende Bieter nach § 151 S. 1 Alt. 2 BGB auf den Zugang einer gesonderten Annahmeerklärung verzichte.[296]

II. Einrichtung der Auktion als verbindliches Angebot gemäß § 145 BGB

Andere Auktionshäuser bestimmen in ihren AVB, dass der Anbieter mit der Freischaltung seines Auktionsgegenstandes auf der Webseite des Auktionshauses bereits ein verbindliches Angebot gemäß § 145 BGB zum Verkauf des Artikels an denjenigen Bieter abgebe, der bei Ablauf der Angebotszeit das höchste Gebot abgegeben hat.[297]

Hierin ist konstruktiv ein Angebot „ad incertas personas" zu sehen, mit dem Inhalt, den Versteigerungsgegenstand an denjenigen zu übertragen, der die Annahme dieses Angebots bis zum Ablauf der Bietfrist zu einem Preis erklärt, der mindestens der Höhe des von dem Anbieter vorgesehenen Startpreises entspricht.[298] Dieses Angebot steht (zusätzlich) unter der auflösenden Bedingung der Annahme eines anderen Teilnehmers zu einem höheren Preis.[299] Korrespondierend hierzu werden die Gebote der Bieter als auflösend bedingte Annahmeerklärungen qualifiziert.[300]

---

[293] Siehe Anhang: § 6 Abs. 6 S. 1 AVB; § 6 Abs. 4 S. 1 AVB von www.offerto.de.
[294] Vgl. Anhang: § 7 Abs. 2 AVB.
[295] Vgl. Anhang: § 7 Abs. 3 S. 1, 2 AVB; Ziff. 6 AVB von www.onlineauktionen.de.
[296] Siehe Anhang: § 6 Abs. 6 S. 2; § 8 Abs. 1 S. 1 AVB.
[297] Vgl. exemplarisch § 7 Abs. 1 AVB www.eBay.de; Ziff. 9 AVB von www.onlineauktionen.de.
[298] Ebenso *Wiebe* in *Spindler/Wiebe*, D. III., Rn. 35.
[299] So auch *Hollerbach* in DB 2000, S. 2001 (2006).
[300] Vgl. hierzu Ziff. 2.4.1 AVB von www.amazon.de; § 7 Abs. 2 AVB von www.eBay.de.

B. Zusammenfassung

Ungeachtet der unterschiedlichen Terminologie und Ausgestaltung in den AVB haben die Vertragsabschlussklauseln in Abweichung zu § 156 BGB gemein, dass sich der Anbieter bereits zu Beginn der Auktion unwiderruflich bindet, mit dem höchsten Bieter den Kaufvertrag abzuschließen.

4. Kapitel: Anwendbarkeit des § 156 BGB auf die Private Internet-Auktion

Vor dem Hintergrund der bisherigen Ausführungen drängt sich nunmehr die Frage auf, ob (und inwieweit) der Kaufvertrag zwischen den Auktionsteilnehmern nach den Vorgaben der Klauseln in den Versteigerungsbedingungen des virtuellen Auktionshauses zustande kommen kann oder ob nicht vielmehr die Sondervorschrift des § 156 BGB Anwendung finden muss. Dies führt zu der weiteren Frage, ob überhaupt grundsätzlich der Anwendungsbereich des § 156 BGB eröffnet ist, welcher den Vertragsschluss nach der oben vorgestellten Konstruktion festschreibt, sofern eine Versteigerung vorliegt.

A. Relevanter Sachverhalt

Die Frage des Zustandekommens eines Kaufvertrages bei der Privaten Internet-Auktion wurde erstmals breit diskutiert anhand des bereits in der Einleitung angesprochenen sogenannten „ricardo.de"-Falles.[301] Der Anschaulichkeit halber und im Hinblick auf die noch erfolgende Auseinandersetzung mit den hierzu ergangenen Entscheidungen des *OLG Hamm* sowie des *BGH* sei dieser Fall hier zunächst in Kürze geschildert.

Das Internet-Auktionshaus ricardo.de gibt auf seiner Auktionsplattform Dritten die Möglichkeit, eigene Verkaufsveranstaltungen durchzuführen. Eine Teilnahme ist Internet-Nutzern nur nach Anerkennung der AVB von ricardo.de möglich, in denen das Zustandekommen des Vertrages zwischen Anbieter und Bieter in der oben skizzierten Weise festgelegt wurde.[302] Zusätzlich wies der konkrete Fall die Besonderheit auf, dass der anbietende Teilnehmer unmittelbar vor der Freischaltung der Präsentationsseite eine in der Eingabemaske des Auktionshauses vorformulierte Erklärung mit einem den AVB entsprechenden Inhalt, nämlich dass er bereits zu diesem Zeitpunkt die Annahme des höchsten wirksam abgegebenen Gebotes erkläre, mit einem Häkchen versah.

Auf seiner Präsentationsseite bot der Anbieter vom 22.07.1999, 21.33 Uhr bis zum 27.07.1999, 21.33 Uhr einen neuen Pkw, Listenpreis ca. DM 57.000,- zum Startpreis von DM 10,- an. Auf die Angabe eines Mindestpreises hatte er auf-

[301] Siehe hierzu *LG Münster* in MMR 2000, S. 280 ff. sowie *OLG Hamm* in MMR 2001, S. 105 ff. und *BGH* MMR 2002, S. 95 ff.

[302] Siehe Teil 3, 3. Kapitel, A. I. sowie Anhang: §§ 6, 7, 8 AVB.

grund einer Empfehlung des Auktionshauses verzichtet; die einzelnen Bieterschritte waren auf maximal DM 50,- begrenzt. Das höchste innerhalb des genannten Zeitraumes online abgegebene Gebot betrug DM 26.350,-. Der betreffende Bieter, der als 963ster Bieter dieses letzte Gebot abgegeben hat, erhielt sodann eine „Gratulations-E-Mail" von dem Auktionshaus, indem er über den „Zuschlag" und die E-Mail-Adresse des Anbieters informiert wurde. Dieser weigerte sich jedoch, den betreffenden Pkw zu liefern. Als Begründung gab er an, es sei kein Kaufvertrag zustande gekommen.

B. Einordnung der Privaten Online-Auktion als „Versteigerung" im Sinne des § 156 BGB

Um § 156 BGB für die Begründung des Kaufvertrages zwischen den Auktionsteilnehmern heranziehen zu können, müsste die Private Online-Auktion den Tatbestand einer Versteigerung erfüllen.
Sofern in der einschlägigen Literatur § 156 BGB hinsichtlich des Zustandekommens des Vertragsschlusses bei der Privaten Internet-Auktion eingehendere Beachtung findet, wird die Norm entweder selbstverständlich zugrunde gelegt oder ohne nähere Begründung abgelehnt. Dabei ist oftmals die Meinung anzutreffen, auf § 156 BGB „komme es gar nicht an", da dieser von den Auktionshäusern regelmäßig abbedungen werde.[303]
Der *BGH* hat in seinem unlängst ergangenen Urteil zum „ricardo.de"-Fall die Frage, ob die hier durchgeführte Auktion den Tatbestand einer Versteigerung im Sinne des § 156 BGB erfüllt und auch ob diese Vorschrift durch die AVB für das Rechtsverhältnis zwischen Anbieter und Bieter wirksam abbedungen wurde, ausdrücklich dahinstehen lassen und – wie noch ausführlich ausgeführt wird – den Vertragsschluss nach den allgemeinen Vorschriften der §§ 145 ff. BGB untersucht.[304]
Dieses Vorgehen erscheint grundsätzlich nicht ohne Bedenken.
Zum einen fragt sich, warum von vornherein der Weg über die allgemeinen Regeln der §§ 145 ff. BGB gewählt wird, wenn nicht geklärt ist, ob § 156 BGB als die speziellere Vorschrift greift. Zum andern muss unabhängig von der noch zu untersuchenden Frage, in welcher Weise die AVB des virtuellen Auktionshauses zwischen den Teilnehmern rechtliche Relevanz entfalten können, gerade für die

---

[303] Vgl. z. B. *Hollerbach* in DB 2000, S. 2001 (2006) sowie *Stögmüller* in K & R 1999, S. 391 (394), der ohne weiteres § 156 BGB für anwendbar hält; *Grapentin* in GRUR 2001, S. 713 (713) spricht bereits – ohne nähere Erläuterungen – von einer „herrschenden Meinung", welche die Internet-Versteigerungen als solche im Sinne des § 156 BGB werte; ebenso selbstverständlich lehnen demgegenüber z. B. *Hartung/Hartmann* in MMR 2001, S. 278 (279) eine Anwendbarkeit des § 156 BGB ab; *Rüfner* in JZ 2000, S. 715 (716) spricht dies nur in einer Fußnote (Fn. 10) an.
[304] *BGH* in MMR 2002, S. 95 (96).

Durchführung einer Inhaltskontrolle feststehen, an welchem gesetzlichen Leitbild die in den AVB enthaltene Vertragsabschlussklausel zu messen ist.[305] Insoweit muss zunächst einmal der Regelungsbereich des § 156 BGB eröffnet sein, um als Kontrollmaßstab im Rahmen einer Angemessenheitskontrolle zu dienen. Dem tragen die Kommentatoren keine Rechnung, die § 156 BGB einer Inhaltskontrolle ganz selbstverständlich zugrunde legen.[306]

Möglicherweise handelt es sich bei der Versteigerung im Internet gar nicht um eine solche im Sinne des § 156 BGB, für die der erläuterte Schutz- und Regelungszweck der Norm nicht betroffen und das vorgestellte Vertragsschlussverfahren gar nicht einschlägig ist?

Die Frage, ob die Internet-Auktion in den Anwendungsbereich des § 156 BGB fällt, ist für Online-Auktionen, an denen ein gewerblicher Anbieter beteiligt ist, auch vor einem weiteren Hintergrund interessant und wird insoweit bereits diskutiert:[307] Gemäß § 312d Abs. 4 Nr. 5 BGB ist das dem Verbraucher im Fernabsatz grundsätzlich gewährte Widerrufsrecht ausgeschlossen, „bei Verträgen, die in der Form von Versteigerungen (§ 156 BGB) geschlossen werden". Würde die Anwendbarkeit von § 156 BGB verneint, müsste man dem Höchstbieter ein Widerrufsrecht gemäß §§ 312d Abs. 1 S. 1, 355 Abs. 1 S. 1 BGB zugestehen, was wohl mit weitreichenden Folgen für die Internet-Auktionen verbunden wäre.

Auf der Basis dieser Überlegungen wird im Folgenden erörtert, ob für die Internet-Auktion grundsätzlich der Anwendungsbereich des § 156 BGB eröffnet ist. Maßgebliche Voraussetzung ist, dass die Private Internet-Auktion den Tatbestand einer Versteigerung im Sinne des § 156 BGB erfüllt.

Insofern sieht man sich an dieser Stelle wiederum mit der Frage konfrontiert, was unter einer Versteigerung im Rechtssinne zu verstehen ist. Wie bereits zu Beginn der Untersuchung herausgestellt wurde, gibt es keine Legaldefinition der Versteigerung. Ebenso wenig wie die übrigen Rechtsnormen, welche sich auf Versteigerungen beziehen, enthält § 156 BGB eine Versteigerungsdefinition, sondern setzt den Begriff als gegeben voraus. Eine genaue Definition hat daher im Rahmen der Auslegung zu erfolgen.

---

[305] In diesem Sinne für die Private Internet-Auktion auch *Mehrings* in BB 2002, S. 469 (471).

[306] Vgl. z. B. *Burgard* in WM 2001, S. 2102 (2110), *Hager* in JZ 2001, S. 786 (787); *ders.* in JZ 2002, S. 506 (508); *Sester* in CR 2001, S. 98 (98) welche die Bestimmung des § 156 BGB einer Inhaltskontrolle ohne nähere Begründung zugrunde legen. *Hartung/Hartmann* in MMR 2001, S. 278 (279) formulieren, „man könne sich am Leitbild des § 156 BGB orientieren, müsse dies aber nicht tun"; auch *Lettl* in JuS 2002, S. 219 (221/223) geht ohne nähere Prüfung von dem Leitbild des § 156 BGB aus, stellt aber erstaunlicherweise im gleichen Beitrag klar, dass keine Versteigerung im Sinne des § 156 BGB vorliege.

[307] Vgl. hierzu *Heiderhoff* in MMR 2001, S. 640 ff.; *Michel* in JurPC Web-Dok. 63/2001, Abs. 1-12; *Wenzel* in DB 2001, S. 2233 ff; *ders.* in NJW 2002, S. 1550 (1551); *Härting*, § 3 FernAbsG, Rn. 97; *MüKo-Wendehorst*, § 3 FernAbsG, Rn. 43; *Meents*, S. 217; *ders.* in CR 2000, S. 610 (614); *Schrader* in MMR 2001, S. 767 (768); *Wiebe* in *Spindler/Wiebe*, D. VII., Rn. 98.

Zunächst muss man sich hierbei vor Augen führen, dass jede mit einer „Versteigerung“ befasste Rechtsnorm durch ein eigenes Regelungsbedürfnis und Gefährdungspotential entstanden ist. Somit ist für jede Norm gesondert zu prüfen, ob der von ihr erfasste Sachverhalt bei der Auktion im Internet ebenso regelungsbedürftig ist, wie in der klassischen Versteigerung und demnach die Nichtanwendbarkeit ein durch die Norm gerade kompensiertes Risiko- und Gefährdungspotential wieder aufleben lässt. Die eingangs der Arbeit vorgestellte Begriffsdefinition, welche sich mit Blick auf die Anwendbarkeit der Gewerbeordnung entwickelt hat, kann für die Frage der Anwendbarkeit von § 156 BGB somit nicht ohne weiteres Geltung beanspruchen.

Vielmehr ist der Inhalt des Tatbestandes der Versteigerung im Sinne des § 156 BGB losgelöst von der sehr umstrittenen Frage, ob die Private Online-Auktion eine Versteigerung gemäß § 34b GewO darstellt,[308] zu ermitteln. Dabei gilt zu beachten, dass eine Begriffsbestimmung vom Einzelfall abstrahieren und die wesentlichen Elemente herausarbeiten sollte.

I. Wortlautinterpretation

Vor diesem Hintergrund ist nunmehr zunächst zu untersuchen, welche Anforderungen der Wortlaut des § 156 BGB an das Vorliegen einer Versteigerung stellt.

1. „Übergebot“

§ 156 S. 2 Alt. 1 BGB spricht von einem „Übergebot“, wodurch das Gebot erlischt. Daraus ergeben sich für die Situation der Versteigerung, welche von § 156 BGB erfasst werden soll, bereits eine Reihe von Kriterien:

a) Aufwärtsverfahren

Zunächst lässt sich aus diesem Wortlaut schließen, dass die Versteigerung im Sinne des § 156 BGB im Wege eines Aufwärtsverfahrens ablaufen soll. Ausgehend von einem Mindestgebot sollen die Bieter Vertragsangebote in Form des „Überbietens“ abgeben, um eine Sache oder ein Recht zu erwerben.[309]

Dieses Merkmal erfüllt die Private Internet-Auktion: Sie beginnt mit einem niedrigen Startpreis und zur Ermittlung eines Höchstgebotes werden Gebote ab-

---

[308] Vgl. hierzu Teil 1, 1. Kapitel, C. I. Der gewerberechtliche Streit um die Einordnung von Internet-Auktionen ist für die Wirksamkeit des über die Plattform geschlossenen Kaufvertrages bedeutungslos, denn § 34b GewO ist kein Verbotsgesetz; vgl. *OLG Hamm* in MMR 2001, S. 105 (109) sowie *BGH* MMR 2002, S. 95 (97); vgl. für die klassische Versteigerung *BGH* NJW 1981, S.1204 (1205).

[309] So *Schneider*, Auktionsrecht, S. 71; vgl. im Hinblick auf die Internet-Auktion *Hollerbach* in DB 2000, S. 2001 (2003/2006).

gegeben, die sich in bestimmten Sätzen, in der Regel gemessen an der Höhe des jeweiligen Wertes des Gegenstandes, steigern.[310] Bei diesem Verfahren ist ein „Über"bieten zur Erzielung eines Höchstpreises gegeben.[311] Aus dem Ziel der Preisfindung durch „Überbieten" ergibt sich zudem, dass allein der Preis in den Verhandlungen variabel ist, während Art und Güte des möglichen Kaufgegenstandes bereits fixiert sind und nicht zur Disposition stehen.[312]
Für den Verkauf im Wege des Verfahrens nach § 156 BGB sind ausweislich der Motive zum Entwurfe des BGB in erster Linie Sachen vorgesehen;[313] erfasst sein können aber grundsätzlich auch Forderungen oder Rechte.[314] Bei der Privaten Online-Auktion sind zumeist bewegliche Sachen (§§ 90 ff. BGB) Gegenstand der Versteigerung, so dass sich in dieser Hinsicht keine Probleme ergeben.

b) Mehrheit von Personen

Dem Merkmal des „Übergebotes" gemäß § 156 S. 2 Alt. 1 BGB lässt sich zum andern entnehmen, dass das Gesetz davon ausgeht, dass eine Mehrheit von Bietern mit ihren Geboten gegenseitig konkurriert. Denn ohne eine Personenmehrheit kann ein Überbieten nicht stattfinden. Insofern handelt es sich beim Versteigern um eine Tätigkeit, die sich auf die Herbeiführung eines Vertragsschlusses richtet, die jedoch im Unterschied zum „normalen" Vertragsschluss das Vorhandensein einer Mehrheit von Personen voraussetzt.[315] Kennzeichnend ist die Verhandlungssituation „einer gegen viele", wobei der „eine" den für sich optimalen Preis erzielen möchte, indem er die unmittelbare Konkurrenz der „vielen" ausnutzt.[316]
An der Privaten Auktion im Internet kann grundsätzlich jeder teilnehmen, der bei dem virtuellen Auktionshaus als Teilnehmer registriert ist. Entsprechend ist der potentielle Bieterkreis bei der Internet-Auktion sogar gegenüber der klassischen Versteigerung erheblich erweitert. Das Kriterium der Personenmehrheit ist für die Internet-Auktion somit zunächst einmal erfüllt.

---

[310] Siehe Teil 1, 2. Kapitel B. I.

[311] Konsequenterweise fallen Reverse Auktions als Abwärtsversteigerungen nicht hierunter, weil ein „Überbieten" nicht möglich ist; vgl. *Hübner*, Allg. Teil, Rn. 997: Bereits die Preisnennung durch den Versteigerer stellt eine bindende Offerte dar, die sodann durch den ersten „Bieter" angenommen wird.

[312] Vgl. *v. Tuhr*, BGB AT, Band II, Hb. 1, § 62 VII, S. 491, nach dem die Leistung des Gegners des Versteigerers eine „quantitative Abstufung" zulassen muss.

[313] Motive zu dem Entwurfe eines BGB für das Deutsche Reich, Band I, S. 177.

[314] *Landmann/Rohmer–Bleutge*, § 34b GewO, Rn. 7; *Soergel–Wolf*, § 156, Rn. 3.

[315] Vgl. hierzu *Thomsen*, S. 46; *Birkel*, S. 3; *Friauf/Höfling*, § 34b GewO, Rn. 7.

[316] *Schafft* in CR 2001, S. 393 (395).

c) Erkennbarkeit der Gebote

Das Merkmal des wechselseitigen „Überbietens" führt allerdings zu einer weiteren unerlässlichen Voraussetzung: Ein Überbieten und ein hiermit verbundener Wettbewerb unter der Mehrzahl von Bietern[317] ist nur dann möglich, wenn für jeden Bieter die Gebote der Mitbieter und dementsprechend die Höhe des jeweils aktuellen Gebots zu jeder Zeit der Auktion erkennbar sind.[318] Nur dann kann sich der vom *BGH* als dem Wesen der Versteigerung immanent herausgestellte „praktische Ablauf einer Versteigerung" entfalten, der gekennzeichnet wird durch „augenblicks- und situationsbedingte Entschlüsse der Bieter und die sich nach und nach in Stufen steigernden Gebote".[319]
Die Versteigerung im Sinne des § 156 BGB setzt also eine Situation voraus, in der jeder Bieter sofort erkennt, ob sein Angebot erloschen ist, um hierauf interessengerecht reagieren zu können, oder ob sein eigenes Gebot den Zuschlag erhalten hat.[320] Andernfalls würde das in § 156 S. 2 Alt. 1 BGB vorgesehene Erlöschen des Gebotes durch Übergebot keinen Sinn ergeben. Daher verlangt *von Tuhr*, dass der Vertrag mündlich in einheitlicher Verhandlung mit den Beteiligten geschlossen wird – entsprechend dem Modell der klassischen Versteigerung mit körperlicher Anwesenheit der Teilnehmer.[321]
In diesem Zusammenhang ist die Versteigerung im Rechtssinne von einer weiteren Verkaufsform abzugrenzen, für die sich im Schrifttum unterschiedliche Begriffe finden, welche aber in der Sache die gleiche Veranstaltung vor Augen haben:
In der älteren Literatur wird von *Schalhorn*[322] der Begriff der „Fernauktion" verwandt; *von Tuhr*[323] spricht von „Submission". Auch in der gegenwärtigen Kommentierung zu § 156 BGB herrscht – in Abgrenzung zu der Versteigerung – der Begriff der „Ausschreibung" vor.[324] Die jüngere Literatur verwendet vor al-

---

[317] So formulieren die Väter des BGB; vgl. die Motive zu dem Entwurfe eines BGB für das Deutsche Reich, Band I, S. 176 (176).
[318] *Landmann/Rohmer-Bleutge*, § 34b GewO, Rn. 6a.
[319] *BGH* NJW 1983, S. 1186 (1187).
[320] Vgl. für die Internet-Auktion *LG Hamburg* in MMR 1999, S. 678 (679); *Huppertz* in MMR 2000, S. 65 (66); *Schrader* in MMR 2001, S. 767 (767).
[321] *V. Tuhr*, BGB AT, Band II, Hb. 1, § 62 VII, S. 491; vgl. auch § 13 VerstV, BGBl. I 1976, S. 1345.
[322] *Schalhorn* in DB 1972, S. 2453 (2453); auch *Landmann/Rohmer/Bleutge*, § 34b, Rn. 6a verwendet u. a. diesen Begriff.
[323] *V. Tuhr*, BGB AT, Band II, Hb. 1, § 62 VII, S. 491.
[324] *Soergel-Wolf*, § 156, Rn. 16; *Staudinger-Bork*, § 156, Rn. 13.

lem im Blick auf die entsprechende Verkaufsveranstaltung im Internet die Bezeichnung „Verkauf (oder Kaufvertrag) gegen Höchstgebot".[325]
Die Vielzahl der Begriffe umschreibt eine Verkaufsform, die als Vertragsschluss unter Abwesenden keine Versteigerungen im Sinne des § 156 BGB darstellt; insofern gelten die allgemeinen Regeln der §§ 145 ff. BGB. Im Gegensatz zur klassischen Versteigerung wird hier der Vertrag nicht mündlich in einheitlicher Verhandlung mit den Beteiligten geschlossen.[326] Vielmehr werden die schriftlichen Gebote dem Veranstalter innerhalb einer bestimmten Frist eingereicht, ohne dass es auf die Reihenfolge des Zugehens der Gebote ankommt.[327] Alle Gebote bleiben grundsätzlich nebeneinander wirksam, wobei der einzelne Bieter keine Kenntnis hat von der Abgabe und der Höhe der konkurrierenden Gebote der anderen Bieter.[328] Ein gegenseitiges Überbieten ist bei dieser Verkaufsform nicht möglich und dementsprechend kann § 156 S. 2 Alt. 1 BGB nicht zur Anwendung kommen. Der Fernauktion bzw. der Ausschreibung oder dem Verkauf gegen Höchstgebot ist im Unterschied zu der Versteigerung somit ein „Überbieten im gegenseitigen Wettbewerb" fremd.[329]
Vor diesem Hintergrund ist zu prüfen, ob sich die rechtliche Bewertung der Kommunikationssituation der klassischen Versteigerung, bei der die Bietenden körperlich anwesend sind, auf die Situation im Internet übertragen lässt. Andernfalls wäre die Auktion im Internet als Fernauktion zu qualifizieren, auf die das Vertragsschlussmodell des § 156 BGB keine Anwendung findet.
Aufgrund der hohen Übertragungsgeschwindigkeit im Internet werden die Gebote nahezu unmittelbar nach ihrer Abgabe auf der entsprechenden Seite des Online-Auktionshauses ausgewiesen. Auf dieser Auktionsseite können die einzelnen Bieter sowohl das jeweils aktuelle höchste Gebot als auch die verbleibende Laufzeit der Auktion jederzeit zur Kenntnis nehmen. Ebenso wie bei der klassischen Versteigerung sind den Bietern bei der Privaten Internet-Auktion die konkurrierenden Gebote sofort ersichtlich, um ein eventuelles Erlöschen oder einen Zuschlag an das eigene Gebot erkennen zu können, so dass ein „Überbieten" grundsätzlich stattfinden kann.
Allerdings stellt sich die Frage, ob bei der Privaten Online-Auktion das Kriterium der Erkennbarkeit der einzelnen Gebote der Konkurrenten in ausreichender Weise gegeben ist, um ein wechselseitiges Überbieten zu ermöglichen, wenn

---

[325] *LG Münster* in K & R 2000, S. 197 (198); *MüKo-Wendehorst*, § 3 FernAbsG, Rn. 43; *Ernst* in *Spindler/Wiebe*, B. I., Rn. 10; *Landmann/Rohmer/Bleutge*, § 34b, Rn. 33/60; *Marx/Arens*, § 34b GewO, Rn. 17.
[326] *Staudinger-Bork*, § 156, Rn. 13.
[327] *V. Tuhr*, BGB AT, Band II, Hb. 1, § 62 VII, S. 491, Fn. 209.
[328] Vgl. *Schalhorn* in DB 1972, S. 2453 (2453), der für das Vorliegen einer Versteigerung auf das Erfordernis des Merkmals der Öffentlichkeit abstellt.
[329] Die Fernauktion entspricht insofern der sogenannten Verdeckten Auktion bzw. Undercover-Auktion im Internet, die in Teil 1, 2. Kapitel, A. V. vorgestellt wurde.

sich die Auktion – wie bei der Privaten (Langzeit-)Auktion üblich – über einen Zeitraum von mehreren Tagen oder gar Wochen erstreckt.[330] Insoweit ist problematisch, dass die Teilnehmer während der Dauer der Auktion nicht jederzeit „online" sind und dementsprechend die jeweiligen Gebote der Mitkonkurrenten nicht immer erkennen können, um hierauf interessengerecht zu reagieren.[331]
Im Schrifttum wird diese Problematik vor allem vor dem Hintergrund der Frage erörtert, ob die Internet-Auktion unter den Versteigerungsbegriff der GewO fällt; in diesem Zusammenhang spricht die Literatur von dem Merkmal der „örtlichen Begrenztheit der Versteigerung".[332] Insbesondere von dem *Bund-Länder-Ausschuss Gewerberecht* wird der Versteigerungscharakter der Privaten Online-Auktion mit der Begründung verneint, dass bei der auf Tage oder Wochen angelegten Auktion die Höhe des jeweils maßgeblichen Gebots für die angebotene Ware nicht in gleich geeigneter Weise für den einzelnen Bieter erkennbar sei und den Bietern die Möglichkeit fehle, immer unmittelbar zu reagieren.[333] Aufgrund der fehlenden Möglichkeit des sofortigen Überbietens sei die Online-Versteigerung als Fernauktion bzw. Kauf gegen Höchstgebot zu qualifizieren.[334]
Diese Argumentation ist allerdings wenig überzeugend. Wie auch ein Großteil der Literatur mit Blick auf die Anwendbarkeit der Gewerbeordnung feststellt, ist der virtuelle Raum, der die Online-Auktion ohne persönliche Anwesenheit ermöglicht, durchaus in der Lage, den Charakter der Versteigerung zu erfassen.[335]
Zwar ist der Vergleich, den das *LG Hamburg* zur Bejahung einer Versteigerung

---

[330] Vgl. hierzu *Wiebe* in *Spindler/Wiebe*, D. III., Rn. 22; im Zusammenhang mit § 34b GewO: *Wilmer* in NJW-CoR 2000, S. 94 (102); *Müller/Petri* in RTkom 2001, S. 153 (154); *Hollerbach* in DB 2000, S. 2001 (2003); *Stögmüller* in K & R 1999, S. 391 (392). – Diese Problematik ergibt sich freilich bei der hier nicht näher behandelten Live-Auktion, die nur auf Minuten begrenzt ist, nicht. Siehe Teil 1, 2. Kapitel, A. II.

[331] Eine ständige Online-Präsenz über Tage oder sogar Wochen ist auch sinnlos, da zuweilen mehrere Stunden lang – insbesondere zur Nachtzeit – überhaupt keine Gebote abgegeben werden; vgl. hierzu *Wiebe* in MMR 2000, S. 323 (324); *Vehslage* in MMR 1999, S. 680 (681); *Huppertz* in MMR 2000, S. 65 (66).

[332] Vgl. für die Frage der Anwendbarkeit des § 156 BGB *Wiebe* in *Spindler/Wiebe*, D. III., Rn. 22; aus der zahlreichen Literatur zur Frage der Anwendbarkeit des § 34b GewO: *Landmann/Rohmer-Bleutge*, § 34b, Rn. 60; *Ernst* in CR 2000, S. 304 (305); *Gaul* in WM 2000, S. 1783 (1786); *Stögmüller* in K & R 1999, S. 391 (393); *Huppertz* in MMR 2000, S. 65 (66); *Vehslage* in MMR 1999, S. 680 (681).

[333] *Fuchs/Demmer*, Sitzung des Bund-Länder-Ausschusses „Gewerberecht", GewArch 1997, S. 60 (63).

[334] *Fuchs/Demmer*, Sitzung des Bund-Länder-Ausschusses „Gewerberecht", GewArch 1997, S. 60 (63); ebenso *Vehslage* in MMR 1999, S. 680 (681).

[335] *Ernst* in CR 2000, S. 304 (305); *Hollerbach* in DB 2000, S. 2001 (2002); *Landmann/Rohmer–Bleutge*, § 34b GewO, Rn. 60; *Müller/Petri* in RTkom 2001, S. 153 (154). – Insbesondere kann es entgegen *Bullinger* in wrp 2000, S. 253 (254) nicht darauf ankommen, ob der Bieter den „schauspielerischen Künsten des Auktionators und den Wirkungen seiner schwitzenden Mitbieter" ausgesetzt ist.

im Sinne des § 34b GewO vorgenommenen hat von „einem virtuellen Raum, in dem sich jeder befindet, der sich über einen Internet-Anschluss in die Versteigerung einwählt“ mit einem Versteigerungssaal, der für die Zahl der Interessenten zu klein ist, und es daher eine Leinwand im Nebenraum ermöglicht, die Abgabe der Gebote im Veranstaltungsraum zu verfolgen, nicht ganz treffend;[336] schließlich sind faktisch ja nicht immer alle Bieter zur gleichen Zeit im Netz präsent.
Indes fordert § 156 BGB mit dem Merkmal des „Übergebotes“ lediglich eine Kommunikationssituation, in der grundsätzlich ein Überbieten im gegenseitigen Wettbewerb mit anderen Kaufwilligen und eine auf die Versteigerung bezogene Aktion und Reaktion möglich ist. Der hierfür notwendige unmittelbare Kontakt zwischen den Beteiligten ist aufgrund der technischen Möglichkeiten bei der Privaten Internet-Versteigerung in ähnlicher Weise gewährleistet, wie bei der klassischen Versteigerung unter räumlich Anwesenden[337] – dies zeigt sich insbesondere in der Endphase einer länger angelegten Auktion, in der sich oftmals ein erbitterter Bieterwettstreit entfaltet. Entscheidend für den Versteigerungscharakter des § 156 BGB ist der Umstand, dass die Auktion jederzeit jedem potenziellen Bieter zugänglich ist und das jeweilige Höchstgebot sowie das Ende der Auktion immer und unmittelbar ersichtlich sind. Nicht vonnöten ist, dass jeder Bieter bei der Online-Auktion bis zum Schluss der Veranstaltung „online“ bleibt. Wie ausgeführt, kann der Bieter auch bei der klassischen Versteigerung die Veranstaltung durchaus vor ihrer Schließung verlassen und hiermit das Risiko eingehen, von dem möglicherweise abgegebenen Übergebot keine Kenntnis zu erhalten und daher auch nicht entsprechend reagieren zu können. Gerade im Rahmen der Qualifizierung des Zuschlags gemäß § 156 S. 1 BGB als nicht empfangsbedürftige Willenserklärung wurde herausgearbeitet, dass auch der Gesetzgeber davon ausgeht, dass sich der Bieter bei der Versteigerung im Sinne des § 156 BGB unter Umständen vor Zuschlagerteilung vom Versteigerungsort entfernt.[338]
Nach alledem bleibt festzuhalten, dass bei der Privaten Online-Auktion eine Kommunikationssituation besteht, in der ein „gegenseitiges Überbieten“ gewährleistet ist, welches von dem Wortlaut des § 156 S. 2 Alt. 1 BGB vorausgesetzt wird.

---

336 So aber *LG Hamburg* in MMR 1999, S. 678 (679); hierzu kritisch auch *Wiebe* in *Spindler/Wiebe*, D. III., Rn. 22.
337 Ebenso *Wiebe* in *Spindler/Wiebe*, D. III., Rn. 24; im Zusammenhang mit § 312d Abs. 4 Nr. 5 BGB *Schrader* in MMR 2001, S. 767 (768); mit Blick auf § 34b GewO: *Huppertz* in MMR 2000, S. 65 (66); *Stögmüller* in K & R 1999, S. 391 (392); *Heckmann* in NJW 2000, S. 1370 (1372); *Ernst* in CR 2000, S. 304 (306); *Gaul* in WM 2000, S. 1783 (1787); *Müller/Petri* in RTkom 2001, S. 153 (154); *Landmann/Rohmer–Bleutge*, § 34b GewO, Rn. 60.
338 Vgl. Teil 3, 2. Kapitel, B. III.

2. Zwischenergebnis

Aus dem Merkmal des „Übergebotes“ gemäß § 156 S. 2 Alt. 1 BGB lässt sich schließen, dass die Versteigerung im Sinne des § 156 BGB im Wege des Aufwärtsverfahrens abläuft und eine Personenmehrheit voraussetzt, der die jeweiligen Gebote der Konkurrenten zu jedem Zeitpunkt erkennbar sein müssen, um einen Wettbewerb zur Erzielung des höchstmöglichen Preises entfalten zu können. Im Unterschied zu der sogenannten Fernauktion bzw. der Ausschreibung, wo die allgemeinen Regeln der §§ 145 ff. BGB Anwendung finden, erfüllt die Private Online-Auktion diese Voraussetzungen.

3. Das Gebot

Im Weiteren verlangt § 156 S. 2 BGB nach seinem Wortlaut das Vorliegen eines Gebotes. Wie dargelegt, stellt das Gebot gemäß § 156 S. 2 BGB eine empfangsbedürftige Willenserklärung im Sinne eines Angebotes dar.[339] Als solches könnte die jeweilige E-Mail der Bieter zu qualifizieren sein.

Im Rahmen der grundsätzlichen Auseinandersetzung mit den verschiedenen Willenserklärungen im Internet wurde bereits festgestellt, dass der Übermittlung einer Willenserklärung per E-Mail als „elektronisch übermittelte Willenserklärung“ keine Bedenken entgegenstehen.[340] Die jeweilige E-Mail des Online-Bieters lautet auf einen bestimmten Betrag, so dass es nahe liegt, hierin in Übereinstimmung mit Literatur und Rechtsprechung eine Willenserklärung gerichtet auf Abschluss des Kaufvertrages über den in der konkreten Auktion zu versteigernden Gegenstand mit dem Anbieter zu sehen.[341]

Der Qualifizierung der E-Mail als Gebot im Sinne des § 156 S. 2 BGB könnte es indes entgegenstehen, wenn es sich hierbei um eine *schriftliche* Erklärung im Sinne des § 147 Abs. 2 BGB handelt, welche als sogenannter Ersteigererauftrag an das Online-Auktionshaus gewertet werden müsste. Denn wie bei der Vorstellung des Vertragsschlussverfahrens des § 156 BGB erläutert wurde, sind „schriftliche Gebote“ im Rahmen der klassischen Auktion keine Gebote im rechtstechnischen Sinne, sondern verstehen sich lediglich als Auftrag an den Versteigerer, in der Auktion ein mündliches Gebot abzugeben.[342]

Dementsprechend könnte § 156 S. 2 BGB auf die E-Mail keine Anwendung finden und der Ersteigererauftrag würde insbesondere nicht wie das Gebot gemäß

---

[339] Vgl. Teil 3, 2. Kapitel, B. II.

[340] Vgl. Teil 3, 1. Kapitel A.

[341] Dies wird weder in Literatur noch Rechtsprechung ernstlich in Frage gestellt; vgl. nur *BGH* MMR 2002, S. 95 (96); *Ulrici* in JuS 2000, S. 947 (948); *Spindler* in MMR 2002, S. 98 (98); *Mehrings* in BB 2002, S. 469 (472); vgl. aber zur Einordnung als Gebot *Wiebe* in *Spindler/Wiebe*, D. III., Rn. 26.

[342] Siehe hierzu *BGH* NJW 1983, S. 1186 (1187) sowie Teil 3, 2. Kapitel, B. VI.

§ 156 S. 2 Alt. 2 BGB mit Schließung der Auktion erlöschen. Insofern müsste man prüfen, ob das virtuelle Auktionshaus als aktiver Stellvertreter des Bieters im Sinne des § 164 Abs. 1 BGB fungiert und es als solcher in der Online-Auktion ein entsprechendes Gebot im Sinne des § 156 S. 2 BGB gerichtet auf Abschluss des Kaufvertrages abgibt.
Allerdings hat der *BGH* in der Entscheidung, in der er sich zur rechtlichen Einordnung des „schriftlichen Gebotes" geäußert hat, gleichzeitig klargestellt, dass „ein schriftliches Gebot, welches der Bieter gegenüber dem Versteigerer erklärt und das von diesem nur mitgeteilt wird, theoretisch denkbar und durch keine Rechtsvorschrift ausdrücklich ausgeschlossen ist".[343]

a) E-Mail als „verkörperte" Willenserklärung

Eine Einordnung der E-Mail als Ersteigererauftrag kommt von vornherein nur dann in Betracht, wenn die E-Mail als schriftliche Willenserklärung zu qualifizieren ist, so dass zunächst zu untersuchen ist, ob die E-Mail als elektronische Willenserklärung eine verkörperte oder nicht verkörperte Erklärungen darstellt. Hierfür ist zu unterscheiden, ob die Erklärung nur elektronisch erstellt, danach aber abgespeichert und als Datenträger übersandt wird – sodann liegt zweifellos eine verkörperte Willenserklärung vor – oder ob die elektronisch erstellte Erklärung lediglich elektronisch übermittelt wird. Erhält der Empfänger sie ohne Speicherung nur akustisch oder optisch, so ist nach wohl einhelliger Ansicht in der Literatur eine nicht verkörperte Erklärung anzunehmen.[344] Die E-Mail ist eine Datei, die elektronisch erstellt und sodann übermittelt wird. Da sie beim Empfänger aber regelmäßig gespeichert wird, um von ihm wahrgenommen zu werden, ist sie trotz ihrer unkörperlichen Übermittlung wie eine verkörperte Erklärung zu behandeln.[345]
Auch bei der Privaten Internet-Auktion wird die E-Mail des Bieters auf dem Server des virtuellen Auktionshauses gespeichert, so dass hiermit eine verkörperte Erklärung vorliegt.

b) E-Mail als Ersteigererauftrag

Zu prüfen ist daher, ob die Verkörperung der Willenserklärung einer Einordnung als Gebot im Sinne des § 156 S. 2 BGB entgegensteht. Dieser Frage ist in

---

343 *BGH* NJW 1983, S. 1186 (1187) sowie hierzu *Kelwing/Joch* in NJW 1983, S. 1187 (1188).
344 *Ultsch* in NJW 1997, S. 3007 (3007); *Soergel-Hefermehl*, § 130, Rn. 13d; vgl. auch *Medicus*, Allg. Teil, § 22, Rn. 274, der hinsichtlich der Abgrenzung die – gerade für den Bereich Internet – anschauliche Begrifflichkeit der „Speicherung" von *John* in AcP 184, S. 385 (403 ff.) aufgreift.
345 Vgl. hierzu *Mehrings* in *Hoeren/Sieber*, Kap. 13.1, Rn. 75; *Ernst* in NJW-CoR 1997, S. 165 (166).

der Literatur – soweit ersichtlich – bislang nur *Wiebe* nachgegangen, welcher darauf abstellt, dass das Verfahren im Internet mit einer „face-to-face Kommunikation vergleichbar" und die E-Mails der Bieter daher als Gebote zu qualifizieren seien.[346]

Dem ist zuzustimmen, denn weder zwingende rechtliche Überlegungen noch praktische Erwägungen sprechen gegen die Einordnung der verkörperten elektronischen Willenserklärung des jeweiligen Bieters als Gebot im Sinne des § 156 S. 2 BGB.

Zunächst lässt sich, wie der *BGH* ausdrücklich klargestellt hat,[347] dem Wortlaut des § 156 S. 2 BGB nicht entnehmen, dass das Gebot zwingend mündlich erfolgen muss. Die Annahme des Ersteigererauftrages hat der *BGH* damit begründet, dass die Erkennbarkeit von Höhe, Wirksamkeit und Erlöschen der Gebote gewährleistet sein müsse, um jedwede Unsicherheit über ein im Augenblick der Versteigerung wirksames Angebot zu vermeiden.[348] Wie erläutert, lautet das „schriftliche Gebot" nur auf einen Höchstbetrag, so dass nicht klar wäre, welches Gebot in welcher Höhe zu welchem Zeitpunkt Wirksamkeit erlangt.

Im Unterschied hierzu lautet die E-Mail auf einen bestimmten Betrag und erfüllt die Voraussetzungen eines bestimmten Antrages. Ähnlich dem telefonischen Gebot, welches auch in der klassischen Versteigerung als solches im Sinne des § 156 S. 2 BGB qualifiziert wird, gebraucht der Bieter das virtuelle Auktionshaus lediglich als Boten.[349] Die E-Mail wird sofort nach Eingang auf der Auktionsseite ausgewiesen und fügt sich somit sinnvoll ein in den praktischen Ablauf der Versteigerung, welcher sich durch die in Stufen steigenden Gebote auszeichnet.[350] Im Gegensatz zur Fernauktion entspricht die Online-Auktion trotz der schriftlichen Erklärungen hinsichtlich der Interaktion und des gegenseitigen Überbietens der Situation der klassischen Versteigerung, so dass kein Bedürfnis der Annahme eines gesonderten Ersteigererauftrages besteht. Dieses Ergebnis entspricht zudem dem Interesse und der Sicht der Beteiligten; aus Sicht von Anbieter und Bieter gibt nicht das Online-Auktionshaus die jeweiligen Erklärungen ab, sondern die Bieter selbst.[351]

Im Ergebnis bleibt festzuhalten, dass die E-Mail zwar eine schriftliche Erklärung darstellt, welche jedoch angesichts der Kommunikationsbedingungen bei der Online-Versteigerung als Gebot gemäß § 156 S. 2 BGB qualifiziert werden kann.

---

[346] *Wiebe* in *Spindler/Wiebe*, D. III., Rn. 26.

[347] *BGH* NJW 1983, S. 1186 (1187).

[348] *BGH* NJW 1981, S. 1204 (1205); *BGH* NJW 1983, S. 1186 (1187); vgl. auch Teil 3, 2. Kapitel, B. VI.

[349] Vgl. hierzu wiederum Teil 3, 2. Kapitel, B. VI.

[350] *BGH* NJW 1983, S. 1186 (1187).

[351] Zum Offenheitsprinzip grds. *MüKo-Schramm*, Vor § 164, Rn. 43.

c) Agentengebot als Ersteigererauftrag

Schließlich ist zu erörtern, ob das sogenannte Agentengebot ebenfalls als Gebot des Bieters im Sinne des § 156 S. 2 BGB anzusehen ist.
Wie schon eingangs der Arbeit angesprochen, kann der Bieter als besondere Serviceleistung des Internet-Auktionshauses seine Gebote mit Hilfe eines „Agenten", d. h. einer entsprechenden Software, abgeben. Hierbei nennt der Bieter einen Maximalbetrag, bis zu dem er mitbieten möchte sowie die einzelnen Steigerungsschritte; der „Agent" bietet sodann bis zu dem gewünschten Betrag automatisch mit.[352]
In der Literatur geht *Wilmer* – allerdings ohne Begründung – davon aus, dass das Agentengebot dem „schriftlichen Gebot" bei der klassischen Auktion entspreche, wohingegen *Wiebe* hierin wiederum ein Gebot im Sinne des § 156 S. 2 BGB sieht.[353]
Für die rechtliche Bewertung ist zu unterscheiden zwischen dem eigentlichen Agentengebot, d. h. dem jeweils von der Software abgegebenen Gebot einerseits und der vorhergehenden Initialisierung der Software andererseits.
Im Rahmen der Ausführungen zu der Computererklärung wurde herausgearbeitet, dass es sich bei dem Agentengebot um eine sogenannte Computererklärung handelt, welche den Tatbestand der Willenserklärung erfüllt und als solche dem Nutzer der in Gang gesetzten Software zuzurechnen ist.[354] Begründet wurde dieses Ergebnis damit, dass der Tätigkeit des Computers der menschliche Wille des Betreibers zugrunde liegt, welcher von der Software automatisch in Gang gesetzt wird.[355] Bei dem Agentengebot weiß der Bieter, dass sich die Erklärung des Agenten innerhalb des von ihm gesetzten Rahmens bewegt. Damit lässt sich das von dem Agenten abgegebene Gebot auf den menschlichen Willen des Bieters zurückführen. Der Agent repräsentiert den Bieter bei der Online-Versteigerung und schafft auf Seiten des Anbieters ein berechtigtes Vertrauen darauf, dass er an das jeweils abgegebene Gebot gebunden ist; insofern ist die von dem Agenten abgegebene Erklärung auch dem Bieter zuzurechnen.
Vor diesem Hintergrund stehen der Einordnung des jeweiligen Agentengebotes als Gebot des Bieters gemäß § 156 S. 2 BGB keine Bedenken entgegen. Das Agentengebot als eine dem Bieter zuzurechnende Willenserklärung lautet auf einen bestimmten Betrag und fügt sich ebenso in den Ablauf der Versteigerung ein wie die übrigen Gebote, so dass auch hier für die Annahme eines Ersteigererauftrages kein Bedürfnis besteht.

---

[352] Siehe hierzu Teil 1, 2. Kapitel, B. I.
[353] *Wilmer* in NJW-CoR 2000, S. 94 (94); *Wiebe* in *Spindler/Wiebe*, D. III., Rn. 39.
[354] Siehe Teil 3, 1. Kapitel, C.
[355] Siehe hierzu ausführlich Teil 3, 1. Kapitel, C. sowie *Cornelius* in MMR 2002, S. 353 (355) für den „autonomen" elektronischen Agenten.

Hiervon zu trennen ist die vorhergehende Programmierung des Agenten. Insoweit kommt eine Qualifizierung als Gebot gemäß § 156 S. 2 BGB von vornherein nicht in Betracht, weil der Wille des Bieters zunächst noch durch den Agenten konkretisiert werden muss und sich die Angebotserklärung mit der bloßen Initialisierung der Software noch gar nicht in einer nach außen erkennbaren Weise manifestiert hat.[356] Dies ist erst der Fall, wenn der Agent selbst das Gebot in Richtung Online-Auktionshaus auf den Weg gebracht hat. Zudem lautet die Programmierung des Agenten nicht auf einen bestimmten Betrag, sondern enthält lediglich eine Höchstbegrenzung. *Wiebe* vergleicht die Aktivierung der Software daher mit einer Vollmacht gemäß § 167 Abs. 1 Alt. 1 BGB.[357] Indes wurde ebenfalls bereits im Zusammenhang mit der Computererklärung erläutert, dass das Recht der Stellvertretung von einer Selbständigkeit und eigenen Willensbildung des Vertreters ausgeht, welche das Computerprogramm bei der Online-Versteigerung nicht vornehmen kann. Die Agentensoftware trifft keine autonomen Entscheidungen, sondern führt lediglich Operationen in der genauen Schrittfolge des vorgegebenen Programms durch, so dass der Vergleich der Programmierung der Software mit einer Vollmacht gemäß § 167 Abs. 1 Alt. 1 BGB an den Agenten fehl geht.

d) Ergebnis

Im Ergebnis ist festzuhalten, dass sowohl die verkörperten E-Mails als auch die von der entsprechenden Agentensoftware abgegebenen Erklärungen als Gebote der Bieter im Sinne des § 156 S. 2 BGB qualifiziert werden können.

4. Exkurs: Wirksamwerden der Gebote

Nachdem geklärt wurde, dass sich die verkörperten E-Mail-Gebote grundsätzlich als empfangsbedürftige Willenserklärungen im Sinne des § 156 S. 2 BGB qualifizieren lassen, soll an dieser Stelle der Frage nachgegangen werden, zu welchem Zeitpunkt das jeweilige Gebot im Rahmen der Privaten Internet-Auktion Wirksamkeit erlangt.

Die folgenden Ausführungen sind indes nicht auf Gebote im Sinne des § 156 S. 2 BGB beschränkt, sondern gelten für das Angebot gemäß § 145 BGB als (verkörperte) empfangsbedürftige Willenserklärung gleichermaßen.

---

[356] Vgl. grds. zur Abgabe der „autonomen" elektronischen Agentenerklärung *Cornelius* in MMR 2002, S. 353 (355/356).

[357] *Wiebe* in *Spindler/Wiebe*, D. III., Rn. 39; siehe bereits Teil 3, 1. Kapitel, C.

a) Erklärung unter An- oder Abwesenden

Verkörperte Willenserklärungen werden in der Regel unter Abwesenden abgegeben und erlangen gemäß § 130 Abs. 1 S. 1 BGB Wirksamkeit in dem Zeitpunkt, in dem sie dem Adressaten zugehen.
Fraglich ist, ob dies auch für das im Rahmen der Privaten Internet-Auktion abgegebene Gebot im Sinne des § 156 S. 2 BGB gilt.

aa) „Herkömmlicher" Geschäftsabschluss im Internet

Bei „herkömmlichen" Geschäftsabschlüssen über das Internet liegen verkörperte Willenserklärungen unter Abwesenden vor, da keine unmittelbare Kommunikation „von Person zu Person" stattfindet; insofern besteht ein wesentlicher Unterschied zur telefonischen Erklärung.[358] Von einem Zugang im Sinne des § 130 Abs. 1 S. 1 BGB dieser Willenserklärung ist dann auszugehen, wenn sie unmittelbar nach ihrer Absendung so in den Zugriffsbereich des Empfängers gelangt ist, dass mit dem Abruf der Nachricht unter gewöhnlichen Umständen gerechnet werden kann;[359] dabei lässt sich die Mail-Box auf dem ständig erreichbaren Mail-Server des jeweiligen Empfänger-Providers problemlos mit dem herkömmlichen Briefkasten oder Postfach vergleichen.[360] Entsprechend der Rechtsprechung zum Zugang schriftlicher empfangsbedürftiger Erklärungen[361] wird sodann auch bei der Frage, wann von einer Überprüfung der Mail-Box auszugehen ist, bislang zwischen Privatpersonen und Gewerbetreibenden dahingehend unterschieden, dass dem Unternehmer eine Kenntnisnahme zu den regelmäßigen Geschäftszeiten möglich ist, der Privatperson, welcher ja auch Kosten durch Herstellung einer Telefon-Wählleitung entstehen, eine Überprüfung in der Regel höchstens einmal täglich zuzumuten ist.[362] Im Gegensatz zur Briefpost ist hierbei eine genauere Eingrenzung der Abfragezeit (noch) nicht möglich – es gibt weder eine allgemein übliche Zustellzeit noch eine Praxis, wann E-Mail-Nutzer ihre Mail-Box abfragen – weshalb einem Privatmann im Zweifel eine E-Mail wohl erst am nächsten Tag als zugegangen gilt.[363] Zum Teil wird zu weitgehend

---

[358] Vgl. zum Meinungsstand *Mehrings* in: *Hoeren/Sieber*, Teil 13.1, Rn. 64/74; *Herwig* in MMR 2001, S. 145 (145); *Hoeren*, Rechtsfragen des Internet, Rn. 292, S. 124; *ders.*, Gründzüge des Internetrechts, S. 9; *Ende/Klein*, S. 20.
[359] Vgl. zur Rechtsprechung zum Zugang einer Willenserklärung *BGHZ* 67, S. 271 (275); *BGH* NJW 1980, S. 990 (990).
[360] *Herwig* in MMR 2001, S. 145 (146); *Hoffmann* in NJW 2001, S. 7.
[361] *BGH* NJW 1983, S. 929 (930); *BAG* NJW 1993, S. 1093 (1095).
[362] *Palandt-Heinrichs*, § 130, Rn. 7a; *Ultsch* in NJW 1997, S. 3007 (3008); *Erd* in Kritische Justiz 2000, S. 284 (289); *Herwig* in MMR 2001, S. 145 (146); a. A. *Lütcke*, § 312e, Rn. 53, der nicht zwischen Privatleuten und Firmen unterscheidet.
[363] Vgl. bereits *Ernst* in NJW-CoR 1997, S. 165 (166).

ein Abruf nur einmal pro Woche als üblich angesehen oder sogar auf die tatsächliche Kenntnisnahme abgestellt.[364]
Für Verträge im elektronischen Geschäftsverkehr hat der Gesetzgeber in § 312e Abs. 1 S. 2 BGB unter im Wesentlichen wörtlicher Übernahme von Art. 11 Abs. 1 zweiter Spiegelstrich der E-Commerce-Richtlinie 2000/31/EG klargestellt, dass Bestellungen und Empfangsbestätigungen als zugegangen gelten, wenn die Parteien, für die sie bestimmt sind, sie unter gewöhnlichen Umständen abrufen können.[365] Das Erfordernis der Kenntnisnahmemöglichkeit „unter gewöhnlichen Umständen" findet sich nicht in der Richtlinie, sondern entspricht der dargelegten deutschen Rechtsprechung zum Zugang von Willenserklärungen. Dennoch wird man hierin eine richtlinienkonforme Umsetzung sehen können, da die Richtlinie in Abkehr von dem ursprünglichen Entwurf lediglich vom „Eingang" der genannten Erklärungen und nicht von deren „Zugang" spricht und insoweit gerade darauf verzichtet hat, einen europaeinheitlichen Zeitpunkt für den Zugang einer elektronischen Willenserklärung festzulegen.[366] *Heinrichs* weist nicht unzutreffend darauf hin, dass bei Vorliegen der Voraussetzungen des § 312e Abs. 1 S. 2 BGB die Erklärung gemäß § 130 Abs. 1 S. 1 BGB tatsächlich zugegangen sei, so dass die Zugangsfiktion nach § 312e Abs. 1 S. 2 BGB wenig sinnvoll erscheine;[367] der Gesetzgeber hielt an der Klarstellung dennoch fest, weil eine gefestigte Rechtsprechung zur Frage des Zugangs elektronischer Willenserklärungen und Information bislang nicht bestehe.[368]
Da der Umgang mit dem Internet und den zugehörigen Interaktionstechniken zunehmend selbstverständlicher wird, sind mit Blick auf die Frage, wann „unter gewöhnlichen Umständen" mit einem Abruf zu rechnen ist, in der Tat richtungsweisende Entscheidungen zu erwarten.

bb) Die Private Online-Auktion

Vor dem Hintergrund dieser Grundsätze stellt sich die Situation für die Private Online-Auktion folgendermaßen dar:

---

[364] *Soergel-Hefermehl*, § 130, Rn. 13 d.
[365] Der Gesetzgeber wollte § 312e Abs. 1 S. 2 BGB nicht in § 130 BGB integrieren, weil dieser zum einen nur für Willenserklärungen und geschäftsähnliche Erklärungen, nicht aber für den Zugang von Information gilt, welcher von § 312e Abs. 1 S. 2 BGB auch erfasst wird; zum andern ist die Regelung lediglich auf Willenserklärungen im elektronischen Geschäftsverkehr zugeschnitten und somit richtigerweise in dem Kontext vorzusehen, wo sie am ehesten erwartet werden kann. (Vgl. zur Zugangsfiktion in § 312e Abs. 1 S. 2 BGB *BT-Drs.* 14/6040, S. 172; *AnwKom-BGB-Ring*, § 312e, Rn. 27-30; *Lütcke*, § 312e, Rn. 50-54).
[366] *Lütcke*, § 312e, Rn. 51; vgl. hierzu auch *AnwKom-BGB-Ring*, § 312e, Rn. 28.
[367] *Palandt-Heinrichs*, § 312e, Rn. 7; kritisch auch *Lütcke*, § 312e, Rn. 54).
[368] Vgl. Gegenäußerung der Bundesregierung zu Nr. 63 zu Artikel 1 Abs. 1 Nr. 13 (§ 312e Abs. 1 S. 2 BGB); *AnwKom-BGB-Ring*, § 312e, Rn. 29.

Zunächst ist man geneigt, angesichts der beschriebenen besonderen Dialog-Kommunikation bei der Online-Auktion den Rechtsgedanken des § 147 Abs. 1 S. 2 BGB anzuwenden, d. h. Willenserklärungen unter Anwesenden wie beim Gespräch am Telefon oder bei einem Dialog zweier Personen an ihrem Computer auf elektronischem Weg anzunehmen.[369] Denn trägt man den oben herausgearbeiteten Gesichtspunkten Rechnung, dass aufgrund der technischen Möglichkeiten bei Internet-Versteigerungen der unmittelbare Kontakt zwischen den Beteiligten in ähnlicher Weise gewährleistet ist, wie bei der klassischen Versteigerung unter Anwesenden, erscheint die Annahme von Erklärungen unter Anwesenden zunächst konsequent.
Bei näherer Betrachtung geht diese Argumentation jedoch in dem vorliegenden Kontext fehl. Zum einen mangelt es an der Erklärung „von Person zu Person", welche § 147 Abs. 1 S. 2 BGB auch nach der Neufassung, welche eine „sonstige technische Einrichtung" dem Fernsprecher gleichstellt, voraussetzt. Eine individuelle Nachfragemöglichkeit und eine sofortige Überprüfung des materiellen Erklärungsinhaltes ist nicht möglich. Zum andern wurde im Rahmen der Auseinandersetzung, ob eine dem Versteigerungsbegriff gerecht werdende Kommunikation vorliegt, auf die jeweilige Aktions- und Reaktionsmöglichkeit der konkurrierenden Bieter zueinander abgestellt. Hinsichtlich der Frage, ob das empfangsbedürftige Gebot unter An- oder Abwesenden erfolgt, ist aber nicht auf die jeweiligen Bieter abzustellen, sondern auf den Empfänger des Gebots.
Der Abgrenzungsfrage, ob Willenserklärungen unter An- oder Abwesenden vorliegen, kommt bei der Frage des Wirksamwerdens der Gebote indes keine praktische Bedeutung zu. Denn es liegen – wie erläutert – jedenfalls verkörperte Willenserklärungen vor; insoweit allenfalls vergleichbar mit der schriftlichen Kommunikation unter räumlich Anwesenden, bei der die Parteien sich ausschließlich auf einem Schriftstück erklären. Da das Gesetz für das Wirksamwerden einer verkörperten Erklärung unter Anwesenden keine ausdrückliche Regelung bereithält, ist auch hier auf den Zeitpunkt des Zugangs entsprechend der verkörperten Erklärung unter Abwesenden gemäß § 130 Abs. 1 S. 1 BGB abzustellen.[370]

b) Zugang

Wie ausgeführt, liegt Zugang im Sinne des § 130 Abs. 1 S. 1 BGB vor, wenn die Willenserklärung derart in den Machtbereich des Empfängers gelangt ist, dass

---

[369] Vgl. hierzu grds. *Rehbinder/Schmaus* in UFITA 2000, S. 313 (324); *Larenz/Wolf*, AT, § 26, Rn. 26/ 27; § 30, Rn. 52; *Heun* in CR 1994, S. 595 (598).
[370] Siehe hierzu grds. *Erman-H. Palm*, § 130, Rn. 16; *Soergel-Hefermehl*, § 130, Rn. 20; *Medicus*, Allg. Teil, Rn. 290.

nach dem gewöhnlichen Lauf der Dinge mit Kenntnisnahme zu rechnen ist.[371] Insofern fragt sich, auf wessen Machtbereich abzustellen ist.
In Anlehnung an die klassische Versteigerung kommt einerseits das virtuelle Auktionshaus als Empfangsvertreter des Anbieters gemäß § 164 Abs. 3 BGB in Betracht,[372] andererseits könnte man auf die Person des Anbieters als Adressat der empfangsbedürftigen Gebote abstellen, wobei das Auktionshaus lediglich als Empfangsbote fungiert.
Die Abgrenzung des Empfangsboten von dem passiven Stellvertreter ist schwieriger als auf der Aktivseite, denn beide nehmen eine Willenserklärung entgegen, tun also dasselbe. Ebenso wie bei der aktiven Stellvertretung ist letztlich maßgeblich, ob das Online-Auktionshaus als mit eigener Empfangszuständigkeit ausgestattete Repräsentantin des Anbieters auftritt oder nur als unselbständige Empfangseinrichtung fungiert.[373] Dabei erscheint eine strenge Abgrenzung der einzelnen Machtbereiche im Rahmen der Privaten Internet-Auktion kaum möglich und die Konstruktion über das Auktionshaus als Empfangsvertreter auf den ersten Blick wenig sinnvoll.[374]
Zudem drängt sich die Frage auf, ob sich im Hinblick auf den Zeitpunkt des Zugangs und damit auf das Wirksamwerden des jeweiligen Gebotes je nach Qualifizierung des virtuellen Auktionators als Empfangsvertreter oder –bote des Anbieters überhaupt ein Unterschied ergibt.

aa) Auktionshaus als Empfangsbote des Anbieters

Betrachtet man das virtuelle Versteigerungshaus als Empfangsboten, ist Zugang beim Anbieter als Adressat der Erklärung anzunehmen, wenn nach dem regelmäßigen Lauf der Dinge mit Weiterleitung des Gebots zu rechnen ist.[375] Unter Berücksichtigung der gewöhnlichen Verhältnisse nach Maßgabe der Umstände des Einzelfalls kann dabei erst nach Ablauf der Zeit, die der Empfangsbote für die Übermittlung an den Adressaten normalerweise benötigt, erwartet werden,

---

[371] Vgl. *BGHZ* 67, S. 271 (275); *BGH* NJW 1983, S. 929 (930); *Medicus*, Allg. Teil, Rn. 291; *Palandt–Heinrichs*, § 130, Rn. 5; *Soergel-Hefermehl*, § 130, Rn. 8.
[372] So ist es in den AVB von www.offerto.de vorgesehen: § 6 Abs. 6. Auch die AVB des Auktionshauses ricardo.de, die der Entscheidung des *BGH* MMR 2002, S. 95 ff. zugrunde lagen, sahen vor, dass das Auktionshaus als Empfangsvertreter des Anbieters fungiert. Mittlerweile enthalten die AVB des betreffenden Auktionshauses eine derartige Bestimmung nicht mehr. Vgl. hierzu auch Teil 3, 5. Kapitel, B. 4. a).
[373] Vgl. zur Abgrenzung grds. *MüKo-Schramm*, Vor § 164, Rn. 59; *Palandt-Heinrichs*, Einf. v. § 164, Rn. 11; *Staudinger-Schilken*, § 164, Rn. 25.
[374] Für die Internet-Auktion ebenso *Wiebe* in *Spindler/Wiebe*, D. III., Rn. 27.
[375] Vgl. grds. *BGH* NJW-RR 1989, S.797 (797); *Palandt-Heinrichs*, § 130, Rn. 9; a. A. *Staudinger-Dilcher*, § 130, Rn. 33, der bei Übergabe der Erklärungsverkörperung an den Empfangsboten Zugang annimmt.

dass dieser von der Erklärung Kenntnis nimmt;[376] bis zu diesem Zeitpunkt wird der Zugang hinausgeschoben.[377]
In dem Zeitpunkt, in dem das jeweilige Gebot von dem Softwareprogramm auf der Auktionsseite ausgewiesen wird, erhält der Anbieter die Möglichkeit der Kenntnisnahme. Ob der Anbieter gerade zu diesem Zeitpunkt online ist, ist unerheblich; tatsächliche Kenntnisnahme ist ja nicht erforderlich. Da die Softwareprogramme der virtuellen Auktionshäuser im Echt-Zeit-Modus arbeiten, erfolgen der Eingang des Gebotes beim Auktionshaus und seine Ausweisung auf der entsprechenden Auktionsseite nahezu zeitgleich. Bei dem der Freischaltung und Veröffentlichung des Gebotes vorgeschalteten Prüfungsverfahren handelt es sich um einen automatisierten Ablauf, der lediglich eine „technische Sekunde" ausmacht. Insofern ist regelmäßig mit Eingehen des Gebotes beim Auktionshaus – kaum zeitversetzt – ein Erscheinen auf der entsprechenden Angebotsseite und damit Zugang beim Anbieter und Wirksamkeit des Gebotes anzunehmen.

bb) Auktionshaus als Empfangsvertreter des Anbieters

Sofern man das Auktionshaus als Empfangsvertreter im Sinne des § 164 Abs. 3 BGB qualifiziert, muss das Gebot dessen Machtbereich, d. h. die von ihm für den Empfang der Gebote geschaffene Vorrichtung erreichen. Dies ist – unabhängig von der Tages- oder Nachtzeit – zu bejahen, wenn das Gebot auf den Empfängerprovider des Auktionshauses gelangt ist.[378]
Hinsichtlich der zweiten Komponente, der Möglichkeit der Kenntnisnahme unter Zugrundelegung der gewöhnlichen Verhältnisse, gilt Folgendes: Das Softwareprogramm des Auktionshauses ist darauf angelegt, jedes eingehende Gebot sofort zu „bearbeiten", indem es zunächst hinsichtlich der Höhe überprüft und erst anschließend auf der Angebotsseite ausgewiesen wird. Diese sofortige automatisierte „Bearbeitung" bei der Privaten Online-Auktion kann durchaus mit einer unabhängig von den herkömmlichen Geschäftszeiten erfolgenden elektronischen Bearbeitung von Bestellungen im 24-Stunden-Service verglichen werden.[379] Mit der Möglichkeit der Bearbeitung ist Zugang des jeweiligen Gebots erfolgt, d. h. sofort mit Eintreffen desselben.[380] Bedenkt man wiederum, dass - aufgrund der hohen Übertragungskapazitäten der Online-Übertragung der Wil-

[376] Grds. *BGH* NJW-RR 1989, S.797 (798); *MüKo-Schramm*, Vor § 164, Rn. 60.
[377] Vgl. grds. *Larenz/Wolf*, AT, § 46, Rn. 46.
[378] Vgl. zum Zugang elektronischer Erklärungen grds. *Mehrings* in: *Hoeren/Sieber*, Kap. 13.1, Rn. 77; für die Internet-Auktion *Gaul* in WM 2000, S. 1783 (1785).
[379] Vgl. grds. zur automatisierten Bearbeitung von Bestellungen *Rehbinder/Schmaus* in UFITA 2000, S. 313 (328); *Mehrings* in: *Hoeren/Sieber*, Kap. 13.1, Rn. 82, der den Zugangsbegriff insoweit modifiziert, als er auf die Möglichkeit der Verarbeitung, statt auf die Möglichkeit der Kenntnisnahme abstellt. Diese Begrifflichkeit scheint angemessen, wenn man bedenkt, dass das Softwareprogramm keine Kenntnis erlangen kann.
[380] Ebenso für die Internet-Auktion *Gaul* in WM 2000, S. 1783 (1785).

lenserklärung - die Gebote nahezu unmittelbar nach der Abgabe auf dem Empfängerprovider des Hauses erscheinen, werden diese wie bei der klassischen Versteigerung „quasi mit Abgabe“ wirksam, obwohl rechtlich natürlich der Zeitpunkt des Zugangs maßgeblich ist.
Dies entspricht dem Zugang einer Erklärung unter Anwesenden, die ebenfalls sofort, d. h. mit Übergabe an den anwesenden Empfänger zugeht[381] und unterstützt das gefundene Ergebnis, dass die Kommunikationssituation bei der Internet-Versteigerung mit der klassischen Auktion unter Anwesenden vergleichbar ist.

cc) Stellungnahme

Sowohl bei Einordnung des Auktionshauses als Empfangsvertreter des Anbieters im Sinne des § 164 Abs. 3 BGB als auch bei dessen Qualifizierung als Empfangsboten erfolgen Abgabe und Zugang der Gebote nahezu zeitgleich; hinsichtlich des Zeitpunktes der Wirksamkeit ergibt sich je nachdem, ob man auf den Eingang beim Empfänger-Provider oder die Ausweisung auf der Auktionsseite abstellt, kaum ein Unterschied. Dennoch ist der virtuelle Auktionator im Ergebnis als Empfangsvertreter des Anbieters nach § 164 Abs. 3 BGB zu qualifizieren. Wie ausgeführt, ist für die Abgrenzung maßgeblich, ob im Verhältnis zum Geschäftsherrn eine gewisse Selbständigkeit für einen bestimmten Bereich mit eigener Verantwortung und Entscheidungsgewalt besteht.[382] Bei der Online-Auktion werden die Gebote der Bieter von dem Softwareprogramm des Auktionshauses erst nach entsprechender Überprüfung auf der jeweiligen Angebotsseite freigeschaltet. Auch wenn es sich bei dem vorgeschalteten Prüfungsverfahren angesichts des Umfangs der zu strukturierenden und zu verarbeitenden Gebote um eine automatisiert arbeitende Software handelt, führt das Auktionshaus ein „Sortieren“ nach festgelegten Parametern durch, so dass sich hierin durchaus eine gewisse Selbständigkeit begründen lässt. Vor allem aber ergibt sich die Stellung des Auktionshauses als Empfangsvertreter mit Blick auf § 146 Alt. 1 BGB. Dieser normiert, dass ein Angebot erlischt, wenn es dem Antragenden gegenüber abgelehnt wird. Um Erlöschen zu können, muss das Gebot begrifflich aber zunächst Wirksamkeit erlangt haben. Dies wäre nicht der Fall, wenn man – bei Würdigung des Anbieters als Adressaten – erst nach erfolgter Prüfung mit Ausweisung des Gebotes auf der jeweiligen Angebotsseite Wirksamkeit annehmen würde.
Der Qualifizierung des Auktionshauses als Empfangsvertreter des Anbieters gemäß § 164 Abs. 3 BGB stehen im Übrigen keine weiteren Bedenken entgegen. Zum Teil ist in den AVB des Auktionshauses festgelegt, dass eine entspre-

---

[381] Siehe hierzu bereits *RGZ* 83, S. 104 (106).

[382] Vgl. zu der Abgrenzung grds. wiederum *MüKo-Schramm*, Vor § 164, Rn. 57 ff. sowie § 164, Rn. 134.

chende Bevollmächtigung gemäß § 167 Abs. 1 Alt. 1 BGB mit der Zustimmung zu den AVB erfolgt.[383] Darüber hinaus könnte man eine stillschweigende Bevollmächtigung durch schlüssiges Handeln in der Freischaltung der Angebotsseite erblicken.[384]

c) Ergebnis

Das virtuelle Auktionshaus fungiert als Empfangsvertreter des Anbieters gemäß § 164 Abs. 3 BGB, so dass die Gebote mit Eingang auf dem Empfänger-Provider des Auktionshauses Wirksamkeit erlangen. Da die entsprechenden Softwareprogramme im Echtzeit-Modus arbeiten, werden die Gebote nahezu zeitgleich auf der jeweiligen Angebotsseite ausgewiesen, so dass der Anbieter sofort die Möglichkeit der Kenntnisnahme hat. Berücksichtigt man schließlich die hohen Übertragungskapazitäten im Netz, erlangen die Gebote „quasi mit Abgabe" Wirksamkeit.

5. Der Zuschlag

Um den Vertragsschluss bei der Versteigerung im Sinne des § 156 BGB herbeizuführen, bedarf es eines vom Wortlaut des § 156 S. 1 BGB erfassten Zuschlages. Wie erläutert, ist der Zuschlag eine nicht empfangsbedürftige Willenserklärung und beendet die Versteigerungsveranstaltung. In der klassischen Versteigerung gibt der Versteigerer selbst diese mündliche Erklärung im Termin ab,[385] die dementsprechend mit Abgabe wirksam wird.
Vor diesem Hintergrund ist zu prüfen, ob bei der Privaten Online-Auktion ein Zuschlag gemäß § 156 S. 1 BGB vorliegt.

a) Zuschlag durch die Gratulations-E-Mail des Auktionshauses

Zunächst könnte man erwägen, ob der Zuschlag im Sinne des § 156 S. 1 BGB bei der Privaten Online-Auktion darin zu sehen ist, dass das virtuelle Auktionshaus den Höchstbieter in der Regel spätestens bis 24 Uhr des zweiten Werktages nach Ende der Versteigerungsveranstaltung über das Zustandekommen des Vertrages informiert.[386]
Voraussetzung hierfür wäre, dass das Auktionshaus als aktiver Stellvertreter des Anbieters im Sinne des § 164 Abs. 1 BGB hiermit eine entsprechende Annahmeerklärung gerichtet auf Abschluss des Kaufvertrages abgibt.

---

[383] Siehe § 6 Abs. 6, S. 2 AVB www.offerto.de; ebenso lag der Fall in der Entscheidung des *OLG Hamm* in CR 2001, S. 117 ff. sowie des *BGH* MMR 2002, S. 95 ff.
[384] Vgl. hierzu grds. *MüKo- Schramm*, § 167, Rn. 36/39; *Soergel-Leptien*, § 167, Rn. 15/18.
[385] *V. Tuhr*, BGB AT, Band II, Hb. 1, § 62 VII, S. 492.
[386] Siehe Anhang: § 8 Abs. 2 AVB.

Bei der Privaten Internet-Auktion fungiert das Auktionshaus bereits ausweislich seiner AVB nicht als aktiver Stellvertreter des Anbieters gemäß § 164 Abs. 1 BGB.[387] Unabhängig hiervon besteht in Rechtsprechung und Literatur wohl Einigkeit darüber, dass die Gratulations-E-Mail des Online-Auktionshauses nicht als Zuschlag im Sinne des § 156 S. 1 BGB gewertet werden kann.[388]
Dem ist zuzustimmen, denn die Mitteilung des Auktionshauses an den Höchstbieter, er habe den „Zuschlag“ erhalten, beinhaltet keine Willenserklärung, die auf die Annahme des Höchstgebotes abzielt. Die Gratulations-E-Mail ist ihrem Inhalt nach nicht auf die Herbeiführung einer Rechtsfolge gerichtet, sondern soll lediglich über die bereits eingetretene Rechtsfolge des geschlossenen Kaufvertrages informieren; sie stellt somit eine reine Wissens- und keine Willenserklärung dar. Darüber hinaus wurde herausgearbeitet, dass mit Blick auf § 156 S. 2 Alt. 2 BGB der Zuschlag gemäß § 156 S. 1 BGB innerhalb der Versteigerungsveranstaltung abgegeben werden muss, wohingegen die Gratulations-E-Mail erst nach Ablauf der Online-Auktion an den Höchstbieter gesandt wird, so dass hiermit kein Zuschlag im Sinne des § 156 S. 1 BGB vorliegt.

b) „Zuschlag durch Zeitablauf“

Des Weiteren ist zu untersuchen, ob der Zuschlag im Sinne des § 156 S. 1 BGB darin zu sehen sein könnte, dass das Gebot des Höchstbieters „automatisch“ durch Ablauf des Angebotszeitraumes Berücksichtigung findet. Denn im Gegensatz zu der herkömmlichen Versteigerung, bei welcher der Zuschlag nach „Ausbieten“ durch den Versteigerer als dritter Person erteilt wird, endet die Auktion im Internet automatisch mit Ablauf der vorher festgelegten Zeitspanne.
Der bloße Zeitablauf an sich stellt indes keine Willenserklärung gerichtet auf die Annahme eines Angebotes dar. Es ist vielmehr festzuhalten, dass bei der Privaten Online-Auktion kein Zuschlag gemäß § 156 S. 1 BGB erteilt wird.[389]
An die Stelle des Zuschlages im Sinne des § 156 S. 1 BGB tritt der Zeitablauf und ersetzt in Verbindung mit der entsprechenden Vorschrift in den Versteigerungsbedingungen des Auktionshauses die Annahmeerklärung.[390] Die Private

---

[387] In der überwiegenden Anzahl der Fälle bestimmen die AVB, dass das Haus lediglich als Bote fungiert (siehe Anhang: § 8 Abs. 1 S. 2 AVB). Vereinzelt sehen die AVB vor, dass das Auktionshaus als *Empfangs*vertreter des Anbieters gemäß § 164 Abs. 3 BGB auftritt (vgl. § 6 Abs. 6 S. 2 AVB www.offerto.de).
[388] *BGH* MMR 2002, S. 95 (96); *LG Wiesbaden* in CR 2001, S. 52 (53); *Ulrici* in JuS 2000, S. 947 (948); hiervon selbstverständlich ausgehend *Spindler* in ZIP 2001, S. 809 (810); *Sester* in CR 2001, S.98 (98); *Gaul* in WM 2000, S. 1783 (1789).
[389] Vgl. nur *BGH* MMR 2002, S. 95 (96); *Ulrici* in JuS 2000, S. 947 (948); *Spindler* in ZIP 2001, S. 809 (810); *Sester* in CR 2001, S.98 (98).
[390] So oder ähnlich formulieren z. B. *Burgard* in WM 2001, S. 2102 (2109); *Hollerbach* in DB 2000, S. 2001 (2006); *Sester* in CR 2001, S. 98 (98).

Internet-Auktion weist also gegenüber der klassischen Variante die Modifizierung auf, dass es keinen Auktionator gibt, welcher den Zuschlag im Sinne des § 156 S. 1 BGB nach „Ausbieten" bis zum Höchstgebot erteilt.[391] Insofern ist der im Zusammenhang mit der Internet-Auktion häufig verwandte Begriff des „Zuschlags durch Zeitablauf"[392] durchaus anschaulich. Allerdings kommt – wie mehrfach betont – dem Zeitablauf die Wirkung einer Annahmeerklärung nur in Verbindung mit der jeweiligen Vertragsabschlussklausel in den Versteigerungsbedingungen des Auktionshauses zu. Ohne die entsprechende Bestimmung wird mit dem bloßen Zeitablauf nicht automatisch der Kaufvertrag über den angebotenen Auktionsgegenstand geschlossen.

6. „Endgültigkeit" des Zeitablaufs

Nunmehr stellt sich die Frage, ob die Ersetzung des Zuschlagverfahrens mittels eines dritten Auktionators durch den „Zuschlag durch Zeitablauf" den Charakter der Privaten Internet-Auktion als Versteigerung im Sinne des § 156 BGB entfallen lässt.

Nach der hier zunächst erfolgenden Wortlautanalyse des § 156 BGB ist festzuhalten, dass die Norm selbst das Vorhandensein eines Auktionators für den Tatbestand der Versteigerung ebenso wenig voraussetzt wie die Erteilung des Zuschlages. Dies verkennen die Stimmen in der Literatur, die bereits mit dem bloßen Hinweis, dass die Internet-Auktion keinen Zuschlag gemäß § 156 S. 1 BGB vorsehe, das Vorliegen einer Versteigerung im Sinne dieser Vorschrift verneinen.[393] § 156 S. 2 Alt. 2 BGB geht vielmehr ausdrücklich davon aus, dass die Versteigerung auch ohne Erteilung des Zuschlages geschlossen werden kann.

Diesem Wortlaut lässt sich zudem ein weiteres Wesensmerkmal der Versteigerung entnehmen, welches die Private Internet-Auktion erfüllt. Kennzeichnend für die Versteigerung im Sinne des § 156 BGB ist, dass der Vertrag entweder durch Zuschlag gemäß § 156 S. 1 BGB unmittelbar am Ende der Versteigerungsveranstaltung begründet wird oder gar nicht zustande kommt. Denn § 156 S. 2 Alt. 2 BGB sieht vor, dass das Gebot erlischt, wenn die Versteigerung ohne Erteilung des Zuschlages geschlossen wird. Die Versteigerungsveranstaltung stellt somit ein in sich geschlossenes Verfahren zu Ermittlung eines Höchstgebotes dar, welches entweder unmittelbar zum Kaufvertrag führt oder hinfällig wird.

Vergleichbar der Nichtempfangsbedürftigkeit des Zuschlages gemäß § 156 S. 1 BGB muss sich der Höchstbieter bei Zugrundelegung dieser Konstruktion zu diesem Zeitpunkt nicht im Netz befinden.

[391] Vgl. hierzu *Sester* in CR 2001, S. 98 (103); *Wenzel* in DB 2001, S. 2233 (2238); *Heiderhoff* in MMR 2001, S. 640 (642).

[392] Vgl. *Wilmer* in NJW-CoR 2000, S. 94 (95); *Gaul* in WM 2000, S. 1783 (1789).

[393] So ohne nähere Begründung *Leible/Sosnitza* in K & R 2002, S. 98; *Wenzel* in NJW 2002, S. 1550 (1551); *Lettl* in JuS 2002, S. 219 (222).

In Abgrenzung hierzu zeichnet sich wiederum die Fernauktion bzw. der Verkauf gegen Höchstgebot neben dem Fehlen des Merkmals des „wechselseitigen Überbietens" dadurch aus, dass der Vertrag erst *nach* Abschluss der eigentlichen Verkaufsveranstaltung, d. h. zu einem Zeitpunkt, zu dem Gebote nicht mehr entgegen genommen werden, durch die Annahme des Verkäufers zustande kommt.[394] So hat der Verkäufer bei der Fernauktion bzw. dem Verkauf gegen Höchstgebot nach Ablauf der Bietzeit in der Regel innerhalb einer von ihm gesetzten oder sich aus § 147 Abs. 2 BGB ergebenden Frist die Wahl, ob und welches Gebot er annehmen will.[395] Innerhalb dieser Entscheidungsfrist haben die Bieter keine Möglichkeit mehr, auf den Verkäufer einzuwirken. Wie erläutert, bleiben die einzelnen Gebote nebeneinander wirksam und erlöschen gerade nicht mit Ablauf der Bietzeit, so dass der Verkäufer nach dem Fristablauf innerhalb der folgenden Tage oder Wochen zunächst die einzelnen bei ihm eingegangenen Gebote prüft, um nach sorgfältiger Abwägung aller Vor- und Nachteile des Geschäfts ein Gebot anzunehmen oder nach Belieben auch ganz auf den Vertrag zu verzichten.[396] Dabei muss nicht notwendig der Preis den Ausschlag geben, wenn der Verkäufer z. B. mit einem bestimmten Vertragspartner nicht kontrahieren will. Regelmäßig erhält aber das höchste Gebot den „Zuschlag"[397], welcher als verkörperte und empfangsbedürftige Willenserklärung erst mit Zugang gemäß § 130 Abs. 1 S. 1 BGB wirksam wird.

Demgegenüber soll sich bei der Privaten Online-Auktion mit Ablauf der Bietzeit nach Maßgabe der Versteigerungsbedingungen der Vertragsschluss unmittelbar vollziehen. Im Unterschied zum Verkauf gegen Höchstgebot bleiben die jeweiligen Gebote nicht wirksam; es besteht nicht die Möglichkeit, ein abgegebenes Gebot nach Fristablauf anzunehmen und insofern noch „nachträglich" einen Vertragsabschluss zu erwirken. Ebenso wie in der klassischen Variante der Zuschlag gemäß § 156 S. 1 BGB oder die Schließung der Versteigerung gemäß § 156 S. 2 Alt. 2 BGB endgültige Wirkung haben, begründet auch der Zeitablauf bei der Online-Auktion unmittelbar und endgültig den Vertragsschluss und das Ende der Versteigerung. Der „Zuschlag durch Zeitablauf" steht somit in seiner Endgültigkeit der Erteilung des Zuschlages gemäß § 156 S. 1 BGB gleich. Dieses Kriterium der „Endgültigkeit", welches sich aus dem Wortlaut des § 156 S. 1 BGB sowie des § 156 S. 2 Alt. 2 BGB ergibt, ist neben dem Merkmal des „wechselseitigen Überbietens", welches von § 156 S. 2 Alt. 1 BGB verlangt wird, das entscheidende Wesensmerkmal der Versteigerung.

---

[394] Vgl. *Härting*, § 3 FernAbsG, Rn. 97; *MüKo-Wendehorst*, § 3 FernAbsG, Rn. 43.

[395] *V. Tuhr*, BGB AT, Band II, Hb. 1, § 62 VII, S. 491; *Staudinger-Bork*, § 156, Rn. 13.

[396] *MüKo-Wendehorst*, § 3 FernAbsG, Rn. 43.

[397] Der in diesem Zusammenhang in der Kommentierung verwandte Begriff „Zuschlag" ist insofern unrichtig, als gerade kein Zuschlag im Sinne des § 156 S. 1 BGB vorliegt (vgl. *Staudinger-Bork*, § 156, Rn. 13).

Unter diesem Gesichtspunkt muss man zu dem Ergebnis kommen, dass die Private Internet-Auktion trotz „Zuschlags durch Zeitablauf" den Tatbestand der Versteigerung gemäß § 156 BGB erfüllt.

7. Zwischenergebnis

Die Voraussetzungen, die sich aus dem Wortlaut des § 156 BGB für das Vorliegen einer Versteigerung im Sinne der Norm ergeben, sind bei der Privaten Internet-Auktion erfüllt.
Aus § 156 S. 2 Alt. 1 BGB folgt, dass die Versteigerung ein „Überbieten im gegenseitigen Wettbewerb" erfordert. Dieses Merkmal weist auch die Private Online-Auktion auf. Die jeweiligen E-Mails der Bieter lassen sich dabei ebenso wie das Agentengebot als Gebote im rechtstechnischen Sinne gemäß § 156 S. 2 BGB qualifizieren. Einen Zuschlag im Sinne des § 156 S. 1 BGB, den ein dritter Auktionator nach „Ausbieten" erteilt, gibt es nicht. Vielmehr sieht die Internet-Auktion auf der Grundlage der Versteigerungsbedingungen einen „Zuschlag durch Zeitablauf" vor. Dies lässt den Versteigerungscharakter der Internet-Auktion nicht entfallen. Vielmehr ergibt sich aus § 156 S. 1 BGB sowie § 156 S. 2 Alt. 2 BGB, dass die Versteigerung eine in sich geschlossene Veranstaltung ist, nach deren Ende keine Verträge mehr zustande kommen können. Dieses Wesensmerkmal der „Endgültigkeit" mit Beendigung der Versteigerung ist durch den „Zuschlag durch Zeitablauf" bei der Online-Versteigerung ebenfalls erfüllt.
Nach der Wortlautanalyse des § 156 BGB kommt man folglich zu dem Ergebnis, dass die Private Online-Auktion als Versteigerung im Sinne des § 156 BGB zu qualifizieren und der Anwendungsbereich dieser Vorschrift grundsätzlich eröffnet ist.[398] Wie dargestellt, sehen die Versteigerungsbedingungen der Internet-Auktionshäuser im Gegensatz zu der Ausgestaltung in § 156 BGB vor, dass der Anbieter sich bereits zu Beginn der Auktion verbindlich auf den Abschluss des Kaufvertrages festlegt. Diese Vertragsabschlussklausel wäre insofern im Rahmen einer Inhaltskontrolle an dem Leitbild des § 156 BGB zu messen.

II. Systematische Erwägungen

Das auf der Grundlage des Wortlautes des § 156 BGB gefundene Ergebnis wird von systematischen Gesichtspunkten gestützt.

---

[398] I. E. ebenso *Wiebe* in *Spindler/Wiebe*, D. III., Rn. 24; *Stögmüller* in K & R 1999, S. 391 (394); ohne Begründung *OLG Hamm* MMR 2001, S. 105 (108); *Grapentin* in GRUR 2001, S. 713 (713); offengelassen *BGH* MMR 2002, S. 95 (96); *Rüfner* in JZ 2000, S. 715 (716); *Mehrings* in BB 2002, S. 469 (471); a. A. *Leible/Sosnitza* in K & R 2002, S. 89 (89); *Wilkens* in DB 2000, S. 663 (667); *Wenzel* in DB 2001, S. 2233 (2238); *ders.* in NJW 2002, S. 1550 (1550).

Gemäß § 312d Abs. 4 Nr. 5 BGB besteht – wie schon eingangs angesprochen – eine Ausnahme vom Widerrufsrecht nach §§ 312d Abs. 1 S. 1, 355 Abs. 1 S. 1 BGB für solche Fernabsatzverträge, „die in der Form von Versteigerungen (§ 156 BGB) geschlossen werden".

Bei der Formulierung des § 312d Abs. 4 Nr. 5 BGB hat der Gesetzgeber also ausdrücklich auf die Versteigerung im Sinne des § 156 BGB verwiesen. Wie die folgenden Ausführungen zeigen, lässt sich den Gesetzesmaterialien entnehmen, dass der Normgeber dabei gerade die (Gewerbliche) Internet-Auktion im Blick hatte.

Der Rechtsausschuss des Bundestages hat im Rahmen der Begründung zu § 312d Abs. 4 Nr. 5 BGB zunächst ausgeführt, „eine Versteigerung im Rechtssinne werde definiert in § 156 BGB als ein Vertragsschluss, bei dem das Angebot durch ein Gebot des einen Teils und die Annahme desselben durch den Zuschlag erfolgt".[399] Diese Feststellung gibt allerdings noch keinen Aufschluss darüber, welche Auktionsform der Gesetzgeber von der Ausnahme des § 312d Abs. 4 Nr. 5 BGB erfasst wissen wollte, da § 156 BGB ja gerade keine Definition der Versteigerung enthält. In der Gesetzesbegründung heißt es jedoch weiter, dass eine Versteigerung im Sinne des § 156 BGB dann nicht vorliege, „wenn sich der Anbieter die Annahme trotz Zuschlages vorbehält. Es handelt sich dann vielmehr um einen Kaufvertrag gegen Höchstgebot, der im vollen Umfang dem Fernabsatzgesetz unterliegt."[400] Die Formulierung „Annahme trotz Zuschlag" ist zunächst wiederum etwas missverständlich, weil doch der Zuschlag im Sinne des § 156 S. 1 BGB die Annahmeerklärung des Kaufangebotes darstellt. Mit dem Bezug zum Kaufvertrag gegen Höchstgebot wird allerdings deutlich, dass der Gesetzgeber die Versteigerung gemäß § 156 BGB von dieser bereits vorgestellten – auch häufig im Internet anzutreffenden Verkaufsform – abgrenzen wollte, bei welcher die Angebote innerhalb einer Bietfrist eingehen und der Anbieter die einzelnen Gebote nach Ablauf der Frist zunächst überprüft, um sodann zu entscheiden, ob er einen Kaufvertrag zu dem Höchstgebot abschließen möchte oder nicht.[401] In Abgrenzung hierzu sollte der Hinweis auf § 156 BGB nach der Vorstellung des Gesetzgebers entscheidende Bedeutung haben: Die *„Endgültigkeit des Zuschlages"* sei das entscheidende Wesensmerkmal der Versteigerung, das auch im Fernabsatz erhalten bleiben müsse.[402]

Diese Ausführungen des Gesetzgebers zum Wesen der Versteigerung im Sinne des § 156 BGB im Rahmen der Begründung zu § 312d Abs. 4 Nr. 5 BGB bestä-

---

[399] *BT-Drs.* 14/3195, S. 30; vgl. bereits zum ursprünglichen Gesetzesentwurf *BT-Drs.* 14/2658, S. 33.

[400] *BT-Drs.* 14/3195, S. 30.

[401] Ähnlich argumentieren auf der Basis der Gesetzesbegründung *Schafft* in CR 2001, S. 393 (400); *Meents* in CR 2000, S. 610 (614); *Härting*, § 3 FernAbsG, Rn. 97; *MüKo-Wendehorst*, § 3 FernAbsG, Rn. 43.

[402] *BT-Drs.* 14/3195, S. 30.

tigen das auf der Grundlage des Wortlautes des § 156 BGB gefundene Ergebnis. Wie aus § 156 S. 1 BGB und § 156 S. 2 Alt. 2 BGB gefolgert wurde, ist die „Endgültigkeit“ mit Schließung bzw. Zuschlagserteilung bei der Versteigerung neben dem „wechselseitigen Überbieten“ das entscheidende Merkmal, welches auch mit dem „Zuschlag durch Zeitablauf“ gewahrt ist.
Somit ist festzuhalten, dass sich auch aus dem systematischen Gesetzeszusammenhang mit § 312d Abs. 4 Nr. 5 BGB ergibt, dass die Private Internet-Versteigerung als solche im Sinne des § 156 BGB zu qualifizieren ist.

III. Teleologische Erwägungen

Wie dargestellt, ergeben sich im praktischen Ablauf der Internet-Auktion im Vergleich zu der Veranstaltung einer klassischen Versteigerung jedoch erhebliche Unterschiede: Es fehlt die Person des dritten Auktionators und die Versteigerung endet eben nicht mit Erteilung des Zuschlages nach „Ausbieten“, sondern durch Zeitablauf.
Von einem Teil der Literatur wird das Fehlen des Versteigerers in seiner herkömmlichen Funktion herangezogen, um den Tatbestand der Versteigerung im Sinne des § 156 BGB für die Private Internet-Auktion zu verneinen.[403] So führt *Wenzel* aus, dass die Internet-Auktion nur dann als Versteigerung im Sinne des § 156 BGB eingestuft werden könne, wenn sich das Internet-Auktionshaus seiner Rolle als Auktionator stelle, die Auktion selbst leite und als Stellvertreter des Anbieters gemäß § 164 Abs. 1 BGB den Vertragsschluss herbeiführe.[404] Dabei lässt er – ebenso wie die übrigen Kommentatoren, welche mit dem Hinweis, es fehle an der Person des Auktionators das Vorliegen einer Versteigerung im Sinne des § 156 BGB ablehnen[405] – eine weitere Begründung vermissen.
Dennoch muss man sich vergegenwärtigen, dass der historische Gesetzgeber bei der Schaffung des § 156 BGB (bzw. des damaligen § 90 BGB) die klassische Variante mit einem steuernden Auktionator vor Augen hatte[406] und die Entwicklung im Hinblick auf die Internet-Auktion nicht absehen konnte, so dass sich die Frage stellt, ob das gefundene Ergebnis, dass für die Internet-Auktion der Anwendungsbereich des § 156 BGB eröffnet ist, mit der ratio legis im Einklang steht oder ob der vom Gesetzgeber mit der Schaffung des § 156 BGB verfolgte

---

[403] In diesem Sinne äußern sich *Wenzel* in DB 2001, S. 2233 (2238); *ders.* in NJW 2002, S. 1550 (1551); *Wilkens* in DB 2000, S. 663 (667); *Leible/Sosnitza* in K & R 2002, S. 89 (89) ohne nähere Begründung; offengelassen *Rüfner* in JZ 2000, S. 715 (716).
[404] *Wenzel* in DB 2001, S. 2233 (2238); I. E. ebenso *ders.* in NJW 2002, S. 1550 (1551).
[405] So *Wilkens* in DB 2000, S. 663 (667).
[406] Zwar lässt sich den Motiven zu dem Entwurfe eines BGB für das Deutsche Reich, Band I, S. 177 nicht ausdrücklich entnehmen, dass der Gesetzgeber einen Auktionator als dritte Person verlangt, allerdings geht er hiervon wohl selbstverständlich aus, wenn er von dem „Versteigerer“ spricht.

Regelungszweck für die Situation im Internet keine Geltung beansprucht. Es wurde herausgearbeitet, dass es dem historischen Gesetzgeber entscheidend darauf ankam, mit § 156 S. 1 BGB sicherzustellen, dass bei der Versteigerung nur solche Verträge zustande kommen, die auch den Interessen des Verkäufers an der Bildung eines angemessenen Preises entsprechen.[407]
Im Blick darauf ist zu erörtern, ob das bei der klassischen Versteigerung bestehende Schutzbedürfnis des Anbieters aufgrund der Ersetzung des Zuschlagverfahrens mittels eines dritten Auktionators durch den computergesteuerten „Zuschlag durch Zeitablauf" entfällt, oder ob sich nicht im Gegenteil sogar das Schutzbedürfnis des Anbieters im Verhältnis zur klassischen Auktion erhöht.
Dabei ist zunächst darauf einzugehen, welchen Sinn und Zweck der Versteigerer im Rahmen der herkömmlichen Versteigerung erfüllt. Zum einen übernimmt der klassische Auktionator eine praktische Funktion, indem er die Gebote entgegen nimmt oder sie zurückweist; hierbei unterliegt auch der reale Versteigerer gewissen Konfliktregeln.[408] Wie im Rahmen der Ausführungen zu dem „Gebot" dargelegt wurde, wird diese Tätigkeit ebenso gut von dem vom Auktionshaus in Gang gesetzten Softwareprogramm ausgeführt. Im Unterschied zur klassischen Variante fehlt es bei der virtuellen Versteigerung zwar an der Aufforderung des Auktionators zur Abgabe des letzten Gebotes. Das auf der Webseite des Auktionshauses ständig angezeigte Versteigerungsende erfüllt als „Count-Down" indes gleichsam eine ähnliche Funktion.[409]
Allerdings ist in der klassischen Versteigerung regelmäßig vorgesehen, dass der Versteigerer den Zuschlag erst erteilen darf, wenn nach dreimaligem Wiederholen des Höchstgebots kein Übergebot abgegeben wird.[410] Hiermit wird ein Ausbieten bis zum Höchstgebot gewährleistet. Demgegenüber ist bei der Privaten Online-Auktion aufgrund des genau festgelegten Endzeitpunktes und der vorgegebenen (oftmals kleinen) Bietschritte ein Ausbieten bis zum Höchstgebot gegebenenfalls nicht möglich.[411] Denn bei einigen Auktionshäusern wird das höchste Gebot allein durch das Ende des Angebotszeitraumes bestimmt, unabhängig davon, ob noch weitere Gebote eingehen oder nicht.[412] Im Bewusstsein dieser Problematik sieht eine zunehmende Zahl der Online-Veranstalter mittlerweile in ihren AVB vor, dass sich die Auktion automatisch verlängert, wenn innerhalb der letzten fünf (oder zehn) Minuten noch Gebote abgegeben werden;

---

[407] Siehe hierzu Teil 3, 2. Kapitel, B. V.

[408] Vgl. §§ 16, 17, 18 VerstV, die Regelungen über Ausbietung, Gebot und Zuschlag enthalten; vgl. auch *Wiebe* in *Spindler/Wiebe*, D. III., Rn. 28, der hierauf ebenfalls hinweist.

[409] Vgl. hierzu *Wilmer* in NJW-CoR 2000, S. 172 (174); *Müller/Petri* in RTkom 2001, S. 153 (154).

[410] Vgl. § 18 VerstV.

[411] Vgl. zu dieser Problematik insbesondere *LG Münster* in MMR 2000, S. 280 (283); *Sester* in CR 2001, S. 98 (103); *Burgard* in WM 2001, S. 2102 (2109); auch *Hoeren* in EwiR 2001, S. 213 (214).

[412] Siehe Anhang: § 5 Abs. 2 S. 1 AVB; § 7 Abs. 1 und Abs. 3 AVB von eBay.de.

überdies soll die Auktion unabhängig von dem vorher festgelegten Endtermin nach Abgabe des letzten Gebotes noch zehn Minuten laufen.[413] In den Fällen aber, in denen eine feste zeitliche Limitierung besteht, ist die Herausbildung eines „Höchst"gebotes möglicherweise nicht gewährleistet. So weist *Burgard* darauf hin, dass unter Umständen nicht derjenige den „Zuschlag" erhält, der den höchsten Preis zu zahlen bereit ist, sondern derjenige, der zufälligerweise das zeitlich letzte Angebot abgegeben hat.[414]
Zudem gilt zu beachten, dass in der klassischen Auktion der Versteigerer im Gegensatz zur Auktion im Internet situationsadäquat in das Geschehen eingreifen kann.[415] *Hager* gibt insoweit zu Bedenken, dass bei der Online-Auktion kein Auktionator als Vermittler tätig werde, welcher die Interessen des Anbieters wahren könne.[416]
Aufgrund des Fehlens des steuernden Auktionators einerseits, welcher in der Auktion situativ entscheiden kann und andererseits aufgrund des Umstandes, dass ein Ausbieten bis zum Höchstgebot wegen des vorher bestimmten Zeitablaufs unter Umständen nicht möglich ist, erscheint der mit dem Zuschlagverfahren des § 156 S. 1 BGB gewährleistete und vom Gesetzgeber angestrebte „seriöse Preisbildungsmechanismus"[417] in Gefahr. Dies zeigt nicht zuletzt der eingangs geschilderte Fall, bei dem das höchste Gebot für den Pkw nicht einmal die Hälfte von dem betrug, was er nach dem Listenpreis wert war.[418]
Vor diesem Hintergrund stützt auch die teleologische Auslegung das gefundene Ergebnis, wonach die Private Internet-Auktion grundsätzlich in den Anwendungsbereich des § 156 BGB fällt. Denn angesichts der dargelegten Modifizierungen bei der Internet-Auktion ist der vom historischen Gesetzgeber mit dieser Vorschrift bezweckte Schutz des Anbieters vor unangemessenen Preisen gerade bei der Auktion im Internet betroffen.
Es drängt sich insoweit die in der Literatur lebhaft diskutierte Frage auf, ob das Auktionsverfahren durch „Zuschlag mittels Zeitablauf" auf der Basis der Vertragsabschlussklausel nicht einseitig auf die Interessen der Bieter abstellt und die Interessen des Anbieters nicht hinreichend berücksichtigt.[419] Oder stellt das Verfahren bei der Privaten Internet-Auktion Schutzmechanismen bereit, welche die Schutzbedürftigkeit des Anbieters von vornherein entfallen lassen? Dies müsste

[413] Vgl. exemplarisch § 6 Abs. 2 S. 2 AVB von www.offerto.de oder Teil II, Ziff. 2 b) der AVB von www.atrada.de.
[414] Vgl. hierzu *Burgard* in WM 2001, S. 2102 (2110).
[415] In diesem Sinne insbesondere *Sester* in CR 2001 S. 98 (103).
[416] *Hager* in JZ, S. 786 (789).
[417] So *Sester* in CR 2001 S. 98 (103).
[418] Vgl. zum Sachverhalt Teil 3, 4. Kapitel, A. sowie *LG Münster* in MMR 2000, S. 280 ff.; *OLG Hamm* in CR 2001, S. 117 ff.; *BGH* MMR 2002, S. 95 ff.
[419] Vgl. z. B. *Burgard* in WM 2002, S. 2102 (2111); *Hager* in JZ 2001, S. 786 (789); *Wilkens* in DB 2000, S. 666 (668); *Wiebe* in MMR 2000, S. 323 (326); *Sester* in CR 2001 S. 98 (103); *Spindler* in ZIP 2001, S. 809 (816).

man – wie die Erwägungen im Rahmen der Entstehungsgeschichte des § 156 BGB gezeigt haben – wohl bejahen, wenn der Anbieter einen Mindestpreis angegeben hat und dieser mit dem Höchstgebot erreicht wird. Die von *Rüfner* angeführten Bedenken, dass die Festsetzung eines Mindestpreises die Ungewissheit über die Höhe des Meistgebotes allenfalls mindern, aber nicht vollständig beheben könne,[420] überzeugen nicht. Dem Versteigerungsverfahren ist eine relative Ungewissheit über den sich bildenden Höchstpreis immanent und diese ist angesichts der effektiven Sicherheitsvorkehrung durch die Angabe eines Mindestpreises durchaus zumutbar. Zwar besteht bei vielen Internet-Auktionshäusern grundsätzlich für den Anbieter die Möglichkeit, ein (verdecktes) Mindestgebot festzusetzen. Von dieser Option machen jedoch die wenigsten Anbieter Gebrauch – wie wiederum der geschilderte Fall belegt. Die gewährte Möglichkeit nutzen die Anbieter dabei vor allem deshalb nicht, weil die virtuellen Auktionshäuser in ihren Empfehlungen hiervon durchweg abraten, um die Bieter „nicht zu verschrecken“.[421] Sofern die Nennung des Minimalpreises fehlt, ist das von § 156 BGB erfasste Schutzbedürfnis des Anbieters jedenfalls berührt.
Es bleibt an dieser Stelle zusammenzufassen, dass auch die teleologische Auslegung zu dem Ergebnis führt, dass die Private Internet-Auktion eine Versteigerung im Sinne des § 156 BGB darstellt, für die der Anwendungsbereich der Norm eröffnet ist.
Nachdem die Private Online-Auktion als Versteigerung im Sinne des § 156 BGB qualifiziert wurde, müssten die beachtlichen Bedenken, welche in der Literatur im Hinblick auf das Fehlen des steuernden Auktionators und den hiermit verbundenen „Zuschlag durch Zeitablauf“ vorgebracht werden, im Rahmen einer Inhaltskontrolle der Vertragsabschlussklausel – eine wirksame Einbeziehung und Kontrollfähigkeit der Klausel vorausgesetzt – Berücksichtigung finden, welche sich an dem Leitbild des § 156 BGB zu orientieren hat.

IV. Ergebnis zu B.

Die Private Internet-Auktion erfüllt den Tatbestand der Versteigerung im Sinne des § 156 BGB.
Da es eine Legaldefinition der Versteigerung nicht gibt, muss eine Bestimmung durch Auslegung erfolgen.
Die Analyse anhand des Wortlautes des § 156 BGB hat ergeben, dass die Versteigerung ein „wechselseitiges Überbieten“ verlangt, welches die Kommunikationssituation im Internet gewährleistet. Die E-Mail-Gebote der Bieter können trotz ihrer Verkörperung ebenso als Gebote im Sinne des § 156 S. 2 BGB qualifiziert werden wie die Gebote eines zuvor programmierten Computers. Aller-

---

[420] *Rüfner* in JZ 2000, S. 715 (718) hinsichtlich der Internet-Auktion.
[421] Vgl. exemplarisch unter www.amazon.de: Auktionen und zShops: Hilfe: „Warum wir von der Angabe eines Mindestpreises abraten“.

dings fehlt es bei der Privaten Internet-Auktion an einem Zuschlag gemäß § 156 S. 1 BGB. Dieser wird gleichsam durch den Zeitablauf in Verbindung mit der jeweiligen Vertragsabschlussklausel ersetzt. Der Charakter der Online-Auktion als Versteigerung im Sinne des § 156 BGB wird hiervon nicht berührt. Der „Zuschlag durch Zeitablauf" steht in seiner „Endgültigkeit" der Erteilung des Zuschlages gemäß § 156 S. 1 BGB bzw. der Schließung der Versteigerung gemäß § 156 S. 2 Alt. 2 BGB gleich.
Dieses Ergebnis ergibt sich auch aus dem systematischen Gesetzeszusammenhang mit § 312d Abs. 4 Nr. 5 BGB.
Die teleologischen Erwägungen haben gezeigt, dass der vom historischen Gesetzgeber mit der Schaffung des § 156 BGB bezweckte Schutz des Anbieters an der Bildung eines angemessenen Preises in der konkreten Situation der Versteigerung gerade bei der Internet-Auktion betroffen ist.
Vor diesem Hintergrund sollte die Vertragsabschlussklausel einer Inhaltskontrolle gemessen an dem Leitbild des § 156 BGB unterzogen werden.

C. Exkurs: Verbraucherschutz nach den Vorschriften über Fernabsatzverträge gemäß §§ 312b bis 312d BGB

Wie ausgeführt, ist die Auslegung des Versteigerungsbegriffs im Sinne des § 156 BGB auch für die Anwendbarkeit des Ausschlusses des Widerrufsrechts gemäß § 312d Abs. 4 Nr. 5 BGB auf die Internet-Versteigerung von entscheidender Bedeutung, so dass dieser Thematik der folgende Exkurs gewidmet werden soll.
Grundsätzlich finden die Vorschriften über Fernabsatzverträge nach §§ 312b bis 312d BGB gemäß § 312b Abs. 1 BGB Anwendung auf Verträge, die zwischen einem Unternehmer gemäß § 14 Abs. 1 BGB und einem Verbraucher im Sinne des § 13 BGB über die Lieferung von Waren oder über die Erbringung von Dienstleistungen unter ausschließlicher Verwendung von Fernkommunikationsmitteln über ein für den Fernabsatz eingerichtetes Dienstleistungssystem geschlossen werden.[422]
Zwar werden innerhalb der vorliegenden Arbeit nur die Fälle der Internet-Auktion betrachtet, in denen beide Parteien die Plattform nutzen, um Kaufverträge abzuschließen, die weder ihrer gewerblichen noch ihrer selbständigen beruflichen Tätigkeit zugerechnet werden können und insofern als Verbraucher gemäß § 13 BGB auftreten. Dennoch wird im Rahmen des folgenden Exkurses von der Konstellation ausgegangen, dass der Anbieter als Unternehmer im Sinne

[422] Vgl. grds. zu den Vorgaben des Gemeinschaftsrechts über den Vertragsabschluss im Fernabsatz und den Strukturen eines Verbraucherprivatrechts im BGB *Bülow/Artz* in NJW 2000, S. 2049 ff.

des § 14 Abs. 1 BGB, der Höchstbieter aber als Verbraucher gemäß § 13 BGB fungiert.[423]

I. Widerrufsrecht gemäß §§ 312d Abs. 1 S. 1, 355 Abs. 1 S. 1 BGB

Gemäß § 312d Abs. 4 Nr. 5 BGB besteht das von §§ 312d Abs. 1 S. 1, 355 Abs. 1 S. 1 BGB grundsätzlich gewährte Widerrufsrecht nicht bei Fernabsatzverträgen, „die in der Form von Versteigerungen (§ 156 BGB) geschlossen werden".

Nach dem vorliegend gefundenen Ergebnis stellt die Internet-Auktion eine Versteigerung im Sinne des § 156 BGB dar, bei welcher der Zuschlag gemäß § 156 S. 1 BGB durch die von vornherein festgesetzte Frist in Verbindung mit der entsprechenden Abschlussklausel in den Versteigerungsbedingungen ersetzt wird. Mit der Vertragsabschlussbestimmung wird insofern eine vorweggenommene Bindung des Anbieters bezweckt, welche § 156 BGB gerade nicht vorsieht. Dies ändert jedoch nichts daran, dass der Kaufvertrag – entsprechende Wirksamkeit der Vertragsabschlussklausel unterstellt – bei der Internet-Auktion „in der Form der Versteigerung" im Sinne des § 156 BGB geschlossen wird und somit unter den Ausnahmetatbestand des § 312d Abs. 4 Nr. 5 BGB fällt. Als Folge hiervon ist das Widerrufsrecht des Käufers nach §§ 312d Abs. 1 S. 1, 355 Abs. 1 S. 1 BGB ausgeschlossen.

Dieses Ergebnis wird gestützt von der bereits im Rahmen der grundsätzlichen Auseinandersetzung mit dem Versteigerungsbegriff des § 156 BGB herangezogenen Gesetzesbegründung.[424] Nach dem Willen des Gesetzgebers sollte die Internet-Versteigerung aufgrund zweierlei Gesichtspunkte nicht vom Widerrufsrecht erfasst werden.

Zum einen wollte man dem Umstand Rechnung tragen, dass bei der Versteigerung eine einmalige Situation entsteht, welche sich durch die „Endgültigkeit des Zuschlages" auszeichnet; dem würde die Gewährung eines Widerrufsrechts des Höchstbieters gemäß §§ 312d Abs. 1 S. 1, 355 Abs. 1 S. 1 BGB entgegen laufen.[425] Zum andern sah der Gesetzgeber auch kein entsprechendes Schutzbedürfnis des Höchstbieters, der bei der Internet-Versteigerung im Unterschied zu dem Verkauf gegen Höchstgebot nicht dem Risiko ausgesetzt sei, den „ersteigerten" Gegenstand am Ende doch nicht zu erhalten.[426]

---

[423] Nach einer Studie der Forrester Research machen die C2C-Geschäfte bislang zwei Drittel des Umsatzes der Branche aus. Bis zum Jahr 2005 soll sich der Auktionsmarkt verachtfachen, wobei wichtigste Zielgruppe der Zukunft die kleineren und mittleren Unternehmen seien (vgl. unter www.forester.com).

[424] Siehe hierzu bereits Teil 3, 4. Kapitel, B. II.

[425] *BT-Drs. 14/3195*, S. 30; vgl. auch bereits Teil 3, 4. Kapitel, B. I. 6.

[426] Vgl. *BT-Drs. 14/3195*, S. 30.

Dem Normgeber kam es hinsichtlich des Ausschlusses des Widerrufsrechts gemäß § 312d Abs. 4 Nr. 5 BGB somit gerade darauf an, dass der Anbieter sich von vornherein auf einen Vertragsschluss mit dem Höchstbietenden verbindlich festlegt.[427] Mit dem Regelungsgehalt des § 156 BGB, welcher keinen Kontrahierungszwang vorsieht, deckt sich diese Anforderung freilich nicht.
Daher wird von einem Teil der Literatur aufgrund der mit der Vertragsabschlussklausel von der dispositiven Vorschrift des § 156 BGB abweichenden Ausgestaltung des Vertragsschlusses eine Subsumtion der Internet-Versteigerung unter den Versteigerungsbegriff des § 156 BGB und somit unter den Ausnahmetatbestand des § 312d Abs. 4 Nr. 5 BGB verneint.[428] Als Folge der Gestaltung der Auktion auf der Basis der Versteigerungsbedingungen des Online-Auktionshauses könne die Ausnahme des § 312d Abs. 4 Nr. 5 BGB nicht eingreifen.[429]
Dieser Auffassung ist jedoch entgegen zu halten, dass die vorweggenommene Bindung des Anbieters – wie bereits ausführlich erläutert – nicht den Charakter der Versteigerung gemäß § 156 BGB entfallen lässt, auf den § 312d Abs. 4 Nr. 5 BGB verweist. Darüber hinaus stünde diese Sichtweise in deutlichem Gegensatz zu dem dargelegten Willen des Gesetzgebers.
Heiderhoff kritisiert den Ausschluss des Widerrufsrechts für die Internet-Auktion, da er dem Schutzbedürfnis des Bieters nicht gerecht werde und insofern mit den Maßstäben des Verbraucherschutzes nicht in Einklang zu bringen sei.[430] Die Annahme des Gesetzgebers, der Käufer sei bei der Internet-Auktion

---

[427] Vgl. *BT-Drs. 14/3195,* S. 30; ebenso vor dem Hintergrund der Gesetzesbegründung auch *Schafft* in CR 2001, S. 393 (400); *Heiderhoff* in MMR 2001, S. 640 (642).
[428] So wohl die Begründung von *Michel* in JurPC Web-Dok. 63/2001, Abs. 1-12; unklar *Ende/Klein*, S. 197; im Ergebnis ebenso auch *Wenzel* in DB 2001, S. 2233 (2238); *ders.* in NJW 2002, S. 1550 (1551); *Heiderhoff* in MMR 2001, S. 640 (641); ohne Begründung *Leible/Sosnitza* in K & R 2002, S. 89 (89). – *KG* in MMR 2001, S. 764 (766) hat in einem besonders gelagerten Fall im Zusammenhang mit der Anwendbarkeit von § 34b GewO die Widerrufsmöglichkeit nach § 312d Abs. 1 S. 1 BGB angesprochen und bejaht. Dabei führt das *KG* aus, dass keine Versteigerung gemäß § 156 BGB vorliege, wenn – wie in dem streitgegenständlichen Verfahren – Grundstücke angeboten würden, da mit dem Zuschlag aus Formgründen (§ 311b Abs. 1 S. 1 BGB) noch kein Rechtsgeschäft zustande komme. Diese Schlussfolgerung überzeugt nicht, denn man kann nicht aus der Tatsache, dass eine Grundstücksversteigerung mit Vertragsschluss nach § 156 S. 1 BGB der notariellen Form nach § 311b Abs. 1 S. 1 BGB bedarf (insoweit einhellige Auffassung, vgl. nur *Staudinger-Bork*, § 156, Rn. 7), schließen, dass bei formbedürftigen Geschäften der Zuschlag nur die Bereitschaftserklärung bedeute, alsbald einen formbedürftigen Vertrag abzuschließen. Das lässt sich mit § 156 BGB nicht vereinbaren; vielmehr ist der Kaufvertrag sodann als formnichtig anzusehen. (Vgl. hierzu für die klassische Versteigerung *BGH* NJW 1998, S. 2350 (2350)).
[429] So insbesondere *Wenzel* in NJW 2002, S. 1550 (1551); *Leible/Sosnitza* in K & R 2002, S. 89 (89); *Lettl* in JuS 2002, S. 219 (222), welcher über eine richtlinienkonforme Auslegung wiederum eine Anwendung des Ausnahmetatbestandes des § 312d Abs. 4 Nr. 5 BGB bejaht.
[430] *Heiderhoff* in MMR 2001, S. 640 (642); ebenso *Roth/Schulze* in RIW 1999, S. 924 (926).

ausreichend geschützt, sei nicht nachzuvollziehen. Das Medium Internet in Verbindung mit der Technik des gegenseitigen Überbietens und der entstehende Zeitdruck verführe den Bieter möglicherweise zu irrationalen Handlungen in anderer Art als dies bei der realen Auktion der Fall sei.[431] Zudem berge die Möglichkeit, mit Hilfe eines Agenten und für mehrere Waren parallel zu bieten, das Risiko in sich, am Ende mehrere bindende Kaufverträge über Waren abgeschlossen zu haben, die man (zu dem abgeschlossenen Preis) unter Umständen nicht benötigt.[432] Da aber auch *Heiderhoff* die Internet-Auktion als solche im Sinne des § 156 BGB versteht, soll die Versteigerung im Internet als Umgehungsgeschäft qualifiziert werden, um über § 312f S. 2 BGB wieder die gewünschte Anwendbarkeit des §§ 312d Abs. 1 S. 1, 355 Abs. 1 S. 1 BGB zu erreichen.[433] Mit ähnlicher Begründung fordern *Roth/Schulze* ein Widerrufsrecht des Bieters, da dieser bei der Online-Auktion häufig durch Niedrigangebote gelockt und gleichzeitig sein Spieltrieb ausgenutzt werde und somit eine besondere Schutzbedürftigkeit bestehe.[434]
Die Auffassung, dass dem Schutz des Bieters bei der Internet-Auktion nicht ausreichend Rechnung getragen werde, vermag indes nicht zu überzeugen. Zwar ist das grundsätzlich im Fernabsatz bestehende Schutzbedürfnis, welches aus der Unsichtbarkeit von Vertragspartner und Produkt resultiert, auch für den Bieter bei der Internet-Auktion zu bejahen. Jedoch ändert die Verpflichtung des Anbieters zum Vertragsschluss gerade die Risikoverteilung bei der Internet-Auktion und gibt dem Online-Bieter ein erhebliches Mehr an Sicherheit, als dies bei der klassischen Auktion in der realen Welt der Fall ist. Dem Bieter, welchem die vorweggenommene Bindung des Anbieters zugute kommt, zudem das Widerrufsrecht gemäß §§ 312d Abs. 1 S. 1, 355 Abs. 1 S. 1 BGB einzuräumen, erscheint nicht gerechtfertigt. Zwar ist zu bedenken, dass auch der Bieter an das von ihm abgegebene Gebot unwiderruflich gebunden ist, sofern kein Übergebot erfolgt. Dabei kann er jedoch den Preis, den er für die angebotene Ware zu zahlen bereit ist, selbst bestimmen. Vor allem aber wird dem Schutz des Bieters durch die Gewährung der Informationsrechte gemäß § 312c BGB Rechnung getragen, die der Gesetzgeber dem Online-Bieter – wie nachfolgend ausgeführt – jedenfalls zukommen lassen wollte.
Die wohl überwiegende Ansicht im Schrifttum geht mit überzeugender Begründung davon aus, dass dem Höchstbieter bei der Internet-Auktion kein Widerrufsrecht zusteht.[435] Denn andernfalls hätte jeder Bieter die Möglichkeit, gefahr-

---

[431] *Heiderhoff* in MMR 2001, S. 640 (642); sowie *Wenzel* in NJW 2002, S. 1550 (1551) unter Verweis auf *Heiderhoff*.
[432] *Heiderhoff* in MMR 2001, S. 640 (642).
[433] *Heiderhoff* in MMR 2001, S. 640 (643).
[434] *Roth/Schulze* in RIW 1999, S. 924 (926).
[435] *Härting*, § 3 FernAbsG, Rn. 97; *Lütcke*, § 312d, Rn. 88/92; *Palandt-Heinrichs*, § 312d, Rn. 13; vgl. auch *MüKo-Wendehorst*, § 3 FernAbsG, Rn. 43; *Meents*, S. 217; *ders.* in

los mitzusteigern, um dann später in Ruhe seine Willenserklärung zu überdenken.[436] Entscheidend ist dabei, dass ein Widerrufsrecht des Höchstbietenden bei der Internet-Auktion das ganze Bietgeflecht hinfällig werden ließe.[437] *Wendehorst* führt insoweit zutreffend aus, dass im Unterschied zu der Internet-Auktion der Verkäufer beim Verkauf gegen Höchstgebot im Falle des Widerrufs durch den Höchstbietenden immer noch das zweithöchste Gebot annehmen könne,[438] denn wie erläutert, bleiben in dieser Variante die Gebote nebeneinander wirksam. Auch entspricht das Widerrufsrecht gemäß §§ 312d Abs. 1 S. 1, 355 Abs. 1 S. 1 BGB in diesem Fall dem Gebot der Waffengleichheit, weil sich der Verkäufer vorbehält, die eingegangenen Gebote erst einmal in Ruhe zu prüfen; daher muss der Verkäufer hinsichtlich des Ausschlusses des Widerrufsrechts auch nicht privilegiert werden.[439]
Bei der Internet-Auktion besteht demgegenüber wie bei der traditionellen Versteigerung durch das jeweilige Erlöschen der Gebote eine einmalige Situation, die sich nicht genauso wiederholen lässt.[440] Es wäre nicht interessengerecht, wenn der Unternehmer für die Dauer von mehreren Wochen mit dem Widerruf rechnen müsste, obwohl die Versteigerung im Internet längst abgeschlossen ist. Denn die erneute Vergabe des Versteigerungsgegenstandes an einen anderen Interessenten würde in der Praxis die Durchführung einer weiteren Versteigerung erfordern und wäre damit kaum praktikabel.[441]
Es bleibt somit im Ergebnis festzuhalten, dass der Ausschluss des Widerrufsrechts gemäß § 312d Abs. 4 Nr. 5 BGB für Verträge, die bei der Gewerblichen Internet-Versteigerung geschlossen werden, keine übermäßige Beeinträchtigung für den Bieter in seinen Verbraucherschutzrechten darstellt und im Hinblick auf die einmalige Situation bei einer Versteigerung im Sinne des § 156 BGB interessengerecht ist.

II. Informationspflichten nach § 312c Abs. 1 S. 1 Nr. 1 BGB i. V. m. § 1 Verordnung über Informationspflichten nach Bürgerlichem Recht (RVO-Info)

Wie bereits angesprochen, wollte der deutsche Gesetzgeber dem Schutzbedürfnis des Online-Bieters durch die Gewährung der Informationsrechte gemäß

CR 2000, S. 610 (614); *Rüßmann/Reich* in K & R 2000, S. 116 (117); *Schrader* in MMR 2001, S. 767 (768); *Schafft* in CR 2001, S. 393 (400); *Wiebe* in *Spindler/Wiebe*, D. VII., Rn. 98.

[436] *Lütcke*, § 312d, Rn. 89.

[437] In diesem Sinne *Heiderhoff* in MMR 2001, S. 640 (643); *Lütcke*, § 312d, Rn 89.

[438] *MüKo-Wendehorst*, § 3 FernAbsG, Rn. 43.

[439] *MüKo-Wendehorst*, § 3 FernAbsG, Rn. 43; *Härting*, § 3 FernAbsG, Rn. 97; *Schafft* in CR 2001, S. 393 (400); *Schrader* in MMR 2001, S. 767 (768).

[440] Ebenso *Schrader* in MMR 2001, S. 767 (768).

[441] *Meents* in CR 2000, S. 610 (614).

§ 312c BGB Rechnung tragen.[442] Dies wurde ausweislich der Begründung vor allem deshalb für erforderlich gehalten, weil der Verbraucher oftmals „keine Klarheit darüber“ habe, ob er an einer echten Versteigerung im Sinne des § 156 BGB oder an einem Verkauf gegen Höchstgebot teilnehme.[443]
Nach § 312c Abs. 1 S. 1 Nr. 1 BGB i. V. m. § 1 RVO-Info muss der Unternehmer dem Verbraucher bestimmte Informationen rechtzeitig vor Abschluss des Fernabsatzvertrages in einer dem eingesetzten Fernkommunikationsmittel entsprechenden Weise klar und verständlich in Textform mitteilen. Insbesondere muss er informieren über gegebenenfalls anfallende Liefer- und Versandkosten, den Preis der Ware sowie darüber, wie der Vertrag zustande kommt. Diese Verpflichtung trifft – wie auch in der Literatur zutreffend erkannt wird – den gewerblichen Anbieter.[444]
Naturgemäß kann die Informationspflicht hinsichtlich der Preisnennung gemäß § 312c Abs. 1 S. 1 Nr. 1 BGB i. V. m. § 1 Abs. 1 Nr. 6 RVO-Info nicht auf den im Wege der Versteigerung zustande kommenden Kaufvertrag Anwendung finden. Indes muss der als Unternehmer auftretende Anbieter den Bieter als Verbraucher nach § 312c Abs. 1 S. 1 Nr. 1 BGB i. V. m. § 1 Abs. 1 Nr. 3 RVO-Info über den Zeitpunkt des Zustandekommens des Vertrages, d. h. also insbesondere darüber informieren, ob er sich bereits mit Freischaltung seiner Warenpräsentation bindet oder ob er die Möglichkeit hat, das Höchstgebot abzulehnen.[445] Dies muss durch entsprechende Übermittlung per E-Mail vor Durchführung der Versteigerungsveranstaltung erfolgen. Die überwiegende Zahl der Auktionshäuser sehen hierzu insofern in ihren Versteigerungsbedingungen Bestimmungen vor, wonach der gewerbliche Anbieter allein dafür verantwortlich ist, die Informationspflichten aus dem geltenden Verbraucherschutzrecht zu erfüllen.[446]
Damit der gewerbliche Anbieter die Erfüllung der Informationspflichten sichern kann, muss allerdings das Auktionshaus hierfür die entsprechenden technischen Voraussetzungen schaffen; daher muss der gewerbliche Anbieter in dem Benutzungsvertrag mit dem Auktionshaus sicherstellen, dass ihm die technischen

---

[442] Vgl. *BT-Drs. 14/3195*, S. 30. Die Fernabsatzrichtlinie sah demgegenüber vor, Verträge, die im Wege der Versteigerung geschlossen werden, gänzlich aus dem Anwendungsbereich der Richtlinie auszuschließen. (Vgl. Art. 3 Abs. 2 der Richtlinie 97/7/EG, ABl. EG 1997, Nr. L 144, S. 19).
[443] Vgl. *BT-Drs. 14/3195*, S. 30.
[444] Vgl. hierzu *Wilmer* in NJW-CoR 2000, S. 94 (103); *Spindler* in *Spindler/Wiebe*, E. III., Rn. 38; *Wiebe* in *Spindler/Wiebe*, D. VII., Rn. 103; *Wenzel* in NJW 2002, S. 1550 (1551); ebenso wohl auch *MüKo-Wendehorst*, § 3 FernAbsG, Rn. 44; unklar *Meents* in CR 2000, S. 610 (614).
[445] Vgl. die Beschlussempfehlung des Rechtsausschusses, *BT-Drs. 14/3195*, S. 59; *Wiebe* in *Spindler/Wiebe*, D. VII., Rn. 101.
[446] Siehe Anhang: § 6 Abs. 2, 3 AGB.

Möglichkeiten zur Verfügung gestellt werden, um seine Pflichten gegenüber seinem Vertragspartner zu erfüllen.
Treten wie bei der im Rahmen dieser Arbeit behandelten Privaten Internet-Auktion sowohl Anbieter als auch Bieter als Verbraucher gemäß § 13 BGB auf, bestehen die genannten Informationspflichten für den Anbieter nicht. In dieser Konstellation kann auch das virtuelle Auktionshaus nicht nach § 312c BGB verpflichtet werden, Informationen hinsichtlich des zwischen Anbieter und Höchstbieter zu schließenden Kaufvertrages zu erteilen. Denn bei den Informationspflichten über Fernabsatzverträge handelt es sich um die Verankerung inhaltsbezogener Pflichten, die das Leistungsangebot des Anbieters – etwa hinsichtlich wesentlicher Merkmale der Auktionsware – betreffen.[447] Nach den Vorschriften über die Fernabsatzverträge werden solche Pflichten, welche die Risiken eines anderen Vertragsverhältnisses anbelangen, jedoch nicht festgelegt.[448]

III. Ergebnis zu C.

Die Internet-Auktion als Versteigerung im Sinne des § 156 BGB gewährt dem Höchstbieter bei Vorliegen eines Fernabsatzvertrages gemäß § 312b Abs. 1 BGB kein Widerrufsrecht im Sinne des §§ 312d Abs. 1 S. 1, 355 Abs. 1 S. 1 BGB. Insoweit greift § 312d Abs. 4 Nr. 5 BGB, welcher einen Ausschluss für solche Verträge, „die in der Form von Versteigerungen (§ 156 BGB) geschlossen werden", vorsieht.
Den Informationspflichten gemäß § 312c Abs. 1 S. 1 Nr. 1 BGB i. V. m. § 1 RVO-Info hat der als Unternehmer gemäß § 14 Abs. 1 fungierende Anbieter indes nachzukommen.

D. Zusammenfassung und Problemstellung

Die Private Internet-Auktion erfüllt den Tatbestand der Versteigerung im Sinne des § 156 BGB. Einen Zuschlag gemäß § 156 S. 1 BGB, den ein dritter Auktionator nach „Ausbieten" erteilt, gibt es nicht; vielmehr endet die Versteigerung mit „Zuschlag durch Zeitablauf". In Abweichung zu § 156 S. 2 Alt. 2 BGB soll es dem Anbieter nicht freistehen, ob er das höchste Gebot annehmen möchte, sondern auf der Basis der Vertragsabschlussklausel wird er einem Kontrahierungszwang unterworfen. Eine solche Bindung des Anbieters erscheint gemessen an dem zugrunde zu legenden Leitbild des § 156 BGB, welcher dem Schutz des Anbieters vor einem Vertragsabschluss zu einem unangemessenen Preis

---

[447] Vgl. hierzu *Spindler* in *Spindler/Wiebe*, E. III., Rn. 38.
[448] Vgl. zu den dem virtuellen Auktionshaus hinsichtlich des Benutzungsvertrages obliegenden Informationspflichten nach § 312c Abs. 1 S. 1 BGB i. V. m. § 1 RVO-Info sowie zu den aus diesem Vertragsverhältnis resultierenden Informationspflichten bzgl. des Vertragsverhältnisses zwischen den Auktionsteilnehmern Teil 4, 2. Kapitel.

dient, nicht ohne Bedenken. Dies gilt umso mehr, als bei dem Verfahren im Internet kein steuernder Auktionator vorhanden ist und die Versteigerung nicht nach „Ausbieten“, sondern automatisch nach Ablauf einer zuvor fixierten Zeitspanne endet.
Auf der Grundlage dieser Ergebnisse stellen sich nunmehr zwei Fragen, die von Literatur und Rechtsprechung erstmals im Zusammenhang mit dem bereits geschilderten „ricardo.de-Fall“ formuliert und diskutiert wurden:[449]
Zum einen muss man sich fragen, in welcher Weise die entsprechende Vertragsabschlussklausel, die in den AVB der Auktionshäuser verankert ist und den Vertragsschluss mit Zeitablauf erst zu begründen vermag, überhaupt rechtliche Relevanz für das Verhältnis der Teilnehmer zueinander entfalten kann.
Zum andern drängt sich in einem zweiten Schritt mit Blick auf die fragwürdige Zulässigkeit der Vertragsabschlussklausel bereits an dieser Stelle die Frage auf, ob die Versteigerungsbedingungen des Auktionshauses – und mit ihnen die Vertragsabschlussklausel – einer Inhaltskontrolle im Verhältnis der Teilnehmer zueinander unterliegen. Diese Frage erlangt zusätzliche Bedeutung vor dem Hintergrund, dass die Versteigerungsbedingungen der Auktionshäuser zumeist weitere, über die Vertragsabschlussbestimmung hinausgehende Regelungen enthalten, die nur das Verhältnis der Teilnehmer betreffen, z. B. hinsichtlich der Vertragsabwicklung oder Informations- und Gewährleistungspflichten des Anbieters.[450]

5. Kapitel: Rechtliche Relevanz der AVB der virtuellen Auktionshäuser

Ausgangs dieser Problemstellung wird im Folgenden der Frage nachgegangen, auf welche Weise die Versteigerungsbedingungen des Auktionshauses auf das Verhältnis der Teilnehmer zueinander einwirken.

A. Vorliegen von AGB und Einbeziehung im Benutzungsvertragsverhältnis

Hierfür wird zunächst einmal untersucht, ob die Versteigerungsbedingungen – und insofern die auf den Kaufvertragsabschluss bezogene Klausel, die Bestandteil der AVB des Auktionshauses ist – im Verhältnis zwischen dem jeweiligen Auktionsteilnehmer zum Online-Auktionshaus AGB im Sinne des § 305 Abs. 1 S. 1 BGB darstellen, welche durch Einbeziehung gemäß § 305 Abs. 2 BGB Ver-

---

[449] Vgl. hierzu *BGH* MMR 2002, S. 95 ff.; *OLG Hamm* in CR 2001, S. 117 ff. sowie insbesondere *Sester* in CR 2001, S. 98 ff.; *Burgard* in WM 2001, S. 2102 ff.; *Spindler* in ZIP 2001, S. 809 ff.; *Hartung/Hartmann* in MMR 2001, S. 278 ff.

[450] Vgl. exemplarisch Ziff. 11; 13 AVB von www.online.auktionen.de; Ziff. 1.4 AVB von www.amazon.de; §§ 3, 4, 6 AVB von www.offerto.de; § 8 AVB von www.eBay.de; Anhang: §§ 6, 7, 8 AVB.

tragsinhalt des Benutzungsvertrages werden und dergestalt rechtliche Wirksamkeit erlangen.

I. Vorliegen von AGB im Sinne des § 305 Abs. 1 S. 1 BGB

Zu prüfen ist somit, ob die Versteigerungsbedingungen der Auktionshäuser als AGB im Sinne des § 305 Abs. 1 S. 1 BGB zu qualifizieren sind.

1. Vertragsbedingungen gemäß § 305 Abs. 1 S. 1 BGB

Die Klauseln, die von dem Auktionshaus gemäß § 305 Abs. 1 S. 1 BGB für eine Vielzahl von Verträgen vorformuliert sind, müssten darüber hinaus Vertragsbedingungen darstellen, d. h. Bestimmungen, die Inhalt der vertraglichen Regelung zwischen dem Verwender und seinem Vertragspartner sind.[451]

Die Voraussetzung, dass es sich um Vertragsbedingungen als Inhalt von Verträgen handeln muss,[452] ist vorliegend nicht problematisch, da mit dem Benutzungsvertrag ein schuldrechtlicher Vertrag gegeben ist. Zudem liegen jedenfalls dann Vertragsbedingungen vor, wenn die Bestimmungen die Ausgestaltung dieses Benutzungsvertrages zum Gegenstand haben, d. h. die Begründung von Rechten und Pflichten der Parteien, die ohne die betreffenden Klauseln nicht oder in anderer Weise bestünden.[453] Soweit die Versteigerungsbedingungen Regelungen enthalten, die unmittelbar das Benutzungsverhältnis zwischen Online-Auktionshaus und Auktionsteilnehmer betreffen, ergeben sich folglich keine Probleme.[454]

Als Vertragsbedingungen gelten aber auch solche Bestimmungen, welche den Inhalt der vertraglichen Regelung zwischen den Parteien nur mittelbar beeinflussen.[455] Hiervon ausgehend, sind diejenigen Klauseln, die unmittelbar das Verhältnis der Auktionsteilnehmer zueinander gestalten, ebenfalls als Vertragsbedingungen zu qualifizieren, wenn sie als solche zumindest mittelbar auf den Benutzungsvertrag einwirken.

Die entsprechende Klausel in den Versteigerungsbedingungen, durch die der Anbieter verpflichtet werden soll, bereits mit Freischaltung der Warenpräsentation eine verbindliche Erklärung dahingehend abzugeben, dass er das im Endzeitpunkt der Auktion abgegebene Höchstgebot annehme, regelt zwar unmittelbar den Kaufvertragsschluss zwischen den beiden Teilnehmern. Darüber hinaus

---

[451] *Larenz/Wolf*, AT, § 43, Rn. 9; *Palandt-Heinrichs*, § 305, Rn. 3; *Schaub* in JuS 2000, S. 555 (556); *Thamm/Pilger*, § 1 AGBG, Rn. 1.

[452] *MüKo-Basedow*, § 1 AGBG, Rn. 9.

[453] *MüKo-Basedow*, § 1 AGBG, Rn. 12.

[454] Siehe Anhang: z. B. §§ 1-5, 9-15 AVB; vgl. hierzu auch *Hager* in JZ 2001, S. 786 (788).

[455] *Wolf* in *Wolf/Horn/Lindacher*, § 1 AGBG, Rn. 6; vgl. auch *Ulmer* in *Ulmer/Brandner/Hensen*, § 1 AGBG, Rn. 15.

begründet die Bestimmung allerdings auch Rechte und Pflichten zwischen Anbieter und Online-Auktionshaus. Zum einen begibt sich der Anbieter gegenüber dem Auktionshaus des Rechtes, die Durchführung der Auktion vor Ende der Veranstaltung abzubrechen oder frühzeitig zu beenden. Sie beinhaltet insofern einen Ausschluss des Kündigungsrechts für die Dauer der Versteigerungsveranstaltung. Vor allem aber wurde dargelegt, dass der Anbieter mit der Vertragsabschlussklausel in seiner dem Maklerrecht immanenten Entschließungs- und Abschlussfreiheit eingeschränkt wird, da er am Ende der Auktion nicht frei entscheiden kann, ob er die ihm mit dem Höchstgebot angebotene Vertragsgelegenheit, welche unmittelbar die Provisionszahlungspflicht gegenüber dem Auktionshaus auslöst,[456] wahrnimmt oder nicht.
Somit gilt an dieser Stelle festzuhalten, dass die jeweilige Abschlussbestimmung, ebenso wie die übrigen AVB-Klauseln des Auktionshauses, eine vorformulierte Vertragsbedingung des Benutzungsvertrages im Sinne des § 305 Abs. 1 S. 1 BGB darstellt.

2. Verwender gemäß § 305 Abs. 1 S. 1 BGB

Diese Vertragsbedingungen werden den Auktionsteilnehmern nicht zur Disposition und somit einseitig vom Versteigerungshaus gestellt. Das Online-Auktionshaus ist als Partei des geschlossenen Benutzungsvertrages demnach Verwender der von ihm gestellten AGB gemäß § 305 Abs. 1 S. 1 BGB.

II. Einbeziehung gemäß § 305 Abs. 2 BGB

Schließlich werden diese AGB von dem Auktionshaus jeweils gegenüber dem Teilnehmer wirksam gemäß § 305 Abs. 2 BGB in den Benutzungsvertrag einbezogen.
Regelmäßig besteht ein Hinweis auf die AGB in geeigneter Form, indem die Teilnehmer sowohl auf der Startseite durch einen deutlich sichtbaren Hyperlink – zumeist unter Verwendung von Unterstreichung und besonderer Farben – sowie nochmals bei der Anmeldung auf die AGB hingewiesen werden. Die Bestimmungen können durch „Anklicken“ des entsprechenden Ikons online eingesehen und in druckgerechter Form von den Auktionsteilnehmern abgerufen und heruntergeladen werden,[457] so dass neben dem ausdrücklichen Hinweis gemäß § 305 Abs. 2 Nr. 1 BGB die Möglichkeit der zumutbaren Kenntnisnahme im Sinne des § 305 Abs. 2 Nr. 2 BGB besteht. Im Rahmen der Registrierung stimmen die Teilnehmer diesen AGB zu. Damit ist in Übereinstimmung mit der ein-

---

[456] Siehe Anhang: § 9 Abs. 1 S. 3 AGB.
[457] Vgl. www.ricardo.de/sogehts/agb_printout-neu.phtml.

helligen Auffassung in Schrifttum und Rechtsprechung den Anforderungen des § 305 Abs. 2 BGB Genüge getan.[458]

III. Zwischenergebnis zu A.

Die Versteigerungsbedingungen des Online-Auktionshauses sind im Verhältnis zwischen Teilnehmer und Auktionshaus als AGB im Sinne des § 305 Abs. 1 S. 1 BGB zu qualifizieren, welche durch Einbeziehung gemäß § 305 Abs. 2 BGB Bestandteil des Benutzungsvertrages werden. Dies wird – soweit ersichtlich – weder in Literatur noch Rechtsprechung bestritten oder überhaupt thematisiert.[459]

Die entsprechenden AGB entfalten als Vertragsbestandteil der jeweiligen Benutzungsverträge in diesem Verhältnis Wirkung und sind als solche rechtlich bindend. Eine Anwendbarkeit der AGB-Vorschriften ist somit bezogen auf das jeweilige Benutzungsvertragsverhältnis zwischen Teilnehmer und Auktionshaus zu bejahen; insbesondere eine Überprüfung der Vertragsabschlussklausel im Rahmen einer Inhaltskontrolle des zwischen Anbieter und Online-Auktionshaus geschlossenen Maklerdienstvertrages anhand der §§ 307 bis 309 BGB ist grundsätzlich möglich.

B. Relevanz für den Vertragsabschluss zwischen den Teilnehmern

Die Qualifizierung der Versteigerungsbedingungen als wirksam einbezogene AGB gemäß § 305 Abs. 1 S. 1 BGB im Benutzungsvertragsverhältnis sagt indes noch nichts aus über ihre rechtliche Erstreckung auf das Rechtsverhältnis zwischen Anbieter und Bieter.

Insoweit besteht die Situation, dass zwei sich gleichrangig gegenüberstehende Teilnehmer einen Kaufvertrag schließen wollen, wobei der zentrale Punkt des Vertragsschlusses von einem Dritten abweichend vom dispositiven Recht des § 156 BGB vorgegeben wird. Es fragt sich also, ob und in welcher Gestalt dies rechtlich verbindlich ist.

---

[458] Vgl. zu den allgemeinen Voraussetzungen der Einbeziehung von AGB im Internet ausführlich *Waldenberger* in *Hoeren/Sieber,* Kap. 13.4, Rn. 35 ff.; *Ernst* in NJW-CoR 1997, S. 165 (167); *Kamanabrou* in CR 2001, S. 421; vgl. für die Internet-Auktion *BGH* MMR 2002, S. 95 (97); *OLG Hamm* in CR 2001, S. 117 (118); *Ulrici* in JuS 2000, S. 947 (948); Vgl. zu den Vorgaben des § 312c BGB sowie des § 312e BGB Teil 4, 2. Kapitel B./C.

[459] Vgl. für den „ricardo.de"-Fall *LG Münster* in MMR 2000, S. 280 (282), welches sich kurz mit der Frage der Einbeziehung der Klauseln im Verhältnis Teilnehmer und Auktionshaus befasst, die Frage nach der Erstreckung auf das Rechtsverhältnis zwischen Anbieter und Bieter aber erstaunlicherweise überhaupt nicht stellt; vgl. auch *OLG Hamm* in CR 2001, S. 117 (118) und *BGH* MMR 2002, S. 95 (97) sowie *KG* in BB 2002, S. 168 (168); exemplarisch für die Literatur: *Wiebe* in *Spindler/Wiebe*, D. IV., Rn. 41; *Wenzel* in NJW 2002, S. 1550 (1551); *Mehrings* in BB 2002, S. 469 (473); *Kohler* in WuB IV. A., § 145 BGB 1.02, S. 357 (360).

Oder handelt es sich bei den von dem Online-Auktionshaus verwendeten Versteigerungsbedingungen lediglich um unverbindliche Vorschläge seitens des virtuellen Versteigerers, wie Anbieter und Bieter ihr Vertragsverhältnis begründen (und gestalten) könnten?
Sofern die Vertragsabschlussklausel im Teilnehmerverhältnis keine rechtliche Wirkung entfalten und der Kaufvertrag zwischen den Teilnehmern somit nicht nach der in den AGB der Auktionshäuser geregelten Abschlussmechanik zustande kommen kann, müsste die dispositive gesetzliche Regelung des § 156 BGB Anwendung finden mit der Folge, dass in der Präsentation der Angebotsseite lediglich eine invitatio ad offerendum zu sehen wäre. Da aber ein vom Anbieter am Ende der Internet-Auktion abgegebener Zuschlag im Sinne des § 156 S. 1 BGB nicht vorliegt, müsste der Abschluss des Kaufvertrages zwischen Anbieter und Höchstbieter bei der Privaten Online-Auktion „automatisch" mit Zeitablauf verneint werden.

I. Auslegung gemäß §§ 133, 157 BGB

Insbesondere die Rechtsprechung[460], aber auch die mittlerweile wohl herrschende Lehre[461], bedient sich des Instruments der Auslegung der Willenserklärungen von Anbieter und Bieter nach dem objektiven Empfängerhorizont gemäß §§ 133, 157 BGB, um das Zustandekommen des Kaufvertrages zwischen den Teilnehmern bei der Privaten Online-Auktion abweichend von dem dispositiven Gesetzesrecht des § 156 BGB auf der Grundlage des in den AGB des Auktionshauses verankerten Vertragsschlussmechanismus zu begründen.
Dieser von der Rechtsprechung gewählte Lösungsweg, welchem der bereits geschilderte Sachverhalt im Fall „ricardo.de" zugrunde lag, wird im Folgenden vorgestellt.

---

[460] Vgl. zu dem „ricardo.de"-Fall: *LG Münster* in MMR 2000, S. 280 ff. sowie *OLG Hamm* in MMR 2001, S. 105 ff. und *BGH* MMR 2002, S. 95 ff.

[461] Vgl. aus den zahlreichen Stellungnahmen insbesondere zu *LG Münster* in MMR 2000, S. 280: *Mankowski* in EWiR 2000, S. 415; *Klewitz/Mayer* in K & R 2000, S. 200; *Rüfner* in JZ 2000, S. 715; *Ulrici* in JuS 2000, S. 947; *Wiebe* in MMR 2000, S. 284; *Wilkens* in DB 2000, S. 663; *Wilmer* in NJW-CoR 2000, S. 172. – Vgl. zu *OLG Hamm* in MMR 2001, S. 105: *Ernst* in CR 2001, S. 121; *Grapentin* in GRUR 2001, S. 713; *Hager* in JZ 2001, S. 786; *Hoeren* in EWiR 2001, S. 213; *Obert* in ZUM 2001, S. 249; *Rüfner* in MMR 2000, S. 597; *Ulrici* in NJW 2001, S. 1112; *Wenzel/Bröckers* in DB 2001, S. 121; *Wiebe* in MMR 2001, S. 109. – Vgl. zu *BGH* MMR 2002, S. 95: *Kohler* in WuB IV. A., § 145 BGB 1.02, S. 357; *Leible/Sosnitza* in K & R 2002, S. 85; *Lettl* in JuS 2002, S. 219; *Mehrings* in BB 2002, S. 469; *Wenzel* in NJW 2002, S. 1550; kritisch insbesondere *Burgard* in EwiR 2002, S. 139; *Hager* in JZ 2002, S. 506; *Wiebe* in CR 2002, S. 216; *Spindler* in MMR 2002, S. 98.

1. Urteil des LG Münster

Bereits das *LG Münster* hat in seinem Urteil ausgeführt, dass die rechtliche Wertung der Parteierklärungen der Auktionsteilnehmer unter Berücksichtigung der AGB des Online-Auktionshauses erfolgen müsse, da die Parteien diese Bedingungen vor der Zulassung zur Auktion anerkennen mussten.[462]
Dem Wortlaut der AGB folgend wertete das Gericht die Präsentation der Angebotsseite als invitatio ad offerendum, das Gebot des Bieters (und Klägers) als verbindliches Angebot und die Freischaltung der Angebotsseite als antizipierte Annahmeerklärung.[463] Diese Annahme habe sich allerdings nicht auf solche Angebote bezogen, die – wie vorliegend das Gebot des Höchstbieters – deutlich unter dem Einkaufspreis lagen; der Bieter habe nach Treu und Glauben nicht davon ausgehen können, dass sich der Anbieter (als Beklagter) mit einem Verlustgeschäft einverstanden erkläre. Mit dieser Begründung verneinte das *LG Münster* das Zustandekommen des Kaufvertrages und wies die Klage ab.[464]
Zutreffend und insoweit weder von den weiteren Instanzen noch der Literatur bestritten, hat das *LG Münster* also das online abgegebene Höchstgebot des Bieters als wirksame, auf Abschluss des Kaufvertrages mit dem Anbieter gerichtete Willenserklärung angesehen.[465] Die nach Auffassung des *LG Münster* in der Freischaltung der Angebotsseite enthaltene antizipierte Annahmeerklärung hielt die Kammer ebenfalls nicht für unwirksam, sondern kam vielmehr durch Auslegung zu dem Ergebnis, dass die Erklärung nicht als Annahme eines Angebotes auf Abschluss des Kaufvertrages zu einem so niedrigen Preis verstanden werden durfte, wie es das Höchstgebot darstellte.[466]
In der Literatur wurde die Entscheidung einmütig und zu Recht als „Fehlurteil" bewertet,[467] denn das *LG Münster* missbrauchte die Auslegung nach §§ 133, 157 BGB letztlich dazu, ein von ihm als unbillig empfundenes Ergebnis zu korrigieren, indem es mit Blick auf ein fehlendes schutzwürdiges Interesse des Bieters

---

[462] *LG Münster* in CR 2000, S. 313 (315) = JZ 2000, S. 730 (731) = MMR 2000, S. 280 (283) = ZUM 2000, S. 516 (517).
[463] *LG Münster*, a. a. O., S. 313 (315).
[464] *LG Münster*, a. a. O., S. 313 (315); der Entscheidung des *LG Münster* ist das *AG Neumarkt i. d. OPf.* in CR 2000, S. 852 (853) gefolgt, indem es bei vergleichbarem Sachverhalt (das Höchstgebot für das dort angebotene Fernglas entsprach mit DM 313,11 nur etwa 5 % des wahren Wertes) und nahezu identischen AGB ebenfalls den Abschluss eines Kaufvertrages verneint hat.
[465] Vgl. nur *OLG Hamm* in MMR 2001, S. 105 (107); *BGH* MMR 2002, S. 95 (96).
[466] *LG Münster* in CR 2000, S. 313 (315).
[467] Vgl. aus der zahlreichen Literatur *Ernst* in CR 2000, S. 304 (309); *Gaul* in WM 2000, S. 1783 (1792); *Hollerbach* in DB 2000, S. 2001 (2005); *Klewitz/Mayer* in K&R 2000, S. 200 (201); *Mankowski* in EWiR 2000, S. 415 (416); *Sester* in CR 2001, S. 98 (101); *Ulrici* in JuS 2000, S. 947 (958); *Wiebe* in MMR 2000, S. 284 (284); *Wilkens* in DB 2000, S. 666 (667).

an einer antizipierten Annahmeerklärung weit unterhalb eines vergleichbaren Händlerpreises einen Vertragsschluss verneint hat. Das Gericht hat sich damit auf die vergebliche Suche nach „dem gerechten Preis“ gemacht.[468]
Die maßgebliche Frage lautet vielmehr, ob der Anbieter eine auf Abschluss des Kaufvertrages gerichtete Willenserklärung abgibt, und zwar unabhängig davon, ob er mit dem Geschäft Gewinn oder Verlust macht. Im Ergebnis konnte das Urteil des *LG Münster* daher keinen Bestand haben.

2. Ansatz des OLG Hamm

a) Klauseln als Auslegungsgrundlage der jeweiligen Willenserklärungen

So hat das *OLG Hamm* den Vertragsschluss bejaht und der Klage stattgegeben.[469] Ebenso wie das *LG Münster* hat das Gericht in seiner Entscheidung zur Begründung des Kaufvertrages zwischen den Teilnehmern auf der Grundlage der Auslegung nach §§ 133, 157 BGB darauf abgestellt, wie die Freischaltung der Angebotsseite des Anbieters zu würdigen ist und für eine rechtliche Bewertung die in den AGB des Auktionshauses niedergelegte Vertragsabschlussbestimmung herangezogen. Dabei sah das *OLG Hamm* in der Ausgestaltung der AGB eine Falschbezeichnung. Die Freischaltung der Angebotsseite erfülle bereits alle Voraussetzungen eines Angebotes im Sinne des § 145 BGB, welches der Kläger durch sein Gebot angenommen habe.[470]
Sowohl nach dem *LG Münster* als auch nach dem *OLG Hamm* sind die AGB des Internet-Auktionshauses also lediglich bei der Auslegung der Parteierklärungen zu berücksichtigen:
„Da die Anerkennung der AGB für jeden Teilnehmer zwingende Voraussetzung für die Teilnahme an einer Versteigerung ist, musste jeder Teilnehmer von einer entsprechenden Anerkennung der Bedingungen durch alle anderen Teilnehmer ausgehen. So haben die Vertragsparteien auch übereinstimmend jeweils gegenüber dem Auktionshaus erklärt, im Verhältnis zueinander zu den Bedingungen des Auktionshauses kontrahieren zu wollen. Soweit diese Bedingungen Regelungen hinsichtlich des Vertragsschlusses unter den Teilnehmern enthielten, musste und durfte jeder Teilnehmer aus der Sicht des objektiven Empfängerhorizontes davon ausgehen, dass den abgegebenen Erklärungen der in den AGB beigemessene Erklärungswert zukommt.“[471]

---

[468] So formuliert *Wiebe* in MMR 2000, S. 284 (284); zustimmend *Mehrings* in BB 2002, S. 469 (470).
[469] *OLG Hamm* in CR 2001, S. 117 = MMR 2001, S. 105 = NJW 2001, S. 1141 = JZ 2001, 764 = ZIP 2001, S. 291.
[470] *OLG Hamm* in CR 2001, S. 117 (118).
[471] *OLG Hamm*, a. a. O., S. 117 (118).

Die Vertragsbedingungen entfalten somit zwar keine rechtliche Geltung, sie prägen den Empfängerhorizont von Anbieter und Bieter als jeweilige Empfänger der Willenserklärungen aber faktisch.

b) Faktische Wirksamkeit im Teilnehmerverhältnis trotz rechtlicher Unwirksamkeit im Benutzungsvertrag

Auf eine wirksame Einbeziehung der Vertragsbedingungen des Online-Auktionshauses im Teilnehmerverhältnis soll es nach diesem Ansatz ebenso wenig ankommen wie auf die Frage der Wirksamkeit der AGB im Verhältnis zum Internet-Auktionshaus. Eine mögliche AGB-Kontrolle des Benutzungsvertrages, welche gegebenenfalls zur Unwirksamkeit der Vertragsabschlussklausel führt – man denke an die mit der Abschlusspflicht des Anbieters vorliegende Abweichung vom Leitbild des Maklervertrages sowie an die Bedenken, die mit Blick auf die von § 156 BGB abweichende Ausgestaltung des Vertragsschlusses bestehen[472] – hat nach Auffassung des *OLG Hamm* auf das Vertragsverhältnis der Teilnehmer keinen Einfluss. Denn die rechtliche Unwirksamkeit könne die faktische Einwirkung auf den Empfängerhorizont nicht beseitigen: Unabhängig hiervon verstehe jeder Teilnehmer die Erklärung des Kontrahenten vor dem Hintergrund der AGB.[473]

---

[472] Das *LG Berlin* in CR 2001, S. 412 ff. hat im Rahmen eines Verbandsklageverfahrens eine entsprechende Abschlussklausel, wonach mit Ablauf der vom Verkäufer bestimmten Zeit automatisch zwischen dem Verkäufer und dem Höchstbieter der Kaufvertrag zustande kommt, an § 9 AGBG a. F. gemessen und für unwirksam erklärt. Die Klausel, die (insoweit ohne nähere Begründung!) mit der Anerkennung gegenüber dem Auktionshaus direkte Geltung zwischen Verkäufer und Käufer erlange, nehme keine Rücksicht auf individuelle Vereinbarungen; der Anbieter der Ware habe aufgrund dieser Klausel nicht die Möglichkeit, von der Abgabe eines bindenden Angebotes Abstand zu nehmen. Nach Ansicht des Berufungsgerichts *KG* in BB 2002, S. 168 (168) stellt die Vertragsschlussklausel keinen Verstoß gegen das AGBG a. F. dar. Dabei führt das *KG* eingangs seiner Prüfung aus, es könne „unterstellt werden, dass die Klausel – was kontrovers beurteilt werden kann – zwischen Verkäufer und Käufer rechtliche Wirkung entfaltet und nicht nur zwischen dem Betreiber der Internet-Plattform und Verkäufer einerseits bzw. Ersterem und Käufer andererseits". (Vgl. hierzu im Rahmen der Inhaltskontrolle Teil 3, 7. Kapitel, A. II.)

[473] *OLG Hamm* in CR 2001, S. 117 (119); ebenso *Hoeren* in EWiR 2001, S. 213 (214); *Rüfner* in MMR 2000, S. 597 (598).

3. Ansatz des BGH

a) Ausdrückliche Erklärung im Rahmen der Freischaltung der Präsentationsseite

Auch der *BGH* stützt sich zur Begründung des Kaufvertrages zwischen den Auktionsteilnehmern auf die Auslegung der von dem Anbieter bewirkten Freischaltung seiner Angebotsseite gemäß §§ 133, 157 BGB und kommt dabei – wie nicht anders erwartet – zu dem gleichen Ergebnis wie das *OLG Hamm.*[474] Ebenso wie das Berufungsgericht stellt er nicht allein auf den Inhalt der Angebotsseite ab, die auf dem Bildschirm erscheint. In Abweichung zu dem *OLG Hamm* ist der *BGH* allerdings der Ansicht, dass es für die Auslegung der im Rahmen der Freischaltung abgegebenen Erklärung des Anbieters nicht eines Rückgriffs auf die entsprechende Abschlussklausel in den AGB des Auktionshauses bedurft habe. In dem konkreten Fall habe der Anbieter bei der Freischaltung eine ausdrückliche „individuelle" Willenserklärung abgegeben, die bereits aus sich heraus verständlich gewesen sei.[475] Diese „individuelle" Willenserklärung meint der *BGH* darin zu sehen, dass der Anbieter unmittelbar vor der Freischaltung in der Eingabemaske des Online-Auktionshauses ein Kästchen mit einer entsprechend vorformulierten Erklärung („Bereits zu diesem Zeitpunkt erkläre ich die Annahme des höchsten, wirksam abgegebenen Kaufangebotes.") mit einem Häkchen versehen („angeklickt") hat.[476] „Diese ausdrückliche Erklärung des Anbieters, die zwar auf der Angebotsseite selbst nicht erschien, aber dem Auktionshaus als Empfangsvertreter des Anbieters zugegangen ist, stellte in Verbindung mit dem Inhalt der Angebotsseite, auf den sie sich bezog, die auf den Abschluss des Kaufvertrages mit dem Meistbietenden gerichtete Willenerklärung des Anbieters dar.[477] (...) Die bei der Freischaltung gesondert abgegebene Erklärung ließ den Bindungswillen des Anbieters – unmissverständlich – bereits aus sich heraus erkennen, ohne dass für das Verständnis dieser Erklärung auf die entsprechende – gleichlautende – Bestimmung in den AGB zurückgegriffen werden musste."[478]

---

[474] *BGH* MMR 2002, S. 95 = BB 2001, S. 2600 = ZIP 2002, S. 39 = WM 2002, S. 48 = NJW 2002, S. 363.

[475] *BGH*, a. a. O., S. 95 (96/97).

[476] *BGH*, a. a. O., S. 95 (96).

[477] *BGH*, a. a. O., S. 95 (96); ähnlich bereits *Wiebe* in *Spindler/Wiebe*, D. IV., Rn. 45, der dies als zusätzliches Argument für die entsprechende Gestaltung des Vertragsabschlusses heranzieht.

[478] *BGH*, a. a. O., S. 95 (97).

b) Fehlende Kontrollmöglichkeit nach §§ 307 bis 309 BGB der auf den Vertragsschluss bezogenen Erklärung

Der *BGH* legt insofern den Schwerpunkt nicht auf die AGB des Online-Versteigerers, die der Freischaltung den entsprechenden Erklärungswert zumessen, sondern auf die in diesem Fall vom Anbieter zusätzlich „angeklickte" Erklärung in der Eingabemaske des Auktionshauses. Vor diesem Hintergrund kommt der *BGH* zu dem Ergebnis, dass jedenfalls diese „individuelle" Erklärung, die der Anbieter abgegeben habe, indem er das Kontrollkästchen mit einem Häkchen versah, keiner Inhaltskontrolle anhand der §§ 307 ff. BGB unterliege. Daran ändere auch nichts, dass die Willenserklärung teilweise vorformuliert war und insoweit der Formulierung der Vertragsabschlussklausel entsprach.[479] Der Vertragsschluss habe grundsätzlich individuellen Charakter, auch wenn die Willenserklärungen, aus denen er sich zusammensetzt, vorformulierte Bestandteile besäßen; daher kämen solche Erklärungen als Gegenstand einer Prüfung gemäß Vorschriften, die sich auf AGB beziehen, nicht in Betracht.[480] Ob dies auch dann gelte, wenn auf einen Vertragsschluss gerichtete Willenserklärungen in AGB enthalten sind oder von ihnen fingiert werden, lässt der *BGH* auf der Linie der auf die einzelne ausdrückliche Erklärung abstellenden Konstruktion ausdrücklich dahinstehen.[481]

4. Stellungnahme

Sowohl der Lösungsweg des *BGH* über die „individuelle" Erklärung als auch das die AGB des Auktionshauses als Auslegungsgrundlage heranziehende Modell des *OLG Hamm* sollen im Folgenden einer kritischen Würdigung unterzogen werden.

Zwar besteht im Ergebnis kein Zweifel daran, dass die Auslegung der vom Anbieter bewirkten Freischaltung der Warenpräsentation gemäß §§ 133, 157 BGB ergibt, dass die Freischaltung der Präsentationsseite – in Verbindung mit der Präsentationsseite selbst – als verbindliche Willenserklärung gerichtet auf Abschluss des Kaufvertrages zu qualifizieren ist. Entgegen der Ausgestaltung des § 156 BGB, welcher den Vertragsschluss bei Versteigerungen regelt und grundsätzlich auf die Online-Auktion Anwendung findet, liegt hierin nicht lediglich eine invitatio ad offerendum.

Von Interesse für die weitere rechtliche Beurteilung ist allerdings der Weg, auf dem der *BGH* zu einer Bejahung der Freischaltung als einer auf den Kaufvertrag bezogenen Willenserklärung gelangt, indem er allein auf die dem Anbieter außerhalb der AGB abverlangte „individuelle" Erklärung, die der Anbieter gegen-

---

[479] *BGH*, a. a. O., S. 95 (97).
[480] *BGH*, a. a. O., S. 95 (97).
[481] *BGH*, a. a. O., S. 95 (97).

über dem Auktionshaus als Empfangsvertreter abgegeben habe, abstellt und insoweit von dem Ansatz des *LG Münster* sowie des *OLG Hamm* und der herrschenden Literatur abweicht, welche die entsprechende AGB-Klausel als Auslegungsgrundlage heranziehen.
Eine Willenserklärung ist eine Äußerung, die auf die Herbeiführung eines rechtsgeschäftlichen Erfolges gerichtet ist.[482] Ob eine Äußerung oder ein schlüssiges Verhalten als Willenserklärung zu verstehen ist, bedarf der Auslegung. Auslegungsgegenstand ist die vom Anbieter vorgenommene Freischaltung der Präsentationsseite als der konkrete Erklärungsakt, dessen rechtlicher Inhalt festgestellt werden soll. Dabei kann für die Sinnermittlung dessen, was der Erklärungsakt ausdrücken will, grundsätzlich auf alle Umstände zurückgegriffen werden, die diesen begleiten und in einer sinngebenden Beziehung zu ihm stehen.[483]
Für die Abgrenzung von Angebot und der bloßen Aufforderung, ein Angebot abzugeben, ist nicht der innere Wille des Antragenden maßgeblich, sondern die Auslegung nach dem objektiven Empfängerhorizont.[484] Die Auslegung hat sich somit danach auszurichten, was als Wille für denjenigen erkennbar geworden ist, für den die Erklärung bestimmt war.[485]

a) Auslegung unter Heranziehung der vorformulieren Erklärung

Auf der Basis dieser dogmatischen Aussagen stützt sich der Lösungsweg des *BGH* auf zwei Besonderheiten, die dem ihm zur Entscheidung vorliegenden Fall zugrunde lagen:
Zum einen sah die Eingabemaske des Online-Auktionshauses eine entsprechende vorformulierte Erklärung vor, die der Anbieter im Rahmen der Freischaltung der Angebotsseite anzukreuzen hatte.[486]
Demgegenüber verlangen es die virtuellen Auktionshäuser nach derzeitigem Stand[487] im Rahmen des Verfahrens zur Einrichtung der Auktion regelmäßig nicht, dass der Anbieter vor der Freischaltung ein gesondertes Kästchen mit dem vom Auktionshaus vorformulierten Wortlaut „Bereits zu diesem Zeitpunkt erkläre ich die Annahme des höchsten, wirksam abgegebenen Kaufangebotes" anklicken muss, um die betreffende Auktion zu starten.[488] Auch bei dem Online-

[482] *BGH*, a. a. O., S. 95 (96); *BGH* NJW 1993, S. 2100 (2100).
[483] Siehe grds. *Larenz/Wolf*, AT, § 28, Rn. 60; *Palandt-Heinrichs*, § 133, Rn. 5; *Erman-H. Palm*, § 133, Rn. 23; *Soergel-Hefermehl*, § 133, Rn. 9.
[484] *Staudinger-Bork*, § 145, Rn. 4; *Soergel-Wolf*, § 145, Rn. 7.
[485] *BGH* NJW 1992, S. 1446 (1446); *BGH* NJW 1990, S. 3206 (3206); *Brox*, AT, Rn. 133; *Erman-H. Palm*, § 133, Rn. 19.
[486] Siehe hierzu die Sachverhaltsschilderung unter Teil 3, 4. Kapitel, A.
[487] Juni 2002.
[488] Dem Verfasser dieser Arbeit ist kein Internet-Auktionshaus bekannt, welches eine solche ausdrückliche Erklärung im Rahmen des Verfahrens zur Einrichtung einer Auktion von dem Anbieter einfordert.

Auktionshaus „ricardo.de“ existiert eine derartige Ausgestaltung des Verfahrens nicht mehr. Vielmehr erfolgt nach Eingabe der erforderlichen Daten des Auktionsgegenstandes lediglich eine Bestätigung durch den Anbieter, woraufhin die Auktion ohne jede weitere Erklärung automatisch freigeschaltet wird.[489] Dem vom *BGH* entschiedenen Fall lag somit eine besondere Sachverhaltsgestaltung zugrunde, welche die Online-Auktionshäuser in der Regel nicht (mehr) vorsehen. Für die überwiegende Zahl der Internet-Auktionshäuser hat der Senat die Frage des Vertragsschlusses – wie auch ein Teil der Literatur bereits mit Bedauern feststellt[490] – daher nicht mitentschieden.
Zum andern wies der „ricardo.de-Fall“ die Besonderheit auf, dass das Online-Auktionshaus ausweislich seiner AGB und „nach den nicht angegriffenen Feststellungen des Berufungsgerichts“[491] die Stellung eines Empfangsvertreters gemäß § 164 Abs. 3 BGB einnahm. Im Blick darauf hielt es der Senat für nicht erheblich, dass die von dem Anbieter abgegebene Erklärung in der eigentlichen Präsentationsseite nicht erschien; denn diese Erklärung sei dem Online-Auktionshaus als Empfangsvertreter im Sinne des § 164 Abs. 3 BGB gemäß § 130 Abs. 1 S. 1 BGB zugegangen und damit wirksam geworden.[492]
Mittlerweile hat der betroffene Veranstalter auch diese Klausel gestrichen. Wie bei nahezu allen Online-Auktionshäusern bestimmen die AGB nunmehr, dass das virtuelle Auktionshaus hinsichtlich der Übermittlung der Willenserklärungen der Teilnehmer als Bote fungiert.[493] Zudem kann letztlich nicht entscheidend sein, ob das Internet-Auktionshaus sich selbst nach dem Wortlaut der AGB als Empfangsvertreter oder –boten qualifiziert. Vielmehr ist unabhängig von der Bezeichnung in den AGB zu ermitteln, ob das virtuelle Auktionshaus als mit eigener Empfangszuständigkeit und Entscheidungsmacht ausgestattete Repräsentantin des Bieters auftritt oder nur als unselbständige Empfangseinrichtung fungiert.[494]
Ausgehend von diesen Kriterien liegt es grundsätzlich näher – in Übereinstimmung mit den derzeitigen AGB – in dem virtuellen Auktionshaus einen Boten zu sehen, welcher die Willenserklärung des Anbieters lediglich übermittelt. Dieses Ergebnis entspricht auch der Sichtweise der Parteien. Denn im Gegensatz zu den jeweiligen Geboten der Bieter, die das Online-Auktionshaus erkennbar für

---

[489] Vgl. hierzu Teil 1, 2. Kapitel, B. I. sowie exemplarisch das Verfahren bei www.ricardo.de; www.offerto.de oder www.eBay.de.
[490] So *Wiebe* in CR 2002, S. 216 (216); *Kohler* in WuB IV A. § 145 BGB 1.02, S. 357 (358).
[491] *BGH* MMR 2002, S. 95 (96).
[492] Kritisch hierzu *Spindler* in MMR 2002, S. 98 (98).
[493] Vgl. Anhang: § 8 Abs. 1 S. 2 AGB. Allenfalls sehen einige Auktionshäuser (noch) in ihren AGB vor, dass sie als Empfangsvertreter des *Anbieters* fungieren, vgl. z. B. § 6 Abs. 6 S. 2 AGB unter www.offerto.de sowie bereits Teil 3, 4. Kapitel, B. I. 4. b).
[494] Vgl. zur Abgrenzung zwischen Empfangsvertreter und –boten bereits Teil 3, 4. Kapitel, B. I. 4. b) sowie grds. *Larenz-Wolf*, AT, § 46, Rn. 41/45; *MüKo-Schramm*, Vor § 164, Rn. 59; § 164, Rn. 133; *Staudinger-Schilken*, § 164, Rn. 22/25; *Erman-H. Palm*, § 130, Rn. 12.

den Anbieter „bearbeitet", tritt es dem Anbieter gegenüber nicht als mit eigenem Machtbereich ausgestattete Repräsentantin des Bieters auf.
Die Festlegung auf die Stellung des Auktionshauses als Empfangsvertreter des Bieters gemäß § 164 Abs. 3 BGB, dem die ausdrückliche Willenserklärung des Anbieters – abgegeben durch „Anklicken" des in der Eingabemaske liegenden Kontrollkästchens – nach § 130 Abs. 1 S. 1 BGB zuging, haben den Weg für die Lösung des *BGH* somit vorgezeichnet. Da der Senat in dem konkreten Fall auf die von ihm als „individuelle" Erklärung gewertete Bestimmung außerhalb der eigentlichen AGB zurückgreifen konnte, brauchte er sich nicht mehr zu der Frage zu äußern, ob und in welcher Weise die AGB des Internet-Auktionshauses auf das Teilnehmerverhältnis einwirken oder ob sie unmittelbar in das Verhältnis der an der Auktion Beteiligten zueinander einbezogen werden.
In der überwiegenden Zahl der Fälle indes, in denen eine entsprechende Erklärung in der Eingabemaske des Online-Auktionshauses fehlt und der Zugang über die Konstruktion des Empfangsvertreters scheitert, versagt der Lösungsweg des Senats und die Frage der AGB-Einbeziehung wird wieder entscheidungsrelevant.[495]

b) Auslegung unter Heranziehung der AGB-Klausel

Nunmehr führt aber auch der *BGH* aus, dass AGB für Internet-Auktionen als Auslegungsgrundlage herangezogen werden können, wenn Erklärungen der Auktionsteilnehmer nicht – wie im „ricardo.de-Fall" – aus sich heraus verständlich seien.[496] „Verständnislücken können dann unter Rückgriff auf die durch die Anerkennung der AGB begründeten wechselseitigen Erwartungen der Auktionsteilnehmer und deren gemeinsames Verständnis über die Funktionsweise der Online-Auktion geschlossen werden."[497]
Diese Passage in den Entscheidungsgründen lässt den Schluss zu, dass der *BGH* ebenso wie das *OLG Hamm* die AGB des Online-Auktionshauses der Auslegung der Freischaltungshandlung gemäß §§ 133, 157 BGB zugrunde gelegt hätte, wenn nicht eine entsprechend vorformulierte Erklärung im Rahmen des Auktionsverfahrens vorgesehen gewesen wäre. Insofern sind diese Ausführungen, wie auch einzelne Stimmen in der bisherigen Literatur konstatieren,[498] als Tendenz für das „Auslegungsmodell" des *OLG Hamm* zu werten, wonach es auf eine Einbeziehung der AGB im Teilnehmerverhältnis nicht ankommt und eine Berücksichtigung der Klauseln nur im Rahmen der Erkennbarkeit für den Teilnehmer als Vertragspartner erfolgt.

495 In diesem Sinne auch *Wiebe* in CR 2002, S. 216 (216).
496 *BGH* MMR 2002, S. 95 (96).
497 *BGH*, a. a. O., S. 95 (96).
498 Vgl. *Mehrings* in BB 2002, S. 469 (473); *Spindler* in MMR 2002, S. 98 (98) sowie *Wiebe* in CR 2002, S. 216 (216).

Dabei ist hinsichtlich der Würdigung der vom Anbieter bewirkten Freischaltung der Angebotsseite auf den objektiven Empfängerhorizont des durchschnittlichen Bieters abzustellen.[499] Denn nach hier vertretener Auffassung ist das Online-Auktionshaus grundsätzlich nicht als Empfangsvertreter im Sinne des § 164 Abs. 3 BGB zu qualifizieren, so dass für die Auslegung nicht etwa gemäß § 166 Abs. 1 BGB der Horizont des Online-Auktionators maßgeblich ist, welcher die Freischaltung wohl jedenfalls vor dem Hintergrund der von ihm konzipierten AGB versteht.[500]

Aber auch aus der Sicht des objektivierten Bieterhorizontes nach §§ 133, 157 BGB wird die Freischaltung der Angebotsseite mit der Erklärung bewirkt, die ihr ausweislich der in den AGB festgeschriebenen Vertragsabschlussbestimmung zukommt, welche sich auf die Freischaltung bezieht. Dass der Anbieter die Warenpräsentation mit einer bindenden Willenserklärung verbindet, ist dem durchschnittlichen Bieter allein dadurch ersichtlich, dass er die AGB des Auktionshauses, welche auch ihm zugänglich sind, liest und diesen entnimmt, dass der Anbieter sich zu einer entsprechenden Erklärung verpflichtet bzw. – je nach Ausgestaltung des Auktionsverfahrens und der Abschlussklausel – der Freischaltung der Warenpräsentation der entsprechende Erklärungswert innewohnt.[501] Objektiver Empfängerhorizont und innerer Wille des Erklärenden stimmen insofern regelmäßig überein, da die Registrierung und die hiermit verbundene Möglichkeit der Kenntnisnahme der entsprechenden Klausel für Anbieter und Bieter identisch sind.[502] Zwar könnte man in diesem Zusammenhang als fraglich erwägen, ob die Abschlussklausel, die in den AGB als Unterpunkt innerhalb des Abschnitts der Regeln für den Anbieter niedergelegt ist[503] und regelmäßig nicht besonders hervorgehoben wird, wirklich dem objektivierten Empfängerhorizont des Bieters zugrunde liegt.[504] Indes wird man – selbst bei unauffälliger Ausgestaltung der Abschlussbestimmung – eine Kenntnisnahme nicht ernsthaft bezweifeln können. Ebenso wie der Anbieter muss sich der bie-

---

[499] Hiervon bei der Internet-Auktion ganz selbstverständlich ausgehend z. B. *Lettl* in JuS 2002, S. 219 (221); *Hoeren* in EWiR 2001, S. 213 (214) oder *Spindler* in ZIP 2001, S. 809 (811).

[500] Vgl. grds. zur unterschiedlichen Auslegung nach dem Horizont des Vertreters bzw. nach dem Empfängerhorizont des Geschäftsherrn beim Boten *Erman-H. Palm*, § 164, Rn. 25; *Flume*, AT II, § 46, 3; *Palandt-Heinrichs*, Einf v § 164, Rn. 11; *Soergel-Leuptien*, § 166, Rn. 3; *Staudinger-Schilken*, § 166, Rn. 7.

[501] Ebenso insbesondere *Rüfner* in MMR 2000, S. 597 (598); *Lettl* in JuS 2002, S. 219 (221).

[502] Vgl. hierzu *Rüfner* in MMR 2000, S. 597 (599); wohl auch *Lettl* in JuS 2002, S. 219 (222). Eine Auseinandersetzung mir der in der Literatur grundsätzlich vorgebrachten Kritik, dass bei der Auslegung nach § 133 BGB vom Wollen des Erklärenden und nicht vom Empfängerhorizont auszugehen sei, bedarf es insoweit nicht. Vgl. hierzu grds. *MüKo-Mayer-Marly/Busche*, § 133 BGB, Rn. 8, m. w. N.

[503] Siehe Anhang: § 6 Abs. 6 AGB; § 6 Abs. 4 der AGB von www.offerto.de.

[504] Vgl. zu diesem Gedanken *Rüfner* in MMR 2000, S. 597 (598).

tende Auktionsteilnehmer bei der Frage, wie das Gebot abzugeben ist, darüber informieren, wie die Auktion organisiert ist und unter Beachtung welcher Vorgehensweise er sich an ihr beteiligen kann. Er muss sich also mit den Auktionsbedingungen insgesamt befassen.[505]
Es bleibt nach alledem festzuhalten, dass die Auslegung der Freischaltung der Warenpräsentation in Verbindung mit der Warenpräsentation selbst nach dem objektivierten Bieterhorizont gemäß §§ 133, 157 BGB unter Heranziehung der Vertragsabschlussklausel in den AGB des Auktionshauses zu dem Ergebnis führt, dass der Freischaltung bereits der Erklärungswert einer auf Abschluss des Kaufvertrages gerichteten bindenden Willenserklärung innewohnt.[506]

c) Qualifizierung der Willenserklärung als Angebot oder antizipierte Annahme

Vor diesem Hintergrund stellt sich nunmehr die Frage, ob die Willenserklärung des Anbieters als Angebot oder als vorweggenommene Annahme zu qualifizieren ist.
Wie dargelegt, wertet das *OLG Hamm* die Freischaltung der Präsentationsseite im Unterschied zu dem *LG Münster*, welches hierin gemäß dem Wortlaut der AGB eine antizipierte Annahmeerklärung sieht,[507] als Angebot im Sinne des § 145 BGB.[508] Insofern nimmt das *OLG Hamm* nach der Feststellung, dass den Willenserklärungen der Auktionsteilnehmer der Erklärungswert der einschlägigen Abschlussbestimmung zukommt, letztlich eine Auslegung der Klausel selbst vor.
Eine grundsätzliche Einordnung der Willenserklärung als Angebot oder antizipierte Annahme ist indes weder nach hier vertretener Auffassung noch nach ü-

---

[505] Vgl. in diesem Zusammenhang *OLG Frankfurt* in MMR 2001, S. 451 (452), welches einen Verstoß gegen das Irreführungsverbot des § 3 UWG bei der Bezeichnung „Auktion" für eine Private Auktion, die nicht als solche im Sinne des § 34b GewO gewertet wurde, mit dieser Begründung abgelehnt hat. Auch das *KG* in MMR 2001, S. 764 (766) hat einen Anspruch aus § 3 UWG mit dem Argument verneint, dass sich der durchschnittlich informierte, aufmerksame und verständige Interessent mit den Auktionsbedingungen befasse, die ihn darüber informierten, auf welche Art und Weise die jeweilige Auktion durchzuführen sei.
[506] Zu diesem Ergebnis im Wege der Auslegung gelangt auch die herrschende Lehre; vgl. hierzu *Grapentin* in GRUR 2001, S. 713 (716); *Hoeren* in EWiR 2001, S. 213 (214); *Mankowski* in EWiR 2000, S. 415 (415); *Obert* in ZUM 2001, S. 249 (249); *Rüfner* in MMR 2000, S. 597 (598); *Ulrici* in JuS 2000, S. 947 (948); *ders.* in NJW 2001, S. 1112 (1112); *Wenzel/Bröckers* in DB 2001, S. 121 (121); *Wilkens* in DB 2000, S. 663 (663); *Wilmer* in NJW-CoR 2000, S. 172 (173).
[507] *LG Münster* in MMR 2000, S. 280 (282).
[508] *OLG Hamm* in CR 2001, S. 117 (119).

berwiegender Ansicht der Literatur[509] und nunmehr auch des *BGH*[510] vonnöten. Denn es ist praktisch nicht bedeutsam, ob die Auslegung der einschlägigen AGB-Klausel, in der die Freischaltung der Angebotsseite oft als invitatio ad offerendum i. V. m. einer „antizipierten Annahmeerklärung“ bezeichnet wird, ergibt, dass sie auch als solche anzusehen ist, oder ob sie – wie das *OLG Hamm* festgestellt hat – nach dem Grundsatz falsa demonstratio non nocet als Angebot gemäß § 145 BGB qualifiziert wird[511], sowie jeweils korrespondierend hierzu das letzte innerhalb der Bietzeit wirksam abgegebene Gebot Angebot oder Annahme darstellt.[512] Wie der *BGH* treffend ausgeführt hat, ändert sich hierdurch an dem Charakter als rechtsgeschäftlicher Willenserklärung nichts.[513] Insbesondere wirkt sich diese Frage auch nicht auf den Zeitpunkt des Vertragsschlusses aus; der Kaufvertrag kommt jedenfalls mit Ablauf des von dem Anbieter festgelegten Bietzeitraumes mit demjenigen Bieter zustande, welcher bis dahin das höchste Gebot abgegeben hat.[514] So hat es der *BGH* in seinem Urteil ausdrücklich unterlassen, die Willenserklärungen der Parteien den Kategorien von „Angebot“ und „Annahme“ zuzuordnen, sondern begnügt sich mit der Feststellung, beide Parteien hätten auf den Vertragsabschluss gerichtete, übereinstimmende Willenserklärungen abgegeben.[515] Der Senat neigt allerdings anders als das *OLG Hamm* aufgrund des eindeutigen Wortlauts der vorformulierten Erklärung in der Eingabemaske des Auktionshauses ebenso wie das *LG Münster* zu der Annahme einer antizipierten Annahmeerklärung.[516]

---

[509] Vgl. hierzu *Leible/Sosnitza* in K & R 2002, S. 89 (90); *Mehrings* in BB 2002, S. 469 (472); *Kohler* in WuB IV A. § 145 BGB 1.02, S. 359 (360); *Spindler* in ZIP 2001, S 809 (811); *Ulrici* in NJW 2001, S. 1112 (1113); *Wiebe* in MMR 2001, S. 109 (110); *Rüfner* in JZ 2000, S. 715 (717).

[510] *BGH* MMR 2002, S. 95 (96).

[511] *OLG Hamm* in CR 2001, S. 117 (119).

[512] Dabei gelten für die Auslegung eines Agentengebotes als Computererklärung dieselben Anforderungen wie für sonstige Willenserklärungen (vgl. hierzu grds. *Larenz/Wolf*, AT, § 28, Rn. 27).

[513] *BGH* MMR 2002, S. 95 (96).

[514] Ebenso *Mehrings* in BB 2002, S. 469 (472). – Sieht man das Gebot des Bieters als Angebot, ist dieser nach den AGB, welche die Situation des § 156 BGB nachzeichnen, im Sinne des § 156 S. 2 Alt. 2 BGB bis zum Ablauf der Bietzeit bzw. entsprechend § 156 S. 2 Alt. 1 BGB bis zur Abgabe eines Übergebotes hieran gebunden. Sieht man in der Freischaltung das Angebot im Sinne des § 145 BGB, bezieht sich dieses nur auf das zum Ende der Auktion abgegebene höchste Gebot. Vgl. hierzu auch bereits Teil 3, 3. Kapitel, A. I./II.

[515] *BGH* MMR 2002, S. 95 (96).

[516] *BGH*, a. a. O., S. 95 (96); ebenso *Hartung/Hartmann* in MMR 2001, S. 278 (281); *Spindler* in ZIP 2001, S 809 (811, Fn. 27), *Ulrici* in NJW 2001, S. 1112 (1113); *Leible/Sosnitza* in K & R 2002, S. 89 (90).

Bedenkt man, dass gerade bei der Auslegung von AGB die gewählte Ausdrucksweise von maßgeblicher Bedeutung ist,[517] verdient diese Sichtweise Zustimmung. Wenn man eine Einordnung der Willenserklärung vornehmen möchte, erscheint es auch unter dem Gesichtspunkt der falsa demonstratio non nocet wenig einsichtig, eine andere als die in den AGB gewählte Konstruktion anzunehmen, sofern ihr keine rechtlichen Bedenken entgegenstehen. Der Erklärung des Anbieters kommt der Erklärungswert der betreffenden AGB-Abschlussklausel zu, welche in ihrem jeweiligen Wortlaut eindeutig ist, so dass diesbezüglich kein Auslegungsbedarf besteht.
Entscheidend ist, dass die von Auktionshaus zu Auktionshaus variierende Vertragsabschlussklausel nach ihrem Wortlaut und Zweck auf eine Bindungswirkung des Anbieters bereits zu Beginn der Online-Versteigerung ausgerichtet ist. An dieser von dem Modell des § 156 BGB maßgeblichen Abweichung ändert die jeweilige Einordnung nichts, so dass die genaue rechtstechnische Qualifikation der Willenserklärungen dahinstehen kann.

d) Wirksamkeit im Hinblick auf die Bestimmtheit der Willenserklärung

Im Weiteren ist zu klären, ob die zeitlich erste Willenserklärung des Anbieters gerichtet auf Abschluss des Kaufvertrages mit dem Höchstbieter inhaltlich hinreichend bestimmt ist.
Nach den Grundsätzen der Bestimmtheit von Willenserklärungen müssen neben der bestimmten Angabe des Kaufgegenstandes sowohl der Vertragspartner als auch der Kaufpreis bestimmt bzw. bestimmbar sein.[518] Vorliegend könnten Zweifel bestehen, ob diese essentialia negotii hinreichend bestimmt sind, denn nach dem Willen der Auktionshäuser soll die Bindung des Anbieters bereits mit Freischaltung der Auktionsware eintreten, mithin zu einem Zeitpunkt, zu dem der Vertragspartner und der Preis noch gar nicht feststehen.

aa) Bestimmtheit hinsichtlich des Vertragspartners

Zunächst ist somit zu untersuchen, ob die Anforderungen an die Bestimmtheit einer Willenserklärung im Hinblick auf den Vertragspartner gewahrt sind.

---

[517] Vgl. hierzu grds. *Larenz/Wolf*, AT, § 28, Rn. 34; 78; *Soergel/Hefermehl*, § 133, Rn. 31. – *Spindler* in ZIP 2001, S. 809 (811) hat angesichts der Tatsache, dass das *OLG Hamm* die Erklärung des Anbieters als eine falsa demonstratio nicht als invitatio ad offerendum verbunden mit einer „antizipierten Annahme", sondern als Angebot gemäß § 145 BGB qualifiziert, ironisch angemerkt, dass der Empfängerhorizont der Auktionsteilnehmer (!) sich also zwar nach den AGB richten dürfe, diese ihrerseits aber „richtig" (im Sinne des Gerichtes) zu interpretieren habe.
[518] *MüKo-Kramer*, § 145, Rn. 4; *Palandt-Heinrichs*, § 145, Rn. 1, § 241, Rn. 3.

Grundsätzlich gehört die Bestimmung der Person des Antragempfängers zum Inhalt des Antrages.[519]
Sowohl nach einhelliger Ansicht in der Literatur[520] als auch nach Auffassung des *BGH*[521] genügt die vorliegende Willenserklärung des Anbieters dem Bestimmtheitserfordernis. Die hierfür vorgebrachte Begründung ist überzeugend. Bei der Privaten Internet-Auktion treffen die Parteien eine Leistungsbestimmung durch Bieterwettstreit in einem bestimmten Verfahren. Dabei sind mit dem Bezug auf die Bedingung des Verkaufs an den Höchstbietenden, flankiert von der Bedingung der Erlöschenswirkung bei Übergeboten entsprechend § 156 S. 2 Alt. 1 BGB sowie der aufschiebenden Bedingung nach §§ 163 Alt. 1, 158 Abs. 1 BGB, dass das Angebot an den Ablauf des Bietzeitraums geknüpft ist, klare Regeln vorgegeben.[522] Aufgrund des festgelegten Auktionsverfahrens ist zweifelsfrei erkennbar, dass mit demjenigen Bieter der Vertrag geschlossen werden soll, der innerhalb des exakt fixierten Angebotszeitraumes das Höchstgebot abgibt.[523]
Auch die Entstehungsgeschichte zu § 156 BGB belegt, dass die vom Gesetz abweichende Konstruktion, wonach die Ausbietung des Gegenstandes zur Versteigerung ein bindendes Angebot darstellt, möglich sein sollte; die Väter des BGB sahen hierin keinen Widerspruch zu den Anforderungen an die Bestimmtheit einer Willenserklärung.[524] Das Verfahren zur Findung des Vertragspartners ist auch bei der Internet-Versteigerung genau festgelegt und die Situation ohne weiteres vergleichbar mit der Bestimmung des Vertragspartners durch einen Dritten gemäß § 317 Abs. 1 BGB.[525]
Nach dem Vorgebrachten kann somit trotz der Angebotsadressierung ad incertam personam die Zulässigkeit der Willenserklärung des Anbieters, auch wenn der Vertragspartner noch nicht feststeht, nicht zweifelhaft sein.

---

[519] *Flume*; AT II, § 35 I 1, S. 635.
[520] Vgl. exemplarisch *Ulrici* in JuS 2000, S. 947 (948); *Wiebe* in MMR 2000, S. 284 (284); *Rüfner* in JZ 2000, S. 715 (718); *Spindler* in ZIP 2001, S. 809 (810); *ders.* in MMR 2002, S. 98 (98); *Sester* in CR 2001, S. 98 (101); *Lettl* in JuS 2002, S. 219 (222); *Mehrings* in BB 2002, S. 469 (472); *Kohler* in WuB IV A. § 145 BGB 1.02, S. 357 (360).
[521] *BGH* MMR 2002, S. 95 (96).
[522] *Westermann*, www.rechtsanwälte-westermann.de/info/auktion.html., Ziff. 4 geht entsprechend von der Bedingung aus, dass kein anderer Bieter ein höheres Gebot abgibt. Dergestalt besteht also während der Auktion mit dem jeweiligen Bieter bereits ein schwebend wirksamer Vertrag, der mit Übergebot wirkungslos wird.
[523] *BGH* MMR 2002, S. 95 (96) unter Bezugnahme auf *OLG Hamm* in CR 2001, S. 117 (119).
[524] Vgl. hierzu Teil 3, 2. Kapitel, B. V. sowie die Motive zu dem Entwurfe eines BGB für das Deutsche Reich, Band I, S. 177. Im Rahmen der Auseinandersetzung der Bestimmtheit der Anbietererklärung bei der Internet-Auktion verweisen bereits *Sester* in CR 2001, S. 98 (101) und *Rüfner* in JZ 2000, S. 715 (716) auf die Entstehungsgeschichte zu § 156 BGB.
[525] Ebenso *OLG Hamm* in CR 2001, S. 117 (119); *Sester* in CR 2001, S. 98 (101); *Rüfner* in JZ 2000, S. 715 (718); *Ulrici* in NJW 2001, S. 1112 (1113); *Spindler* in ZIP 2001, S. 809 (810); *Hartung/Hartmann* in MMR 2001, S. 278 (282).

bb) Bestimmtheit hinsichtlich des Kaufpreises

Aus den gleichen Erwägungen heraus sind die Anforderungen an die Bestimmtheit der Willenserklärung hinsichtlich des Kaufpreises als gewahrt anzusehen. Durch das genau festgelegte Auktionsverfahren mit Bezug auf das Höchstgebot innerhalb der festgesetzten Zeitspanne ist auch der Kaufpreis bereits mit Freischaltung der Warenpräsentation hinreichend bestimmt. Insbesondere wird die Leistungsbestimmung angesichts der Festlegung von Startpreis und Bieterschritten nicht in das Belieben des Bieters gestellt, so dass ein Zweifelsfall des § 315 BGB nicht vorliegt.[526] Von *Wiebe* wird in diesem Zusammenhang ein Rückgriff auf die §§ 315 ff. BGB mit der folgenden Begründung für nicht erforderlich gehalten:[527] Da das Angebot gemäß §§ 163 Alt. 1, 158 Abs. 1 BGB unter die aufschiebende Bedingung des Ablaufes des Bietzeitraumes zu setzen sei, werde das Angebot an den Höchstbietenden auch erst zu diesem Zeitpunkt wirksam. Bei Ablauf des Bietzeitraums sei der Preis mit dem Höchstpreis gegeben und daher zum Zeitpunkt der Wirksamkeit des Angebots auch ohne weiteres bestimmbar.[528]
Festzuhalten bleibt an dieser Stelle jedenfalls, dass die Willenserklärung des Anbieters hinsichtlich der wesentlichen Vertragsbestandteile hinreichend bestimmt bzw. bestimmbar ist.

e) Zwischenergebnis

Der *BGH* konnte in dem „ricardo.de-Fall" die Frage der Einwirkung der AGB des Auktionshauses auf das Vertragsverhältnis der Teilnehmer dahinstehen lassen und sich zur Begründung des Kaufvertragsschlusses zwischen den Auktionsteilnehmern auf die vom Anbieter zur Freischaltung der Warenpräsentation mit einem Häkchen versehene und vom *BGH* als „individuelle" Erklärung gewertete Bestimmung stützen, welche dem Internet-Auktionshaus als Empfangsvertreter gemäß § 130 Abs. 1 S. 1 BGB zuging. Vor dem Hintergrund, dass es die Online-Auktionshäuser in ihrer derzeitigen Gestaltung nicht vorsehen, dass der Anbieter unmittelbar vor der Freischaltung eine entsprechende Erklärung gegenüber dem Auktionshaus abgibt, kann der Lösungsweg des Senats für die gängige Private Online-Auktion nicht herangezogen werden. Den Ausführungen des *BGH* ist allerdings zu entnehmen, dass er im Rahmen der Auslegung nach dem objektiven Empfängerhorizont gemäß §§ 133, 157 BGB bei Fehlen des in der Eingabemaske vorgesehenen Kontrollkästchens – ebenso wie das *OLG Hamm* – auf die jeweilige AGB-Klausel zurückgegriffen hätte.

---

[526] So *OLG Hamm* in CR 2001, S. 117 (119).
[527] *Wiebe* in *Spindler/Wiebe*, D. III., Rn. 36; vgl. auch *Hartung/Hartmann* in MMR 2001, S. 278 (282).
[528] *Wiebe* in *Spindler/Wiebe*, D. III., Rn. 36.

Ausgehend von dem objektivierten Bieterhorizont ist als Ergebnis der Auslegung festzuhalten, dass der Anbieter mit der Freischaltung seiner Warenpräsentation – in Verbindung mit dem Inhalt der Präsentationsseite – eine in der Vertragsabschlussklausel enthaltene, entsprechend vorformulierte, Erklärung auf Abschluss des Kaufvertrages mit dem Höchstbieter abgibt.
Eine Qualifizierung dieser Erklärung als Angebot oder antizipierte Annahme ist entbehrlich. Die essentialia negotii sind bereits mit Freischaltung der Warenpräsentation hinreichend bestimmt.

5. Problematik der möglichen Abweichungen durch eigene Bestimmungen des Anbieters

Eine Lösung, die allein auf der Auslegung der Freischaltungshandlung gemäß §§ 133, 157 BGB beruht und die AGB-Klauseln nur im Rahmen der Erkennbarkeit für den Bieter als Vertragspartner berücksichtigt, bringt Folgeprobleme mit sich. So hat *Wiebe* darauf aufmerksam gemacht, dass man zu einem anderen Auslegungsergebnis gelangen muss, wenn der Anbieter durch eigene abweichende Bestimmungen oder entsprechende Erklärungen die faktische Wirkung der AGB des Internet-Auktionshauses ausschaltet, indem er auf seiner Präsentationsseite ausdrücklich festlegt, dass die in der Auktion eingestellte Präsentation gerade nicht als verbindliches Angebot zu werten ist.[529]
Dieser Einwand ist nicht unbeachtlich, denn sofern man sich lediglich auf die Auslegung der entsprechenden mit der Warenpräsentation abgegebenen Erklärung vor dem Hintergrund der AGB stützt, ist ohne weiteres die Möglichkeit eröffnet, dem Vertrag abweichende Bedingungen zugrunde zu legen oder durch eigene Regelungen den Auktionsmechanismus außer Kraft zu setzen. Der Bieter als Erklärungsempfänger nimmt die Warenpräsentation so, wie sie freigeschaltet wird, zur Kenntnis. Wenn der Inhalt der Präsentationsseite erkennbar von den Bestimmungen in den AGB abweicht, wird der objektive Bieterhorizont gemäß §§ 133, 157 BGB nicht mehr allein von den AGB des Auktionshauses geprägt, sondern ihm liegen die in der Präsentationsseite ausgewiesenen Klauseln des Anbieters zugrunde.[530]
Zwar würde der Anbieter hiermit eine Vertragsverletzung gegenüber dem Internet-Auktionshaus begehen: In den AGB, welche als solche Bestandteil des Benutzungsvertrages sind, ist regelmäßig normiert, dass die Auktion nur nach Maßgabe der in den AGB festgelegten Bestimmungen durchzuführen ist.[531] An

---

[529] Vgl. hierzu *Wiebe* in MMR 2001, S. 109 (110), diesen Gedanken aufgreifend *Spindler* in ZIP 2001, S. 809 (812).
[530] Ebenso *Spindler* in ZIP 2001, S. 809 (812).
[531] Siehe Anhang: § 5 Abs. 1 AGB; § 6 Abs. 2 AGB von www.eBay.de: „Die von dem Nutzer eingestellten Angebote dürfen nicht in Widerspruch zu diesen AGB oder geltendem Recht stehen."

der faktischen Einwirkung der auf der Präsentationsseite ausgewiesenen abweichenden Bestimmungen auf den Empfängerhorizont des Bieters und dem Nichtzustandekommen des Kaufvertrages mit Zeitablauf bei entsprechender Abweichung von der mit der Vertragsabschlussklausel bewirkten Bindung ändert die Vertragsverletzung gegenüber dem Online-Auktionator freilich nichts. Dabei ist es möglicherweise durchaus interessengerecht, wenn sich der Anbieter nicht im Vorhinein einem Kontrahierungszwang aussetzen muss. Dieser Schluss liegt mit Blick auf die bereits dargelegten Bedenken hinsichtlich der Vertragsabschlussklausel gemessen an dem Leitbild des grundsätzlich einschlägigen § 156 BGB zumindest nicht fern. Indes stellt die Option, der Versteigerung eigene Klauseln zugrunde zu legen – auch wenn man wohl nicht davon ausgehen muss, dass die im Rahmen dieser Arbeit untersuchte Gruppe der privaten Anbieter in der überwiegenden Zahl hiervon Gebrauch macht – einen nicht zu unterschätzenden Unsicherheitsfaktor dar, durch den die Vertriebsform Internet-Auktion an Verlässlichkeit einbüßt. Dieser vorliegend gerade mit Blick auf Rechtssicherheit und –klarheit als negativ bewertete Aspekt wird demgegenüber von *Grapentin* als Vorteil eingestuft. Durch die bestehende Möglichkeit des Anbieters, einseitig abweichende Bedingungen vorzugeben, würde die durch die gewählte Auktionsplattform ohnehin eingeschränkte Privatautonomie nicht in unnötiger Weise zusätzlich beschränkt.[532] Dem ist aber entgegen zu halten, dass aufgrund der massenhaft durchgeführten und gleichförmig ablaufenden Privaten Online-Auktionen für alle Teilnehmer verbindliche Maßstäbe vonnöten sind. Wenn der einzelne Bieter nicht auf ein einheitliches Verfahren im Hinblick auf den zentralen Punkt des Vertragsschlusses vertrauen kann, wird er der Auktionsform im world wide web schnell wieder den Rücken kehren. Die Private Internet-Auktion ist nicht zugeschnitten auf die individuellen Bedürfnisse der Parteien, welche einzelne Bestimmungen vorgeben oder aushandeln. Es geht vielmehr gerade darum, einen einheitlichen „virtuellen Marktplatz“ zu schaffen, auf dem den Teilnehmern verbindliche und klare Regeln zur Verfügung gestellt werden.[533] Die Privatautonomie muss nach zutreffender Auffassung dabei zugunsten allseitiger Rechtssicherheit eingeschränkt werden.

---

[532] *Grapentin* in GRUR 2001, S. 713 (714).

[533] So grundsätzlich auch *Wenzel* in NJW 2002, S. 1550 (1550). Der Begriff des „virtuellen Marktplatzes“ findet sich in § 1 AGB von www.eBay.de und wird auch von der großen Zahl der Kommentatoren gebraucht. Von *Wiebe* in MMR 2000, S. 323 (325) stammt in diesem Zusammenhang die Wortschöpfung der „virtuellen Marktordnung“ für diesen Marktplatz, welche insbesondere von *Sester* in CR 2001, S. 98 (104); *Burgard* in WM 2001, S. 2102 (2102) und *Rüfner* in MMR 2000, S. 597 (597) aufgegriffen wird.

6. Problematik der fehlenden Möglichkeit der Inhaltskontrolle

Die entscheidende Schwäche dieses Ansatzes, der eine Geltung der AGB nur über die Auslegung nach dem objektiven Empfängerhorizont erreicht, ist offensichtlich und wird von einem Teil der Literatur als solcher auch deutlich herausgestellt:[534] Es kann nicht sein, dass das Online-Auktionshaus in seinen AGB Bestimmungen hinsichtlich des Vertragsschlusses und der Ausgestaltung des Kaufvertrages zwischen den Teilnehmern vorgibt, wobei eine AGB-rechtliche Kontrolle anhand der §§ 307 bis 309 BGB in diesem Verhältnis nicht stattfindet. Wie herausgearbeitet, bestehen Zweifel an der Wirksamkeit der in den Versteigerungsbedingungen des Auktionshauses verankerten Vertragsabschlussklausel, welche der Freischaltung der Präsentation den Charakter einer bindenden Willenserklärung zumisst. Zum einen erscheint die Bestimmung mit Blick auf die Abweichung vom Leitbild des Maklervertrages fragwürdig, denn hierdurch wird der Anbieter in seiner Entscheidungsfreiheit beschränkt, ob er die provisionspflichtige Vertragsgelegenheit wahrnimmt oder nicht. Vor allem aber könnte die hiermit bewirkte Bindung eine unangemessene Benachteiligung des Anbieters im Verhältnis zum Bieter darstellen, wenn sie mit dem wesentlichen Grundgedanken des § 156 BGB nicht zu vereinbaren ist. Durch das vorgegebene Verfahren ohne Auktionator, welches ein Ausbieten unter Umständen nicht gewährleistet, besteht die Gefahr, dass das berechtigte Interesse des Anbieters an der Bildung eines angemessenen Preises nicht ausreichend Berücksichtigung findet. Vor diesem Hintergrund sollte die Abschlussklausel einer Inhaltskontrolle gemessen an dem Leitbild des § 156 BGB zugeführt werden.
Nun hat der *BGH*, welcher in seiner Entscheidung allein auf die vom Anbieter außerhalb der AGB zusätzlich mit einem Häkchen versehene vorformulierte Bestimmung abstellt, insoweit ausgeführt, dass diese vom Anbieter abgegebene – freilich lediglich angekreuzte – „individuelle“ Erklärung keinen AGB-Charakter aufweise und somit bereits von vornherein kontrollfrei sei.[535] Diese Sichtweise erscheint indes nicht ohne Bedenken. Führt man sich vor Augen, dass jeder Anbieter eine entsprechend vorformulierte Erklärung des Auktionshauses „anklickt“, ohne dass er technisch irgendwelche Änderungen an dem Text vornehmen kann, bleibt von der „individuellen“ Erklärung des *BGH* nicht mehr viel übrig.[536] Eine Auseinandersetzung mit der Frage, ob es sich bei dieser vorformu-

---

[534] Insbesondere *Sester* in CR 2001, S. 98 (102); *Wiebe* in MMR 2001, S. 109 (110); *Burgard* in WM 2001, S. 2102 (2105); *Spindler* in ZIP 2001, S. 809 (811); *Wenzel* in DB 2001, S. 2233 (2233); *ders.* in NJW 2002, S. 1550 (1550).

[535] *BGH* MMR 2002, S. 95 (96).

[536] Auch in der einschlägigen Literatur wird die Kontrollfreiheit dieser Erklärung bereits kritisch diskutiert; vgl. hierzu *Burgard* in EWiR 2002, S. 139 (140); *Hager* in JZ 2002, S. 506 (508); *Wenzel* in NJW 2002, S. 1550 (1550); *Wiebe* in CR 2002, S. 216 (216); *Mehrings* in BB 2002, S. 469 (472) sowie ausführlich Teil 3, 5. Kapitel, C. I. 2.

lierten Erklärung nicht – ebenso wie bei der Vertragsabschlussklausel – um eine Vertragsbedingung im Sinne des § 305 Abs. 1 S. 1 BGB handelt, erfolgt im Anschluss an dieses Kapitel, in dem grundsätzlich erörtert wird, ob den AGB des Auktionshauses auch im Verhältnis der Teilnehmer zueinander AGB-Charakter zukommt.

Unabhängig hiervon drängt sich mit Blick darauf, dass an anderer Stelle bereits geprüft und bejaht wurde, dass die Vertragsbedingungen jedenfalls von dem virtuellen Auktionshaus als Verwender der AGB im Sinne des § 305 Abs. 1 S. 1 BGB wirksam in den Benutzungsvertrag einbezogen wurden, die Frage auf, ob nicht der Schutz des Auktionsteilnehmers, d. h. insbesondere des Anbieters, bereits durch eine AGB-Inhaltskontrolle in diesem Verhältnis gewahrt ist.

Dabei könnte man sich zunächst fragen, ob eine Angemessenheitskontrolle überhaupt möglich ist, wenn die sofortige Bindung des Anbieters gar nicht unmittelbar dem Online-Auktionshaus als Verwender, sondern vielmehr dem jeweiligen Bieter als Drittem zugute kommt. Diesem Gedankengang ist aber zum einen entgegenzuhalten, dass dem Auktionshaus mit dem durch die Einschränkung der Entschließungsfreiheit zum Vertragsabschluss in Kausalzusammenhang stehenden Provisionsanspruch ein unmittelbarer Vorteil entsteht. Zum andern macht es im Rahmen der AGB-Inhaltskontrolle keinen Unterschied, ob dem Auktionshaus durch die Verwendung einer Klausel ein unmittelbarer Vorteil zukommt oder nicht. Wie *Hager* mit Blick auf die Internet-Auktion zutreffend bemerkt, setzt der Wortlaut der Vorschrift des § 307 Abs. 1 S. 1 BGB eine unangemessene Benachteiligung des Vertragspartners des Verwenders, nicht auch einen korrespondierenden Vorteil des Verwenders selbst voraus.[537] Ob dem Anbieter Nachteile im Verhältnis zum Internet-Auktionshaus als Klauselverwender oder aber gegenüber dem Bieter drohen, ist für die Anwendung der AGB-Vorschriften sowohl nach ihrem Wortlaut als auch nach ihrem Sinn und Zweck ohne Belang.[538]

Entscheidend ist jedoch, dass die als Ergebnis einer AGB-Inhaltskontrolle möglicherweise festzustellende Unwirksamkeit der Abschlussklausel im Benutzungsverhältnis nach der „Auslegungslösung" keine Auswirkungen auf das Verhältnis der Teilnehmer hat. Ergibt sich nach Durchführung einer inhaltlichen Angemessenheitskontrolle des Benutzungsvertrages eine unangemessene Benachteiligung des Anbieters, hat dies nach § 307 Abs. 1 S. 1 BGB zwar die entsprechende Unwirksamkeit der Abschlussklausel im Benutzungsvertrag zur Folge; die faktische Wirksamkeit der betreffenden Vertragsabschlussklausel im

---

[537] *Hager* in JZ 2001, S. 786 (789); *ders.* in JZ 2002, S. 506 (508); *Rüfner* in MMR 2000, S. 597 (602).

[538] Grds allg. Meinung, vgl. hierzu *BGHZ* 104, S. 82 (93); *BGH* NJW 1984, S. 2816 (2816); *Palandt-Heinrichs*, § 307, Rn. 7; *Staudinger-Coester*, § 9 AGBG, Rn. 72; *Brandner* in *Ulmer/Brandner/Hensen*, § 9 AGBG, Rn. 75; *Wolf* in *Wolf/Horn/Lindacher*, § 9 AGBG, Rn. 105.

Verhältnis der Teilnehmer zueinander wird hiervon aber nicht berührt. Denn die Auslegung der Anbietererklärung über §§ 133, 157 BGB fällt nicht anders aus, sofern ihr eine *unwirksame* AGB zugrunde liegt oder andere Störungen des Benutzungsvertrages gegeben sind.[539] So hat das *OLG Hamm* ausgeführt, dass sich eine Unwirksamkeit der AGB im Verhältnis zum Auktionshaus auf die Auslegung nicht auswirke, weil die Parteien die Regelungen unabhängig von ihrer rechtlichen Qualifizierung anerkannt haben und damit als Erklärungsempfänger die daraufhin abgegebenen Erklärungen im Sinne dieser Bestimmungen verstehen mussten.[540] Übertragen auf die vorstehenden Überlegungen bedeutet dies, dass der Bieter die Erklärung des Anbieters vor dem Hintergrund der (möglicherweise) unwirksamen Vertragsabschlussklausel versteht. Dementsprechend kommt auf der Grundlage dieser Klausel ohne weiteres der Kaufvertrag mit dem Höchstbieter zustande und der Anbieter muss diesem – gegen einen möglicherweise extrem niedrigen Preis – jedenfalls das Eigentum an dem versteigerten Gegenstand verschaffen.

Es gilt somit noch einmal festzuhalten, dass es für die Qualifizierung der Freischaltung als Willenserklärung und folglich das Zustandekommen des Kaufvertrages mit dem Höchstbieter nach dem „Auslegungsmodell" keine Folgen hat, wenn die Abschlussklausel im Verhältnis zum Auktionshaus als unangemessene Regelung zu qualifizieren wäre. Die Unwirksamkeit der Klausel im Benutzungsverhältnis ändert nichts daran, dass der Bieter die Erklärung des Anbieters vor dem Hintergrund der AGB versteht. Entscheidend ist, dass die Rolle des Auktionshauses als Verwender der AGB und die insoweit bestehende Möglichkeit der AGB-Inhaltskontrolle des Benutzungsvertrages für das Verhältnis der Teilnehmer zueinander keinerlei Nutzen bringt.

Führt man sich dieses Ergebnis vor Augen, muss man sich fragen, ob die „Auslegungslösung", welche die AGB des Auktionshauses nur im Rahmen der Parteierklärungen gelten lässt, sich lediglich auf den Vertragsabschlussmechanismus auswirkt oder auch auf solche AGB, welche die inhaltliche Ausgestaltung des Kaufvertrages betreffen.

Wie angesprochen, enthalten die AGB der virtuellen Auktionshäuser über die Abschlussklausel hinaus oftmals weitere Regelungen, die nur das Verhältnis der Teilnehmer, d. h. den Inhalt des Kaufvertrages betreffen, etwa über die Vertragsabwicklung oder Informations-, Gewährleistungs- und sonstige Pflichten der Anbieter; auch Gewährleistungsausschlüsse sind des öfteren in den AGB geregelt.[541]

---

[539] So bereits *Wiebe* in MMR 2001, S. 109 (110); *Spindler* in ZIP 2001, S. 809 (811); *Sester* in CR 2001, S. 98 (104); *Wenzel* in NJW 2002, S. 1550 (1550).

[540] Vgl. *OLG Hamm* in MMR 2001, S. 105 (107) sowie hierzu *Rüfner* in MMR 2000, S. 597 (598).

[541] Vgl. Ziff. 11; 13 AGB von www.online.auktionen.de; Ziff. 1.4 AGB von www.amazon.de; §§ 3, 4, 6 der AGB von www.offerto.de.

Wenn also die AGB grundsätzlich nur über die Erklärungen der Auktionsteilnehmer faktische Wirksamkeit dergestalt entfalten, dass jeder Teilnehmer die Erklärung des anderen Teils vor dem Hintergrund versteht, dass die AGB im Verhältnis zum Auktionshaus anerkannt wurden, hat dies dann zur Folge, dass sich die Auktionsteilnehmer – wie *Wiebe*[542] etwas überspitzt formuliert – im Verhältnis zueinander gegebenenfalls auch an grob benachteiligenden Klauseln festhalten lassen müssen, die gegenüber dem Auktionshaus wegen eines Verstoßes gegen die AGB-Vorschriften unwirksam wären? Sofern die AGB nur den Erklärungs- und Verstehenshorizont für das Verständnis des Parteiwillens bilden, muss man mit den Vertretern der „Auslegungslösung" zu diesem Ergebnis kommen.[543] Es bleibt hiernach bei einer auf die Auslegung beschränkten „Reflexwirkung"[544] der AGB im Teilnehmerverhältnis, die völlig unabhängig ist vom rechtlichen Schicksal dieser Bestimmungen.[545] Die aufgeworfene Frage ist allerdings eng verbunden mit der Problematik, ob einer der beiden Teilnehmer die AGB des Auktionshauses als Verwender im Sinne des § 305 Abs. 1 S. 1 BGB „gestellt" hat, welche im folgenden Kapitel erörtert wird. Der *BGH* hatte aufgrund seines zentralen Arguments – der angenommenen Kontrollfreiheit der Klausel – im Rahmen der in seinem Verfahren allein streitigen Frage des Zustandekommens und der Wirksamkeit des Kaufvertrages keinen Anlass, sich hiermit näher auseinander zu setzen. Er weist aber mit Blick auf die klassische Auktion darauf hin, dass die Möglichkeit einer Inhaltskontrolle solcher Klauseln, die den Inhalt des Kaufvertrages zwischen Anbieter und Bieter betreffen, nicht abschließend zu verneinen sei.[546]

Vor dem Hintergrund der bisherigen Ausführungen kritisiert ein Teil der Literatur, dass die „Auslegungslösung" „nicht Ziel führend"[547] sei und keinen dogmatischen Ansatz dafür biete, die durch AGB typischerweise geschaffene Situation eines nicht ausgehandelten Vertrages zu bewältigen.[548] Dass das Instrument der Auslegung in der Tat nicht geeignet ist, eine sinnvolle Kontrollfunktion auszuüben, die für Rechtssicherheit und –klarheit sorgt, hat das anhand der Vertrags-

---

542 *Wiebe* in MMR 2001, S. 109 (110); *ders.* in CR 2002, S. 216 (216).

543 Für eine bloß faktische Einwirkung der AGB ohne Bedenken: *Grapentin* in GRUR 2001, S. 713 (716); *Hoeren* in EWiR 2001, S. 213 (214); *Obert* in ZUM 2001, S. 249 (249); *Rüfner* in MMR 2000, S. 597 (598); *Ulrici* in JuS 2000, S. 947 (948); wie hier kritisch *Wiebe* in MMR 2001, S. 109 (110); *Sester* in CR 2001, S. 98 (103); *Spindler* in ZIP 2001, S. 809 (811); *Burgard* in WM 2001, S. 2102 (2104); *Mehrings* in BB 2002, S. 469 (473); *Wenzel* in DB 2001, S. 2233 (2233); *ders.* in NJW 2002, S. 1550 (1550).

544 Diesen Begriff verwendet *Rüfner* in MMR 2000, S. 597 (598).

545 So ausdrücklich *Rüfner* in MMR 2000, S. 597 (598); wohl auch *Ulrici* in JuS 2000, S. 947 (949).

546 *BGH* MMR 2002, S. 95 (97); sowie ausführlich Teil 3, 5. Kapitel C.

547 So formuliert *Sester* in CR 2001, S. 98 (102).

548 *Spindler* in ZIP 2001, S. 809 (811); *Burgard* in WM 2001, S. 2102 (2104); im Ergebnis ebenso *Hager* in JZ 2001, S. 786 (788); *Wenzel* in DB 2001, S. 2233 (2237).

abschlussklausel dargelegte unbefriedigende Ergebnis gezeigt. Durch Heranziehung der Auslegungsgrundsätze nach §§ 133, 157 BGB entledigen sich die Auktionsteilnehmer zwar einerseits jeglicher Privatautonomie, genießen andererseits dabei aber keinen Schutz.

II. Ergebnis zu B.

Die Auslegung der Freischaltung der Präsentationsseite gemäß §§ 133, 157 BGB führt zu dem Ergebnis, dass hierin eine verbindliche Willenserklärung des Anbieters gerichtet auf Abschluss des Kaufvertrages liegt; an der hinreichenden Bestimmtheit dieser Willenserklärung ad incertas personas bestehen keine Zweifel.

In Abweichung zu der Ausgestaltung des Vertragsschlusses nach § 156 BGB, welcher das Ausbieten des Versteigerers lediglich als invitatio ad offerendum qualifiziert, hat der Anbieter am Ende der Internet-Versteigerung nicht die vom Gesetzgeber mit § 156 S. 2 Alt. 2 BGB ausdrücklich gewährte Möglichkeit, die Veranstaltung ohne Vertragsabschluss zu schließen.

Transportmittel der Bindungswirkung ist dabei allein die Auslegung der Freischaltung der Präsentationsseite. Dies eröffnet dem Anbieter die Möglichkeit, die bloß faktische Geltung der AGB durch eigene Bestimmungen auszuschalten. Vor allem aber schneidet die „Auslegungslösung“ den Weg zu einer Inhaltskontrolle der Vertragsabschlussklausel ab; auch wenn die Abschlussklausel im Verhältnis zwischen Anbieter und Auktionshaus als unangemessene Regelung zu qualifizieren wäre, würde hiervon der Empfängerhorizont des Bieters, der die Freischaltung der Warenpräsentation vor dem Hintergrund der Vertragsabschlussklausel als bindende Willenserklärung versteht, nicht berührt. Die mögliche AGB-Inhaltskontrolle des Benutzungsvertrages, dem die vom Auktionshaus als Verwender gemäß § 305 Abs. 1 S. 1 BGB gestellten AGB zugrunde liegen, hat auf das Teilnehmerverhältnis keine Auswirkungen und insofern keinen Nutzen. Eine Inhaltskontrolle der Abschlussklausel scheint aber notwendig, wie bereits begründet und mehrfach betont.

Die Frage der Möglichkeit der Inhaltskontrolle im Verhältnis der Teilnehmer zueinander stellt sich zudem im Hinblick auf solche Klauseln, die vom Internet-Auktionshaus vorgegeben sind und den Inhalt des Kaufvertrages betreffen. Auch insoweit kann sich die rechtliche Bedeutung der AGB im Teilnehmerverhältnis nicht bloß auf Auslegungsgrundsätze beschränken.

Nach alledem muss man auch mit Blick auf die stetig wachsende Zahl von Privaten Online-Auktionen und der damit verbundenen Zunahme von Vertragsschlüssen zu dem Ergebnis kommen, dass die Frage der Wirksamkeit derselben nicht dauerhaft über eine Auslegung nach §§ 133, 157 BGB herbeigeführt werden sollte.

C. Vorliegen von AGB gemäß § 305 Abs. 1 S. 1 BGB im Teilnehmerverhältnis

Im Bewusstsein der dargelegten Problematik muss somit nach einer Konstruktion gesucht werden, die eine Einbeziehung der AGB des Internet-Auktionshauses im Verhältnis der Teilnehmer zueinander sowie deren rechtliche Kontrolle ermöglicht.
Im Folgenden wird daher erörtert, ob die Versteigerungsbedingungen des Auktionshauses im Verhältnis der Auktionsteilnehmer zueinander ebenfalls als AGB im Sinne des § 305 Abs. 1 S. 1 BGB zu qualifizieren sind, welche als solche in ein Vertragsverhältnis zwischen den Teilnehmern einbezogen werden könnten. Denn die Qualifizierung der Versteigerungsbedingungen des Auktionshauses als AGB gemäß § 305 Abs. 1 S. 1 BGB zwischen Anbieter und Bieter ist zunächst einmal Voraussetzung für eine mögliche AGB-Inhaltskontrolle in diesem Verhältnis.
Dabei drängt sich zum einen die bereits aufgeworfene Frage auf, ob die vom *BGH* als kontrollfrei gewertete Bestimmung in der Eingabemaske des Auktionshauses eine Vertragsbedingung darstellt. Zum andern ist die in Schrifttum und Rechtsprechung ausführlich diskutierte Frage zu klären, ob grundsätzlich einer der beiden Teilnehmer als Verwender gemäß § 305 Abs. 1 S. 1 BGB angesehen werden kann.[549]

I. Vertragsbedingungen gemäß § 305 Abs. 1 S. 1 BGB

Zunächst müssten die Versteigerungsbedingungen des Online-Auktionshauses gleichsam im Verhältnis der Auktionsteilnehmer zueinander Vertragsbedingungen im Sinne des § 305 Abs. 1 S. 1 BGB darstellen, d. h. Bestimmungen, die Inhalt einer vertraglichen Regelung werden sollen und als solche Rechte und Pflichten der Parteien begründen.[550]

1. Bestimmungen, die sich auf den Kaufvertrag beziehen

Insofern ist wiederum zu trennen zwischen Bestimmungen, die unmittelbar Rechte und Pflichten des Benutzungsvertrages beinhalten sowie Klauseln, welche die inhaltliche Ausgestaltung des Kaufvertrages zwischen Anbieter und Bieter betreffen und der Klausel, die sich auf den Abschluss des Kaufvertrages bezieht.

---

[549] Vgl. hierzu insbesondere *OLG Hamm* MMR 2001, S. 106 (107); *Rüfner* in MMR 2000, S. 597 (598); *Ulrici* in NJW 2001, S. 1112 (1112); *Grapentin* in GRUR 2001, S. 713 (714); *Hartung/Hartmann* in MMR 2001, S. 278 (281).

[550] Vgl. hierzu grds. *Schaub* in JuS 2000, S. 555 (556); *Wolf* in *Wolf/Horn/Lindacher*, § 1 AGBG, Rn. 6.

Klauseln, welche den Kaufvertrag zwischen den Parteien gestalten, lassen sich problemlos als Vertragsbedingungen im Teilnehmerverhältnis gemäß § 305 Abs. 1 S. 1 BGB unter die vorstehende Definition subsumieren; dies zieht auch der *BGH* nicht in Zweifel.[551]
Aber auch Bestimmungen, die scheinbar nur den Benutzungsvertrag betreffen, wirken regelmäßig zumindest mittelbar auf das Teilnehmerverhältnis ein und erfüllen somit die Voraussetzung einer Vertragsbedingung im Sinne des § 305 Abs. 1 S. 1 BGB.[552]

2. Bestimmung, die sich auf den Vertragsabschluss bezieht

Im Weiteren ist nunmehr zu prüfen, ob auch die auf den Kaufvertragsabschluss bezogene Klausel im Verhältnis der Teilnehmer zueinander als Vertragsbedingung im Sinne des § 305 Abs. 1 S. 1 BGB zu qualifizieren ist.

a) Vertragsabschlussklausel als Vertragsbedingung

Vertragsbedingungen begründen Rechte und Pflichten der Parteien, die ohne die betreffende Klausel nicht oder in anderer Weise bestünden.[553] Wie herausgearbeitet, stellt die Warenpräsentation des Anbieters nach dem Leitbild des grundsätzlich anwendbaren § 156 BGB lediglich eine unverbindliche invitatio ad offerendum dar.[554] In der jeweiligen Abschlussbestimmung des AGB-Klauselwerkes des Auktionshauses ist demgegenüber entweder niedergelegt, dass der Anbieter bereits mit der Freischaltung der Präsentationsseite bzw. mit dem Einstellen seines Artikels eine verbindliche Willenserklärung gerichtet auf Abschluss des Kaufvertrages abgibt,[555] oder die Klausel enthält die entsprechende Verpflichtung, eine solche Erklärung abzugeben.[556]
Somit soll die in den AGB niedergelegte Bestimmung der von dem Anbieter vorgenommenen Freischaltung der Auktionsseite in Abänderung des in § 156 BGB enthaltenen Vertragsschlussmechanismus die rechtliche Wirkung einer verbindlichen Willenserklärung im Sinne einer antizipierten Annahme bzw. eines Angebotes verleihen.[557] Ob die entsprechende Klausel im Einzelfall eine Er-

---

[551] *BGH* MMR 2002, S. 95 (97).
[552] Zu denken ist z. B. an die Bestimmung, welche vorsieht, dass sich nur volljährige Personen registrieren dürfen (Anhang: § 2 Abs. 1 AGB).
[553] *MüKo-Basedow*, § 1 AGBG, Rn. 12; *Wolf* in *Wolf/Horn/Lindacher*, § 1 AGBG, Rn. 6.
[554] Vgl. Teil 3, 2. Kapitel, B. I. sowie Teil 3, 4. Kapitel, B. IV.
[555] Vgl. Anhang § 6 Abs. 6 AGB; § 7 Abs. 1 AGB von www.eBay.de.
[556] Vgl. Ziff. 9 AGB von www.online.auktionen.de; Ziff. 2.3.2 AGB von www.amazon.de; Teil II. Ziff. 2 c) AGB von www.atrada.de.
[557] Ähnlich die einhellige Literatur; vgl. exemplarisch *Wiebe* in CR 2002, S. 216 (216); *Hager* in JZ 2002, S. 506 (507); *Wenzel* in NJW 2002, S. 1550 (1550); *Spindler* in ZIP 2001, S. 809 (810); *Burgard* in WM 2001, S. 2102 (2104).

klärungsfiktion enthält[558] oder nur die Verpflichtung beinhaltet, mit der Freischaltung der Auktionsseite in Abweichung zu § 156 BGB die rechtsverbindliche Erklärung abzugeben, kann in diesem Zusammenhang dahinstehen. Sinn und Zweck der einzelnen Bestimmung ist jedenfalls, dass der Freischaltung der Präsentationsseite ein der Klausel entsprechender Erklärungswert zuzumessen ist und in Abweichung von dem dispositiven Gesetzesrecht zwischen den Teilnehmern ohne weitere Erklärung des anbietenden Teils mit Zeitablauf der Kaufvertrag zustande kommt.

Wie sich aus dem vom Wortlaut des § 305 Abs. 1 S. 1 BGB zusätzlich umfassten Merkmals des „Stellens" bei Vertragsabschluss ergibt, ist für die Begriffsbestimmung als „Vertragsbedingung" nicht erforderlich, dass der Vertrag bereits zustande gekommen ist, so dass auch solche Klauseln die Voraussetzungen des § 305 Abs. 1 S. 1 BGB erfüllen, die das Zustandekommen eines Vertrages zum Gegenstand haben.[559]

Der *BGH* ließ es in seinem bereits mehrfach herangezogenen Urteil zum Vertragsschluss bei der Internet-Auktion ausdrücklich dahinstehen, ob einer Vertragsabschlussklausel, welche unmittelbare Auswirkung auf das Zustandekommen des Vertrages abweichend vom dispositiven Gesetzesrecht beansprucht, der Charakter einer kontrollfähigen Vertragsbedingung im Sinne des § 305 Abs. 1 S. 1 BGB zukommt.[560] Er konnte sich nämlich – wie dargestellt – auf die vom Anbieter außerhalb der eigentlichen AGB in der Eingabemaske zusätzlich „angeklickte" gleichlautende Bestimmung stützen, womit dieser nach Ansicht des *BGH* eine „individuelle" Erklärung abgegeben habe. Vor diesem Hintergrund führt der Senat aus, dass die darüber hinaus in den AGB niedergelegte Klausel die auf den Vertragsschluss gerichtete Willenserklärung des Anbieters weder ersetze noch fingiere.[561] Sie verleihe ihr keine von §§ 145 ff. BGB abweichende – auf die richtigerweise einschlägige Norm des § 156 BGB geht der *BGH* insoweit nicht ein – rechtliche Wirkung, da die „individuelle" Erklärung den entsprechenden Inhalt bereits aus sich selbst heraus habe.[562] Dies unterscheide die vorliegende Abschlussklausel gerade von solchen Vertragsabschlussklauseln in AGB, welche unmittelbare Auswirkungen auf das Zustandekommen eines Ver-

---

[558] Der Wortlaut der Abschlussklauseln in den AGB einiger Auktionshäuser mag diesen Schluss durchaus zulassen, so z. B. § 7 Abs. 1 AGB von www.eBay.de: „Indem der Nutzer als Anbieter zwecks Durchführung einer Online-Auktion einen Artikel auf die eBay-Website einstellt, gibt er ein verbindliches Angebot zum Vertragsschluss über diesen Artikel ab." Vgl. hierzu auch *Wiebe* in *Spindler/Wiebe*, D. IV., Rn. 52.

[559] Wie hier die herrschende Meinung; vgl. allg. zur Vertragsabschlussklausel als AGB: *BGHZ* 104, 95 (99); *Ulmer* in *Ulmer/Brandner/Hensen*, § 1 AGBG, Rn. 13 m. w. N.; *Palandt-Heinrichs*, § 305, Rn. 5; *Wolf* in *Wolf/Horn/Lindacher*, § 1 AGBG, Rn. 6; *MüKo-Basedow*, § 10 Nr. 1 AGBG, Rn. 3.

[560] *BGH* MMR 2002, S. 95 (96).

[561] *BGH*, a. a. O., S. 95 (96).

[562] *BGH*, a. a. O., S. 95 (96).

trages beanspruchten.[563] Wie *Spindler* zutreffend bemerkt, weist der *BGH* der Vertragsabschlussklausel, die in den AGB des Auktionshauses enthalten ist, in dem konkreten Fall daher lediglich deklaratorischen Charakter zu.[564]
Die Begründung des Senats, dass die entsprechende AGB-Klausel deshalb keine Geltung für das Zustandekommen des Kaufvertrages beanspruche und insofern nicht kontrollfähig sei, weil der Anbieter durch „Anklicken" der vorliegend zusätzlich in der Eingabemaske enthaltenen Bestimmung eine ausdrückliche Erklärung abgegeben habe, lässt darauf schließen, dass er der Abschlussklausel, die in den AGB-Bestimmungen des Auktionshauses angesiedelt ist, bei Fehlen der entsprechenden Erklärung in der Eingabemaske den Charakter einer Vertragsbedingung im Sinne des § 305 Abs. 1 S. 1 BGB wohl nicht abgesprochen hätte. Denn sofern die ausdrückliche Erklärung nicht in der Eingabemaske enthalten gewesen wäre, hätte sich offenbart, dass die zugrunde liegende AGB-Klausel als Abänderung des in § 156 BGB enthaltenen Vertragsschlussmechanismus anzusehen ist.
Es bleibt an dieser Stelle festzuhalten, dass die Vertragsabschlussklausel jedenfalls in den Fällen, in denen keine gesonderte Erklärung vom Anbieter anzukreuzen ist – dies ist, wie bereits angesprochen, der Regelfall – als Vertragsbedingung gemäß § 305 Abs. 1 S. 1 BGB gewertet werden muss; auch im Schrifttum und in der weiteren Rechtsprechung wird die Frage, ob die Abschlussklausel eine Vertragsbedingung im Sinne des § 305 Abs. 1 S. 1 BGB darstellt, nicht näher problematisiert oder überhaupt thematisiert.[565]

b) „Angeklickte" Erklärung des Anbieters als Vertragsbedingung

Der *BGH*, welcher zur Begründung des Vertragsschlusses auf die sogenannte „individuelle" Erklärung des Anbieters abstellt, führt aus, dass diese Erklärung jedenfalls nicht kontrollfähig sei.[566] Zwar verkennt auch der Senat nicht, dass das Ankreuzen des entsprechenden Kästchens mit vorformulierter Erklärungsbedeutung lediglich eine vorformulierte Willenserklärung enthält.[567] Unter wörtlicher Übernahme einer Urteilspassage aus den achtziger Jahren weist er aber darauf hin, dass der Vertragsabschluss grundsätzlich individuellen Charakter habe, auch wenn die Willenserklärungen, aus denen er sich zusammensetzt, vor-

[563] *BGH*, a. a. O., S. 95 (96).
[564] *Spindler* in MMR 2002, S. 98 (98); so auch *Wenzel* in NJW 2002, S. 1550 (1550).
[565] Vgl. exemplarisch für die Literatur *Hager* in JZ 2001, S. 786 (788); *Hartung/Hartmann* in MMR 2001, S. 278 (281); *Spindler* in ZIP 2001, S. 809 (816); *Wenzel* in DB 2001, S. 2233 (2233); *Wiebe* in *Spindler/Wiebe*, D. IV., Rn. 41 sowie für die Rechtsprechung *OLG Hamm* in CR 2001, S. 117 (118); *KG* in BB 2002, S. 168 (168), welche die entsprechende Vertragsabschlussklausel ohne nähere Begründung selbstverständlich als Vertragsbedingung qualifizieren.
[566] *BGH* MMR 2002, S. 95 (96).
[567] BGH, a. a. O., S. 95 (96).

formulierte Bestandteile besäßen.[568] Solche Erklärungen kämen als Gegenstand einer Prüfung gemäß Vorschriften, die sich auf Allgemeine Geschäftsbedingungen beziehen, daher nicht in Betracht.[569]
In der vom *BGH* herangezogenen Entscheidung ging es um die AGB eines Möbelhauses, die von einem Verbraucherschutzverein angegriffen wurden. Auf der Vorderseite des formularmäßigen Kaufvertrages hieß es: „Aufgrund der umstehenden AGB, von denen ich Kenntnis genommen habe und mit deren Geltung ich einverstanden bin, kaufte ich die oben aufgeführten Gegenstände."[570] Der *BGH* ließ diese Klausel mit der Begründung gelten, auf diese Weise werde von den Einbeziehungsvoraussetzungen des § 305 Abs. 2 BGB nicht abgewichen.[571]
In den Entscheidungsgründen heißt es: „Bei diesem Inhalt des vom AGB-Gesetz verlangten Einverständnisses leuchtet ein, dass im Falle des ausdrücklichen Hinweises, bestimmte AGB sollen Vertragsbestandteil werden, eine Situation kaum noch denkbar ist, in welcher der objektive Erklärungswert der auf den Hinweis folgenden, nicht weiter eingeschränkten Zustimmung des Kunden zum Vertragsabschluss nicht schlüssig auch das Einverständnis mit der Geltung der Bedingungen bedeuten sollte. Es geht – mit andern Worten – beim Erfordernis, dass der Vertragspartner des Verwenders mit der Geltung einverstanden ist, um nichts anderes als um einen Teilaspekt des Vertragsschlusses."[572] Sodann folgt die vom *BGH* nunmehr übernommene Urteilspassage, dass der Abschlusstatbestand individuellen Charakter habe, auch wenn er in Teilen eine vorformulierte Grundlage besitze.
Diese Sichtweise ist in der Literatur mit guten Gründen nicht unwidersprochen geblieben, wie die folgenden Ausführungen zeigen.[573]

---

[568] Vgl. *BGH* NJW 1982, S. 1388 (1389) sowie hierauf Bezug nehmend *BGH* NJW 1985, S. 1394 (1294); vgl. auch *KG* in NJW 1981, S. 2822 (2822); *AG Freudenstadt* in NJW-RR 1994, S. 238 (238).
[569] *BGH* MMR 2002, S. 95 (96).
[570] *BGH* NJW 1982, S. 1388 (1388/1389).
[571] *BGH* NJW 1982, S. 1388 (1389). – Soweit eine Klausel anders als in der genannten Entscheidung so ausgestaltet ist, dass sie die Einbeziehungsvoraussetzungen abweichend von § 305 Abs. 2 BGB festsetzt, kommt ihr aus dem Grund keine rechtliche Relevanz zu, dass die Einbeziehung einer derartigen Klauseln die Einhaltung der in § 305 Abs. 2 BGB niedergelegten Regeln voraussetzt. Gleichwohl handelt es sich hierbei um AGB. Vgl. hierzu *Grunewald* in ZIP 1987, S. 353 (356).
[572] *BGH* NJW 1982, S. 1388 (1389).
[573] Vgl. insbesondere *Grunewald* in ZIP 1987, S. 353 ff. sowie *Bohle* in BB 1983, S. 16 (17). Unzutreffend meint *Bohle*, dass der *BGH* in NJW 1982, S. 1388 die Bestimmung zwar als Vertragsbedingung im Sinne des § 305 Abs. 1 S. 1 BGB werte, weil er entgegen dem Berufungsgericht die Vorformulierung nicht beanstandet. *Bohle* geht also davon aus, dass vorformulierte Erklärungen immer Vertragsbedingungen darstellen. Indes ergibt sich aus dem Wortlaut des § 305 Abs. 1 S. 1 BGB, dass Vorformulierung und Vertragsbedingungen unterschiedliche Voraussetzungen sind. Im Ergebnis richtet sich Bohle wegen der „nachteiligen und rechtspolitisch bedenklichen Konsequenzen" einer fehlenden Inhaltskontrolle aber ebenfalls

Die Betonung des grundsätzlich individuellen Charakters des Vertragsschlusses vermag nicht zu überzeugen. Denn wie *Grunewald* bereits zutreffend ausgeführt hat, ist jedenfalls bei einem Vertragsschluss unter Zugrundelegung von AGB für individuelle Erklärungen oder Abweichungen vom vorformulierten Text kein Raum.[574]

AGB können als Inhalt durchaus die Modalitäten von Vertragsschlüssen festlegen.[575] Den AGB-Vorschriften selbst liegt nach ihrem Wortlaut die Vorstellung zugrunde, dass Regelungen, die sich mit der Art und Weise des Vertragsabschlusses befassen, Vertragsbedingungen im Sinne des § 305 Abs. 1 S. 1 BGB darstellen. Insoweit sei auf § 308 Nr. 1 BGB verwiesen, der eine Bestimmung, durch die sich der Verwender unangemessen lange oder nicht hinreichend bestimmte Fristen für die Annahme vorbehält, der Kontrolle unterwirft; dies impliziert, dass auch solche Regelungen von der Inhaltskontrolle erfasst werden, die auf den Vertragsschluss gerichtet sind. Nicht anders als § 308 Nr. 1 BGB bezieht sich § 309 Nr. 11 a) BGB auf den Tatbestand des Vertragsabschlusses und unterwirft gleichwohl einschlägige Bestimmungen der Inhaltskontrolle.[576] Darüber hinaus kann es auch nach Sinn und Zweck des § 305 Abs. 1 S. 1 BGB keinen Unterschied machen, ob sich vorformulierte Klauseln auf den Vertragsinhalt oder den Vertragsabschluss beziehen.[577] Eine AGB-Inhaltskontrolle ist insoweit sachgerecht, als gerade Bestimmungen, die sich auf den Vertragsabschluss beziehen, inhaltlich unangemessen und damit nichtig sein können.[578]

Diese Aussage muss im Bewusstsein der vorliegenden Fallgestaltung umso mehr Gültigkeit beanspruchen, wenn man sich die bereits mehrfach angesprochene bedenkliche Abweichung von dem Leitbild des § 156 BGB vor Augen führt, welche sich aus der Vertragsabschlussklausel bzw. der im Vorfeld der Freischaltung angekreuzten Bestimmung in Verbindung mit den Besonderheiten des Online-Auktionsverfahrens ergibt. Die Zulässigkeit der Abweichung von dem Zuschlagverfahren des § 156 S. 1 BGB erscheint mit Blick auf die schutzwürdigen Interessen des Anbieters an einer angemessenen Preisbildung fragwürdig – zumal die wenigsten Anbieter aufgrund entsprechender Empfehlungen der virtuellen Auktionshäuser von der Option der Angabe eines Mindestpreises Gebrauch machen.

---

gegen die Entscheidung des *BGH. KG* in ZIP 1982, S. 188 (188) lässt in einem ähnlich gelagerten Fall offen, ob es sich bei einer derartigen Klausel um eine Vertragsbedingung handelt, die den Inhalt eines Vertrages *gestalten* soll.

[574] *Grunewald* in ZIP 1987, S. 353 (355).

[575] Vgl. hierzu *BGHZ* 104, S. 95 (99); *Ulmer* in *Ulmer/Brandner/Hensen*, § 1 AGBG, Rn. 13; *Wolf* in *Wolf/Horn/Lindacher*, § 1 AGBG, Rn. 6; § 9 AGBG, Rn. V 14.

[576] Vgl. *BGHZ* 104, S. 95 (99); ausführlich hierzu mit Blick auf die Internet-Auktion *Hager* in JZ 2002, S. 506 (507).

[577] Vgl. im Hinblick auf die Internet-Auktion *Burgard* in EWiR 2002, S. 139 (140).

[578] Vgl. *von Westphalen* in *von Westphalen*, AGB, Vertragsabschlussklauseln, Rn. 2 ff.; vgl. zu diesem Aspekt mit Blick auf die Internet-Auktion *Hager* in JZ 2001, S. 786 (788).

Vor diesem Hintergrund drängt sich förmlich die Frage auf, ob die von jedem Anbieter abverlangte vorformulierte Erklärung, auf die der *BGH* sich stützt, nicht ebenfalls AGB-Charakter aufweist. Auch in der einschlägigen Literatur wird die vom Senat unterstellte Kontrollfreiheit der „individuellen" Erklärung des Anbieters bereits kritisch diskutiert und in Frage gestellt.[579]
Schon der Gesetzgeber hat in seinem damaligen Regierungsentwurf betont, dass das Merkmal „Vertragsbedingung" keine unerwünschte Einschränkung des Anwendungsbereichs des Gesetzes bedeuten sollte.[580] *Basedow* formuliert – allerdings in Abgrenzung zu bloßen Hinweisen ohne Regelungscharakter – dass ausgehend vom Schutzzweck des Gesetzes grundsätzlich für eine Einordnung als Vertragsbedingung darauf abzustellen sei, ob der Adressat der betreffenden Erklärung den Eindruck gewinnen muss, die Erklärung begründe für ihn eine irgendwie geartete Verbindlichkeit.[581] Bezogen auf den maßgeblichen Empfängerhorizont des jeweiligen Anbieters, dem mit „Anklicken" des entsprechend vorformulierten Kästchens abweichend von § 156 S. 2 Alt. 2 BGB die Verpflichtung zukommt, das höchste wirksam abgegebene Gebot anzunehmen, kann dies wohl nicht fraglich sein. Wie auch *Leible/Sosnitza* zutreffend bemerken, bleibt von dem „individuellen Charakter" des Vertragsschlusses bei der Internet-Auktion nicht viel übrig, wenn man sich die Vertragsschlusssituation näher anschaut.[582] Die entsprechende Bestimmung richtet sich an jeden Anbieter, der eine Auktion starten möchte. Änderungen des Textes in der Eingabemaske sind dem Anbieter technisch dabei ebenso wenig möglich wie bei einer AGB-Klausel. Er kann das entsprechende Kästchen lediglich mit einem Häkchen versehen, um die Auktion zu starten oder von dem Anbieten seines Gegenstandes gänzlich absehen. Insofern muss man zu dem Schluss kommen, dass diese „Erklärung" auch nur eine vom Auktionshaus im Voraus festgelegte AGB-Klausel darstellt.[583] Sowohl *Wiebe* als auch *Spindler* weisen in diesem Zusammenhang darauf hin, dass eine Bewertung des „Anklickens" als kontrollfreie individuelle Erklärung zudem die Gefahr impliziere, dass jegliche vorformulierte Erklärung

---

579 Vgl. hierzu *Burgard* in EWiR 2002, S. 139 (140); *Hager* in JZ 2002, S. 507 (506); *Spindler* in MMR 2002, S. 98 (99); *Mehrings* in BB 2002, S. 469 (471); *Wenzel* in NJW 2002, S. 1550 (1550); *Wiebe* in CR 2002, S. 216 (216); *Leible/Sosnitza* in K & R 2002, S. 89 (90) – Dabei wird von *Hager* in JZ 2002, S. 507 (506) und *Leible/Sosnitza* in K & R 2002, S. 89 (90) nicht zwischen der eigentlichen ABG-Klausel und der Bestimmung in der Eingabemaske getrennt.

580 *BT-Drs.* 7/3919, S. 16; in Bezug genommen im Bericht des Rechtsausschusses *BT-Drs.* 7/5422, S. 4.

581 *MüKo-Basedow*, § 1 AGBG, Rn. 12; *Ulmer* in *Ulmer/Brandner/Hensen*, § 1 AGBG, Rn. 15; *Wolf* in *Wolf/Horn/Lindacher*, § 1 AGBG, Rn. 6; vgl. auch *Roth* in BB 1992, Beilage 4, S. 1 (5).

582 *Leible/Sosnitza* in K & R 2002, S. 89 (90); in diesem Sinne auch *Hager* in JZ 2002, S. 506 (508).

583 Ebenso *Burgard* in EWiR 2002, S. 139 (140); *Wenzel* in NJW 2002, S. 1550 (1550).

im Internet der Inhaltskontrolle entzogen werden könnte.[584] Diese Bedenken sind nicht von der Hand zu weisen, denn hiermit könnte tatsächlich eine Tür geöffnet werden, diesen Mechanismus auch für andere AGB-Regelungen zu nutzen.
Es kann in der Bewertung letztlich keinen Unterschied machen, ob jeder Anbieter ein Kästchen mit dem vorformulierten und identischen Wortlaut der AGB-Bestimmung mit einem Häkchen versieht oder sich seine Erklärung aus der entsprechenden Klausel, welche in den AGB-Bestimmungen niedergelegt ist, ergibt. Vielmehr ist auch in der vorformulierten Erklärung in der Eingabemaske des Auktionshauses eine Vertragsbedingung im Sinne des § 305 Abs. 1 S. 1 BGB zu sehen, die als solche grundsätzlich kontrollfähig sein muss.[585]

3. Zwischenergebnis

Im Ergebnis gilt festzuhalten, dass sowohl Bestimmungen, welche unmittelbar die inhaltliche Ausgestaltung des Kaufvertrages zwischen den Teilnehmern zum Gegenstand haben, als auch solche, die nur mittelbar auf das Teilnehmerverhältnis einwirken, in diesem Verhältnis vorformulierte Vertragsbedingungen gemäß § 305 Abs. 1 S. 1 BGB darstellen. Auch die in den AGB niedergelegte Abschlussklausel, die der Freischaltung der Angebotsseite abweichend von § 156 BGB den Charakter einer Willenserklärung zumisst, ist als vorformulierte Vertragsbedingung im Sinne des § 305 Abs. 1 S. 1 BGB zu werten. Schließlich handelt es sich bei der insoweit gleichlautenden Bestimmung in der Eingabemaske des Auktionshauses, welche der Anbieter in dem vom *BGH* entschiedenen Fall anzukreuzen hatte, ebenfalls um eine Vertragsbedingung im Sinne des § 305 Abs. 1 S. 1 BGB.

II. Verwender im Sinne des § 305 Abs. 1 S. 1 BGB

Diese für eine Vielzahl von Verträgen vorformulierten Vertragsbedingungen im Sinne des § 305 Abs. 1 S. 1 BGB müssten entweder von Anbieter oder Bieter als Verwender der anderen Vertragspartei bei Abschluss eines Vertrages gestellt werden.
Dabei ist die Frage des „Stellens" bei Vertragsabschluss zwar eng verknüpft mit der Einbeziehung von AGB im Sinne des § 305 Abs. 2 BGB. Indes liegen bei fehlender Verwenderstellung keine AGB vor, die gemäß § 305 Abs. 2 BGB in ein Vertragsverhältnis einbezogen werden könnten, so dass zunächst untersucht

---

[584] *Spindler* in MMR 2002, S. 98 (99); *Wiebe* in CR 2002, S. 216 (216).
[585] So ausdrücklich *Burgard* in EWiR 2002, S. 139 (140); *Wenzel* in NJW 2002, S. 1550 (1550); jedenfalls kritisch *Spindler* in MMR 2002, S. 98 (99); *Wiebe* in CR 2002, S. 216 (216); *Mehrings* in BB 2002, S. 469 (471); *Leible/Sosnitza* in K & R 2002, S. 89 (90); *Hager* in JZ 2002, S. 506 (508).

werden muss, ob einem der beiden Teilnehmer grundsätzlich die Verwenderstellung gemäß § 305 Abs. 1 S. 1 BGB zuzumessen ist.
Die Problematik des Verwenders bei der Privaten Internet-Auktion hat sowohl die Literatur als auch die Rechtsprechung bereits ausführlich beschäftigt,[586] wobei im Schrifttum oftmals ohne nähere Prüfung konstatiert wird, dass keiner der beiden Auktionsteilnehmer als Verwender im Sinne des § 305 Abs. 1 S. 1 BGB anzusehen sei.[587]
Auf den ersten Blick haben auch weder Anbieter noch Bieter die von dem Online-Auktionshaus konzipierten Vertragsbedingungen „gestellt". Allerdings ist gleichgültig, wer die AGB entworfen hat.[588] Zwar fehlt es am Merkmal des „Stellens", wenn ein *unparteiischer* Dritter die Vertragsbedingungen in den Vertrag einführt,[589] jedoch können auch von Dritten aufgestellte Klauseln in den Anwendungsbereich des § 305 Abs. 1 S. 1 BGB fallen, wenn sich eine Vertragspartei die Klausel als Verwender *zurechnen* lassen muss.[590]
Ob und unter welchen Gesichtspunkten grundsätzlich dem Erfordernis des „Stellens" von Klauseln durch Zurechnung Genüge getan ist, wird unterschiedlich beurteilt. Das Merkmal des „Stellens" ist insofern nicht eindeutig definiert und präzise Abgrenzungskriterien, wann die von einem Dritten konzipierten Vertragsbedingungen einer Partei zuzurechnen sind, gibt es auch 27 Jahre nach Inkrafttreten des AGB-Gesetzes, welches mittlerweile in das BGB integriert ist, noch nicht.

1. Vergleich mit der klassischen Versteigerung

Vor diesem Hintergrund liegt es nahe, den Vergleich mit der klassischen Versteigerung zu suchen und zu fragen, wem denn in der realen Welt die AGB des Auktionshauses zugerechnet werden.
Wie ausgeführt, musste sich der *BGH* bei seiner Entscheidung zur Internet-Auktion mit der Frage, ob eine AGB-Inhaltskontrolle der Versteigerungsbedingungen des Online-Auktionshauses im Verhältnis der Teilnehmer zueinander in Betracht kommt, nicht näher befassen, weil er von vornherein von der Kontroll-

---

[586] Vgl. *BGH* MMR 2002, S. 95 (96) unter Berufung auf *OLG Hamm* in ZIP 2001, S. 291 (292) sowie *Rüfner* in MMR 2000, S. 597 (598); *Wenzel/Bröckers* in DB 2001, S. 92 (92); *Spindler* in ZIP 2001, S. 809 (813).
[587] Vgl. etwa *Wiebe* in MMR 2000, S. 323 (325); *Ulrici* in JuS 2000, S. 947 (949).
[588] *BGH* NJW 1984, S. 360 (360); *Wolf* in *Wolf/Horn/Lindacher*, § 1 AGBG, Rn. 23.
[589] *Ulmer* in *Ulmer/Brandner/Hensen*, § 1 AGBG, Rn. 32a; *Wolf* in *Wolf/Horn/Lindacher*, § 1 AGBG, Rn. 28.
[590] *BGH* NJW 1994, S. 2825 (2826); *Staudinger-Schlosser*, § 1 AGBG, Rn. 25; *MüKo-Basedow*, § 1 AGBG, Rn. 21/28; *Wolf* in *Wolf/Horn/Lindacher*, § 1 AGBG, Rn. 25; *Ulmer* in *Ulmer/Brandner/Hensen*, § 1 AGBG, Rn. 27; vgl. auch *Canaris* in NJW 1988, S. 1243 (1243); *Ulmer* in DNotZ 1981, S. 84 (88).

freiheit der Abschlussklausel ausgegangen ist.[591] Doch hat der Senat gleichzeitig betont, dass damit die Frage, ob solche Klauseln einer Inhaltskontrolle unterliegen, welche den Inhalt des Kaufvertrages zwischen Anbieter und Bieter betreffen, nicht abschließend geklärt sei und verweist dabei auf zwei Entscheidungen zur klassischen Auktion, lässt deren Übertragbarkeit auf Online-Auktionen aber explizit offen.[592]
Im Folgenden ist daher zunächst zu untersuchen, ob sich die Entscheidungen, auf die der *BGH* Bezug nimmt, für die Situation bei der Privaten Online-Auktion fruchtbar machen lassen.
Wie bereits im Rahmen der typologischen Einordnung der Vertragsbeziehungen erläutert, wird in der klassischen Versteigerung entsprechend den bestehenden Vertragsverhältnissen zwischen „Auftragsbedingungen" für den Geschäftsverkehr mit dem Einlieferer und „Versteigerungsbedingungen" für die Geschäfte mit dem Erwerber unterschieden.[593] Dabei fungiert der Auktionator hinsichtlich des Kaufvertrages mit dem Erwerber entweder als Stellvertreter des Einlieferers gemäß § 164 Abs. 1 BGB oder er wird als Kommissionär selbst Vertragspartner.[594]
In den vom *BGH* zitierten Entscheidungen traten als Parteien des Rechtsstreits jeweils das Auktionshaus und der Ersteigerer auf, wobei das Auktionshaus die Versteigerung in beiden Fällen als Stellvertreter des Einlieferers gemäß § 164 Abs. 1 BGB durchgeführt hatte.[595]
Im ersten Fall verlangte das Auktionshaus als Klägerin Bezahlung ersteigerter Briefmarken und stützte seinen Anspruch auf eine Vorleistungsklausel aus den „Versteigerungsbedingungen", deren Zulässigkeit der *BGH* zu beurteilen hatte.[596] In den Entscheidungsgründen geht der Senat nicht explizit auf die Frage der Verwenderstellung ein; jedoch weist er im Rahmen der Ausführungen zur Wirksamkeit der Vorleistungsklausel darauf hin, dass der Auktionator als Stellvertreter des Einlieferers auf dessen Vertragspartnerseite stehe und für diesen interessenwahrend tätig werde.[597] Im Blick hierauf besteht kein Zweifel daran, dass dem Einlieferer die „Versteigerungsbedingungen" des Auktionators, welcher in seinem Namen treuhänderisch tätig wird, als Verwender zuzurechnen sind. Schließt der herkömmliche Auktionator im Namen des Einlieferers den

---

[591] *BGH* MMR 2002, S. 95 (97).
[592] *BGH*, a. a. O., S. 95 (97) unter Verweis auf *BGH* NJW 1985, S. 850 ff. und *BGH* ZIP 1985, S. 550 ff.
[593] Vgl. *Hensen* in *Ulmer/Brandner/Hensen*, Anh. §§ 9-11 AGBG, Rn. 864; *Kappus* in *von Westphalen*, AGB, Auktionsbedingungen, Rn. 3; *MüVHB-Locher*, VI. 13. Anm. 1, S. 1269 ff.
[594] Vgl. *v. Hoyningen-Huene* in EWiR 1985, S. 125 (125); *Kappus* in *von Westphalen*, AGB, Auktionsbedingungen, Rn. 8.
[595] Vgl. hierzu die vom *BGH* zitierten Entscheidungen *BGH* NJW 1985, S. 850 (850); *BGH* ZIP 1985, S. 550 (551).
[596] *BGH* NJW 1985, S. 850 (850).
[597] *BGH* NJW 1985, S. 850 (851).

Kaufvertrag ab, dem die von ihm konzipierten Versteigerungsbedingungen zugrunde liegen, ist der Einlieferer als Vertragspartner des Ersteigerers im Rahmen einer AGB-Kontrolle Verwender dieser Versteigerungsbedingungen, welche als AGB im Sinne des § 305 Abs. 1 S. 1 BGB zu qualifizieren sind.[598]
Hinsichtlich der „Auftragsbedingungen", die dem Versteigerungsauftrag zwischen Auktionshaus und Einlieferer zugrunde liegen, ist freilich das Auktionshaus Verwender gemäß § 305 Abs. 1 S. 1 BGB.[599]
In der zweiten in Bezug genommenen Entscheidung ging es von vornherein nur um das Rechtsverhältnis zwischen Ersteigerer und Auktionshaus; der Ersteigerer machte hier einen Anspruch gegen das Auktionshaus aus dem Maklerdienstvertrag auf Rückzahlung der Provision als Schadensersatz wegen pflichtwidriger Rückgabe der zugeschlagenen Sache an den Einlieferer geltend.[600]
Wie auch die bisherigen Stimmen in der Literatur bemerken,[601] lässt sich den vom *BGH* zitierten Urteilen hiernach keinerlei Begründung dafür entnehmen, wem bei der Privaten Internet-Auktion die Verwenderrolle zukommen oder inwieweit die bei der klassischen Versteigerung geltenden Grundsätze auf die Internet-Auktion übertragbar seien sollen.[602] Für die Private Online-Auktion ergibt sich der entscheidende Unterschied, dass das virtuelle Auktionshaus nicht beratend für den Anbieter tätig wird, als dessen treuhänderisch fungierender Stellvertreter im Sinne des § 164 Abs. 1 BGB in Erscheinung tritt und als solcher den Zuschlag gemäß § 156 S. 1 BGB je nach Interessenlage erteilt. Vielmehr hat sich die Problemlage für die Private Online-Auktion durch den Wegfall der Rolle des Auktionators in seiner herkömmlichen Funktion geändert. Es besteht mit den Online-Versteigerungsbedingungen nur ein Klauselwerk für die Rechtsbeziehungen aller Beteiligten, wobei das virtuelle Auktionshaus hinsichtlich des Kaufvertrages nicht als Vertreter des Anbieters auf dessen Vertragspartnerseite steht.
Grundsätzlich ist zu begrüßen, dass der Senat offenbar einer Inhaltskontrolle der Online-Versteigerungsbedingungen bei der Privaten Internet-Auktion im Verhältnis der Teilnehmer zueinander nicht abgeneigt ist, soweit sie die inhaltliche

---

[598] Vgl. zur Zurechnung von AGB des Vertreters *Wolf* in *Wolf/Horn/Lindacher*, § 1 AGBG, Rn. 24; sowie *MüKo-Basedow*, § 1 AGBG, Rn. 21.

[599] In diesem Zusammenhang ist interessant, dass sich in den Auftragsbedingungen häufig Vereinbarungen von Mindestzuschlagpreisen finden. Nach *Schneider* (Auktionsrecht, S. 41) sind diese rechtlich unbedenklich, da der Preis auch bei Mindestzuschlagpreisen erst durch die Nachfrage der Bieter gebildet wird und bei fehlender Nachfrage eben auch kein Zuschlag des Auktionators im Sinne des § 156 S. 1 BGB erfolgt. Diese Argumentation ist zutreffend, denn der Einlieferer wird hierdurch gerade nicht zum Verkauf zu einem seiner Ansicht nach zu niedrigen Preis gezwungen.

[600] *BGH* ZIP 1985, S. 550 (550).

[601] Vgl. hierzu *Kohler* in WuB IV A. § 145 BGB 1.02, S. 357 (358); *Wiebe* in CR 2002, S. 216 (217); *Burgard* in EWiR 2002, S. 139 (140).

[602] Ebenso *Burgard* in EWiR 2002, S. 139 (140).

Ausgestaltung des Kaufvertrages betreffen.[603] Einen Hinweis darauf, wem die AGB bei der Online-Auktion als Verwender zuzurechnen sind, liefern die zitierten Entscheidungen indes nicht.[604]
Da der Verweis auf die herkömmliche Auktion nicht weiterführt, sind im Folgenden die unterschiedlichen Ansätze zur Zurechnung von vorformulierten Vertragsbedingungen daraufhin näher zu untersuchen, ob sich hiernach einer der beiden Teilnehmer die AGB des virtuellen Auktionshauses als Verwender gemäß § 305 Abs. 1 S. 1 BGB zurechnen lassen muss.

2. Fiktion des § 310 Abs. 3 Nr. 1 BGB

Eine weitere Auseinandersetzung mit der Frage, inwieweit eine Zurechnung der Klauseln an einen der Auktionsteilnehmer in Betracht kommt, könnte entbehrlich sein, wenn die Voraussetzungen des § 310 Abs. 3 Nr. 1 BGB vorliegen.
Gemäß § 310 Abs. 3 Nr. 1 BGB gelten für eine Vielzahl von Verwendungen vorformulierte Vertragsbedingungen in Verbraucherverträgen als vom Unternehmer „gestellt", es sei denn, dass sie vom Verbraucher in den Vertrag eingeführt worden sind. Erforderlich ist somit das Vorliegen eines Verbrauchervertrages. Hieran fehlt es, wenn – wie bei der im Rahmen dieser Arbeit betrachteten Gestaltungsform – weder Anbieter noch Bieter als Unternehmer im Sinne des § 14 Abs. 1 BGB zu qualifizieren sind; die der vorliegenden Untersuchung zugrunde liegenden Marktteilnehmer stellen nur gelegentlich Waren ins Netz, und die zu versteigernden Gegenstände kommen aus dem privaten Bereich des Anbieters, so dass kein innerer Zusammenhang mit einer gewerblichen oder selbständigen beruflichen Tätigkeit besteht.[605]
Für die entsprechende Konstellation, dass der Anbieter bei der Internet-Auktion als Unternehmer im Sinne des § 14 Abs. 1 BGB auftritt, der Bieter aber als Verbraucher gemäß § 13 BGB fungiert, wird von der Literatur die Anwendbarkeit des § 310 Abs. 3 Nr. 1 BGB allerdings diskutiert.[606]
Zwar ist bislang noch nicht abschließend geklärt, ob von Dritten stammende Vorformulierungen in den Anwendungsbereich des § 310 Abs. 3 Nr. 1 BGB fallen. Nach zutreffender Ansicht soll § 310 Abs. 3 Nr. 1 BGB jedoch auch dann anwendbar sein, wenn die formularmäßige Regelung nicht auf Verlangen des

---

[603] Dies begrüßen grds. auch *Mehrings* in BB 2002, S. 469 (473) sowie *Burgard* in EWiR 2002, S. 139 (140).

[604] Vgl. hierzu wiederum *Kohler* in WuB IV A. § 145 BGB 1.02, S. 357 (358) sowie *Burgard* in EWiR 2002, S. 139 (140), der in seiner Anmerkung zu *BGH* MMR 2002, S. 95 ff. ausführt, dass mit dem Verweis des *BGH* auf die zitierten Entscheidungen fraglich sei, ob der Senat das Problem überhaupt gesehen habe.

[605] Siehe hierzu auch *Wenzel* in DB 2001, S. 2233 (2234).

[606] Vgl. zum Meinungsstand *Burgard* in WM 2001, S. 2102 (2108); *Wenzel* in DB 2001, S. 2233 (2233); *Spindler* in ZIP 2001, S. 809 (814); *Rüfner* in MMR 2000, S. 597 (601); *Ulrici* in NJW 2001, S 1112 (1112); *Wiebe* in MMR 2001, S. 323 (325).

Unternehmers, sondern auf Vorschlag eines Dritten, etwa eines Notars oder Maklers, Vertragsinhalt geworden ist.[607] Eine Einschränkung insoweit, dass § 310 Abs. 3 BGB nicht für von Dritten vorgeschlagene Klauseln gelte, ist wohl erst zulässig, wenn der *EuGH* nach entsprechender Vorlage bestätigt hat, dass die so beabsichtigte Auslegung nicht gegen die Richtlinie 93/13/EG verstößt.[608] Denn eine gebotene richtlinienkonforme Auslegung lässt einen Rekurs auf die formalen Kriterien des § 305 Abs. 1 S. 1 BGB nicht zu: Wer die strittige Klausel abgefasst und den Vorschlag zu ihrer Einbeziehung gemacht hat, ist nach Wortlaut und Systematik der Richtlinie 93/13/EG gleichgültig.[609]

Wie dargelegt, fungiert der Online-Auktionator als Makler hinsichtlich des Abschlusses des Kaufvertrages zwischen den Teilnehmern, so dass eine Heranziehung des § 310 Abs. 3 Nr. 1 BGB für die Fälle des gewerblichen Anbieters bei der Internet-Auktion durchaus möglich erscheint.[610] Eine weitergehende Auseinandersetzung mit der im Schrifttum aufgeworfenen Frage, ob § 310 Abs. 3 Nr. 1 BGB auch seinem Schutzzweck nach auf die Internet-Auktion Anwendung finden kann, soweit der Anbieter als Unternehmer im Sinne des § 14 Abs. 1 BGB fungiert, soll an dieser Stelle nicht erfolgen.[611]

Für die vorliegend behandelte Konstellation der Privaten Online-Auktion scheidet ein Rückgriff auf die Fiktion des § 310 Abs. 3 Nr. 1 BGB jedenfalls aus.

3. Zurechnung der Verwendereigenschaft aufgrund „enger Verbindung zum Auktionshaus“

In Anlehnung an die Fälle, in denen der *parteiische* Dritte die AGB stellt – man denke z. B. an den „Hausnotar“, der offensichtlich nur die Interessen einer Partei

[607] *BGH* NJW 1999, S. 2180 (2181); Vgl. RegEntw. *BT-Drs.* 13/2713, S. 7; *Horn* in *Wolf/Horn/Lindacher*, § 24a AGBG, Rn. 27; *Staudinger-Schlosser*, § 24a AGBG, Rn. 39; *Palandt-Heinrichs*, § 310, Rn. 12. – Rechtstechnisch wird dies dadurch angeordnet, dass die Einführung in den Vertrag durch eine dritte, nicht am Vertrag beteiligte Person dem Unternehmer zugerechnet wird. Entsprechend entfällt eine Inhaltskontrolle, wenn die von einem Dritten vorformulierten Bedingungen vom Verbraucher selbst in den Vertrag eingeführt werden.

[608] Überzeugend *Ulmer* in *Ulmer/Brandner/Hensen*, § 1 AGBG, Rn. 31/81; § 24a AGBG, Rn. 36; *Palandt-Heinrichs*, § 310, Rn. 24.

[609] Vgl. hierzu grds. *Heinrichs* in NJW 1995, S. 153 (157), der in diesem Zusammenhang – wie nicht zuletzt die nachfolgenden Ausführungen belegen – zutreffend bemerkt, dass das Erfordernis des „Stellens“ auch im deutschen Recht mehr Schwierigkeiten als Gewinn gebracht hat.

[610] Für eine Anwendung des § 310 Abs. 3 Nr. 1 BGB auf entsprechende Konstellationen bei der Internet-Auktion *Spindler* in ZIP 2001, S. 809 (814); *Wiebe* in MMR 2000, S. 323 (325) und *Rüfner* in MMR 2000, S. 597 (601).

[611] Vgl. mit beachtlichen Gründen gegen die Anwendbarkeit des § 310 Abs. 3 Nr. 1 BGB *Burgard* in WM 2001, S. 2102 (2108); sowie *Wenzel* in DB 2001, S. 2233 (2233).

vertritt – überlegt *Rüfner*, denjenigen Vertragspartner als Verwender zu behandeln, der besonders enge Beziehungen zum Internet-Auktionshaus unterhält.[612] Dies müsste man nach seiner Ansicht jedenfalls für die Konstellation bejahen, dass ein (in dieser Fallgestaltung wohl sowieso regelmäßig als gewerblicher) Anbieter die Plattform des Auktionshauses als Tochterunternehmen nutzt, um seine Waren zu vertreiben.[613] Diesem Ansatz ist grundsätzlich zuzustimmen, denn bilden Anbieter und Auktionshaus eine Einheit dergestalt, dass das Auktionshaus AGB verwendet, die von dem Anbieter benannt oder zur Verfügung gestellt oder die auch nur in seinem Auftrag oder aufgrund seiner Wünsche formuliert wurden, muss sich der Anbieter diese AGB als Verwender zurechnen lassen.[614] Eine entsprechende Konstellation ist aber bei der Privaten Online-Auktion wiederum nicht gegeben, so dass eine Bejahung der Verwendereigenschaft des Anbieters gemäß § 305 Abs. 1 S. 1 BGB aufgrund des Kriteriums der engen Verbindung zum Auktionshaus nicht in Betracht kommt.

4. Zurechnung der Verwendereigenschaft durch „Zueigenmachen der AGB als Initiator des Verkaufs“

Das *OLG Hamm* zieht es in seiner Entscheidung im Fall „ricardo.de“ in einer Hilfserwägung in Betracht, den Anbieter als Verwender im Sinne des § 305 Abs. 1 S. 1 BGB zu qualifizieren.[615]

Zur Begründung führt das Gericht aus, der Anbieter fungiere als „Initiator des Verkaufs“, denn nur durch seine Teilnahme am System könne es zum Abschluss eines Kaufvertrages kommen.[616] Der Anbieter bediene sich dabei des von dem Auktionshaus bereitgestellten Versteigerungsportals, um unter Anerkennung der dortigen AGB seine Ware an potenzielle Bieter zu verkaufen: „Insoweit macht er sich die AGB des Internet-Auktionshauses, zumindest soweit sie Modalitäten des Kaufvertragsabschlusses vorsehen, zu eigen.“[617]

Nun ist der Argumentation des *OLG Hamm*, „nur durch Teilnahme des Anbieters am System könne es überhaupt zum Abschluss eines Kaufvertrages kom-

---

[612] *Rüfner* in MMR 2000, S. 597 (601); vgl. allgemein zur Zurechnung von AGB in solchen Fällen *BGHZ* 118, S, S. 229 (238); *Canaris* in NJW 1988, S. 1243 (1244); *Palandt-Heinrichs*, § 305, Rn. 11; *Staudinger-Schlosser*, § 1 AGBG, Rn. 25/42; *Ulmer* in *Ulmer/Brandner/Hensen*, § 1 AGBG, Rn. 32.

[613] *Rüfner* in MMR 2000, S. 597 (601); vgl. hierzu auch *Spindler* in ZIP 2001, S. 809 (814).

[614] Vgl. zur Zurechnung von AGB in entsprechenden Fällen *BGH* NJW 1990, S. 576 (576); *BGHZ* 83, S. 56 (58).

[615] *OLG Hamm* in CR 2001, S. 117 (119); hierfür auch *Lettl* in JuS 2002, S. 219 (221) sowie *Wilmer* in NJW-CoR 2000, S. 94 (99).

[616] *OLG Hamm*, a. a. O., S. 117 (119); vgl. auch wiederum *Wilmer* in NJW-CoR 2000, S. 94 (99), der den Anbieter scheinbar unproblematisch als Verwender ansieht und dies folglich nur in einem Halbsatz erwähnt.

[617] *OLG Hamm*, a. a. O., S. 117 (119).

men“ bereits entgegen zu halten, dass doch wohl auch ohne den Bieter kein Vertrag zustande käme. Zudem erscheint die Auffassung, dass der Anbieter sich insbesondere die Modalitäten zum Vertragsabschluss zu eigen mache, vor dem Hintergrund der hiermit bewirkten bedenklichen Abweichung von § 156 BGB, welche für den Anbieter gerade nachteilig ist, nicht überzeugend.
Wenn man mit *Ulmer* grundsätzlich darauf abstellt, dass derjenige, „auf dessen Veranlassung die Einbeziehung der vorformulierten Bedingungen zurückgeht“, als Verwender im Sinne des § 305 Abs. 1 S. 1 BGB anzusehen ist,[618] könnte man indes durchaus erwägen, zumindest demjenigen Anbieter, der mehrere Versteigerungen auf einem bereitgestellten Portal vornimmt, die Rolle des Verwenders zuzuweisen. Auch der *BGH* hat in einem Fall, in dem es um die Frage ging, welche von beiden Vertragsparteien ein Mietvertragsformular „gestellt“ hat, darauf hingewiesen, dass maßgeblich sei, „auf wessen Initiative“ die Zugrundelegung des Formulars erfolgt sei.[619]
Dieses Kriterium lässt sich aber nicht auf die Private Internet-Auktion übertragen, denn – wie dargelegt – soll auch der Anbieter nicht die Möglichkeit haben, andere als die vom Auktionshaus vorgegebenen AGB in den Vertrag einzuführen; dass der Anbieter der Internet-Auktion eigene Bestimmungen zugrunde legt, ist rechtlich nicht gewollt.[620] Vielmehr geht es dem Online-Auktionshaus gerade darum, ein für alle Teilnehmer verbindliches und einheitliches Klauselwerk zu schaffen, wobei der Anbieter in der Regel ebenso wenig wie der Bieter die Wahl hat, ob und womöglich in welcher Form er die AGB gelten lassen will. Wie *Rüfner* zutreffend ausführt, fehlt bei der Privaten Internet-Auktion auch dem Anbieter regelmäßig jegliche Gestaltungsmacht hinsichtlich der AGB, so dass es willkürlich ist, den Anbieter, bloß weil er die Initiative zum Abschluss des bestimmten Auktionsgeschäftes ergriffen hat, mit der Verwenderrolle zu belasten.[621] Auch der Umstand, dass ein Anbieter die Plattform eines bestimmten Auktionshauses möglicherweise mehrfach zur Durchführung eigener Versteigerungen nutzt, weil er die zur Verfügung gestellten AGB für adäquat bzw. gegebenenfalls ihm günstig einstuft, rechtfertigt kein anderes Ergebnis.[622] Ein bloßes Zunutzemachen dergestalt, dass sich der Anbieter auf die AGB beruft,

---

[618] Vgl. *Ulmer* in *Ulmer/Brandner/Hensen*, § 1 AGBG, Rn. 27 m. w. N.
[619] *BGHZ* 130, S. 50 (58).
[620] Vgl. zu der Problematik der Zugrundelegung eigener AGB im Rahmen der Auslegungslösung: Teil 3, 5. Kapitel, B. I. 5.
[621] *Rüfner* in MMR 2000, S. 597 (600); in diesem Sinne auch *Spindler* in ZIP 2001, S. 809 (814).
[622] Selbst wenn man diesen Ansatz weiter verfolgen wollte, wäre eine erhebliche Unsicherheit gegeben, sofern man zwischen Anbietern, die mehrere Versteigerungen durchführen wollen (und die dementsprechend als Verwender zu qualifizieren sind) und denjenigen, die nur einmalig eine Ware anbieten (und infolgedessen nicht Verwender sein können), unterscheiden müsste.

reicht für die Verwenderfeststellung im Sinne des § 305 Abs. 1 S. 1 BGB nicht aus.[623]

5. Zurechnung der Verwendereigenschaft aufgrund der Registrierungsreihenfolge

Regelmäßig findet sich in der Kommentierung zu § 305 Abs. 1 S. 1 BGB die Formulierung, dass derjenige Verwender sei, von dem das Angebot zur Einbeziehung der AGB in den konkreten Vertrag ausgeht.[624] Vor diesem Hintergrund könnte man – unabhängig von der an anderer Stelle zu diskutierenden Einbeziehung in ein Vertragsverhältnis der Auktionsteilnehmer – aus der zeitlichen Reihenfolge der Anmeldung der Teilnehmer auf eine Verwenderstellung schließen: wer sich zuerst registriert, verweist als erstes auf die Einbeziehung der AGB und ist somit Verwender. Diese Sichtweise wird aber zurecht von der ganz herrschenden Ansicht als falsch abgelehnt, da es andernfalls letztlich nur noch vom Zufall abhinge, wer als Verwender anzusehen wäre.[625]

6. Zurechnung der Verwendereigenschaft als durch eine Klausel „begünstigter Vertragspartner“

Nach einem Teil der Literatur ist grundsätzlich immer derjenige als Verwender zu qualifizieren, den die AGB begünstigen, da er sich dieser gleichsam mittelbar bediene, indem er sie sich zu Nutze mache.[626] Insofern ist zu untersuchen, ob eine Anwendung dieses Kriteriums auf die Internet-Auktion in Betracht kommt. Bezogen auf die Abschlussklausel bei der Privaten Online-Auktion käme dem Bieter die Verwenderrolle zu. Die vertragsabschlussbezogene Klausel verpflichtet den Anbieter, sich in Abweichung zu § 156 BGB bereits zu Beginn der Auktion hinsichtlich des Vertragsschlusses zu binden. Wie ausgeführt, begünstigt dieser dem Anbieter auferlegte Kontrahierungszwang den Bieter, der somit sicher vom Abschluss des Kaufvertrages ausgehen darf, sofern er das höchste Ge-

---

623 Vgl. hierzu allgemein *OLG Frankfurt* in NJW 1984, S. 2586 (2587); *Wolf* in *Wolf/Horn/Lindacher*, § 1 AGBG, Rn. 26.

624 Vgl. *Palandt-Heinrichs*, § 305, Rn. 10; *Ulmer* in *Ulmer/Brandner/Hensen*, § 1 AGBG, Rn. 27 m. w. N.

625 Vgl. hierzu für die Internet-Auktion *OLG Hamm* in CR 2001, S. 117 (119); sowie *Spindler* in ZIP 2001, S. 809 (814); vgl. zu diesem Kriterium grundsätzlich *Roth* in BB 1987, S. 977 (980); *Ulmer* in *Ulmer/Brandner/Hensen*, § 1 AGBG, Rn. 29.

626 So grundsätzlich *OLG Düsseldorf* in BB 1994, S. 1521 (1521); *Sonnenschein* in NJW 1980, S. 1489 (1492); *Bartsch* in NJW 1986, S. 28 (31); mit Einschränkung *MüKo-Basedow*, § 1 AGBG, Rn. 28, nach dem für die Verwenderrolle auch die Nähe zum Aufsteller eine Rolle spielt; insoweit noch deutlicher die Vorauflage: *MüKo-Kötz,* 3. Auflage, München 1993, § 1 AGBG, Rn. 9, welcher allein aus dem (begünstigenden) Inhalt der Klausel auf die Verwenderstellung schließt.

bot abgibt.[627] Andererseits müsste etwa eine Bestimmung, die einen Gewährleistungsausschluss des Anbieters normiert, diesem als Verwender zuzurechnen sein. Da die AGB des Auktionshauses aus einer (mehr oder weniger ausgewogenen) Mischung von begünstigenden und belastenden Klauseln bestehen, würde somit jeder Teilnehmer bezogen auf eine bestimmte Klausel *insoweit* zum Verwender, als diese Klausel ihn begünstigt.
Vor diesem Hintergrund stellen sich zwei Fragen, nämlich zum einen, ob es überhaupt möglich ist, jeweils für eine Klausel gesondert zu untersuchen, wer als ihr Verwender anzusehen ist, mit der Folge, dass beide Vertragspartner im selben konkreten Vertrag Verwender sind, jedoch nicht bezüglich derselben Klausel, sondern jeder nur für die von ihm „gestellte" Klausel.[628] Zum andern ist die hiervon zu trennende Problematik zu untersuchen, ob man grundsätzlich vom Inhalt einer Bedingung auf die Verwenderstellung schließen kann. Beides wird vorliegend aufgrund der nachstehenden Begründung verneint.
Gegen den Ansatz, die einzelnen Klauseln danach zu sortieren, welcher der Teilnehmer von jeweils einer Klausel begünstigt ist, spricht bereits der Wortlaut des § 305 Abs. 1 S. 1 BGB, wonach „Vertragsbedingungen" gestellt werden; mit dieser Formulierung hat sich der Gesetzgeber auf das Klauselwerk als Ganzes bezogen. Es wäre darüber hinaus nicht interessengerecht, jeweils auf die einzelne Klausel abzustellen, denn zweifellos wollten sich die Teilnehmer nicht über viele Einzelklauseln, sondern einen einheitlichen Rahmen einigen, der mit den jeweiligen Online-Versteigerungsbedingungen in ihrer Gesamtheit auch besteht.[629] Nach zutreffender Auffassung kann vielmehr nur eine Vertragspartei Geschäftsbedingungen stellen und damit Verwender sein.[630]
Zum andern hat der *BGH* in dem bereits erwähnten Fall, in dem es darum ging, den Verwender eines Mietvertragsformulars zu ermitteln, grundsätzlich formuliert, dass es mit Systematik und Regelungszweck der AGB-Vorschriften unvereinbar sei, aus dem Inhalt der Bedingungen auf die Verwendereigenschaft zu schließen und daher denjenigen Vertragspartner als Verwender anzusehen, den

[627] Der von *Grapentin* in GRUR 2001, S. 713 (714) im Hinblick auf die Internet-Auktion vertretenen Ansicht, Vertragsabschlussklauseln seien als neutral einzuordnen, ist vor diesem Hintergrund nicht zu folgen. *Grapentin* verwendet dieses Argument zur Unterstützung dafür, dass eine Inhaltskontrolle im Teilnehmerverhältnis, die nach der „Auslegungslösung" nicht möglich ist, auch gar nicht vonnöten sei.
[628] Grds. bejahend *Wolf* in *Wolf/Horn/Lindacher*, § 1 AGBG, Rn. 23; *Bartsch* in NJW 1986, S. 28 (29).
[629] Mit dieser Argumentation verneint auch *Hamburger Schiedsgericht* in VersR 1986, S. 56 (56) die Verwenderstellung bzgl. einzelner Klauseln in einem einheitlichen Klauselwerk.
[630] Ebenso *Erman-Hefermehl/Werner*, § 1 AGBG, Rn. 13. Hiervon zu unterscheiden ist der Fall, dass jede Vertragspartei bestimmte Klauseln stellt und aus ihnen der Vertragstext erst gebildet wird. Dann ist jede Vertragspartei als Verwender anzusehen; vgl. *Ulmer* in *Ulmer/Brandner/Hensen*, § 1 AGBG, Rn. 29.

die betreffende Klausel unangemessen begünstigt.[631] Diese Ausführungen sind überzeugend, zumal nach den AGB-Vorschriften verhindert werden soll, dass derjenige, der die Vertragsgestaltungsfreiheit allein in Anspruch nimmt, den anderen Teil unangemessen benachteiligt.[632] Diese Inanspruchnahme rechtsgeschäftlicher Gestaltungsmacht kann nicht durch inhaltliche Kriterien ersetzt werden.[633] Wessen Interesse die AGB im Wesentlichen dienen, kann allenfalls als Indiz dafür herangezogen werden, wer die AGB als Verwender stellt.[634] Andernfalls würden anwendungs- und inhaltsbezogene Kriterien in unzulässiger Weise ineinander fließen.
Der vorgestellte Ansatz ist folglich abzulehnen, so dass eine entsprechende Verwenderstellung je nach begünstigender Klausel – insbesondere also eine Verwenderstellung des Bieters hinsichtlich der Vertragsabschlussklausel – für die Private Internet-Auktion verneint werden muss.

7. Zurechnung der Verwendereigenschaft aufgrund einer Gesamtschau von Kriterien im Einzelfall

Schließlich schlägt *Basedow* in seiner Kommentierung zu § 305 Abs. 1 S. 1 BGB grundsätzlich vor, in denjenigen Fällen, in denen zweifelhaft ist, welche von beiden Vertragsparteien die AGB gestellt hat, die Rolle des Verwenders aus einer Gesamtschau mehrerer Gesichtspunkte zu ermitteln.[635] Dabei sei das Tatbestandselement des „Stellens“ als normativer Akt der Zurechnung nicht mit der mechanistischen Ermittlung der Einbeziehungsinitiative gleichzusetzen.[636] Denn gerade bei branchenüblichen AGB sei es vielfach eine Frage des zufälligen Ablaufs der Vertragsgespräche, welche Partei die betreffenden AGB als Erste zur Sprache bringt. Insofern sollte diese Voraussetzung, auch mit Blick auf § 310 Abs. 3 Nr. 1 BGB, welcher auf das Tatbestandsmerkmal des „Stellens“ verzichtet, insgesamt abgeschwächt werden.[637] Mit der Begründung, dass bei fehlender Verwenderstellung „die Lücke durch mühsame Analogien gefüllt werden“ müsse, drängt *Basedow* die Rolle des Verwenders im Rahmen der Zurechnung sodann letztlich derjenigen Vertragspartei auf, der sie im Zweifel eher zukommt.

---

[631] *BGHZ* 130, S. 50 (57); ebenso *Ulmer* in *Ulmer/Brandner/Hensen*, § 1 AGBG, Rn. 29; *Roth* in BB 1987, S. 977 (979); *Medicus*, Zur gerichtlichen Inhaltskontrolle notarieller Verträge, S. 14; bezogen auf die Internet-Auktion *Rüfner* in MMR 2000, S. 597 (600); *Grapentin* in GRUR 2001, S. 713 (714).
[632] Vgl. *BT-Drs*. 7/3919, S. 15.
[633] *Palandt-Heinrichs*, § 305, Rn. 11; *Staudinger-Schlosser*, § 1 AGBG, Rn. 26.
[634] *Wolf* in *Wolf/Horn/Lindacher*, § 1 AGBG, Rn. 26; *Staudinger-Schlosser*, § 1 AGBG, Rn. 42.
[635] Grundsätzlich zur Zurechnung von Vertragsbedingungen *MüKo-Basedow*, § 1 AGBG, Rn. 21 ff. (28).
[636] *MüKo-Basedow*, § 1 AGBG, Rn. 28.
[637] *MüKo-Basedow*, § 1 AGBG, Rn. 28.

Die Schwäche dieser Argumentation tritt dabei offen zu Tage, wenn man sie auf die Konstellation der Privaten Internet-Auktion anwendet: wem nach dem Vorgebrachten die Verwenderrolle zukommen soll, erschließt sich nicht. Die gesamten Ausführungen zur Ermittlung der Verwenderstellung unter Heranziehung der unterschiedlichen Zurechnungsgesichtspunkte haben vielmehr deutlich gemacht, dass eine Zurechnung nicht immer erfolgen kann. Dabei kann das Erfordernis des „Stellens" nicht mit dem Hinweis auf § 310 Abs. 3 Nr. 1 BGB aufgeweicht werden, denn dieser dient nach seiner ratio allein dem Schutz des Verbrauchers; liegt – wie bei der Privaten Online-Auktion – kein Verbrauchervertrag vor, kann § 310 Abs. 3 Nr. 1 BGB auch nicht argumentativ herangezogen werden. Mit dem Merkmal des „Stellens" hat der Gesetzgeber ein Tatbestandsmerkmal geschaffen, das nicht „abgeschwächt" werden kann. Man muss diesem Ansatz zwar zugute halten, dass er die Problematik einer analogen Anwendung der AGB-Vorschriften umgeht.[638] Allerdings bleibt die Motivation und die hierauf gestützte Argumentation letztlich die Gleiche; sie ist allein an dem Ergebnis orientiert, eine Anwendung der AGB-Vorschriften zu erreichen. Die vorgestellte Auffassung bringt jedoch kein überzeugendes Kriterium hinsichtlich der Qualifizierung einer der Vertragsparteien als Verwender vor und führt im Einzelfall zu einer Rechtsunsicherheit, die gerade in dem sensiblen Bereich der AGB-Vorschriften vermieden werden sollte.

8. Zwischenergebnis

Die verschiedenen Kriterien, an die in Literatur und Rechtsprechung zur Begründung der Zurechnung der von Dritten vorformulierten Klauseln angeknüpft wird, vermögen entweder nicht zu überzeugen oder sie lassen sich nicht auf die Situation bei der Privaten Online-Auktion übertragen. Von dem Erfordernis des „Stellens" kann indes nicht abgesehen werden. Ausschlaggebend ist letztlich, dass das „Stellen" von AGB die Inanspruchnahme der einseitigen Gestaltungsmacht zum Ausdruck bringt. Diese Voraussetzung ist im Rahmen der Privaten Online-Auktion weder für Anbieter noch Bieter zu bejahen, so dass im Ergebnis in Übereinstimmung mit der mittlerweile herrschenden Literatur[639] und der Rechtsprechung[640] festzuhalten ist, dass keiner der beiden Auktionsteilnehmer

---

[638] Vgl. hierzu Teil 3, 6. Kapitel, A. I./II.

[639] Vgl. aus der zahlreichen Literatur *Burgard* in WM 2001, S. 2102 (2104); *Grapentin* in GRUR 2001, S. 713 (715); *Hager* in JZ 2001, S. 786 (789); *ders.* in JZ 2002, S. 506 (508); *Hoeren* in EwiR 2001, S. 213 (213); *Rüfner* in MMR 2000, S. 597 (598); *Ulrici* in JuS 2000, S. 947 (949); *Wenzel/Bröckers* in DB 2001, S. 92 (92); *Spindler* in ZIP 2001, S. 809 (813); *Wiebe* in MMR 2000, S. 323 (325).

[640] Vgl. *BGH* MMR 2002, S. 95 (97) unter Verweis auf *OLG Hamm* in MMR 2001, S. 105 (108).

die Vertragsbedingungen als Verwender im Sinne des § 305 Abs. 1 S. 1 BGB stellt.

III. Ergebnis zu C.

Eine Qualifizierung der vom Internet-Auktionshaus aufgestellten Vertragsbedingungen – und insoweit insbesondere der Vertragsabschlussklausel – im Verhältnis der Auktionsteilnehmer als AGB gemäß § 305 Abs. 1 S. 1 BGB kommt nicht in Betracht.
Zwar sind sowohl solche Klauseln, welche unmittelbar oder mittelbar Rechte und Pflichten des Kaufvertrages zum Inhalt haben, als auch die in den AGB des Online-Auktionshauses festgeschriebene Vertragsabschlussklausel im Verhältnis der Teilnehmer zueinander als Vertragsbedingungen gemäß § 305 Abs. 1 S. 1 BGB zu qualifizieren. Auch weist die in dem vom *BGH* entschiedenen Fall vom Anbieter zusätzlich angekreuzte vorformulierte Bestimmung, dass er bereits zu diesem Zeitpunkt das höchste, wirksam abgegebene Kaufangebot annehme, den Charakter einer Vertragsbedingung im Sinne des § 305 Abs. 1 S. 1 BGB auf. Indes sind weder Anbieter noch Bieter als Verwender dieser Vertragsbedingungen gemäß § 305 Abs. 1 S. 1 BGB zu qualifizieren, und demnach begründen die Klauseln des Auktionshauses in diesem Verhältnis keine AGB im Sinne der AGB-Vorschriften.

IV. Überblick über die bisherigen Ergebnisse und Problemstellung

Nachdem zunächst geprüft und bejaht wurde, dass die Private Online-Auktion den Tatbestand der Versteigerung im Sinne des § 156 BGB erfüllt und diese Norm somit grundsätzlich Anwendung findet, welche mit dem Vorbehalt des Zuschlages gemäß § 156 S. 1 BGB den Interessen des Anbieters an der Bildung eines angemessenen Preises zu dienen bestimmt ist, haben sich zwei Fragen gestellt:
Zum einen musste geklärt werden, ob und inwieweit die von den Internet-Auktionshäusern in ihren AGB vorgegebene und von § 156 BGB abweichende Vertragsschlusskonstruktion, welche den Anbieter bereits mit Freischaltung seiner Warenpräsentation bindet, im Verhältnis zwischen Anbieter und Bieter Regelungsgehalt entfalten kann.
Durch Anwendung der Auslegungsgrundsätze gemäß §§ 133, 157 BGB kommt die herrschende Meinung zutreffend zu dem Ergebnis, dass der Freischaltung der Präsentation entsprechend der Vertragsabschlussklausel, bzw. der in der Eingabemaske der Auktionshäuser anzukreuzenden Bestimmung, eine bindende Willenserklärung des Anbieters innewohnt und sich der Vertragsschluss – so wie es die Verfahrensgestaltung vorsieht – automatisch mit Zeitablauf vollzieht. Im Hinblick auf das Leitbild des § 156 BGB scheint diese Konstruktion nicht

ohne Bedenken, denn durch den exakt fixierten „Zuschlag durch Zeitablauf“ und das Fehlen des Auktionators ist die Bildung eines angemessenen Preises gefährdet, der Anbieter – insbesondere bei Nichtangabe eines Mindestpreises – aber dennoch gezwungen, mit dem „Höchst“bieter zu einem ihm möglicherweise zu niedrig erscheinenden Preis zu kontrahieren.
Daher wurde zum andern die Frage aufgeworfen, ob insoweit eine Inhaltskontrolle im Verhältnis der Teilnehmer zueinander in Betracht kommt. Denn eine grundsätzlich mögliche AGB-Inhaltskontrolle im Benutzungsverhältnis vermag nach der „Auslegungslösung“ die faktische Einwirkung der Vertragsabschlussklausel auf den objektivierten Empfängerhorizont des Bieters nicht zu beseitigen.
Diese Folgerung hat nach den Befürwortern des Auslegungsmodells auch für solche Klauseln Gültigkeit, welche den Inhalt des Kaufvertrages betreffen. Unabhängig von der Wirksamkeit der jeweiligen Klausel bestimmen die Vertragsbedingungen hiernach das Verständnis der Teilnehmer von den Erklärungen des jeweils anderen.
Mit Blick auf dieses unbefriedigende Ergebnis wurde im Weiteren geprüft, ob die Versteigerungsbedingungen des Online-Auktionshauses auch im Verhältnis der Teilnehmer zueinander AGB im Sinne des § 305 Abs. 1 S. 1 BGB darstellen. Dabei wurde insbesondere herausgearbeitet, dass auch die außerhalb der AGB in der Eingabemaske angesiedelte Bestimmung, welche der Anbieter in der vom *BGH* entschiedenen Fallgestaltung mit einem „Häkchen“ versah, grundsätzlich als Vertragsbedingung kontrollfähig ist. Allerdings sind weder Anbieter noch Bieter als Verwender dieser Vertragsbedingungen zu qualifizieren.
Vor dem Hintergrund, dass eine Inhaltskontrolle im Verhältnis der Auktionsteilnehmer zueinander bereits insoweit zu scheitern droht, als keiner der beiden Teilnehmer als Verwender im Sinne des § 305 Abs. 1 S. 1 BGB in Betracht kommt, muss man an dieser Stelle zunächst überlegen, ob möglicherweise geeignete Kompensationsinstrumente zur Verfügung stehen, welche das mit Blick auf den Regelungsgehalt des § 156 BGB bereits grundsätzlich bejahte Bedürfnis für eine Inhaltskontrolle in diesem Verhältnis zu kompensieren vermögen.

D. Bedürfnis für eine Inhaltskontrolle/Kompensationsinstrumente

Im Weiteren wird somit der Frage nachgegangen, ob angemessene Kompensationsinstrumente bestehen, welche die Erforderlichkeit einer Inhaltskontrolle im Teilnehmerverhältnis entfallen lassen.

I. „Bereinigte" AGB als Auslegungsgrundlage der jeweiligen Erklärungen

In dem Versuch, den materiellen Gerechtigkeitsgehalt einer fehlenden AGB-Kontrolle im Teilnehmerverhältnis zu kompensieren, sollen nach Auffassung von *Hartung/Hartmann* nur solche Bestimmungen im Verhältnis der Auktionsteilnehmer zueinander Wirksamkeit erlangen können, die der AGB-Inhaltskontrolle im Benutzungsverhältnis standzuhalten vermochten: Klauseln, „auf deren *Unanwendbarkeit* die Parteien im Zeitpunkt ihrer Einverständniserklärung mit der Geltung der gesamten AGB vertrauen durften", sollen hiernach nicht Grundlage der Auslegung der Parteierklärungen werden können.[641]
Nach diesem Ansatz werden die AGB somit von vornherein nur in dem Maße berücksichtigt, in dem sie nicht der Inhaltskontrolle zum Opfer fallen. Auslegungsgrundlage der jeweiligen Erklärungen werden sozusagen die bereits „bereinigten" AGB. Auch nach *Ernst* sind die AGB auf der Stufe der Einbeziehung durch den Online-Auktionator zu überprüfen und nur insoweit dem Verhältnis der Teilnehmer zueinander zugrunde zu legen, als sie den Anforderungen der AGB-Vorschriften genügen.[642]
Als entscheidendes Argument für diese „mittelbare Drittwirkung der AGB-Vorschriften" wird vorgebracht, dass man im Rahmen der Auslegung nach dem objektiven Empfängerhorizont des Teilnehmers gemäß §§ 133, 157 BGB das Bewusstsein um den durch die AGB-Vorschriften vermittelten Schutz vor typischerweise unzulässig benachteiligenden Klauseln nicht außer Acht lassen dürfe.[643] Dieses Bewusstsein bestünde auch hinsichtlich der Erklärungsabgabe des jeweils anderen Teils.[644]
Vorliegend wird allerdings bezweifelt, dass ein derartiges Bewusstsein bei dem einzelnen Auktionsteilnehmer überhaupt vorhanden ist. Es ist verfehlt, anzunehmen, jeder Teilnehmer stimme zunächst (quasi unter geheimem Vorbehalt) einem AGB-Klauselwerk zu, weil er sich durch die AGB-Vorschriften sicher und vollumfänglich geschützt fühle. Bei realistischer Betrachtung hat doch wohl eher die Minderheit der Auktionsteilnehmer Kenntnis von der Existenz der §§ 305 ff. BGB. Es ist somit nicht zuzustimmen, dass die Vorstellung der Teilnehmer grundsätzlich darauf gerichtet ist, gegen die Geltung grob benachteiligender Klauseln durch die AGB-Inhaltskontrollvorschriften geschützt zu sein. Im Gegenteil wird der Teilnehmer die Wirksamkeit der AGB in der Regel nicht

[641] *Hartung/Hartmann* in MMR 2001, S. 278 (281); *Burgard* in WM 2001, S. 2102 (2109) lehnt die Lösung über die Auslegung des Erklärungsverhaltens der Teilnehmer zwar grundsätzlich ab; wenn man ihr aber folge, dürften seines Erachtens nur wirksame AGB-Klauseln zur Auslegung herangezogen werden.
[642] *Ernst* in CR 2001, S. 121 (122) in seiner Anmerkung zu *OLG Hamm* ohne jegliche Begründung.
[643] *Hartung/Hartmann* in MMR 2001, S. 278 (281).
[644] *Hartung/Hartmann* in MMR 2001, S. 278 (281).

in Frage stellen und sich an diese gebunden fühlen. Rechtliche Erwägungen, wie sie eine Inhaltskontrolle voraussetzen, liegen außerhalb des Horizonts eines durchschnittlichen Empfängers.

Von *Burgard* wird eine Heranziehung unwirksamer AGB im Rahmen der Auslegung nach dem objektiven Empfängerhorizont dennoch mit der Begründung verneint, dass dies als Verstoß gegen den Grundsatz von Treu und Glauben nicht zulässig sei.[645] Denn solche AGB, die den Erklärenden entgegen den Geboten von Treu und Glauben unangemessen benachteiligten und insofern unwirksam seien, dürften auch nach Treu und Glauben nicht zur Grundlage des Erklärungsverständnisses des Empfängers gemacht werden.[646] Andernfalls würden die AGB im Wege der Auslegung nachhaltiger auf das Teilnehmerverhältnis einwirken, als wenn sie Bestandteil eines zwischen den Teilnehmern getroffenen Vertrages geworden wären. Das könne argumentum a fortiori ad minus nicht sein.[647]

Dieser Argumentation ist jedoch entgegenzuhalten, dass das unbefriedigende Ergebnis, dass eine Inhaltskontrolle im Teilnehmerverhältnis über die Lösung der Auslegung des Erklärungsverhaltens der Teilnehmer nicht in Betracht kommt, eine Begründung nicht zu ersetzen vermag. Man kann der Auslegung nach dem objektivierten Empfängerhorizont nicht nur solche Regelungen zugrunde legen, die man im Vorfeld „für zulässig befunden" hat. Das, was für eine rechtlich wirksame Einbeziehung gilt, gilt eben gerade nicht „erst recht" für eine bloße faktische Einwirkung.

Darüber hinaus ist dieser Ansatz, entgegen der Meinung seiner Befürworter, nicht geeignet, die Rechtssicherheit beim Abschluss von Kaufverträgen im Rahmen der Internet-Auktion dadurch zu erhöhen, dass der gesetzliche Maßstab der AGB-Vorschriften mittelbar im Verhältnis der Auktionsteilnehmer zueinander Wirkung entfalte.[648] Denn wie soll der Laie erkennen, welche Klausel ihn unangemessen benachteiligt und infolgedessen unwirksam ist? Dies ist regelmäßig – wie nicht zuletzt die unterschiedliche Beurteilung der Vertragsabschlussklausel im Hinblick auf die Abweichung vom Leitbild des § 156 BGB in Rechtsprechung und Literatur zeigt[649] – nicht einmal dem Rechtskundigen möglich.

Die vorgestellte Sichtweise führt somit im Gegenteil zu erheblicher Rechtsunsicherheit und verdient keine Zustimmung. Sie ist allein am Ergebnis orientiert und lässt sich rechtsdogmatisch nicht begründen.

---

[645] *Burgard* in WM 2001, S. 2102 (2109).

[646] *Burgard* in WM 2001, S. 2102 (2109).

[647] *Burgard* in WM 2001, S. 2102 (2109).

[648] So *Hartung/Hartmann* in MMR 2001, S. 278 (281).

[649] Vgl. Teil 3, 7. Kapitel, A.

II. Verbandsklage gemäß § 1 UKlaG

Ein Teil der Literatur verneint das Bedürfnis einer Inhaltskontrolle im Teilnehmerverhältnis und möchte den Auktionsteilnehmer zum einen auf die Verbandsklage gemäß § 1 Unterlassungsklagegesetz (UKlaG) und zum andern vor allem auf einen Regressanspruch gegen das Internet-Auktionshaus beschränken.[650]
Insofern ist zunächst zu untersuchen, ob die von § 1 UKlaG gewährte Möglichkeit der Verbandsklage ein geeignetes Instrument darstellt, um das Fehlen der AGB-Inhaltskontrolle im Teilnehmerverhältnis zu kompensieren.[651]
Das Online-Auktionshaus, welches gegenüber dem jeweiligen Teilnehmer Verwender der AGB ist, ist gemäß § 1 UKlaG passivlegitimiert. Auf Klägerseite werden für die hier betrachteten Privaten Internet-Auktionen die jeweiligen Verbraucherschutzverbände als qualifizierte Einrichtungen gemäß §§ 1, 3 Abs. 1 Nr. 1 i. V. m. § 4 Abs. 1 UKlaG aktiv. Dabei gilt wiederum, dass eine Klage gerade auch hinsichtlich solcher Klauseln möglich ist, die primär das Verhältnis der Teilnehmer zueinander regeln und die dem Auktionshaus keinen der Benachteiligung eines Teilnehmers korrespondierenden Vorteil gewähren.[652] Allerdings ist offensichtlich, dass der Unterlassungsanspruch nach § 1 UKlaG nicht den Schutz des jeweiligen Auktionsteilnehmers in dem Umfang zu gewährleisten vermag, den ihm ein Individualprozess gibt. Abgesehen von der Tatsache, dass eben nur ein Verbraucherschutzverband klagebefugt ist, überprüft § 1 UKlaG losgelöst von einem Einzelfall abstrakt-generell die Vereinbarkeit von Vertragsbedingungen mit den §§ 307 bis 309 BGB, wobei die Entscheidung nicht auf Feststellung der Unwirksamkeit, sondern auf Unterlassung oder Widerruf lautet. Die Wirksamkeit der betreffenden Abschlussklausel im konkreten Verhältnis zwischen Anbieter und Bieter und der Abschluss des hierauf basierenden Kaufvertrages wird von dem Verbandsprozess nicht berührt.
Die Verbandsklage wurde vom Gesetzgeber bewusst neben die Möglichkeit der Durchführung eines Individualprozesses gestellt, um in Fallgestaltungen wie der Vorliegenden das jeweilige Internet-Auktionshaus zwingen zu können, unausgewogene AGB für die Zukunft zu ändern. Unabhängig vom Betroffensein eines konkreten Teilnehmers zielt der Zweck der in §§ 1 ff. UKlaG geregelten Ver-

---

[650] Vgl. hierzu *Rüfner* in MMR 2000, S. 597 (601); *Lettl* in JuS 2002, S. 219 (221); *Spindler* in ZIP 2001, S. 809 (814); *Wenzel/Bröckers* in DB 2001, S. 92 (93).

[651] Vgl. hierzu den Fall des *LG Berlin* in CR 2001, S. 412 (412) sowie *KG* in BB 2002, S. 168 (168), in dem ein Verbraucherschutzverein im Wege der Verbandsklage gegen ein Internet-Auktionshaus auf Unterlassung der Verwendung der Vertragsabschlussklausel sowie eines Gewährleistungsausschlusses vorging. Wie schon an anderer Stelle angesprochen, wertete das *LG Berlin* die Vertragsabschlussklausel als Verstoß gegen § 9 AGBG a. F., während das *KG* hierin keinen Verstoß gegen § 9 AGBG a. F. sah (Siehe hierzu ausführlich Teil 3, 7. Kapitel, A. II./III.).

[652] Vgl. grds. *BGHZ* 104, S. 82 (93); für die Internet-Auktion *Hager* in JZ 2001, S. 786 (789); *ders.* in JZ 2002, S. 506 (508); *Rüfner* in MMR 2000, S. 597 (601).

bandsklage darauf ab, die Verwendung von mit den §§ 307 bis 309 BGB unvereinbaren Klauseln idealer Weise präventiv zu unterbinden, um von vornherein der Gefahr einer Konfrontation potenzieller Auktionsteilnehmer mit unangemessenen Klauseln entgegen zu wirken.[653]
Im Ergebnis bleibt festzuhalten, dass die Verbandsklage aufgrund ihrer unterschiedlichen Schutzrichtung und der begrenzten Rechtskrafterstreckung keinesfalls geeignet ist, die Inhaltskontrolle im Individualprozess zwischen Anbieter und Bieter zu ersetzen oder zu kompensieren.[654]

III. Regress gegen das Auktionshaus

Überzeugender erscheint demgegenüber zunächst der im Schrifttum als angemessene Kompensation für die fehlende Inhaltskontrolle im Individualprozess zwischen den Auktionsteilnehmern diskutierte Ansatz, den jeweiligen Teilnehmer auf einen Schadensersatzanspruch gegen das Auktionshaus gemäß § 280 Abs. 1 BGB wegen Pflichtverletzung des Benutzungsvertrages zu verweisen.[655]
Eine Klausel, die bei bestehender Möglichkeit einer AGB-Inhaltskontrolle im Teilnehmerverhältnis nach Maßgabe der §§ 307 bis 309 BGB als unwirksam zu qualifizieren wäre, wird regelmäßig bei dem sie unangemessen benachteiligenden Teilnehmer einen Schaden hervorrufen, weil dieser sich mangels AGB-Qualität der Klauseln in einem Individualprozess mit dem jeweiligen Vertragspartner nicht auf die Unwirksamkeit der entsprechenden Klausel berufen kann.
Zu denken ist zunächst an die Konstellation, dass der Kaufvertrag aufgrund der Vertragsabschlussklausel in Verbindung mit den dargestellten Besonderheiten des Auktionsverfahrens zu einem extrem niedrigen Preis zustande kommt oder der Höchstbieter sich als insolvent herausstellt. Bei Unwirksamkeit der entsprechenden Abschlussklausel wäre der Kaufvertrag mangels Zuschlages im Sinne des nunmehr einschlägigen dispositiven § 156 S. 1 BGB nicht zustande gekommen. Da sich der Anbieter hierauf nicht berufen kann, erleidet er einen entsprechenden Schaden.
Denkbar wäre aber zum Beispiel auch, dass der Anbieter – bei nach den Vertragsbedingungen bestehendem Gewährleistungsausschluss für eine neu hergestellte Sache – eine mangelhafte Sache liefert, und dem Bieter, der sich nicht auf

---

[653] Vgl. zum Schutzzweck der Verbandsklage grds. *MüKo-Micklitz*, § 13 AGBG, Rn. 10; *Ulmer* in *Ulmer/Brandner/Hensen*, AGBG, Einl., Rn. 33.

[654] Ebenso ohne nähere Begründung *Burgard* in WM 2001, S. 2102 (2104/2107); *Spindler* in ZIP 2001, S. 809 (814); a. A. *Rüfner* in MMR 2000, S. 597 (601).

[655] Hierfür *Ernst* in CR 2000, S. 304 (310); a. A. aber *ders.* in CR 2001, S. 121 (122); *Rüfner* in MMR 2000, S. 597 (602); *Lettl* in JuS 2002, S. 219 (221); *Wenzel/Bröckers* in DB 2001, S. 92 (93); hierfür wohl neben einer AGB-Kontrolle *Spindler* in ZIP 2001, S. 809 (814); als angemessene Kompensation ablehnend *Sester* in CR 20001, S. 98 (105); *Hager* in JZ 2001, S. 786 (790); *Burgard* in WM 2001, S. 2102 (2107).

die Unwirksamkeit des Ausschlusses berufen kann, hierdurch einen kausaler Schaden entsteht.
Vor dem Hintergrund dieser Erwägungen liegt der Verweis des Teilnehmers auf den Schadensersatzanspruch gegen das virtuelle Auktionshaus aus § 280 Abs. 1 BGB nahe, denn dieses hat die (rechtswidrigen) AGB konzipiert und den auf seiner Plattform durchgeführten Auktionen als Versteigerungsbedingungen zugrunde gelegt.[656] Ohne der an anderer Stelle erfolgenden Betrachtung der Pflichten des Online-Versteigerers vorgreifen zu wollen,[657] resultiert aus dem jeweiligen Benutzungsvertrag, welcher als Maklerdienst- bzw. Geschäftsbesorgungsverhältnis ausgestaltet ist, für das Internet-Auktionshaus die Pflicht, solche AGB zu konzipieren und zu präsentieren, die mit der Rechtsordnung in Einklang stehen, und die nicht einen der beiden Teilnehmer unangemessen benachteiligen. Hieran besteht – wie wohl auch in der Literatur nicht anders vertreten wird – kein Zweifel.[658] Benachteiligen einzelne Bestimmungen Anbieter oder Bieter in unangemessener Weise, liegt die begangene Pflichtverletzung des Auktionshauses darin, dass es als Betreiber der Internet-Plattform und Vermittler des Kaufvertrages die Nutzung der Auktionsplattform (zumindest fahrlässig) nur unter Anerkennung und auf der Basis eines unausgewogenen Klauselwerkes ermöglicht.
In diesem Zusammenhang wird von *Spindler* ein durchaus passender Vergleich mit den Fällen angestellt, in denen ein neutraler Notar eine unangemessene Klausel in den Vertrag einführt:[659] Der Notar haftet bei Begehung einer Amtspflichtverletzung aus dem gesetzlich normierten Anspruch gemäß § 19 BNotO, wobei als solche Amtspflichtverletzung insbesondere die in den §§ 17-21 BeurkG geregelten Prüfungs- und Belehrungspflichten in Betracht kommen, die auch bei der Internet-Auktion in Rede stehen. Aufgrund der Haftung des Notars soll es nach streitiger Ansicht keiner Inhaltskontrolle des notariell beurkundeten Vertrages bedürfen.[660]
Der Verweis des Auktionsteilnehmers auf den Anspruch aus § 280 Abs. 1 BGB gegen das Internet-Auktionshaus bei gleichzeitiger Versagung einer rechtlichen Kontrolle der Vertragsbedingungen im Verhältnis der Teilnehmer zueinander vermag jedoch letztlich aufgrund einer Reihe von Erwägungen nicht zu überzeugen.

---

[656] Vgl. insoweit *Lettl* in JuS 2002, S. 219 (223); *Rüfner* in MMR 2000, S. 597 (602).
[657] Siehe hierzu Teil 4, 1. Kapitel, A.-E.
[658] Vgl. hierzu *Lettl* in JuS 2002, S. 219 (223); *Rüfner* in MMR 2000, S. 597 (602); *Spindler* in ZIP 2001, S. 809 (815); *Hager* in JZ 2001, S. 786 (790); *Sester* in CR 2001, S. 98 (105).
[659] *Spindler* in ZIP 2001, S. 809 (815).
[660] Vgl. hierzu insbesondere *Fastrich*, S. 102 (107 ff.); *Wolf* in *Wolf/Horn/Lindacher*, § 1 AGBG, Rn. 28 m. w. N. - Auf die sehr umstrittene Frage von Möglichkeit und Grenzen einer Inhaltskontrolle notarieller Verträge wird im Rahmen zur Begründung einer Inhaltskontrolle im Teilnehmerverhältnis auf der Grundlage des § 242 BGB näher eingegangen; siehe hierzu Teil 3, 6. Kapitel, B. II.

Zum einen wirkt sich die jeweils in Streit stehende Klausel regelmäßig zu Gunsten eines Auktionsteilnehmers aus. Wie auch ein Teil der Literatur konstatiert, entspricht es in diesen Fällen aber der gesetzgeberischen Wertung, diejenige Vertragspartei mit einem Regress zu belasten, zu deren Gunsten die unzulässige Klausel eingreift.[661] Auch für die Private Internet-Auktion gilt der dem Vertragsrecht immanente Grundsatz, dass Störungen der Vertragsgerechtigkeit in dem jeweiligen Verhältnis zu behandeln sind, so dass entsprechende Ungleichgewichtungen auch im Teilnehmerverhältnis behoben werden sollten.
Zum andern geht die Argumentation, das Internet-Auktionshaus müsse aus rechtsökonomischer Sicht über den Schadensersatz die Anreize erhalten, um seine Klauseln entsprechend zu prüfen und anzupassen, fehl.[662] Denn das Auktionshaus würde in jedem Fall mit einem Regress belastet. Zwar wird ein Anspruch des benachteiligten Teilnehmers aus § 280 Abs. 1 BGB wegen der schuldhaften Verwendung unausgewogener AGB im Falle einer möglichen Inhaltskontrolle im Teilnehmerverhältnis regelmäßig nicht vorliegen, da bei Unwirksamkeit der entsprechenden Klausel in der Regel kein kausaler Schaden für denjenigen entsteht, der sich auf die Unwirksamkeit berufen kann. In diesen Fällen kommt allerdings ein Anspruch des anderen Teilnehmers in Betracht, der auf die Wirksamkeit der entsprechenden, nunmehr unwirksamen, Klausel vertraut hat; sofern dieser hierdurch einen Schaden erlitten hat, wird er Rückgriff beim Online-Auktionshaus nehmen können. Das Auktionshaus sollte somit bereits aus diesem Grund ein wirtschaftliches Interesse haben, ausgleichende und möglichst vollständige AGB zur Verfügung zu stellen.[663]
Zudem wird in dogmatischer Hinsicht von *Spindler* zutreffend eingewandt, dass der mögliche Anspruch aus § 280 Abs. 1 BGB als Sekundäranspruch nicht gleichwertig ist mit dem vertraglichen Erfüllungsanspruch gegenüber dem anderen Teilnehmer.[664]
Die Lösung über den Schadensersatzanspruch gegenüber dem Online-Auktionshaus orientiert sich schließlich allein an dem Benutzungsvertrag zwischen Auktionshaus und Teilnehmer. Hieraus resultiert ein weiterer nicht zu unterschätzender Einwand gegen diese „Haftungslösung", der ebenfalls in der Literatur angeführt wird: Der benachteiligte Teilnehmer wird insoweit mit den Einwendungen und Einreden (womöglich sogar mit einem in den AGB wirksam

---

[661] Ebenso *Burgard* in WM 2001, S. 2102 (2107); *Hager* in JZ 2001, S. 786 (791); *Spindler* in ZIP 2001, S. 809 (815).
[662] *Spindler* in ZIP 2001, S. 809 (815) führt dieses Argument an, um es sodann selbst zu widerlegen. Vgl. grds. zur rechtsökonomischen Begründung der AGB-Inhaltskontrolle grds. *MüKo-Basedow*, § 9 AGBG, Rn. 16 ff.
[663] So im Ergebnis auch *Spindler* in ZIP 2001, S. 809 (815); vgl. hierzu auch Teil 4, 1. Kapitel, A.
[664] *Spindler* in ZIP 2001, S. 809 (815).

vereinbarten Haftungsausschluss) aus dem Benutzungsvertrag belastet.[665] Darüber hinaus trägt er das in der New Economy ebenfalls nicht zu unterschätzende Insolvenzrisiko des Internet-Auktionshauses. Dieses Risiko bleibt freilich der auf die Gültigkeit der entsprechenden Vertragsbedingung vertrauenden und bei Durchführung der Inhaltskontrolle in ihrem Vertrauen enttäuschten Partei nicht erspart. Indes ist das Vertrauen dieser Partei in die Wirksamkeit solcher Vertragsbedingungen, die gegen die gesetzliche Wertung verstoßen, nicht gleichermaßen schutzwürdig.
Nach alledem ist als Fazit festzuhalten, dass die von einzelnen Stimmen in der Literatur befürwortete „Haftungslösung" weder interessengerecht ist noch gleich effektiv gegenüber der Inhaltskontrolle im Teilnehmerverhältnis und sie somit ihr Fehlen nicht angemessen kompensieren kann.

IV. Autonomienähere Kompensation durch Aufklärung

Eng verbunden mit den vorangegangenen Ausführungen ist die Frage, ob der Einschränkung der Vertragsfreiheit im Wege der Inhaltskontrolle durch das autonomienähere Kompensationsinstrument der Aufklärung entgegen gewirkt werden kann. Zu denken ist an Aufklärungspflichten seitens des Auktionshauses, die aus dem Maklerdienst- bzw. Geschäftsbesorgungsverhältnis resultieren und den einzelnen Teilnehmer in den Stand versetzen, selbstverantwortlich über die Angemessenheit der inhaltlichen Ausgestaltung des Teilnehmerverhältnisses zu entscheiden.[666]
Indes vermag eine vom Online-Auktionshaus gewährte Aufklärung über die AGB die fehlende Inhaltskontrolle nicht auszugleichen, denn sie ist nicht gleichermaßen effektiv.[667] Abgesehen von der Tatsache, dass sich der Auktionsteilnehmer ad hoc mit einem Vertragstext konfrontiert sieht, den er in Inhalt und Tragweite regelmäßig nicht vollständig überblicken kann und eine diesbezügliche Aufklärung nicht zuletzt aufgrund des Mediums Internet begrenzt Erfolg verspricht,[668] ist entscheidend, dass für den Teilnehmer bei der Privaten Internet-Auktion gerade nicht die Möglichkeit besteht, den Inhalt des Klauselwerkes mitzugestalten. Anders als z. B. wiederum im Falle der Aufklärung durch den beurkundenden Notar ist es rechtlich nicht gewollt, dass der Auktionsteilnehmer nach entsprechender Aufklärung über das Regelwerk den Inhalt der Vertragsbedingungen selbstverantwortlich bestimmt.[669] Zwar wird im weiteren Verlauf noch ausgeführt, dass dem Online-Auktionshaus im Rahmen des Auktionsver-

[665] *Burgard* in WM 2001, S. 2102 (2107) unter Verweis auf *Spindler* in ZIP 2001, S. 809 (815).
[666] Vgl. hierzu grundsätzlich *Dauner-Lieb*, S. 69 ff.
[667] In diesem Sinne grundsätzlich *Dauner-Lieb*, S. 73.
[668] Vgl. hierzu Teil 4, 1. Kapitel, B. II.
[669] Siehe zu dieser Problematik beim notariellen Vertrag *Fastrich*, S. 105.

fahrens umfassende Informations- und Aufklärungspflichten zukommen;[670] nicht zuletzt für die Frage der Zulässigkeit der Vertragsabschlussklausel erscheint es von Bedeutung, ob das Auktionshaus über die Risiken, die das Auktionsverfahren und die hiermit verbundene Nichtangabe eines Mindestpreises mit sich bringt, zureichend aufgeklärt hat. Diese Feststellung ändert jedoch nichts an der Erforderlichkeit einer Inhaltskontrolle im Teilnehmerverhältnis, sondern spricht im Gegenteil gerade für das Bedürfnis einer Kontrollmöglichkeit. Ein grundsätzlich aus der Verletzung von Aufklärungspflichten resultierender Anspruch gemäß § 280 Abs. 1 BGB kann bei entsprechendem Schaden auch durchaus neben einer Inhaltskontrolle im Verhältnis der Teilnehmer zueinander bestehen.

V. Ergebnis zu D.

Der in der Literatur vertretene Ansatz, dass von vornherein nur derjenige Teil der Versteigerungsbedingungen nach §§ 133, 157 BGB als Auslegungsgrundlage der Parteierklärungen heranzuziehen sei, welcher einer Inhaltsüberprüfung im Benutzungsverhältnis standhalten konnte, verdient keine Zustimmung. Des Weiteren vermögen weder die Möglichkeit der Verbandsklage im Sinne des § 1 UKlaG noch der Verweis auf den Schadensersatzanspruch gemäß § 280 Abs. 1 BGB gegen das virtuelle Auktionshaus eine fehlende Inhaltskontrolle im Individualprozess zwischen den Auktionsteilnehmern angemessen zu kompensieren. Auch die Gewährung von Aufklärung im Hinblick auf die vorformulierten Vertragsbedingungen seitens des Auktionshauses schließen das Bedürfnis einer Inhaltskontrolle nicht aus.

E. Einbeziehung der Vertragsbedingungen im Teilnehmerverhältnis

Vor diesem Hintergrund werden im Schrifttum verschiedene „Einbeziehungsmodelle“ diskutiert, welche zwei Ziele verfolgen, nämlich einerseits eine Einbeziehung der Vertragsbedingungen des virtuellen Auktionshauses in das Teilnehmerverhältnis zu erreichen und andererseits in diesem Verhältnis eine Inhaltskontrolle trotz des klaren Wortlauts des § 305 Abs. 1 S. 1 BGB zu ermöglichen.[671]

Insoweit muss man sich zunächst vor Augen führen, dass losgelöst von der Problematik des „Stellens“ durch einen Verwender ein Vertragsverhältnis bestehen müsste, in welches die Vertragsabschlussbestimmung als grundsätzlich kon-

---

[670] Siehe Teil 4, 1. Kapitel, B. I.

[671] Vgl. zu den unterschiedlichen Ansätzen, die im Folgenden dargestellt werden *Wiebe* in MMR 2000, S. 323 (325); *ders.* in MMR 2001, S. 109 (110); *ders.* in *Spindler/Wiebe*, D. IV. Rn. 45; *Sester* in CR 2001, S. 98 (107); *Spindler* in ZIP 2001, S. 809 (812); *Burgard* in WM 2001, S. 2102 (2106).

trollfähige vorformulierte Vertragsbedingung einbezogen werden könnte. Denn die Einbeziehung von Vertragsbedingungen setzt den wirksamen Vertragsabschluss bereits voraus und kann ihm nicht vorgehen.[672] Insofern müssen Klauseln, welche die Voraussetzungen des Vertragsschlusses regeln, vor Zustandekommen dieses Vertrages im Rahmen einer rechtsgeschäftlichen Vereinbarung gemäß §§ 145 ff. BGB Geltung erlangen.[673]
Wie dargelegt, hat der *BGH* weder die von ihm als „individuelle" Erklärung bezeichnete vorformulierte Bestimmung in der Eingabemaske des Auktionshauses noch die entsprechende Klausel in den AGB als kontrollfähige Vertragsbedingung im Sinne des § 305 Abs. 1 S. 1 BGB gewertet.[674] Vor diesem Hintergrund konnte der *BGH* zu dem Schluss kommen, dass „die Frage, ob und unter welchen Voraussetzungen Vertragsabschlussklauseln (...) bereits vor Vertragsschluss Wirkung für den Abschluss eines Vertrages haben können", im Streitfall keiner Erörterung bedürfe.[675]
Im Rahmen der vorliegenden Arbeit wurde indes unabhängig von der Verwenderproblematik sowohl die in den AGB des Online-Auktionshauses verortete Vertragsabschlussklausel als auch die gleichlautende Bestimmung in der Eingabemaske als kontrollfähige Vertragsbedingung gemäß § 305 Abs. 1 S. 1 BGB qualifiziert.
Insofern ist nunmehr zu erörtern, auf welche Weise eine Einbeziehung der auf den Vertragsabschluss bezogenen Klausel im Verhältnis der Teilnehmer zueinander erfolgen kann. Eine Einbeziehung der den Kaufvertragsabschluss selbst modifizierenden Klausel erst im Rahmen des Kaufvertrages ist naturgemäß nicht möglich. Vielmehr müsste die Geltung der Vertragsabschlussklausel bereits vor Abschluss des Kaufvertrages vereinbart sein.
Mit Blick darauf werden im Folgenden die unterschiedlichen Einbeziehungsmodelle vorgestellt und in Auseinandersetzung mit den jeweiligen Stellungnahmen in der Literatur einer kritischen Würdigung unterzogen.

I. Qualifizierung des Benutzungsvertrages als Rahmenvertrag im Sinne des § 305 Abs. 3 BGB zugunsten Dritter

1. Einbeziehung der AGB gemäß § 305 Abs. 3 BGB

In dem Bemühen, die AGB des Auktionshauses – und hiermit insbesondere die auf den Kaufvertragsabschluss bezogene Klausel – in das Teilnehmerverhältnis

---

[672] *MüKo-Basedow*, § 2 AGBG, Rn. 25; *Ulmer* in *Ulmer/Brandner/Hensen*, § 2 AGBG, Rn. 63; *Wolf* in *Wolf/Horn/Lindacher*, § 1 AGBG, Rn. 6/8.
[673] *OLG Dresden* in NJW-RR 1999, S. 846 (846) für den Verkehr zwischen Kaufleuten.
[674] *BGH* MMR 2002, S. 95 (97).
[675] *BGH*, a. a. O., S. 95 (97).

einzubeziehen, wird von *Wiebe* ein Rahmenvertrag im Sinne des § 305 Abs. 3 BGB zugunsten Dritter konstruiert.[676]
Wiebe geht zunächst davon aus, dass der jeweilige Benutzungsvertrag mit dem Auktionshaus, in welchen die AGB wirksam einbezogen werden, einen Rahmenvertrag gemäß § 305 Abs. 3 BGB darstellt.
An dieser Einordnung bestehen auch vorliegend keine Zweifel.[677] Eine Rahmenvereinbarung gemäß § 305 Abs. 3 BGB ist ein Vertrag, durch den die Geltung der AGB eines Vertragspartners für künftige Geschäfte geregelt wird, so dass die AGB für alle von ihr erfassten Verträge verbindlich sind, ohne dass die Einbeziehungsvoraussetzungen bei den Einzelverträgen erfüllt zu sein brauchten.[678] Bei der Privaten Online-Auktion ist der Teilnehmer nach einmal erfolgter Anmeldung unter Anerkennung der AGB berechtigt, an beliebig vielen Auktionen teilzunehmen, ohne jeweils erneut auf die AGB verwiesen zu werden;[679] mit der Registrierung wird vielmehr ein als Dauerschuldverhältnis ausgestalteter Rahmenvertrag geschlossen und hierauf basierend mit dem jeweiligen „Einloggen" auf die Webseite ein auf die konkrete Auktion bezogener Maklerdienstvertrag bzw. Auftrag.[680] Wie *Spindler* zutreffend bemerkt, ist diese Feststellung bezogen auf das Verhältnis der Teilnehmer zueinander indes nicht relevant, denn auch die Regelung des § 305 Abs. 3 BGB gilt nicht für Verträge zwischen einem Vertragspartner und einem Dritten und dementsprechend nur im Verhältnis zwischen Internet-Auktionshaus und Teilnehmer.[681] Über diese Hürde setzt sich *Wiebe* hinweg, indem er den Rahmenvertrag als Vertrag zugunsten Dritter mit Wirkung für alle zukünftigen Kaufvertragspartner qualifiziert.[682] Zwar verkennt auch *Wiebe* nicht, dass die AGB neben begünstigenden gleichzeitig belastende Regelungen für den Dritten enthalten; dies ist nach seiner Ansicht allerdings insoweit unschädlich, als jeder Teilnehmer sowohl begünstigende als auch belastende Regelungen mit Bezug auf seine jeweilige zukünftige Rolle als Verkäufer oder Käufer akzeptiere, einschließlich einer Bindungswirkung der Warenpräsentation.[683] Man müsse eine Zustimmung beider Beteiligter auch zur Geltung entsprechend belastender Regelungen annehmen, indem sie jeweils den gesamten AGB zustimmten: „Angesichts der Notwendigkeit einer (virtuellen) Marktord-

---

676 Vgl. *Wiebe* in MMR 2000, S. 323 (325); *ders.* in *Spindler/Wiebe*, D. IV., Rn. 45; *ders.* in MMR 2001, S. 105 (110).
677 Ebenso auch *Ulrici* in NJW 2001, S. 1112 (1112).
678 Vgl. hierzu allg. *BGH* NJW-RR 1987, S. 112 (112); *BT-Drs. 7/3919*, S. 18; *Wolf* in *Wolf/Horn/Lindacher*, § 2 AGBG, Rn. 51.
679 Siehe Anhang: § 2 AGB.
680 Vgl. Teil 2, 3. Kapitel, B. I./II.
681 Bereits aus diesem Grund für die Online-Auktion verneinend *Spindler* in ZIP 2001, S. 809 (812); vgl. hierzu grds. *Wolf* in *Wolf/Horn/Lindacher*, § 2 AGBG, Rn. 51/56.
682 Vgl. *Wiebe* in MMR 2000, S. 323 (325); *ders.* in *Spindler/Wiebe*, D. IV., Rn. 45; *ders.* in CR 2002, S. 216 (217).
683 *Wiebe* in MMR 2000, S. 323 (325).

nung und des Fehlens eines Auktionators als vermittelnde Instanz wird man ein berechtigtes Interesse aller Beteiligten daran anerkennen müssen."[684]

2. Kontrollmöglichkeit anhand der §§ 307 bis 309 BGB

Als Folge dieser Dreieckskonstruktion des Vertrages zugunsten Dritter sollen die AGB des Auktionshauses und insoweit auch die Abschlussklausel im Verhältnis der Teilnehmer zueinander einer vollen AGB-Kontrolle unterliegen. Auf eine Verwendereigenschaft einer der Teilnehmer komme es nämlich nicht an, da die Kontrollvoraussetzung des „Stellens" im Sinne von § 305 Abs. 1 S. 1 BGB zwischen dem Auktionshaus und dem jeweiligen Teilnehmer mit Wirkung für den zukünftigen Vertragspartner gegeben sei.[685]
Dieser Gedankengang von *Wiebe* ist wohl dahingehend zu verstehen, dass sowohl das „Stellen" durch das Auktionshaus als Verwender als auch die Einbeziehungsvoraussetzungen des § 305 Abs. 2 BGB insofern nur im Benutzungsverhältnis zu erfüllen sind, als zwischen dem jeweiligen Teilnehmer und dem Dritten (d. h. zwischen Anbieter und Bieter) ja kein vertragliches Rechtsverhältnis entstünde.[686] Wie dargestellt, ist eine Einbeziehung der AGB gemäß § 305 Abs. 2 BGB in den Benutzungsvertrag unproblematisch erfolgt,[687] so dass nach Vorstellung *Wiebes* die Vertragsabschlussklausel mit Hilfe der Konstruktion des Vertrages zugunsten Dritter vor Abschluss des Kaufvertrages Wirkung entfaltet und einer AGB-Inhaltskontrolle unterliegt. Unklar bleibt allerdings, wem infolge dieser Auffassung konkret die Verwenderrolle im Individualprozess zugeordnet werden sollte.
Neben der Möglichkeit der AGB-Inhaltskontrolle stellt *Wiebe* einen weiteren positiven Aspekt seines Lösungsvorschlages heraus: Die Einbeziehung individueller Bestimmungen, die der Anbieter seiner Auktion gegebenenfalls in Abweichung zu den AGB des Auktionshauses zugrunde legen möchte, ist hiernach – im Gegensatz zu der „Auslegungslösung" – nicht ohne weiteres möglich.[688] Denn nach Abschluss des Benutzungsvertrages als Rahmenvertrag gemäß § 305 Abs. 3 BGB zugunsten Dritter könnten eigene AGB des Anbieters entsprechend den von der Rechtsprechung entwickelten Anforderungen an eine Einbeziehung von AGB nach Vertragsschluss gemäß § 305 Abs. 2 Nr. 2, 2. Hs. BGB nur bei

---

[684] Vgl. wiederum *Wiebe* in MMR 2000, S. 323 (325); *ders.* in *Spindler/Wiebe*, D. IV., Rn. 45; *ders.* in MMR 2001, S. 109 (110).
[685] *Wiebe* in MMR 2000, S. 323 (325); *ders.* in *Spindler/Wiebe*, D. IV., Rn. 45; *ders.* in MMR 2001, S. 109 (110).
[686] Vgl. hierzu grds. *BGHZ* 54, S. 145 (147); *OLG Düsseldorf*, NJW-RR 1993, S. 823 (824); *Wolf* in *Wolf/Horn/Lindacher*, § 2 AGBG, Rn. 3; *Ulmer* in *Ulmer/Brandner/Hensen*, § 2 AGBG, Rn. 69.
[687] Siehe Teil 3, 5. Kapitel, A. II.
[688] Vgl. *Wiebe* in *Spindler/Wiebe*, D. IV., Rn. 47 sowie Teil 3, 5. Kapitel, B. I. 5.

ausdrücklichem Einverständnis des Bieters Vertragsinhalt werden.[689] Ein solches liegt aber regelmäßig nicht vor und kann insbesondere nicht darin gesehen werden, dass der Bieter in der entsprechenden Online-Auktion ein Gebot abgibt.

3. Stellungnahme

Die Konstruktion des Vertrages zugunsten Dritter kann – wie auch in der weiteren Literatur nahezu einhellig erkannt wird[690] – im Ergebnis nicht herangezogen werden, um eine Einbeziehung der AGB im Teilnehmerverhältnis zu erreichen. Zwar sind die von *Sester* gegen diesen Ansatz zunächst vorgebrachten Argumente noch nicht überzeugend. Dieser hält *Wiebes* Vorschlag zum einen entgegen, dass der Dritte gar nicht Bezugspunkt für eine Inhaltskontrolle sein könne.[691] Dem ist allerdings nicht zuzustimmen, denn nach der Rechtsprechung ist anerkannt, dass bei Annahme eines echten Vertrages zugunsten Dritter gemäß § 328 Abs. 1 BGB im Rahmen der Interessenabwägung die mit dem Vertrag verbundenen Interessen der zukünftigen Vertragspartner als Dritte nicht nur mit einzubeziehen, sondern unmittelbar zu berücksichtigen sind.[692] Zum andern verneint *Sester* die Annahme eines Vertrages zugunsten Dritter mit der Begründung, dass das Auktionshaus hinsichtlich seiner Vertragsbedingungen lediglich als „rechtliches Serviceunternehmen" fungiere, welches ein Forum biete und also keine zentrale Stellung einnehme.[693] Bei einem Vertrag zugunsten Dritter sei aber das Auktionshaus die Zentralfigur der Rechtsbeziehung, denn der Dritte habe keine Gestaltungsmacht über das Rechtsverhältnis.[694] Dagegen muss man indes einwenden, dass die Gestaltungsmacht gerade nicht bei dem jeweiligen Teilnehmer, sondern bei dem Auktionshaus liegt, welches die Bedingungen vorgibt und insofern durchaus als zentrale Figur angesehen werden kann.
Entscheidend ist aber, wie auch im übrigen Schrifttum herausgestellt wird,[695] dass das Gesetz einen Vertrag zu Lasten Dritter nicht kennt.[696] Wie bereits be-

---

[689] Vgl. hierzu grundsätzlich *MüKo-Basedow*, § 2 AGBG, Rn. 28 ff; *Palandt-Heinrichs*, § 305, Rn. 30/47.
[690] Vgl. insbesondere *Wenzel* in DB 2001, S. 2233 (2235); *Spindler* in ZIP 2001, S. 809 (815); *Sester* in CR 2001, S. 98 (104); *Burgard* in WM 2001, S. 2102 (2105); ablehnend auch *Grapentin* in GRUR 2001, S. 713 (714); *Hager* in JZ 2001, S. 786 (789); *Lettl* in JuS 2002, S. 219 (221).
[691] *Sester* in CR 2001, S. 98 (104).
[692] *BGH* NJW 1993, S. 2442 (2444) stellt ausschließlich auf den Dritten ab, dem bei einer Versicherung für fremde Rechnung alle hieraus resultierenden Rechte zustehen; Vgl. auch *Staudinger-Schlosser*, § 9 AGBG, Rn. 102; *Wolf* in *Wolf/Horn/Lindacher*, § 9 AGBG, Rn. 107.
[693] *Sester* in CR 2001, S. 98 (104).
[694] *Sester* in CR 2001, S. 98 (104) sowie allgemein *Medicus*, Schuldrecht I, AT, Rn. 767.
[695] Siehe insbesondere *Burgard* in WM 2001, S. 2102 (2105); *Wenzel* in DB 2001, S. 2233 (2235); *Spindler* in ZIP 2001, S. 809 (815).

tont, enthalten die AGB neben der Vertragsabschlussklausel regelmäßig auch Regelungen zu Fragen der Erfüllung, Gewährleistung und Haftung, sowie der Rechtswahl und dem Gerichtsstand im Verhältnis von Anbieter und Bieter.[697] Eine Verpflichtung des Dritten ohne seine Mitwirkung würde ihn in seiner rechtsgeschäftlichen Willens- und Handlungsfreiheit in einer nicht zu rechtfertigenden Weise einschränken und zu den Grundsätzen der Privatautonomie und der allgemeinen Handlungsfreiheit in einem unüberbrückbaren Gegensatz stehen.[698] Die von *Wiebe* mit Blick hierauf vorgebrachte Argumentation, jeder Teilnehmer würde auch den jeweils ihn belastenden Regelungen zustimmen, vermag nicht zu überzeugen. Zwar hat die Rechtsprechung in speziellen und eindeutig begrenzten Fällen des Transportgewerbes angenommen, dass AGB zu Lasten Dritter vereinbart werden können, sofern diese ihrer Geltung (stillschweigend) zugestimmt haben.[699] Vor diesem Hintergrund wird von *Wenzel* erörtert, ob bei der Privaten Internet-Auktion eine entsprechende Verpflichtungsermächtigung analog § 185 BGB vorliegt.[700] Eine Auseinandersetzung mit den schwerwiegenden dogmatischen Bedenken, die gegen die Anerkennung einer solchen Verpflichtungsermächtigung sprechen, muss an dieser Stelle jedoch nicht erfolgen;[701] denn auch eine stillschweigende Ermächtigung des jeweiligen Teilnehmers an potenzielle Vertragspartner, auf der Grundlage üblicher AGB zu seinen Lasten den Benutzungsvertrag abzuschließen, lässt sich nicht begründen. *Wenzel* hat zutreffend herausgearbeitet, dass sich die Konstellation im Transportgewerbe erheblich von der Situation bei der Privaten Internet-Auktion unterscheidet, so dass sich die hierzu entwickelten Grundsätze nicht auf die Online-Auktion übertragen lassen.[702] Dort liegen häufig sogenannte Kettenverträge vor, bei denen der Eigentümer der Ware und der Auftraggeber des Transportes nicht identisch sind. Die Annahme einer stillschweigenden Ermächtigung wird dabei nach den Grundsätzen von Treu und Glauben als zulässig erachtet, sofern der Eigentümer mit den Vertragsgestaltungsgewohnheiten des Gewerbes vertraut ist und weiß, oder den Umständen nach damit rechnen muss, dass (mit dem Spedi-

---

696 Siehe hierzu allgemein *Medicus*, Schuldrecht I, AT, Rn. 756; *Staudinger-Jagmann*, Vorbem §§ 328 ff., Rn. 77.

697 Vgl. Ziff. 11; 13 AGB von www.online.auktionen.de; Ziff. 1.4 AGB von www.amazon.de; §§ 3, 4, 6 der AGB von www.offerto.de; Anhang: §§ 6, 7, 8 AGB.

698 Vgl. hierzu grds. *BGHZ* 54, S. 145 (147); *BGHZ* 61, S. 360 (361); *BGHZ* 78, S. 369 (374); *Palandt-Heinrichs*, Einf v § 328, Rn. 10.

699 Vgl. hierzu *BGH* NJW 1974, S. 2177 (2178); *BGH* VersR 1981, S. 229 (230); *Staudinger-Schlosser*, § 2 AGBG, Rn. 43; *MüKo-Schramm*, § 185, Rn. 45.

700 *Wenzel* in DB 2001, S. 2233 (2235).

701 Vgl. zu der sehr umstrittenen Zulässigkeit einer Verpflichtungsermächtigung *Palandt-Heinrichs*, Einf v § 328, Rn. 10 m. w. N.; *Staudinger-Jagmann*, Vorbem zu §§ 328 ff., Rn. 80 m. w. N.; *MüKo-Gottwald*, § 328, Rn. 143 m. w. N.

702 *Wenzel* in DB 2001, S. 2233 (2235).

teur) entsprechende ihn belastende AGB vereinbart werden.[703] Im Unterschied hierzu findet bei der Privaten Internet-Auktion der Vertragsschluss nicht als Kette statt, sondern ist vielmehr als Dreiecksverhältnis ausgestaltet. Es besteht nicht die besondere Situation, dass eine Umgehung der AGB dadurch droht, dass derjenige, in dessen Interesse der Vertrag geschlossen wird, sich eines Dritten bedient und damit selbst nicht in Vertragsbeziehungen tritt. Darüber hinaus kann – anders als bei dem Transportvertrag, dem die Allgemeinen Deutschen Spediteursbedingungen regelmäßig als Grundlage dienen – vorliegend nicht von einem Wissen oder Rechnen müssen hinsichtlich entsprechend belastender AGB ausgegangen werden.[704] Gerade dem Verbraucher, der gelegentlich an der Internet-Auktion teilnimmt, kann kein derartiges Wissen unterstellt werden. Insofern kann die Parallele zur stillschweigenden Ermächtigung im Transportgewerbe für die Situation bei der Privaten Internet-Auktion nicht fruchtbar gemacht werden.
Schließlich hat *Burgard* sehr richtig darauf hingewiesen, dass das Rechtsinstitut des Vertrages zugunsten Dritter, wonach zwei Vertragspartner einem konkreten Dritten einen Anspruch vermitteln wollen, bereits nach seinem Wesen nicht auf den Benutzungsvertrag mit dem Auktionshaus übertragbar ist.[705] Diese Begründung ist überzeugend. Die Einordnung des Benutzungsvertrages als Vertrag zugunsten Dritter stellt eine deutliche Überforderung dieser Rechtsfigur dar. Wie der Name verrät, ist der Vertrag zugunsten Dritter darauf ausgerichtet, einem Dritten eine Anspruchsposition einzuräumen.[706] Diesen Sachverhalt erfasst die Private Internet-Auktion aber nicht. Vielmehr geht es um die Verankerung der Regeln zum Zustandekommen der Kaufvertrages sowie weiterer Rechte und Pflichten im Verhältnis der Auktionsteilnehmer.
Es gilt festzuhalten, dass der von *Wiebe* konstruierte Vertrag zugunsten Dritter zur Einbeziehung der AGB im Teilnehmerverhältnis weder mit dem Gesetz zu vereinbaren ist noch den Sachverhalt bei der Privaten Internet-Auktion zutreffend erfasst.[707]

4. Zwischenergebnis

Die Qualifizierung des Benutzungsvertrages als Rahmenvertrag im Sinne des § 305 Abs. 3 BGB zugunsten Dritter muss verneint werden. Eine wirksame Einbeziehung der AGB des Auktionshauses und hiermit der auf den Vertragab-

---

[703] *BGH* NJW 1974, S. 2177 (2178); *BGH* VersR 1981, S. 229 (230).
[704] So auch *Wenzel* in DB 2001, S. 2233 (2235).
[705] *Burgard* in WM 2001, S. 2102 (2105); ähnlich *Sester* in CR 2001, S. 98 (104).
[706] *Palandt-Heinrichs*, § 328, Rn. 3; *MüKo-Gottwald,* § 328, Rn. 5, 6; *Staudinger-Jagmann,* § 328, Rn. 37.
[707] Im Ergebnis wie hier *Burgard* in WM 2001, S. 2102 (2105); *Grapentin* in GRUR 2001, S. 713 (714); *Hager* in JZ 2001, S. 786 (789); *Sester* in CR 2001, S. 98 (104); *Spindler* in ZIP 2001, S. 809 (815); *Wenzel* in DB 2001, S. 2233 (2235).

schluss gerichteten Klausel zwischen den Auktionsteilnehmern lässt sich nicht über die Rechtsfigur des Vertrages zugunsten Dritter begründen.

II. Begründung einer vorvertraglichen Rahmenvereinbarung unmittelbar zwischen den Teilnehmern

Vor dem Hintergrund, dass die AGB des virtuellen Auktionshauses unmittelbar das Verhältnis der jeweiligen Auktionsteilnehmer zueinander betreffen, indem sie mit der Vertragsabschlussklausel das Zustandekommen des Kaufvertrages zwischen den an der Internet-Auktion Beteiligten abweichend von der gesetzlichen Regelung des § 156 BGB vorstrukturieren, sollte eine entsprechende Verankerung auch unmittelbar in einem Vertragsverhältnis zwischen den Auktionsteilnehmern erfolgen. Insofern wird im Folgenden der Frage nachgegangen, inwieweit sich eine vertragliche Grundlage unmittelbar zwischen den Teilnehmern begründen lässt, in welche die jeweiligen Bestimmungen für die Private Internet-Auktion einbezogen werden.
In einem zweiten Schritt ist sodann zu überlegen, ob und inwieweit sich auf der Basis einer solchen vertraglichen Regelung zwischen den Teilnehmern eine entsprechende Inhaltskontrolle dogmatisch begründen und durchführen lässt.

1. Begründung eines Massenvertrages der Gesamtheit aller registrierten Teilnehmer

Macht man sich nochmals klar, dass eine große Zahl der Vertragsbedingungen des Internet-Auktionshauses Rechte und Pflichten normiert, die ausschließlich im Verhältnis der registrierten Teilnehmer zueinander bedeutsam werden, stellt sich die Frage, ob nicht die Gesamtheit der registrierten Auktionsteilnehmer untereinander einen mehrseitig angelegten Vertrag begründet, der die jeweiligen Vertragsbedingungen des Auktionshauses, welche das Teilnehmerverhältnis betreffen, insbesondere die Abschlussklausel, zum Inhalt hat.

a) Vertragsschluss beim Gesellschaftsvertrag

Ein derartiger mehrseitiger Vertrag, in den neue Teilnehmer aufgenommen werden und entsprechend auch ausscheiden können, ist insbesondere in der Form des Gesellschaftsvertrages gemäß § 705 BGB bekannt. Der Vertragsschluss erfolgt nach den allgemeinen Regeln des Vertragsrechts durch einander entsprechende Willenserklärungen aller Vertragspartner.[708] Bei einer Beteiligung von mehr als zwei Personen lässt sich dieser aber nicht mehr auf „Angebot“ und „Annahme“ zurückführen. Vielmehr erklären sich alle Beteiligten untereinander

---

[708] *Erman-H. P. Westermann*, § 705, Rn. 7; *Palandt-Sprau*, § 705, Rn. 11.

ihren gemeinsamen Willen, so dass sich jeder zugleich in der Rolle des Antragenden und Annehmenden befindet.[709] „Gemeinsam" bedeutet dabei nicht „zeitgleich": Die Einigung braucht nicht uno actu zu erfolgen, d. h. die Zustimmungserklärungen können getrennt und durchaus in zeitlichen Abständen abgegeben werden. Entscheidend ist aber, dass für die Begründung des Vertrages eine hierauf gerichtete Erklärung aller Parteien erforderlich ist, so dass der Vertrag erst dann zustande kommt, wenn die entsprechenden Willenserklärungen sämtlicher als Vertragspartner gewollter Personen vorliegen.[710] Diese müssen grundsätzlich allen anderen Vertragspartnern nach § 130 Abs. 1 S. 1 BGB zugehen, soweit diese nicht gemäß § 151 S. 1 Alt. 2 BGB auf den Zugang verzichtet haben.[711]

Aufgrund der Masse der sich registrierenden Auktionsteilnehmer ist dieses Verfahren zum Abschluss eines Vertrages bei der Privaten Online-Auktion offensichtlich ungeeignet.

Die Problematik besteht in ähnlicher Weise bei der Publikumspersonengesellschaft, die auf der Grundlage eines fertigen Gesellschaftsvertrages dem Beitritt einer Vielzahl persönlich nicht miteinander verbundener Gesellschafter offen steht. In solchen Gesellschaftsverträgen findet sich regelmäßig ein Passus, nach dem die Gesellschaft oder ihr Geschäftsführer zur Aufnahme neuer Gesellschafter ermächtigt ist.[712]

Hinsichtlich der Begründung eines Vertragsschlusses zwischen allen sich anmeldenden Auktionsteilnehmern hilft die Parallele zu den verbandsmäßig verfassten Personengesellschaften, die auch in Form von typisierten Verträgen die Beziehung zwischen den Beteiligten regeln wollen, aber letztlich nicht weiter. Denn im Rahmen der Privaten Internet-Auktion wird keine Gesellschaft begründet – die somit gegebenenfalls Vertragspartner sein könnte – und es gibt insofern auch keinen Geschäftsführer der Gesellschaft, welcher entsprechend zum Vertragsabschluss bevollmächtigt werden könnte.

Der Gesellschaftsvertrag im Sinne des § 705 BGB ist nicht auf den Austausch von Leistungen, sondern auf die Erreichung eines gemeinsamen Zwecks gerich-

---

[709] *Flume*, AT II § 34, 2.; *Larenz/Wolf*, AT, § 29, Rn. 13; *MüKo-Kramer*, § 145, Rn. 2.

[710] *Leenen* in AcP 188 (1988), S. 381 (399); *Erman-H. P. Westermann*, § 705, Rn. 6; *MüKo-Ulmer*, § 705, Rn. 18.

[711] So geschieht der Eintritt eines Gesellschafters in der Personengesellschaft grundsätzlich durch Vertragsschluss zwischen dem Neugesellschafter und den vorhandenen Gesellschaftern, so dass der Vertrag erst wirksam wird, wenn der letzte Gesellschafter zugestimmt hat. (Vgl. *Karsten Schmidt*, § 45 II, 3. S. 1313).

[712] *Karsten Schmidt*, § 57 II, 1. S. 1675. Der *BGH* hat zunächst die Gesellschafter als Vertragspartner angesehen, wobei der Vertrag mit dem persönlich haftenden Gesellschafter abgeschlossen werde; selbst wenn sich die Gesellschafter eines Vertragsschlusses mit allen Gesellschaftern nicht bewusst seien, käme insofern der Vertrag zustande (vgl. *BGHZ* 26, S. 330 (333)). Später hat der *BGH* einen Vertrag mit der Gesellschaft selbst bejaht (vgl. *BGH* NJW 1978, S. 1000 (1000)).

tet, wobei sich die Beteiligten gegenseitig zur Förderung dieses Zwecks, insbesondere durch Beitragsleistungen, verpflichten. Ein für das Vorliegen der Gesellschaft notwendiger gemeinsamer Zweck aller Auktionsteilnehmer im Sinne eines gemeinsamen wirtschaftlichen oder ideellen Ziels, sowie eine hierzu korrespondierende Förderungspflicht, bestehen bei der Privaten Internet-Auktion nicht. Mit der Registrierung beim Auktionshaus wollen die Teilnehmer lediglich die Voraussetzungen zur Durchführung oder Teilnahme an einer Auktion schaffen, um dort im Sinne eines einmaligen Zusammenwirkens jeweils für sich ein günstiges Ergebnis durch den Kaufvertragsabschluss zu erzielen. Allein dadurch, dass die Interessen parallel auf denselben Zweck gerichtet sind, wird dieser nicht zu einem Gemeinsamen.[713] Die Interessen des jeweiligen Bieters sind konträr zu denen des Anbieters und auch die Bieter untereinander buhlen um den Abschluss des Kaufvertrages – notwendigerweise zu Lasten der anderen Teilnehmer als Konkurrenten. Die Teilnehmer streben keine dauerhafte Verbindung an, in der sie sich einer gemeinsamen Sache verschreiben; die Begründung einer „Gesellschaft der Auktionsteilnehmer" nach den Grundsätzen der §§ 705 ff. BGB steht daher nicht in Rede und ein Vertragsschluss unmittelbar unter Heranziehung der vorstehenden Erwägungen scheidet von vornherein aus.

b) Konkludenter Vertragsschluss durch Benutzungsverträge als „System von Sternverträgen"

Eine vertragliche Grundlage zwischen allen registrierten Teilnehmern und hierauf beruhend eine Einbeziehung der Vertragsbedingungen des Auktionshauses ließe sich möglicherweise auf einer anderen Basis herbeiführen, wenn man darauf abstellt, dass die Gesamtheit der Auktionsteilnehmer durch den jeweiligen Abschluss des Benutzungsvertrages mit dem Online-Auktionshaus konkludent eine rechtliche Einheit begründet.

Im Gesellschaftsrecht wiederum ist diese Form des nicht ausdrücklichen Vertrages anerkannt, wenn die jeweiligen Teilnehmer inhaltlich übereinstimmende, der Förderung eines gemeinsamen Zwecks dienende zweiseitige Verträge mit einer zentralen Stelle abschließen.[714] Bilden diese Verträge als sogenannte „Sternverträge" unselbständige, aufeinander bezogene Teile eines einheitlichen Vertragssystems, so können sie einen Gesellschaftsvertrag zwischen den Vertragspartnern der gleichen Marktseite begründen und zu entsprechenden Pflichten zwischen ihnen auch ohne förmlich geschlossenen Vertrag führen.[715] Für die An-

---

[713] Vgl. hierzu grds. *Karsten Schmidt*, § 4 II, 1. S. 64.

[714] Vgl. hierzu *MüKo-Ulmer*, § 705, Rn. 19.

[715] Ein derart konkludent geschlossener Gesellschaftsvertrag zwischen Unternehmen kann z. B. auf dem Abschluss gleichförmiger Verträge eines Lieferanten mit mehreren in gleicher Lage befindlichen, meist im nachgeordneten Vertrieb oder im Franchising tätigen, Unternehmen basieren. Vgl. *Erman-H. P. Westermann*, § 705, Rn. 7.

nahme eines solchen konkludent geschlossenen Vertrages ist Zurückhaltung geboten; es bedarf qualifizierter Anhaltspunkte, um eine derartige Konstruktion zu begründen.[716]
Die jeweils gleichförmigen Benutzungsverträge mit dem Internet-Auktionshaus deuten durchaus auf eine gewisse „sternförmige“ Vertragsstruktur hin. Der Abschluss des einzelnen Benutzungsvertrages macht dabei nur Sinn, wenn eine entsprechende Anzahl anderer Teilnehmer gleichfalls einen derartigen Vertrag abschließt, so dass er als Teil eines Systems gewertet werden kann.
Es wurde indes bereits dargelegt, dass die Annahme einer Gesellschaft mangels Verfolgung eines „gemeinsamen Zwecks“ aller Auktionsteilnehmer nach Maßgabe des § 705 BGB nicht in Betracht kommt.

c) Begründung eines vertraglichen Netzverbundes durch den Abschluss der Benutzungsverträge

Wenn man den vorgestellten Denkansatz eines einheitlichen Vertragssystems nicht bloß auf solche Formen reduziert, in denen ein „gemeinsamer Zweck“ im Sinne des Gesellschaftsvertrages des § 705 BGB vorliegt, gelangt man zu einem weiteren Vertragstyp, dem sogenannten „Netzvertrag“.
Begründet wurde die dogmatische Kategorie des „Netzvertrages“ von *Möschel*, der diesen Typus für organisatorisch und funktionell aufeinander bezogene Verträge, namentlich beim bargeldlosen Zahlungsverkehr, einführen möchte.[717] Die Charakteristika des vertraglichen Netzverbundes hat *Rohe* umfassend herausgearbeitet: In Abgrenzung zum „gemeinsamen Zweck“ beim Gesellschaftsvertrag ist Voraussetzung für das Vorliegen des Netzvertrages ein „partieller einheitlicher – von allen Beteiligten zu realisierender – Vertragszweck bei ansonsten disparatem Zweckstreben“; die Durchsetzung des einheitlichen Vertragszwecks ist vom Zusammenwirken aller abhängig, wobei im Ergebnis alle Beteiligten hiervon profitieren können.[718] Soweit der Vertragszweck reicht, verbindet er die geschlossenen Einzelverträge zum Netzvertrag; hieraus resultieren sodann nach Maßgabe des einheitlichen Netzzweckes entsprechende Pflichten der Beteiligten.[719] Übertragen auf die Fälle des bargeldlosen Zahlungsverkehrs besteht der einheitliche Zweck konkret in dem allseitigen Streben nach Kostensenkung, welcher typischerweise nur in dem koordinierten Zusammenwirken einer größe-

---

[716] *BGH* EWiR 1985, S. 665 (665) hat in diesem Zusammenhang gleichlautende individuelle „Beitragsvereinbarungen“ mehrerer Vertriebsfirmen mit den Lieferanten sogar trotz der Einrichtung gemeinsamer Kontrollorgane nur als jeweils zweiseitigen Geschäftsbesorgungsvertrag angesehen.
[717] Vgl. zum Netzvertrag *Möschel* in ACP 186 (1986), S. 187 (211) sowie insbesondere *Rohe*, Netzverträge, S. 65 ff. (75); ablehnend hierzu *MüKo-Kramer*, Vor § 145, Rn. 33 m. w. N.
[718] Umfassend zu den Tatbestandsmerkmalen des Netzvertrages *Rohe*, Netzverträge, S. 65/66.
[719] Siehe zu den jeweiligen Pflichtenlagen im Netz *Rohe*, Netzverträge, S. 204 ff.

ren Zahl der an der Transaktionsform Beteiligten zu realisieren ist, wobei wegen der rechtlichen Selbständigkeit aller Beteiligten jeder vom wirtschaftlichen Ergebnis der Kostensenkung profitiert.[720] Dabei ist nach *Rohe* eine durchweg gleichmäßige Nutzenverteilung nicht entscheidend;[721] vonnöten ist aber ein Zweckstreben, welches sich im Gegensatz zu dem herkömmlichen bipolaren Vertrag nicht durch gegenläufige Interessen auszeichnet.[722] Grund und Grenze der Annahme eines Netzvertrages ist die Verbindung der einheitlichen Vertragszwecke nach dem Willen der Parteien.[723]

Die entscheidende Frage lautet also, ob bei der Privaten Internet-Auktion von den Teilnehmern mit dem Abschluss der jeweiligen Benutzungsverträge die Schaffung eines Netzverbundes mit einem zumindest partiell einheitlichen Zweck verfolgt wird, welcher von der Mitwirkung aller abhängig ist und von dessen Realisierung alle registrierten Teilnehmer profitieren können.

Dies wird man bei näherer Betrachtung für die Situation bei der Privaten Online-Auktion verneinen müssen; durch den jeweiligen Abschluss des Benutzungsvertrages mit dem Auktionshaus wird kein Netzvertrag zwischen der Gemeinschaft aller Auktionsteilnehmer angestrebt. Entscheidend ist, dass kein irgendwie gearteter einheitlicher Zweck besteht, von dessen Durchsetzung im Ergebnis alle an der Internet-Auktion Beteiligten profitieren könnten.

Insoweit ist zwar zunächst zu erwägen, ob der Zweck des „Verbundes der Auktionsteilnehmer" in dem möglichst leichten und reibungslosen – mit geringem Kostenaufwand verbundenen – Zustandekommen des Kaufvertragsschlusses auf der Grundlage einheitlicher Regeln besteht. Dies ist jedoch kein einheitlich verfolgter, sondern durchweg gegenläufiger Zweck, welcher im Ergebnis naturgemäß nicht allen Auktionsteilnehmern zugute kommen kann. Vielmehr lässt sich, wie schon ausgeführt, die optimale Verwirklichung des individuell angestrebten Zwecks eines jeden Teilnehmers – nämlich der Abschluss des Kaufvertrages zu den für ihn günstigsten Konditionen – nur zu Lasten der anderen Beteiligten erreichen. Im Unterschied zu dem Netzverbund im bargeldlosen Zahlungsverkehr, in dem grundsätzlich alle Beteiligten von der jeweiligen erfolgreichen Durchführung der Transaktionsform, d. h. der bargeldlosen Zahlung (in nicht notwendig genau quantifizierbaren Anteilen) profitieren,[724] besteht der Nutzen bei der Internet-Versteigerung im Ergebnis nur für diejenigen Teilnehmer, die den Kaufvertrag abschließen – wobei die Kaufvertragsparteien, abgesehen von dem herbeizuführenden Leistungsaustausch, ebenfalls gegenläufige Interessen verfolgen.

---

[720] *Rohe*, Netzverträge, S. 66.
[721] *Rohe*, Netzverträge, S. 75.
[722] *Rohe*, Netzverträge, S. 75.
[723] *Rohe*, Netzverträge, S. 64.
[724] Vgl. hierzu *Rohe*, Netzverträge, S. 74/75.

Auch das sowohl auf Anbieter- als auch auf Bieterseite mit der Auktionsteilnahme verfolgte Ziel, den angestrebten Kaufvertragsschluss durch die Nutzung der Vertriebsform Internet-Auktion mit möglichst geringem Kosten- und Zeitaufwand zu erreichen, realisiert sich lediglich für die beiden Teilnehmer, für die die Auktion zum Erfolg, mithin zum Abschluss des Kaufvertrages, führt. Die Option der Auktionsteilnahme an sich stellt – abgesehen von der möglicherweise auf Bieterseite bestehenden Freude am Bieten im gegenseitigen Wettstreit – keinen verwertbaren Nutzen und somit angestrebten Zweck für den einzelnen Teilnehmer dar. Die Annahme eines Verbundes im Sinne eines einzigen, konkludent geschlossenen, Massenvertrages, dem alle registrierten Auktionsteilnehmer zur Verwirklichung eines (partiell) einheitlichen Vertragszweckes angehören, entspricht insofern nicht der Interessenlage der Parteien. Die Teilnehmer wollen kein auf Dauer angelegtes Verbundssystem schaffen, das sich durch wechselseitige Aufeinanderbezogenheit auszeichnet und in dem zumindest eine partielle gegenseitige Interessenwahrung aller Teilnehmer erfolgt. Vorliegend geht es vielmehr darum, verbindliche rechtliche Voraussetzungen zu schaffen, auf deren Basis der einzelne Teilnehmer agieren kann, um sein individuelles Ziel, nämlich Abschlusses und Durchführung des (in der Regel einmaligen) zweiseitigen Geschäfts mit einem anderen Teilnehmer zu verfolgen.
Nach alledem gilt festzuhalten, dass die Konstruktion eines mehrseitig angelegten Vertrages nicht vom Willen der Auktionsteilnehmer getragen wird. Bei der Privaten Internet-Auktion steht der angestrebte Leistungsaustausch auf der Grundlage des zweiseitigen Kaufvertrages im Vordergrund und nicht die Durchsetzung eines (auch nur partiell) einheitlichen Vertragszwecks aller Teilnehmer, von dem im Ergebnis alle an der Auktion Beteiligten profitieren könnten.
Vor diesem Hintergrund liegt es vielmehr nahe, eine vertragliche Regelung zur Einbeziehung der entsprechenden Bestimmungen gegenüber dem potenziellen Kaufvertragspartner auch mit Hilfe des Instruments des zweiseitigen Vertrages zu suchen.[725]

d) Zwischenergebnis

Die Annahme eines einzelnen Massenvertrages im Sinne eines Gesellschafts- oder Netzvertrages zwischen allen registrierten Auktionsteilnehmern ist im Ergebnis zu verneinen. Ein solcher liegt nicht im Interesse der Teilnehmer; es be-

[725] Unabhängig von der Problematik der fehlenden Verwendereigenschaft käme eine ABG-Inhaltskontrolle des Netzvertrages von vornherein nicht in Betracht, da hiervon nur Rechtsgeschäfte zweiseitiger Natur erfasst werden. Allerdings könnte man überlegen, ob sich auf einen derartigen mehrseitigen Vertrag eine Inhaltskontrolle anhand des § 242 BGB begründen ließe, etwa durch Heranziehung der von der Rechtsprechung entwickelten Grundsätze zur Inhaltskontrolle der formularmäßig geschlossenen Publikumsgesellschaftsverträge gemäß § 242 BGB. Siehe hierzu Teil 3, 6. Kapitel, B. I. sowie *Sester* in CR 2001, S. 98 (108).

steht kein (partiell) einheitliches Zweckstreben, welches einen derartigen allseitigen Verbund begründen könnte.

2. Begründung jeweils zweiseitiger Rahmenvereinbarungen zwischen den Teilnehmern

Wie dargelegt, scheint es mit Blick auf die Interessenlage der potenziellen Kaufvertragspartner folgerichtig, die Lösung in jeweils zweiseitigen Rahmenverträgen zu suchen, welche eine Einbeziehung der auf den Kaufvertragsabschluss bezogenen Klausel sowie derjenigen Vertragsbedingungen, welche die inhaltliche Ausgestaltung des Kaufvertrages betreffen, bereits im Vorfeld ermöglichen.
In der Literatur wird ein entsprechendes „Einbeziehungsmodell" zunehmend favorisiert. Erstmals hat sich *Sester*[726] für die Annahme eines standardisierten Rahmenvertrages ausgesprochen; auch *Burgard* und *Spindler* äußern sich nunmehr in diesem Sinne.[727]
Hiernach einigen sich die jeweiligen Auktionsteilnehmer in einem vorvertraglichen Rahmen über die Weise, in welcher der zu schließende Kaufvertrag bei der Internet-Auktion zustande kommen und abgewickelt werden soll, bevor sie auf der zweiten Stufe einen Kaufvertrag nach Maßgabe dieses Rahmenvertrages abschließen.[728]
Im Folgenden wird diese im Schrifttum entwickelte Lösung einer näheren Betrachtung unterzogen und untersucht, ob sie im Einklang mit den Bestimmungen des allgemeinen Vertragsrechts steht.

a) Abschluss des Rahmenvertrages durch konkludente Willenserklärungen im Rahmen der Registrierung

Zu fragen ist, ob der jeweilige Teilnehmer anlässlich der Registrierung bei dem Internet-Auktionshaus *neben* dem Benutzungsvertrag gleichzeitig einen Rahmenvertrag mit jedem potenziellen zukünftigen Kaufvertragspartner über die Geltung derjenigen Vertragsbedingungen schließt, welche das Zustandekommen und die Abwicklung des Kaufvertrages betreffen. Hierzu ist durch Auslegung gemäß §§ 133, 157 BGB zu ermitteln, ob in der Einverständniserklärung zu den AGB des Auktionshauses zugleich konkludente Willenserklärungen liegen, welche auf Abschluss einer entsprechenden Rahmenvereinbarung gerichtet sind.

---

[726] Vgl. *Sester* in CR 2001, S. 98 (107).
[727] Vgl. *Burgard* in WM 2001, S. 2102 (2106), der von einer vorvertraglichen Rahmenvereinbarung spricht; *Spindler* in ZIP 2001, S. 809 (812) verwendet zwar auch den Begriff des Vorvertrages, meint in der Sache aber das Gleiche.
[728] *Sester* in CR 2001, S. 98 (107); *Burgard* in WM 2001, S. 2102 (2106); *Spindler* in ZIP 2001, S. 809 (812).

Die Konstruktion eines konkludent geschlossenen Vor- bzw. Rahmenvertrages ist dem AGB-Recht keineswegs fremd. Wie *Spindler* herausstellt, wird insbesondere bei der Teilnahme an einem Lottospiel vor dem Abschluss des eigentlichen Lotterievertrages ein konkludenter Rahmenvertrag über die AGB angenommen.[729] Aber auch, wenn man den Blick auf das Naheliegende lenkt, findet sich eine Parallele: Bei der klassischen Versteigerung wird zwischen Versteigerer und Bieter ebenfalls eine vorvertragliche Rahmenregelung begründet.[730]
Diese beiden anerkannten Fallgestaltungen sind daher auf ihre Vergleichbarkeit mit der Privaten Internet-Auktion zu untersuchen.
Beim Lottospiel wird der Zeitpunkt des Vertragsschlusses des eigentlichen Lotterievertrages aufgrund von Sicherungsmaßnahmen – bedingt durch die Regelungen des Massenglücksspiels – auf den Zeitpunkt des Eingangs des registrierten Abschnittes des Lottoscheins in der Zentrale hinausgeschoben.[731] In den AGB des Lottoveranstalters geregelte Haftungsausschlüsse sollen indes bereits im Vorfeld Geltung erlangen und bedürfen zur Einbeziehung einer (vor-)vertraglichen Vereinbarung. Daher wird konkludent mit Einreichen des Lottoscheins bei der Annahmestelle zwischen der Lottogesellschaft und dem jeweiligen Spielteilnehmer (durch Vermittlung der Annahmestelle als Botin) ein besonderer Rahmenvertrag über die Teilnahmebedingungen geschlossen.[732]
Die gleiche Problematik stellt sich bei der herkömmlichen Auktion: Zwar schließt das klassische Auktionshaus bereits vor der Durchführung der Versteigerung mit dem Einlieferer einen Versteigerungsauftrag, dem die „Auftragsbedingungen" des Auktionators zugrunde liegen; der Kaufvertrag bzw. die Aufgeldvereinbarung auf der Grundlage der „Versteigerungsbedingungen" als das Vertragsverhältnis zwischen Höchstbieter und Auktionator kommt indes erst nach erfolgter Ausbietung durch Zuschlag im Sinne des § 156 S. 1 BGB am Schluss der Versteigerung zustande.[733] Um einen Haftungsausschluss des Aukti-

---

[729] Siehe hierzu *Spindler* in ZIP 2001, S. 809 (812); vgl. zur Problematik beim Lottovertrag *OLG Celle*, NJW-RR 1986, S. 833 (833).

[730] Vgl. hierzu *Kappus* in *von Westphalen*, AGB, Auktionsbedingungen, Rn. 24.

[731] *OLG Celle*, NJW-RR 1986, S. 833 (833).

[732] *Staudinger-Schlosser*, § 23 AGBG, Rn. 28; *Ulmer* in *Ulmer/Brandner/Hensen*, § 23 AGBG, Rn. 42a; *Horn* in *Wolf/Horn/Lindacher*, § 23 AGBG, Rn. 224. –Demgegenüber nimmt der *BGH* in NJW 1965, S. 1583 (1583) einen besonderen Vertrag mit der Annahmestelle an. Dies entspricht aber wohl nicht der Willensrichtung der Beteiligten, ganz abgesehen davon, dass durch einen derartigen Vertrag – vergleichbar der hier zugrundeliegenden Problematik – die Teilnahmebedingungen zwar zwischen dem Teilnehmer und der Annahmestelle, wiederum aber nicht gegenüber dem Veranstalter vereinbart würden.

[733] Siehe hierzu *BGH* ZIP 1985, S. 550 (551). Nach anderer Ansicht kommt die Aufgeldvereinbarung, in welche die AGB als Vertragsinhalt einbezogen werden können, bereits schon dergestalt zustande, dass der Bieter mit seinem Gebot zugleich ein Angebot auf Abschluss der Aufgeldvereinbarung abgebe, welches der Versteigerer dadurch, dass er das Gebot zulasse, annehme (*Wicher*, Der Versteigerer, S. 148).

onshauses bereits im Vorfeld wirksam einbeziehen zu können, wird für die Dauer der Auktion zwischen Auktionshaus und Bietinteressent eine Rahmenvereinbarung im Sinne von § 305 Abs. 3 BGB herbeigeführt.[734]
Die AGB-Inhaltskontrolle greift in beiden Fällen somit bereits bezüglich des Rahmenvertrages. Dabei wird die Annahme dieser Rahmenvereinbarung durch konkludente Erklärungen jeweils mit der besonderen Interessenlage der Parteien begründet;[735] für die Teilnehmer ergebe sich hinreichend deutlich die Absicht der Lotto-Gesellschaft (bzw. des Auktionators), die AGB in einem besonderen Rahmenvertrag schon mit Einreichen des Scheins (bzw. mit Beginn der Versteigerung) verbindlich werden zu lassen.[736]
Führt man sich die Interessenlage der potenziellen Kaufvertragsparteien bei der Privaten Internet-Auktion vor Augen, so muss man auch für diese Geschäftsform zu dem Ergebnis kommen, dass in der Einverständniserklärung zu den AGB im Rahmen der Anmeldung gleichzeitig entsprechende Willenserklärungen liegen, die darauf gerichtet sind, die Bestimmungen über das Zustandekommen und die inhaltliche Ausgestaltung des Kaufvertrages – also die Rahmenbedingungen der Internet-Auktion – in eine (vor)vertragliche Vereinbarung mit jedem potenziellen Kaufvertragspartner einzubeziehen. Denn nicht nur das virtuelle Auktionshaus, sondern grundsätzlich auch jeder Auktionsteilnehmer hat ein Interesse an der wirksamen Einbeziehung der entsprechenden Vertragsbedingungen im Verhältnis zu den übrigen Teilnehmern. Wie *Burgard* zutreffend herausgearbeitet hat, ist maßgeblich, dass der durchschnittliche Auktionsteilnehmer den Abschluss des Benutzungsvertrages nach Treu und Glauben dahingehend verstehen musste, dass hiermit die AGB nicht nur gegenüber dem Internet-Auktionshaus, sondern gegenüber jedem an der Online-Versteigerung Beteiligten unmittelbare Geltung erlangen sollten.[737] Zu diesem Zweck gibt der Teilnehmer seine Einverständniserklärung zu den AGB, nämlich um eine Bindung zu erreichen, die gleichermaßen für ihn sowie jeden potenziellen Kaufvertragspartner gilt und dadurch die zweifellos gewünschte Rechtssicherheit und – klarheit für alle Beteiligten schafft. Er unterwirft sich den AGB und damit dem Abschlussmechanismus des Auktionshauses und erwartet, dass sich auch alle anderen registrierten Teilnehmer hieran halten. Dass der jeweilige Auktionsteilnehmer dabei nicht notwendigerweise das Bewusstsein hat, mit der Zustimmung

[734] *Kappus* in *von Westphalen*, AGB, Auktionsbedingungen, Rn. 24. Der Haftungsausschluss gilt vor allem für Haftungsfolgen durch Änderung des Versteigerungsablaufes.
[735] Ausweislich seiner Vertragsbedingungen macht der Lotterieveranstalter schon die Aufnahme des geschäftlichen Kontakts von der Anerkennung seiner Bedingungen durch den Kunden abhängig. Somit komme es mit Einreichung des Spielscheins als konkludente Zustimmung des Spielers zu einer rechtsgeschäftlichen Ausgestaltung des vorvertraglichen Schuldverhältnisses. (*Staudinger-Schlosser*, § 23 AGBG, Rn. 28; *Ulmer* in *Ulmer/Brandner/Hensen*, § 23 AGBG, Rn. 42a.).
[736] *OLG Celle* NJW–RR 1986, S. 833 (833).
[737] *Burgard* in WM 2001, S. 2102 (2106).

zu den AGB bei der Anmeldung unterschiedliche Vertragsverhältnisse zu begründen, ist insoweit nicht erheblich.
Somit ist in Übereinstimmung mit den entsprechenden Vertretern im Schrifttum davon auszugehen, dass mit der Registrierung (nicht erst mit der Freischaltung der Warenpräsentation) gleichzeitig ein konkludentes Angebot an alle gegenwärtig und zukünftig registrierten Teilnehmer auf Abschluss eines Rahmenvertrages mit dem Inhalt der jeweiligen Vertragsbedingungen abgegeben wird.[738] Die Annahmeerklärungen sind ebenfalls in der Einverständniserklärung enthalten; sie richten sich zum einen an den bereits Registrierten, zum andern antizipiert an den sich zukünftig registrierenden Teilnehmer.[739]

b) Wirksamkeit der entsprechenden Willenserklärungen

Es bleibt zu erörtern, ob der Wirksamkeit der den Rahmenvertrag begründenden Willenserklärungen im Hinblick auf Bestimmtheit und Zugang Bedenken entgegenstehen.
In der Literatur wird darauf abgestellt, dass der Zugang der jeweiligen Erklärungen gemäß § 130 Abs. 1 S. 1 BGB durch das Auktionshaus als Empfangsvertreter im Sinne des § 164 Abs. 3 BGB bewirkt werde.[740] Der Abschluss des Rahmenvertrages lässt sich indes auch ohne „Zwischenschaltung" des Auktionshauses als Empfangsvertreter der Parteien begründen. Auf das mit der Einverständniserklärung zugleich abgegebene Angebot ad incertas personas ist § 130 BGB nicht anzuwenden, sondern der Zeitpunkt der Bindung ist vielmehr gemäß § 133 BGB durch eine sachgemäße Auslegung der Erklärung zu ermitteln.[741] Berücksichtigt man, dass in der Zustimmung zu den AGB gerade eine entsprechende Verpflichtung gegenüber jedem anderen registrierten Teilnehmer liegt, muss die hierauf gerichtete Willenserklärung auch mit der Entäußerung Bindung erlangen; mit erfolgreicher Registrierung macht der Teilnehmer deutlich, dass er seine Erklärung der Öffentlichkeit zugänglich machen und selbst keinen Einfluss mehr auf sie ausüben möchte, so dass zu diesem Zeitpunkt Wirksamkeit des Angebots eintritt. Gleichzeitig liegt in dem Angebot ein Verzicht des Zugangs der Annahmeerklärungen gemäß § 151 S. 1 Alt. 2 BGB, so dass mit der Betätigung des Annahmewillens die entsprechenden Rahmenverträge zustande kommen.

---

[738] *Sester* in CR 2001, S. 98 (107); ebenso *Spindler* in ZIP 2001, S. 809 (812); *Burgard* in WM 2001, S. 2102 (2106).
[739] *Sester* in CR 2001, S. 98 (107).
[740] *Burgard* in WM 2001, S. 2102 (2107); *Sester* in CR 2001, S. 98 (107); *Spindler* in ZIP 2001, S. 809 (812).
[741] So für das Angebot ad incertas personas grds. *OLG Frankfurt* NJW 1971, S. 2176 (2177); *Soergel/Hefermehl*, § 130, Rn. 6.

Die Anforderungen an die Bestimmtheit der jeweiligen Angebotserklärungen sind ebenfalls gewahrt. Wie *Sester* zutreffend erläutert, ist der Kreis der potenziellen Vertragspartner insofern hinreichend bestimmt, als diese ihrerseits das Einverständnis mit den betreffenden Klauseln erklären müssen und das Angebot somit durch Erfüllung der in dem Angebot genannten Bedingung – Einverständnis mit den Klauseln des Auktionshauses – angenommen wird.[742]
Im Ergebnis ist festzuhalten, dass an der Wirksamkeit der Willenserklärungen, welche zum Abschluss der entsprechenden vorgelagerten Rahmenverträge zwischen den jeweiligen Auktionsteilnehmern führen, keine Zweifel bestehen.

3. Vorteile der Einbeziehung der AGB über die Rahmenverträge

Auf der Basis der zweiseitigen Rahmenverträge wird die Vertragsabschlussklausel sowie derjenige Teil der Vertragsbedingungen des Online-Auktionshauses, welcher sich auf die inhaltliche Ausgestaltung des Kaufvertrages bezieht, Gegenstand einer (vor-)vertraglichen Vereinbarung zwischen den jeweiligen Auktionsteilnehmern. Durch die Einbeziehung der entsprechenden Bestimmungen in das Teilnehmerverhältnis werden die dargelegten Probleme, welche die „Auslegungslösung" über die Auslegung der unmittelbar auf den Kaufvertrag bezogenen Willenserklärungen mit sich bringt, beseitigt:
Zum einen besteht durch die vertragliche Bindung nicht die Gefahr, dass der Anbieter der Internet-Auktion ohne weiteres eigene Bestimmungen zugrunde legt; denn insoweit würde er eine Vertragsverletzung gegenüber dem Bieter wegen maßgeblichen Abweichens vom Rahmenvertrag begehen. Zum andern hat *Spindler* als besonderen Vorteil treffend herausgestellt, dass der Rahmenvertrag unabhängig ist vom Schicksal des Benutzungsvertrages, da die entsprechenden Willenserklärungen sich nur auf die Vereinbarung des rechtlichen Rahmens für die Auktion gegenüber dem jeweiligen Teilnehmer richten.[743] *Sester* unterstreicht den Vorteil, dass der Rahmenvertrag die Rollenverteilung bei den späteren Auktionen offen lässt, so dass jeder Teilnehmer Anbieter und Bieter sein kann.[744]
Entscheidend ist schließlich, dass der zweiseitige Rahmenvertrag, welchem die Vertragsabschlussklausel des Online-Auktionshauses zugrunde liegt, einen Bezugspunkt für eine Inhaltskontrolle im Teilnehmerverhältnis bietet.[745] Die späteren Kaufverträge kommen nur dann nach Maßgabe dieser Rahmenverträge zustande, wenn der hierin vereinbarte, von der dispositiven Regelung des § 156

[742] Vgl. hierzu für die Internet-Auktion *Sester* in CR 2001, S. 98 (107); grds. *Flume*, AT, § 35 I, 1; *Staudinger-Bork*, § 145, Rn. 19; *Soergel-Wolf*, § 145, Rn. 4 z. B. für die Aufstellung eines Warenautomaten.
[743] *Spindler* in ZIP 2001, S. 809 (812).
[744] *Sester* in CR 2001, S. 98 (107).
[745] Ebenso *Spindler* in ZIP 2001, S. 809 (812) sowie *Sester* in CR 2001, S. 98 (107).

BGB abweichende Vertragsabschlussmechanismus rechtswirksam ist. Ergibt sich als Ergebnis einer Inhaltskontrolle aufgrund der begründeten Bedenken gegen das Leitbild des § 156 BGB die Unwirksamkeit der Vertragsabschlussklausel, tritt an ihre Stelle die gesetzliche Norm des § 156 S. 1 BGB mit der Folge, dass der Anbieter nicht bereits zu Beginn der Online-Auktion gebunden ist und der Kaufvertrag somit nicht automatisch mit „Zuschlag durch Zeitablauf" zustande kommt.

4. Zwischenergebnis

In Übereinstimmung mit den entsprechenden Befürwortern in der Literatur ist festzuhalten, dass die jeweiligen Auktionsteilnehmer untereinander mit der Registrierung bei dem Internet-Auktionshaus Rahmenverträge abschließen, welche die vom Auktionshaus vorgegebenen Bedingungen hinsichtlich des Abschlusses des Kaufvertrages sowie dessen inhaltlicher Ausgestaltung zum Inhalt haben.[746]

III. Ergebnis zu E.

Als Ergebnis der Auseinandersetzung mit den vorgestellten Modellen zur Einbeziehung der Vertragsbedingungen des Online-Auktionshaus in das Verhältnis der Auktionsteilnehmer zueinander ist wie folgt festzuhalten:
Die Qualifizierung des Benutzungsvertrages als Rahmenvertrag zugunsten Dritter gemäß § 305 Abs. 3 BGB ist aufgrund der unzulässigen Regelungen zu Lasten des Dritten zu verneinen; zudem passt die Rechtsfigur des Vertrages zugunsten Dritter bereits ihrem Wesen nach nicht auf den hier zu regelnden Sachverhalt. Die Idee der Schaffung eines Netzverbundes aller registrierten Auktionsteilnehmer auf der Grundlage des Abschlusses der jeweiligen Benutzungsverträge lässt sich mangels eines auch nur partiell einheitlichen Vertragszweckes nicht begründen. Die Annahme jeweils zweiseitiger (vor-)vertraglicher Rahmenvereinbarungen über die das Teilnehmerverhältnis betreffenden AGB und insbesondere die Vertragsabschlussklausel wird demgegenüber in Übereinstimmung mit den Vertretern dieser „Einbeziehungslösung" als tragfähiges Modell angesehen.

F. Zusammenfassung der Ergebnisse Teil 3, 5. Kapitel

Die Versteigerungsbedingungen des Online-Auktionshauses stellen im Benutzungsverhältnis wirksam einbezogene AGB im Sinne des § 305 Abs. 1 S. 1 BGB dar, welche als solche in diesem Verhältnis einer AGB-Inhaltskontrolle unterliegen.

---

[746] Zu diesem Ergebnis gelangen *Sester* in CR 2001, S. 98 (107); *Spindler* in ZIP 2001, S. 809 (812); *Burgard* in WM 2001, S. 2102 (2106).

Mit Hilfe des Instruments der Auslegung der Freischaltung der Warenpräsentation nach dem objektivierten Empfängerhorizont des Bieters gemäß §§ 133, 157 BGB kommt man unter Heranziehung der Vertragsabschlussklausel bzw. der in der Eingabemaske des Auktionshauses angekreuzten Bestimmung zu dem Ergebnis, dass der Anbieter bereits mit Freischaltung seiner Präsentation eine verbindliche und hinreichend bestimmte Willenserklärung gerichtet auf Abschluss des Kaufvertrages abgibt. Der Kaufvertrag bei der Privaten Internet-Auktion kommt somit in Abweichung zu § 156 BGB auf der Basis der Vertragsabschlussbestimmung des Online-Auktionshauses zustande.
Nach der „Auslegungslösung" finden die AGB des Auktionshauses im Teilnehmerverhältnis lediglich bei der Auslegung der Parteierklärungen Berücksichtigung; sie bestimmen faktisch das Verständnis der Kontrahenten von den Erklärungen des jeweils anderen. Mit dieser Lösung schneidet man sich den Weg zu einer Inhaltskontrolle im Verhältnis der Auktionsteilnehmer zueinander ab. Eine Inhaltskontrolle der Vertragsabschlussklausel scheint aber notwendig, weil ein Konflikt mit der gesetzlichen Wertung des § 156 BGB droht. Denn mit dem Vorbehalt des Zuschlages im Sinne des § 156 S. 1 BGB als wesentliches Element des Vertragsschlussverfahrens wird den schutzwürdigen Interessen des Anbieters an der Bildung eines angemessenen Preises Rechnung getragen und hiermit ein angemessener Interessenausgleich zwischen den Parteien angestrebt, welcher bei der Privaten Internet-Auktion möglicherweise nicht gewährleistet ist. Diese Bedenken bestehen zumal, als die Auktion im Internet zu einem exakt fixierten Zeitpunkt endet und ohne steuernden Auktionator stattfindet, welcher den Zuschlag erst nach „Ausbieten" erteilt; zwar muss das Schutzbedürfnis des Anbieters entfallen, wenn dieser einen Mindestpreis festgesetzt hat, welcher von dem Höchstbieter erreicht wird. Allerdings macht die überwiegende Zahl der Anbieter von dieser Option keinen Gebrauch, weil die Online-Auktionshäuser eindringlich empfehlen, auf die Angabe eines Mindestpreises zu verzichten.
Vor diesem Hintergrund wurde herausgearbeitet, dass die mögliche Unwirksamkeit der Vertragsabschlussklausel im Benutzungsvertrag nach der „Auslegungslösung" keine Auswirkungen auf den objektiven Empfängerhorizont des durchschnittlichen Bieters hat, welcher die Freischaltung der Angebotsseite des Anbieters vor dem Hintergrund der (unwirksamen) Vertragsabschlussklausel versteht.
Der beschriebene Mechanismus gilt dabei nach den Vertretern der „Auslegungslösung" sowohl für die auf den Vertragsschluss selbst bezogene Klausel als auch für solche Bestimmungen, die den Inhalt des Kaufvertrages betreffen.
Die sich insofern anschließende Prüfung, ob die Versteigerungsbedingungen im Teilnehmerverhältnis AGB-Qualität entfalten, musste im Ergebnis verneint werden. Zwar sind entgegen der Auffassung des *BGH* sowohl die Vertragsabschlussklausel als auch die zusätzlich angekreuzte Bestimmung in der Eingabemaske des Auktionshauses als grundsätzlich kontrollfähige Vertragsbedingun-

gen im Sinne des § 305 Abs. 1 S. 1 BGB zu qualifizieren; jedoch sind weder Anbieter noch Bieter Verwender im Sinne des § 305 Abs. 1 S. 1 BGB.
Das Bedürfnis für eine inhaltliche Korrektur im Individualprozess zwischen Anbieter und Bieter kann weder durch Aufklärung im Hinblick auf das Klauselwerk des Auktionshauses, noch durch Verweisung auf die Möglichkeit der Verbandsklage oder eines etwaigen Schadensersatzanspruchs gemäß § 280 Abs. 1 BGB gegenüber dem Auktionshaus kompensiert werden.
Somit musste nach einer Konstruktion gesucht werden, um eine Einbeziehung der auf den Kaufvertragsabschluss bezogenen Klausel im Teilnehmerverhältnis zu erreichen. Die Vorstellung der unterschiedlichen „Einbeziehungsmodelle" hat zu dem Schluss geführt, dass die potenziellen Kaufvertragspartner mit der Registrierung eine (vor-)vertragliche Rahmenvereinbarung abschließen, welche die Vertragsabschlussbestimmung sowie die übrigen das Teilnehmerverhältnis betreffenden Vertragsbedingungen des Auktionshauses zum Inhalt hat. Eine dahingehende ausdrückliche Regelung in den AGB der Online-Auktionshäuser wäre für die Zukunft zu begrüßen.

6. Kapitel: Möglichkeit der Inhaltskontrolle des Rahmenvertrages

Nunmehr stellt sich abschließend die Frage nach dem Ansatzpunkt für eine Inhaltskontrolle dieses Rahmenvertrages.
Die Erforderlichkeit einer Inhaltskontrolle wurde vor allem mit Blick auf die bedenkliche Abweichung der Vertragsabschlussbestimmung vom Leitbild des § 156 BGB bejaht. Allerdings beschränkt sich eine Inhaltskontrolle des Rahmenvertrages grundsätzlich nicht lediglich auf die Abschlussklausel. Wie herausgearbeitet, beinhaltet die zwischen den Teilnehmern geschlossene Rahmenvereinbarung sämtliche Vertragsbedingungen des Auktionshauses, soweit sie das Verhältnis der Teilnehmer zueinander betreffen, so dass etwa Bestimmungen über die Vertragsabwicklung oder Informations- und Gewährleistungspflichten des Anbieters ebenfalls einer Inhaltskontrolle unterfielen. Wird zum Beispiel durch eine entsprechende Klausel die Gewährleistung des Anbieters für die von ihm angebotenen oder veräußerten Gegenstände ausgeschlossen oder beschränkt, stellt sich die Frage der Wirksamkeit gleichermaßen.[747]

[747] So hatte das *LG Berlin* in CR 2001, S. 412 (413) im Rahmen des Verbandsprozesses neben der Abschlussklausel die Wirksamkeit einer von dem Auktionshaus aufgestellten Bestimmung zu überprüfen, wonach bei gebrauchten Gegenständen der Verkauf unter Ausschluss der Gewährleistung erfolgen sollte. Das Gericht hat die konkrete Klausel als Verstoß gegen § 9 AGBG a. F. gewertet, da die Zulässigkeit eines Gewährleistungsausschlusses davon abhänge, um was für einen gebrauchten Gegenstand es sich handele. Ein Ausschluss etwa beim Kauf von gebrachten Sachen, die als „generalüberholt" angeboten werden, sei unzulässig (vgl. hierzu grds. *Ulmer* in *Ulmer/Brandner/Hensen*, Anhang §§ 9-11 AGBG, Rn. 431). Da

Vor diesem Hintergrund ist im Folgenden in Auseinandersetzung mit den jeweiligen Stellungnahmen im Schrifttum zu untersuchen, auf welche dogmatische Grundlage sich eine Inhaltskontrolle des Rahmenvertrages stützen lässt.

A. Inhaltskontrolle nach den AGB-Vorschriften

Zunächst ist dabei zu erörtern, ob sich nicht trotz des klaren Wortlautes des § 305 Abs. 1 S. 1 BGB, welcher einen „Verwender" voraussetzt, ein Anwendungsfall der Inhaltskontrolle Allgemeiner Geschäftsbedingungen anhand der §§ 307 bis 309 BGB ergibt.
In der Literatur wird der Gedanke einer Anwendung der AGB-Vorschriften auf die Private Internet-Auktion mit Blick auf die fehlende Verwenderstellung eines der Teilnehmer lediglich von *Wenzel* im Sinne einer teleologischen Extension des § 305 Abs. 1 S. 1 BGB angedacht, aber nicht weiter verfolgt.[748]

I. Unmittelbare Anwendung der AGB-Vorschriften

In der Kommentierung zu § 305 Abs. 1 S. 1 BGB spricht sich insbesondere *Schlosser* grundsätzlich für eine Anwendung einzelner AGB-Vorschriften aus, sofern die Einbeziehung vorformulierter Vertragsbedingungen auf die Initiative beider Parteien gleichermaßen zurückgehe.[749] Mit dem Hinweis, es sei nicht „sachgerecht", die entsprechenden Fallgruppen aus dem Anwendungsbereich der AGB-Vorschriften auszuschließen, sollen diese unmittelbar auf Fälle wie den hier Vorliegenden Anwendung finden, sofern die Bestimmungen keine Antinomie von Verwender und seinem Vertragspartner voraussetzen; dies gelte vor allem für die §§ 305b, 305c Abs. 1, 306 BGB, aber auch für einzelne Bestimmungen aus dem Katalog unwirksamer Klauseln, wie zum Beispiel § 309 Nr. 1 und Nr. 8 b) BGB. Denn ginge die Einbeziehung auf die Initiative beider Vertragsparteien zurück, hätten sich diese die Klauseln „gegenseitig gestellt", so dass beide Seiten als Verwender zu behandeln seien.[750]
Diesem Vorbringen ist zum einen entgegenzuhalten, dass eine unmittelbare Anwendung auch einzelner Bestimmungen des AGB-Rechts dem eindeutigen Wortlaut des § 305 Abs. 1 S. 1 BGB widerspricht, wonach Rechtsbeziehungen

---

auf der betreffenden Auktionsplattform beliebige Gegenstände angeboten werden konnten, also auch solche, für die ein Ausschluss der Gewährleistung unzulässig ist, verstoße die Klausel in ihrer allgemeinen Fassung gegen § 9 AGBG a. F. Dies war in der Berufungsinstanz *KG* in BB 2002, S. 168 (168) nicht mehr streitig.

[748] Vgl. hierzu *Wenzel* in DB 2001, S. 2233 (2236).

[749] *Staudinger-Schlosser*, § 1 AGBG, Rn. 28 hinsichtlich der Frage der Anwendbarkeit der AGB-Vorschriften auf die VOB.

[750] Ebenso *Schlechtriem* in FS *Duden*, S. 571 (577); *Sonnenschein* in NJW 1980, S. 1489 (1492) sowie *Schmidt-Futterer-Blank*, Vor §§ 535, 536, Rn. 15 im Hinblick auf Formularmietverträge; *Staudinger-Schlosser*, § 1 AGBG, Rn. 28.

zwischen einem Verwender und einer anderen Vertragspartei betroffen sind. Zum andern widerspricht der Ansatz, beide Seiten als Verwender der AGB anzusehen, dem Schutzzweck des zweiten Abschnitts des zweiten Buches des BGB, den typischerweise situativ unterlegenen Vertragspartner des Verwenders vor dessen einseitiger Inanspruchnahme der Gestaltungsfreiheit und somit vor Missbräuchen der Vertragsfreiheit zu schützen;[751] das Wesen der AGB-Vorschriften liegt insoweit gerade in der Antinomie von Verwender und Vertragspartner begründet.[752] Dabei vermag das Empfinden, dieses Ergebnis sei nicht „sachgerecht", nicht zu ändern, dass die AGB-Vorschriften nach dem gesetzgeberischen Willen nicht die allgemeine Kontrolle von vorformulierten Bedingungen bezwecken, sondern vielmehr die Kontrolle solcher Klauseln, die das Ergebnis einseitiger Interessenverfolgung des Verwenders sind.[753]
Eine unmittelbare Anwendung auch nur einzelner AGB-Vorschriften auf den Rahmenvertrag bei der Privaten Internet-Auktion ist somit zu verneinen. Zudem käme eine Überprüfung der Vertragsabschlussklausel anhand des § 307 Abs. 1 S. 1 i. V. m. Abs. 2 Nr. 1 BGB unter Heranziehung des § 156 BGB auch nach diesem Ansatz nicht in Betracht.

II. Analoge Anwendung der AGB-Vorschriften

Das Fehlen eines Verwenders und das hierdurch bedingte grundsätzliche Nichteingreifen der ABG-Vorschriften soll einer verbreiteten Meinung zufolge eine *analoge* Anwendung zumindest der Einbeziehungs-, Auslegungs- und Gültigkeitsvorschriften der § 305c BGB und § 306 BGB der Vertragspartner nicht ausschließen; ebenso lasse sich der Grundsatz der objektiven Auslegung und der Vorrang der Individualabrede (§ 305b BGB) auch ohne Zurechnung der Klauseln zu einem bestimmten Verwender anwenden.[754] Nicht anwendbar sind hiernach aber konsequenterweise die §§ 307 bis 309 BGB, da diese auf den Verwenderbegriff abstellen.[755]
Eine Inhaltskontrolle des Rahmenvertrages und insbesondere der diesem zugrunde liegenden Vertragsabschlussklausel im Wege der *analogen* Anwendung der §§ 307 bis 309 BGB lässt sich nach dieser Auffassung somit ebenfalls nicht begründen.

---

[751] *Erman-Hefermehl/Werner*, § 1 AGBG, Rn. 13; *Soergel-Stein*, § 1 AGBG, Rn. 15; *Wolf* in *Wolf/Horn/Lindacher*, § 1 AGBG, Rn. 23, 29; a. A. *Wiedemann* in FS *Kummer*, S. 175 (176).
[752] Vgl. *Medicus*, Zur gerichtlichen Inhaltskontrolle notarieller Verträge, S. 14; *Roth* in BB 1992, Beilage 4, S. 1 (9).
[753] *Ulmer* in *Ulmer/Brandner/Hensen*, § 1 AGBG, Rn. 29; *Palandt-Heinrichs*, § 305, Rn. 13 m. w. N.
[754] Vgl. grds. *Canaris* in NJW 1988, S. 1243 (1245); *Wolf* in *Wolf/Horn/Lindacher*, § 1 AGBG, Rn. 23.
[755] Grds. *Wolf* in *Wolf/Horn/Lindacher*, § 1 AGBG, Rn. 23.

Demgegenüber wird innerhalb dieses Ansatzes vertreten, dass es trotz Fehlens eines bestimmten Verwenders jedem der Vertragspartner möglich sein soll, sich im Rahmen der konkreten Inhaltskontrolle anhand der §§ 307 bis 309 BGB auf die Unangemessenheit vorformulierter Klauseln zu berufen; ein solcher Analogieschluss sei im Hinblick auf vorformulierte Vertragsbestimmungen, die auf Veranlassung beider Seiten ohne besonderes Aushandeln in den Vertrag einbezogen werden, geboten.[756] Die Vertreter dieser Auffassung orientieren sich dabei letztlich ohne überzeugende Begründung an dem Ergebnis der Durchführung einer AGB-Kontrolle – ähnlich wie die im Rahmen der Prüfung der Verwendereigenschaft bereits abgelehnte Ansicht, welche die Voraussetzung des „Stellens“ zugunsten einer direkten AGB-Inhaltskontrolle abschwächen und jedenfalls einen der Vertragspartner als Verwender qualifizieren möchte.[757] Diesem Ansatz von *Basedow* war indes zugute zu halten, dass zumindest die Durchführung der Inhaltskontrolle anhand der §§ 307 bis 309 BGB durch die Zuordnung der Verwenderrolle keine Schwierigkeiten bereiten würde.
Eine analoge Anwendung der §§ 307 bis 309 BGB auf den Rahmenvertrag ist abzulehnen. Zum einen ist der Hinweis, „Rechtsanwendungsprobleme seien aus dem Fehlen der Möglichkeit, die vorformulierten Bedingungen dem einen Teil zuzurechnen, im allgemeinen nicht zu erwarten“[758], nicht überzeugend. Denn anhand welcher Kriterien eine Inhaltskontrolle gemäß der §§ 307 bis 309 BGB durchzuführen wäre, die sich – anders als es der Wortlaut des Gesetzes bestimmt – auf eine objektivierte Prüfung beschränken müsste, ist unklar. Vor allem aber lässt sich eine analoge Anwendung der AGB-Kontrollvorschriften dogmatisch nicht rechtfertigen. Auch wenn man Ausnahmevorschriften als analogiefähig ansieht, sofern ihr Sinn über ihren Wortlaut hinausreicht,[759] fehlt es vorliegend an der Voraussetzung einer planwidrigen Regelungslücke. Vielmehr hat der Gesetzgeber das regelungsbedürftige Problem gesehen und dieses mit Verankerung des Merkmals des „Stellens“ durch einen Verwender nicht etwa offen gelassen, um es der Entscheidung durch Rechtsprechung und Lehre zu überlassen. Die grundsätzlich zutreffende Argumentation, in den Grenzen des Gesetzeszweckes sei eine analoge Anwendung einer Ausnahmevorschrift statthaft,[760] greift nicht. Wie dargelegt, besteht der vom Gesetzgeber mit den AGB-Vorschriften verfolgte Zweck darin, vor einer einseitigen Inanspruchnahme der Vertragsgestaltungsfreiheit durch den Verwender zu schützen, welcher den anderen Teil unter Ab-

---

[756] So grds. *Ulmer* in *Ulmer/Brandner/Hensen*, § 1 AGBG, Rn. 30; 79.
[757] Vgl. Teil 3, 5. Kapitel, C. II. 7. sowie *MüKo-Basedow*, § 1 AGBG, Rn. 28.
[758] *Ulmer* in *Ulmer/Brandner/Hensen*, § 1 AGBG, Rn. 30.
[759] Vgl. hierzu grds. *BGHZ* 26, S. 78 (83); *BayObLG* NJW 2000, S. 1875 (1876); *Larenz*, Methodenlehre der Rechtswissenschaft, S. 353 (355); *Palandt-Heinrichs*, Einl., Rn. 45 m. w. N.
[760] *BayObLG* NJW 2000, S. 1875 (1876).

bedingung des dispositiven Rechts unangemessen benachteiligt.[761] Dass der Normgeber an diesem Gesetzeszweck nichts ändern und diesen insbesondere nicht erweitern wollte, ergibt sich gerade aus der in § 310 Abs. 3 Nr. 1 BGB erfolgten Umsetzung der EG-Richtlinie 93/13 über missbräuchliche Klauseln in Verbraucherverträgen. Hier wurde von dem Erfordernis des „Stellens" Abstand genommen, wobei § 310 Abs. 3 Nr. 1 BGB eben nur Verträge zwischen Unternehmern und Verbrauchern erfasst, nicht aber solche zwischen zwei Verbrauchern.[762] Bei der Schaffung des § 310 Abs. 3 BGB hätte sich eine grundsätzliche Auseinandersetzung mit der Problematik des „Stellens" und eine Änderung der AGB-Vorschriften im Sinne einer Abkehr von diesem Merkmal angeboten, welches dem Gemeinschaftsrecht ohnehin fremd ist. Dass dies trotz Bewusstseins für die Problematik nicht erfolgt ist, unterstreicht einmal mehr den bisherigen vom Gesetzgeber angestrebten Zweck. Ist der Verbraucherschutz – wie bei den Teilnehmern an der Privaten Online-Auktion – nicht betroffen, soll an der Konstellation „Verwendungsgegner im Verhältnis zum Verwender" festgehalten werden. Auch mit Blick auf das Reformgesetz zur Modernisierung des Schuldrechts, in dessen Zuge der Gesetzgeber das AGBG in die Systematik des BGB integriert hat, ohne den Begriff des Verwenders in Frage zu stellen, ergibt sich insoweit kein anderes Ergebnis. Zwar sehen viele den so verstandenen Schutzzweck als zu eng an und propagieren eine AGB-Kontrolle für alle Formularverträge und zum Teil sogar für auf formelhaften Bestimmungen beruhende Individualverträge, die weder von beiden Parteien in privatautonomer Selbstbestimmung im Einzelnen ausgehandelt worden sind noch einseitig auferlegt wurden.[763] Aber auch mit diesen – möglicherweise zutreffenden – Überlegungen lässt sich eine planwidrige Regelungslücke nicht begründen. Der Gesetzgeber hat mit dem zum Tatbestandsmerkmal erhobenen Umstand des „Stellens" durch einen Verwender eine eindeutige Entscheidung getroffen, die allenfalls rechtspolitisch angreifbar ist.[764] Es bleibt dem Gesetzgeber vorbehalten, in Erweiterung des Schutzzwecks eine entsprechende Gesetzesänderung vorzunehmen.

Als Fazit lässt sich an dieser Stelle nur ableiten, dass eine Inhaltskontrolle des Rahmenvertrages zwischen den Auktionsteilnehmern auf der Grundlage der Vorschriften der §§ 307 bis 309 BGB ausscheidet.

---

[761] *BT-Drs.* 7/3919, S. 15/16: „Die Einseitigkeit der Auferlegung ist mithin das wesentliche Charakteristikum von AGB."; *Fastrich*, S. 93; *Nicklisch/Weick*, Einl., Rn. 56.

[762] Siehe Teil 3, 5. Kapitel, C. II. 2. Um den Verbraucher in seiner „rollenspezifischen Unterlegenheit" zu schützen, hat der Gesetzgeber den Verbraucherschutz im Sinne der Richtlinie neben den bisherigen Zweck zum zweiten tragenden Schutzprinzip erhoben. Da die Vorschriften somit auch für Vertragsbedingungen gelten, die begrifflich keine AGB sind, trifft der Begriff „AGB-Vorschriften" eigentlich nicht mehr zu (vgl. *Palandt-Heinrichs*, Überbl v § 305, Rn. 10; § 310, Rn. 7/10).

[763] Vgl. hierzu *Kramer* in ZHR 146 (1982), S. 105 (115); unter Betonung des Grundsatzes der „Gleichbehandlung des Gleichartigen" *Hönn* in JZ 1983, S. 677 (680).

[764] Vgl. hierzu *Roth* in BB 1987, S. 977 (982) sowie *Fastrich*, S. 78.

III. Umgehungsgeschäft im Sinne des § 306a BGB

Schließlich stellt sich die Frage, ob man für eine Anwendbarkeit der AGB-Vorschriften das Umgehungsverbot des § 306a BGB fruchtbar machen kann. Hiernach finden die AGB-Vorschriften auch Anwendung, wenn sie durch anderweitige Gestaltungen umgangen werden,[765] wobei die übermäßige Nutzung einer zunächst bewusst gelassenen Lücke eine entsprechende Gesetzesumgehung begründet.[766]
Jedoch wird man dem Auktionsteilnehmer nicht unterstellen können, dass er die Vertriebsform der Privaten Internet-Auktion gerade deshalb nutzt, weil er sich in Kenntnis der fehlenden Möglichkeit der AGB-Inhaltskontrolle den Vorgaben dieses Abschnitts entziehen kann. Zwar ist nicht erforderlich, dass eine Absicht der Umgehung nachgewiesen wird;[767] die besondere rechtliche Gestaltung der Privaten Internet-Auktion über die Dreiecksbeziehung zwischen Auktionshaus, Anbieter und Bieter ist aber nicht etwa deshalb erfolgt, um die AGB-Inhaltskontrollvorschriften im Verhältnis der beiden Teilnehmer zueinander zu umgehen.
Zudem ist eine von § 306a BGB erfasste Umgehung des § 305 Abs. 1 S. 1 BGB eigentlich nicht möglich. Dem steht zum einen bereits der Wortlaut der Vorschrift („Die *Vorschriften dieses Abschnitts* finden auch Anwendung") entgegen. Zum andern ergibt sich aus den Gesetzesmaterialien, dass § 306a BGB in erster Linie die Umgehung des Katalogs der unzulässigen Klauseln verhindern soll, während für die Anwendung der §§ 305 bis 306 BGB auf die sachgerechte Interpretation der Gerichte vertraut werden könne;[768] § 305 Abs. 1 S. 1 BGB verwende unbestimmte Rechtsbegriffe, mit denen sich alle Sachverhalte erfassen ließen, auf die sich die AGB-Vorschriften nach ihrem Schutzzweck angewendet wissen wollten.[769] Eine entsprechende Auslegung hat insoweit Vorrang vor einer Anwendung des § 306a BGB.[770] Die bisherigen Ausführungen haben gezeigt, dass weder eine Anpassung des Verwenderbegriffs im Wege der teleologischen Extension des § 305 Abs. 1 S. 1 BGB in Betracht kommt, noch eine analoge Anwendung der AGB-Bestimmungen mit dem Schutzzweck des Gesetzes zu vereinbaren ist. Auch § 306a BGB ermöglicht es nicht, die Rolle des Verwen-

---

[765] Vgl. zur Gesetzesumgehung allgemein *Staudinger-Schmidt*, § 242, Rn. 276.
[766] § 306 a BGB greift z. B. in den Fällen, in denen die Rechtsform des Vereins nur gewählt wird, um ein Eingreifen des § 310 Abs. 4 BGB zu erreichen und die Geltung der AGB-Vorschriften auszuschließen. Vgl. *Ulmer* in *Ulmer/Brander/Hensen*, § 7 AGBG, Rn. 13.
[767] *MüKo-Basedow*, § 7 AGBG, Rn. 4; *Staudinger-Schlosser*, § 7 AGBG, Rn. 2; *Ulmer* in *Ulmer/Brander/Hensen*, § 7 AGBG, Rn. 5.
[768] Siehe hierzu den Ergänzungsvorschlag des Bundesrates *BT-Drs. 7/3919*, S. 48.
[769] *MüKo-Basedow*, § 7 AGBG, Rn. 3; *Ulmer* in *Ulmer/Brander/Hensen*, § 7 AGBG, Rn. 5.
[770] *Palandt-Heinrichs*, § 306 a, Rn. 2.

ders einer Person zuzuweisen, welche die vorformulierten Vertragsbestimmungen tatsächlich nicht „gestellt" hat.[771]

IV. Zwischenergebnis

Es bleibt festzustellen, dass der Anwendungsbereich einer AGB-Inhaltskontrolle nicht eröffnet ist. Der Rahmenvertrag hat vorformulierte Vertragsbedingungen im Sinne des § 305 Abs. 1 S. 1 BGB zum Inhalt, die nicht einseitig von einer Vertragspartei gestellt werden und somit keine AGB-Qualität besitzen. Er entspricht einerseits nicht dem frei ausgehandelten Individualvertrag und fällt andererseits nicht in den direkten Anwendungsbereich der AGB-Vorschriften.

B. Inhaltskontrolle auf der Grundlage von § 242 BGB

Grundsätzlich lässt sich den AGB-Bestimmungen keine Sperrwirkung gegenüber anderen Formen der Inhaltskontrolle von Verträgen entnehmen.[772] Nur „soweit" der Regelungsinhalt der §§ 307 bis 309 BGB reicht, ist ein Rückgriff auf eine andere Rechtsnorm nicht möglich, da die genannten Vorschriften insoweit leges speziales sind.[773]
Vor diesem Hintergrund wird in der Literatur von den Vertretern der „Einbeziehungslösung" vorgeschlagen, die dem Rahmenvertrag zwischen den jeweiligen Online-Auktionsteilnehmern zugrunde liegenden Klauseln des virtuellen Auktionshauses an dem allgemeinen Grundsatz von Treu und Glauben zu messen, der unabhängig von § 307 BGB das Zivilrecht insgesamt beherrscht.[774]
Dies vorausgeschickt, ist nunmehr zu untersuchen, ob eine inhaltliche Angemessenheitsprüfung des Rahmenvertrages anhand der Grundgedanken des § 242 BGB in Betracht kommt.

I. Heranziehung der Grundsätze zur Inhaltskontrolle der Gesellschaftsverträge von Publikumspersonengesellschaften

Außerhalb des Geltungsbereichs der AGB-Vorschriften hat sich insbesondere im Recht der Publikumspersonengesellschaften und im Vereinsrecht eine auf § 242

---

[771] Vgl. *BGH* NJW 1991, S. 36 (39); *MüKo-Basedow*, § 7 AGBG, Rn. 3.

[772] *BGHZ* 101, S. 350 (353); *Staudinger-Schlosser*, § 1 AGBG, Rn. 48; *Wolf* in *Wolf/Horn/Lindacher*, § 1 AGBG, Rn. 43; *Ulmer* in *Ulmer/Brandner/Hensen*, § 1 AGBG, Rn. 80.

[773] Vgl. *Staudinger-Schmidt*, § 242, Rn. 279 m. w. N.

[774] Siehe hierzu für die Internet-Auktion *Spindler* in ZIP 2001, S. 809 (816); *Burgard* in WM 2001, S. 2102 (2108); *Wenzel* in DB 2001, S. 2234 (2237); *ders.* in NJW 2002, S. 1550 (1550); *Sester* in CR 2001, S. 98 (107/108); vgl. hierzu allgemein insbesondere *Fastrich*, S. 94 ff.; S. 124 ff.; *Soergel-Teichmann*, § 242, Rn. 14.

BGB gestützte Inhaltskontrolle durchgesetzt.[775] Aufgrund der Ähnlichkeit der Regelungstatbestände wird von *Sester* zur Begründung einer Inhaltskontrolle des bei der Internet-Auktion geschlossenen Rahmenvertrages eine entsprechende Heranziehung der Grundsätze zur Inhaltskontrolle bei Publikumspersonengesellschaften befürwortet.[776]

Im Folgenden ist die von *Sester* gezogene Parallele auf ihre Vergleichbarkeit mit der Privaten Internet-Auktion zu überprüfen. Dabei ist zu fragen, ob die Erwägungen, welche die Rechtsprechung veranlasst haben, für Publikumspersonengesellschaften im Wege der Rechtsfortbildung eine Inhaltskontrolle nach § 242 BGB einzuführen, gleichsam für den zwischen den Auktionsteilnehmern geschlossenen Rahmenvertrag Geltung beanspruchen.

Der *BGH* hat für die Gesellschaftsverträge von Publikumspersonengesellschaften in einer Grundsatzentscheidung ein Bedürfnis für eine Inhaltskontrolle anerkannt, weil „die Rechtslage ähnlich sei wie bei allgemeinen Geschäftsbedingungen und Formularverträgen, die nicht zwischen den Parteien ausgehandelt werden, bei denen vielmehr für eine Vielzahl gleichgelagerter Fälle die künftigen Rechtsbeziehungen einseitig vorweg festgelegt werden und infolgedessen die Gewähr dafür fehlt, dass die Interessen aller Beteiligten berücksichtigt worden sind".[777] Diese Ausführungen lassen sich auf den auf vorformulierten Vertragsbedingungen basierenden Rahmenvertrag übertragen, welcher nicht zwischen den Auktionsteilnehmern im Einzelnen ausgehandelt wird, so dass er die Gewähr für einen angemessenen Interessenausgleich bieten könnte. Wie *Sester* treffend formuliert, können die Parteien in beiden Vertragsformen das Paket aus Standardklauseln nur „en bloc" akzeptieren oder die Teilnahme gänzlich ablehnen.[778]

Spindler steht der gezogenen Parallele zur Situation bei Publikumspersonengesellschaften dennoch kritisch gegenüber:[779] Im Unterschied zur Internet-Auktion

---

[775] Die Verträge auf dem Gebiet des Erb-, Familien- und Gesellschaftsrechts sind gemäß § 310 Abs. 4 S. 1 BGB pauschal vom Anwendungsbereich der §§ 305 ff. BGB ausgenommen, weil der Gesetzgeber hier den Schutz der AGB-Vorschriften nicht für erforderlich, nicht angemessen oder nicht systemgerecht hielt (vgl. Begründung zum RegEntw. *BT Drucks. 7/3919*, S. 41). Mit der Eingliederung in das BGB seit 01.01.2002 gilt die Bereichsausnahme für das Arbeitsrecht nicht mehr, vgl. § 310 Abs. 4 S. 2 BGB.

[776] Vgl. zu diesem Ansatz *Sester* in CR 2001, S. 98 (107); i. E. ablehnend *Spindler* in ZIP 2001, S. 809 (816).

[777] *BGHZ* 64, S. 238 (241); *BGHZ* 102, S. 172 (178). Die Inhaltskontrolle von Gesellschaftsverträgen bei der Publikumspersonengesellschaft wird auch von der allgemeinen Meinung in der Literatur bejaht; vgl. *Fastrich*, S. 124 (127) sowie *Ulmer* in *Ulmer/Brandner/Hensen*, Anh. §§ 9-11, Rn. 445; § 23, Rn. 20 jeweils m. w. N.; *MüKo-Roth*, § 242, Rn. 614; *Palandt-Heinrichs*, Einf v § 145, Rn. 15; *Soergel-Teichmann*, § 242, Rn. 20.

[778] Vgl. hierzu *Sester* in CR 2001, S. 98 (108); ähnlich auch *Burgard* in WM 2001, S. 2102 (2106) und *Spindler* in ZIP 2001, S. 809 (816).

[779] *Spindler* in ZIP 2001, S. 809 (816).

würde bei der Publikumspersonengesellschaft jedem Vertragspartner dauerhaft eine Rechtsposition zugewiesen; gerade diese verbandsähnlichen Beziehungen und die hieraus resultierenden wechselseitigen Rechte und Pflichten der Gesellschafter mit Bezug auf die Gesellschaft stünden bei der Inhaltskontrolle in Rede.[780]

In der Tat bestehen zu den gesellschaftlich strukturierten „Vertragsnetzwerken" nicht zu vernachlässigende Unterschiede. Die vorformulierten Bestimmungen sind mitgliedschaftlicher Natur und dienen der Verwirklichung des gemeinsamen Zwecks der Vermögensanlage. Es geht bei der Inhaltskontrolle des Gesellschaftsvertrages insofern hauptsächlich darum, im Rahmen der fortbestehenden Gesellschaft vom Vertrag nicht vorgegebene Schutzvorkehrungen zugunsten der Publikums-Gesellschafter durchzusetzen.[781] Demgegenüber zeichnen sich die Beziehungen der Teilnehmer an der Privaten Internet-Auktion – wie an anderer Stelle dargelegt – gerade nicht durch eine entsprechende Verbundenheit aus.[782] Der Rahmenvertrag soll vielmehr nur der (einmaligen) Ermöglichung des Kaufvertrages dienen und begründet keine dauerhaften Rechte und Pflichten gegenüber dem „Verband der Auktionsteilnehmer".

Weiterhin wird die Inhaltskontrolle der Publikumsgesellschaftsverträge von der Erwägung getragen, dass andernfalls einer bedenkenlosen Minderheit von Initiatoren ein nahezu uneingeschränktes Missbrauchspotenzial eröffnet würde.[783] Ob eine entsprechende Missbrauchsgefahr bei der Privaten Online-Auktion gleichermaßen droht, mag man zunächst mit Blick auf die Tatsache, dass das virtuelle Auktionshaus – auch angesichts der möglichen Inanspruchnahme aus § 280 Abs. 1 BGB – ein eigenes wirtschaftliches Interesse daran haben müsste, seinen Kunden ein ausgeglichenes Klauselwerk zu präsentieren, bezweifeln.[784]

Die Bedenken, die gegen die Zulässigkeit der Vertragsabschlussklausel im Hinblick auf den von § 156 BGB bezweckten Schutz des Anbieters an einer angemessenen Preisbildung bestehen, haben jedoch die Frage aufgeworfen, ob das Online-Auktionshaus möglicherweise bewusst die Interessen des Bieters begünstigt und die des Anbieters hintanstellt. *Burgard* liefert insoweit eine durchaus plausibel erscheinende Begründung dafür, welche Motive die Auktionshäuser veranlasst haben könnten, ein einseitiges Verfahren zu wählen: Die überwiegende Zahl der Kunden der virtuellen Auktionshäuser sind Bieter und nicht Anbieter.[785] Zutreffend hat auch *Wilmer* darauf hingewiesen, dass der Erfolg von Internet-Auktionen nicht zuletzt auf der Möglichkeit beruht, einen Versteige-

---

[780] *Spindler* in ZIP 2001, S. 809 (816).
[781] *Erman-H. P. Westermann*, Vor § 705, Rn. 21; *Stimpel* in FS *Fischer*, S. 771 (772).
[782] Vgl. Teil 3, 5. Kapitel, E. II. 1.
[783] Siehe hierzu *Fastrich*, S. 131.
[784] Vgl. hierzu Teil 3, 5. Kapitel, D. III.
[785] *Burgard* in WM 2001, S. 2102 (2111).

rungsgegenstand weit unter seinem Verkehrswert zu ersteigern;[786] so werden die „günstigen Schnäppchenpreise" von den Auktionsteilnehmern auf Bieterseite als Hauptgrund für die Beteiligung an der Internet-Auktion genannt.[787] Insofern liegt der Schluss nicht fern, dass das virtuelle Auktionshaus die Position als Verwender missbraucht, um seinen wirtschaftlichen Erfolg über die Masse von Vertragsabschlüssen mit Hilfe eines unausgeglichenen Verfahrens herbeizuführen, welches die Interessen des anbietenden Teilnehmers nicht hinreichend berücksichtigt.

Zudem kommen die gegen eine Inhaltskontrolle der Gesellschaftsverträge bei der Publikumspersonengesellschaft am häufigsten vorgebrachten Argumente für die bei der Privaten Internet-Auktion geschlossenen Rahmenverträge nicht zum Tragen: Zum einen werden aufgrund der zahlreichen Gesellschafter insbesondere prozessuale Schwierigkeiten ins Feld geführt.[788] Zum andern wird das Fehlen geeigneter Kontrollmaßstäbe kritisiert, denn die Inhaltskontrolle setzt die Möglichkeit der Ersetzung durch dispositives Recht oder ergänzende Vertragsauslegung voraus, um einzelfallorientierten Billigkeitsentscheidungen im Sinne unerlaubter Vertragshilfe vorzubeugen.[789]

Demgegenüber ist der Rahmenvertrag zwischen den Auktionsteilnehmern als Zwei-Personen-Verhältnis und nicht als mehrseitiger Vertrag ausgestaltet, welchem gesetzliche Regelungen (z. B. §§ 437, 434 ff. BGB sowie insbesondere § 156 BGB) als Kontrollmaßstäbe dienen.

Als ein Hauptargument gegen eine Inhaltskontrolle im Bereich der Publikumspersonengesellschaft wird ferner die mangelnde Schutzbedürftigkeit des typischen (desinteressierten) Anlegers ins Feld geführt, dem es zuzumuten sei, sich fachlichen Rat einzuholen, um auf informierter Grundlage auf den Vertragsschluss zu verzichten.[790] Die Schutzwürdigkeit des Teilnehmers an der Internet-Auktion steht hingegen außer Frage. Der Ein- und Verkauf auf einer Versteigerungsplattform vom heimischen Computer aus ist nicht mit der Beteiligung an der bekanntermaßen nicht ungefährlichen Form der Personengesellschaft zu vergleichen und kann nicht erfordern, dass der Anbieter seinerseits die Initiative ergreifen und sich entsprechenden Rat einholen muss.

---

[786] *Wilmer* in NJW-CoR 2000, S. 172 (173); so auch *Hartung/Hartmann* in MMR 2001, S. 278 (285); vgl. hierzu wiederum den Sachverhalt im „ricardo.de-Fall" unter Teil 3, 4. Kapitel, A. sowie den Fall des *AG Neumarkt i. d. Opf.* in CR 2000, S. 852 (852).

[787] Studie des Hamburger Forschungs- und Beratungsunternehmen MediaTransfer AG, unter www.mediatransfer.de; vgl. hierzu bereits Teil 1, 1. Kapitel, A. Auch *Spindler* spricht in ZIP 2001, S. 809 (809) von „Schnäppchen" als dem größten Anreiz zur Teilnahme an der Internet-Auktion.

[788] *Stimpel* in FS *Fischer*, S. 771 (773).

[789] Vgl. zu dieser Problematik *Stimpel* in FS *Fischer*, S. 771 (773); *Fastrich*, S. 131; *Ulmer* in *Ulmer/Brandner/Hensen*, § 23, Rn. 28 m. w. N.

[790] So insbesondere *Fastrich*, S. 130.

Schließlich hat sich der *BGH* in der oben genannten Entscheidung zur Publikumsgesellschaft mit dem Revisionseinwand auseinandergesetzt, eine richterliche Inhaltskontrolle könne deshalb nicht vorgenommen werden, weil durch die Vertragsbestimmungen einzelne Personen begünstigt seien, die hieran nicht mitgewirkt und sie somit auch nicht zu verantworten hätten, sondern erst später beigetreten seien und vielleicht gerade auf die Rechtsbeständigkeit der für sie günstigen Bestimmungen vertraut hätten.[791] Dem hat der *BGH* überzeugend entgegengehalten, dass sich eine richterliche Inhaltskontrolle auf der Basis des § 242 BGB nicht nur gegen denjenigen auswirken dürfe, von dem die einseitige Vertragsgestaltung ausgegangen sei; denn die Inhaltskontrolle sei keine „Bestrafung", die nur den Verantwortlichen treffen könne, sondern Wiederherstellung der Vertragsgerechtigkeit.[792]
Auch bei der Auktion im Internet ist nicht auszuschließen, dass Auktionsteilnehmer gerade aufgrund der sie begünstigenden Klauseln (etwa der Anbieter im Hinblick auf einen Gewährleistungsausschluss oder der Bieter aufgrund der verbindlichen Angebotserklärung des Anbieters) eine bestimmte Auktionsplattform aufsuchen. Zur Wiederherstellung der Vertragsgerechtigkeit ist eine Kontrolle dennoch geboten, wobei unter Umständen ein gewisser Vertrauensschutz zugunsten des begünstigten Teilnehmers bei der Abwägung nach Treu und Glauben eine Rolle spielen kann. Darüber hinaus besteht – wie dargelegt – bei entsprechendem Schaden ein aus der pflichtwidrigen Verwendung unausgewogener AGB resultierender Regressanspruch aus § 280 Abs. 1 BGB gegen das Internet-Auktionshaus.[793]
Es bleibt nach alledem festzuhalten, dass der auf vorformulierten Bestimmungen fußende Rahmenvertrag bei der Privaten Internet-Auktion mit den Beteiligungsverhältnissen bei Publikumsgesellschaften durchaus zu vergleichen ist und die von *Sester* gezogene Parallele insoweit auch für eine Inhaltskontrolle dieser Rahmenvereinbarung anhand des § 242 BGB spricht.[794] Tragende Begründung der inhaltlichen Angemessenheitskontrolle bei der Publikumspersonengesellschaft ist letztlich die massenweise Verwendung eines vorformulierten Klauselwerkes und das hieraus resultierende Versagen der Richtigkeitsgewähr, was gleichsam für die Situation bei der Versteigerung im Internet zutrifft.

---

[791] So die Revisionsbeantwortung, vgl. *BGHZ* 64, S. 238 (242).
[792] *BGHZ* 64, S. 238 (242).
[793] Siehe Teil 3, 5. Kapitel, D. III.
[794] *Sester* in CR 2001, S. 98 (107).

II. Heranziehung der Grundsätze zur Inhaltskontrolle (notarieller) Formularverträge

Eine weitere Parallele zur dogmatischen Begründung der inhaltlichen Kontrolle des Rahmenvertrages lässt sich möglicherweise zu einem anderen Anwendungsfall der Inhaltskontrolle auf der Grundlage des § 242 BGB ziehen, den notariellen Verträgen.

Bereits vor Inkrafttreten des ehemaligen AGB-Gesetzes wurde von der Rechtsprechung das Recht der Inhaltskontrolle nach § 242 BGB für den notariell beurkundeten Formularvertrag angenommen, der einseitig vom Veräußerer nach seinen Interessen festgelegt wurde.[795] Darüber hinaus hat der *BGH* in einer Reihe von Entscheidungen sogar für „formelhafte" Klauseln in einem *Individual*vertrag, die nicht von einer Vertragspartei initiiert, sondern vielmehr auf Vorschlag des Notars, d. h. von dritter Seite, in den Vertrag eingeführt wurden und insofern die Voraussetzungen der AGB-Definition nicht erfüllten, eine Inhaltskontrolle zugelassen.[796] Der *BGH* stellte dabei zunächst noch darauf ab, dass der Verwender sich gleichsam mittelbar des notariellen Formblatts bedient habe.[797] Da auch diese Verlegenheitsformulierung[798] nicht darüber hinweg täuscht, dass hierin letztlich eine Ausweitung der Inhaltskontrolle über die vom Wortlaut des § 305 Abs. 1 S. 1 BGB und der Intention des Gesetzgebers[799] gezogene Grenze hinaus lag, hat der *BGH* in späteren Entscheidungen klargestellt, dass er die Grundlage seiner Rechtsprechung nicht in den §§ 307 bis 309 BGB, sondern in § 242 BGB als allgemeinerer Grundlage sehe.[800]

Der zwischen den Auktionsteilnehmern geschlossene Rahmenvertrag enthält gleich einem Formularvertrag die von dem Auktionshaus für eine Vielzahl von Verträgen vorformulierten Klauseln; insofern steht hier nicht die Problematik des Fehlens der mehrfachen Verwendung in Rede, sondern das Fehlen des Merkmals des „Stellens".[801]

---

[795] *BGHZ* 62, S. 251 (253); *BGH* BB 1975, S. 442 (442).

[796] Vgl. die Entscheidungen des VII. Zivilsenats: *BGH* NJW 1979, S. 1406 (1407); *BGH* NJW 1982, S. 2243 (2244); *BGH* NJW 1984, S. 2094 (2095); *BGHZ* 101, S. 350 (353); *BGH* BB 1988, S. 1841 (1841) und *BGHZ* 108, S. 164 (169). Dem sind andere Senate des *BGH* nicht gefolgt; so hat es der V. Zivilsenat in *BGH* NJW 1991, S. 843 (844) ablehnt, Vertragsklauseln allein wegen ihres „formelhaften Gepräges" nach § 242 BGB zu überprüfen.

[797] *BGH* NJW 1979, S. 1406 (1407); *BGH* NJW 1982, S. 2243 (2244).

[798] So *Fastrich*, S. 94 (96).

[799] Vgl. hierzu Teil 3, 6. Kapitel, A. I./II.

[800] Siehe z. B. *BGH* NJW 1984, S. 2094 (2095); *BGHZ* 101, S. 350 (353).

[801] Eine Auseinandersetzung mit der kontrovers diskutierten Problematik der Inhaltskontrolle notarieller *Individual*verträge ist daher entbehrlich. – Die entsprechenden Urteile lösten eine Fülle kritischer literarischer Stellungnahmen aus; als ein Hauptargument wird dem *BGH* entgegengehalten, dass ein Vertrag, der Standardformulierungen eines Notars enthält, nicht das Geringste mit einem Formularvertrag gemein habe und schon aus diesem Grund einer In-

Jedenfalls für den notariellen *Formular*vertrag hat der *BGH* klargestellt, dass er auf das Kriterium des „Stellens" der Bedingungen durch eine Vertragspartei zugunsten des Kriteriums der formelhaften Verwendung seitens des Notars verzichten wolle.[802] Dabei sind die Gründe für eine Inhaltskontrolle des notariellen Formularvertrages zum einen darin zu sehen, dass der rechtsunkundige Bürger sich auf die Neutralität und Sachkunde des Notars verlässt, welcher möglicherweise Formulare verwendet, die nicht auf die individuellen Bedürfnisse der Parteien abgestimmt sind.[803] Zum andern besteht nach dem *BGH* ein besonderes Schutzbedürfnis, wenn die formelhaften Bestimmungen ohne eingehende Erörterung zwischen den Vertragspartnern und ohne eingehende Belehrung über ihre Rechtsfolgen verwendet werden.[804]

Diese Argumentation beansprucht für die Situation bei der Privaten Internet-Auktion ebenfalls Gültigkeit. So nimmt auch das als Makler fungierende Online-Auktionshaus eine gewisse Vertrauensstellung gegenüber dem einzelnen Teilnehmer ein, wobei das zur Verfügung gestellte Klauselwerk für den Auktionsteilnehmer „den Anschein der Rechtmäßigkeit, Vollständigkeit und Ausgewogenheit" erweckt.[805]

Demgegenüber gelten die vorgebrachten Bedenken, dass die notarielle Beurkundungsform ihre Funktion verliere, wenn Gerichte im Wege der Inhaltskontrolle über die Wirksamkeit und Rechtsbeständigkeit des vor dem Notar geschlossenen Vertrages entscheiden könnten,[806] gerade nicht für den auf elektronischem Wege geschlossenen Rahmenvertrag. Die Prüfungs- und Belehrungsfunktion, welche die privatautonome Selbstbestimmung ausreichend sichern und

---

haltskontrolle nicht zugänglich sei. Denn der Notar verstehe seinen „Vertragsentwurf" nur als ein Konzept, wobei die unveränderte Übernahme des vom Notar ausgearbeiteten Entwurfs sicherlich die Ausnahme sei (vgl. *Brambring/Schippel*, NJW 1979, S. 1802; *Ulmer* in *Ulmer/Brandner/Hensen*, 8. Auflage 1997, § 1 AGBG, Rn. 76 ff. m. w. N.). Diese Argumentation ist freilich nicht auf den Rahmenvertrag bei der Privaten Internet-Auktion übertragbar. Zudem sind einschlägige Urteile in neuerer Zeit nicht bekannt geworden, was dafür sprechen könnte, dass die Rechtfortbildung in diesem Bereich nicht mehr aktuell ist (vgl. *Ulmer* in *Ulmer/Brandner/Hensen*, § 1 AGBG, Rn. 81 m. w. N.; *Brambring* in FS *Heinrichs*, S. 39 (41)).

[802] *BGHZ* 101, S. 351 (354); ausführlich hierzu *Fastrich*, S. 94 (96).

[803] *Wiedemann* in FS *Kummer*, S. 175 (183); *Hönn* in JZ 1983, S. 677 (686); *Fastrich*, S. 100.

[804] *BGHZ* 101, S. 351 (354).

[805] Vgl. *Hamburger Schiedsgericht* in VersR 1986, S. 56 (57) hinsichtlich einer Chartervertragsbedingung, die von einem *Makler* in den Vertrag eingeführt wurde, so dass die Verwenderstellung nicht feststellbar war. Das Gericht führt aus, dass sich „eine Prüfung, ob die Klausel dem Anstandsgefühl aller billig und gerecht Denkenden (§ 138 BGB) oder gar Treu und Glauben (§ 242 BGB) widerspricht", erübrige, da dies „offensichtlich nicht der Fall" sei. – Vgl. zur Inhaltskontrolle notarieller Formularverträge *BGHZ* 101, S. 351 (354); *Wiedemann* in FS *Kummer*, S. 175 (180).

[806] Grundlegend *Brambring/Schippel*, NJW 1979, S. 1802 (1803).

die Gültigkeit des Rahmenvertrages gewährleisten könnte,[807] fehlt gerade bei der Privaten Online-Auktion und die empfindliche Stellung des Notars, der sich als unparteiisches Organ der Rechtspflege versteht, ist mit dem virtuellen Auktionshaus nicht betroffen. Wie *Spindler*[808] zutreffend herausstellt, ist die Situation bei der Privaten Internet-Auktion insoweit ähnlich wie bei „branchenüblichen" Klauselwerken, wie etwa der VOB/B, aber auch bei Mustermietverträgen oder von Verbänden ausgehandelten Bedingungen, welche die Vertragspartner ihrem Geschäft einvernehmlich zugrunde legen.[809] Die in diesen Bereichen für eine Anwendung der Inhaltskontrolle auf der Grundlage von § 242 BGB vorgebrachten Argumente stützen sich darauf, dass dem fertig vorliegenden Formularvertrag die Assoziation der Unabänderlichkeit anhafte.[810] Für die Private Online-Auktion gilt dies umso mehr, als den Klauseln nicht nur der Schein der Unabänderlichkeit anhaftet, sondern sie unabänderlich sind. Im Unterschied zu den vorgefertigten Vertragsordnungen soll der Teilnehmer nicht einmal die Möglichkeit haben, einzelne Klauseln abzubedingen oder zu modifizieren. Der Verweis auf den „Sog des vorformulierten Gedankens"[811], welcher eine eigenverantwortliche Ausübung der Entscheidungsfreiheit in Frage stelle, sowie auf den generalisierenden Inhalt, der die besondere Interessenlage der Parteien nicht berücksichtigen könne,[812] erlangt vor diesem Hintergrund neue Bedeutung. Das Klauselwerk des Auktionshauses gewährt den Vertragsparteien keinen Spielraum; vielmehr

---

[807] So für den notariellen Vertrag *Roth* in BB 1987, S. 977 (982); vgl. auch Teil 3, 5. Kapitel, D. III.

[808] *Spindler* in ZIP 2001, S. 809 (816).

[809] Vgl. zur Problematik des Verhältnisses der VOB/B zum AGB-Gesetz: Beckscher VOB-Komm./*Ganten*, Einl. II, Rn. 10 (17); *Korbion/Hochstein*, Rn. 90 ff.; *Nicklisch/Weik*, Einl., Rn. 54, 57; *Palandt-Heinrichs*, § 307, Rn. 159. Nach allgemeiner Meinung erfüllt die VOB/B grundsätzlich alle Merkmale des AGB-Begriffs; auch § 309 Nr. 8 b) ff. letzter Hs. BGB geht davon aus, dass die Vorschriften der VOB/B AGB darstellen. Nach Ansicht des *BGH* enthält die VOB/B insgesamt eine im Wesentlichen ausgewogene und auf die Besonderheiten des Bauvertrages zugeschnittene Regelung. Die besondere Art ihrer Entstehung und die laufende Überarbeitung habe dazu geführt, dass sie als mehr oder weniger modifizierte Gesamtvertragsordnung einen einigermaßen angemessenen Interessenausgleich zwischen den Vertragsparteien darstelle (vgl. *BGHZ* 86, S. 135 (141) sowie die Bemerkung in der Begründung zum RegEntw. des AGBG, *BT-Drs. 7/3919*, S. 42). Auch für die VOB/B gilt: Fehlt es – was häufig der Fall ist – an einem Verwender i. S. d. § 305 Abs. 1 S. 1 BGB, finden die AGB-Vorschriften keine Anwendung. Dabei tritt die Frage des „Stellens" hinter die Probleme der materiellen Kritik an Einzelbestimmungen zurück, so dass die Rechtsprechung letztlich auf eine Inhaltskontrolle auf der Grundlage des § 242 BGB hinausläuft (vgl. z. B. *BGH* BauR 1987, S. 694 (694)). Es wird zwar in der Regel betont, wer die VOB/B „eingeführt", „vorgelegt", „angeboten" habe, auf den genauen Vorgang des Abschlusses (§ 305 Abs. 1 S. 1 BGB) wird aber kaum abgehoben (vgl. Beckscher VOB-Komm./*Ganten*, Einl. II, Rn. 17).

[810] *Wiedemann* in FS *Kummer*, S. 175 (180).

[811] *Wiedemann*, a. a. O., S. 175 (175).

[812] *Wiedemann*, a. a. O., S. 175 (180).

werden die Klauseln auf der Basis „take it or leave it" zur „virtuellen Unterzeichnung" vorgelegt. Die Richtigkeitsgewähr ist nicht gewährleistet, zumal sich der Auktionsteilnehmer in gewissem Maße auf die Neutralität und Seriosität des als Makler auftretenden virtuellen Auktionshauses verlässt und darauf vertraut, dass es ihm ein ausgewogenes Klauselwerk zur Verfügung stellt.
Somit führen auch die für eine Inhaltskontrolle im Bereich der (notariellen) Formularverträge vorgebrachten Erwägungen zu dem Schluss, dass eine Inhaltskontrolle des Rahmenvertrages zwischen den Online-Auktionsteilnehmern auf der Grundlage des § 242 BGB gerechtfertigt ist.[813]

III. Abgrenzbarkeit der Fallgruppe

Um Rechtssicherheit und –klarheit zu gewährleisten, muss sich der Bereich der Inhaltskontrolle grundsätzlich nach formalen Kriterien ausreichend scharf vom Bereich uneingeschränkter Vertragsfreiheit abgrenzen lassen.[814] Für den bei der Privaten Internet-Auktion auf der Grundlage der vorformulierten Klauseln des Auktionshauses zwischen den Teilnehmern geschlossenen Rahmenvertrag ergeben sich insoweit keine Probleme; Bedenken, dass mit der Befürwortung einer Inhaltskontrolle auf der Grundlage von § 242 BGB eine uferlose Ausweitung des Anwendungsbereichs der Inhaltskontrolle verbunden sein könnte,[815] greifen hinsichtlich des Rahmenvertrages nicht.

IV. Zwischenergebnis

Im Ergebnis ist an dieser Stelle festzuhalten, dass die (vor)vertragliche Rahmenvereinbarung zwischen den jeweiligen Auktionsteilnehmern einer Inhaltskontrolle auf der Grundlage des § 242 BGB zuzuführen ist. Insofern ist den Vertretern der „Einbeziehungslösung" im Schrifttum, welche eine entsprechende Inhaltskontrolle nach Treu und Glauben befürworten, zu folgen.[816]
Hierfür sprechen zum einen die von *Sester*[817] herangezogenen Argumente, welche bei der Publikumspersonengesellschaft für eine Inhaltskontrolle der Gesellschaftsverträge auf der Grundlage von § 242 BGB in Rede stehen; zum andern

---

[813] *Spindler* in ZIP 2001, S. 809 (816); I. E. ebenso *Burgard* in WM 2001, S. 2102 (2108).
[814] Zur Problematik der Abgrenzbarkeit *Fastrich*, S. 77.
[815] Gegen die Inhaltskontrolle notarieller Individualverträge werden entsprechende Bedenken vorgebracht, welche sich auf die mit der Rechtsprechung verbundene Rechtsunsicherheit vor allem hinsichtlich ihrer Tragweite in Bezug auf sonstige formelhaft verwendete Klauseln in Einzelverträgen beziehen (vgl. *Medicus*, Zur gerichtlichen Inhaltskontrolle notarieller Verträge, S. 30).
[816] Vgl. *Spindler* in ZIP 2001, S. 809 (816); *Burgard* in WM 2001, S. 2102 (2108); *Wenzel* in DB 2001, S. 2234 (2237); *ders.* in NJW 2002, S. 1550 (1550); *Sester* in CR 2001, S. 98 (107/108).
[817] *Sester* in CR 2001, S. 98 (107).

rechtfertigen die von der Rechtsprechung zur Inhaltskontrolle notarieller Formularverträge und anderer vorgefertigter Vertragsmuster vorgebrachten Erwägungen diesen Schluss. Trotz Fehlens der typischen Überlegenheitssituation eines Vertragspartners besteht keine Richtigkeitsgewähr, da die Teilnehmer einzelne Bestimmungen des Klauselwerkes nicht abbedingen oder modifizieren können. Vielmehr werden diese von dem Internet-Auktionshaus konzipiert und den Parteien aufoktroyiert, welche die Klauseln ihrem Vertrag im Vertrauen auf die Neutralität und Seriosität des als Makler fungierenden Online-Auktionshauses zugrunde legen. Da der Inhalt des Rahmenvertrages seine Rechtswirksamkeit nicht von einer Privatautonomie ableiten kann, muss ihm die Anerkennung versagt werden, soweit die von ihm erfassten Klauseln mit den Grundsätzen von Treu und Glauben nicht zu vereinbaren sind.

V. Prüfungsmaßstab und Rechtsfolge der Inhaltskontrolle nach § 242 BGB

Schließlich stellt sich die Frage nach dem Prüfungsmaßstab der Inhaltkontrolle auf der Grundlage des § 242 BGB.

Vor Einführung des AGB-Gesetzes hat die Rechtsprechung in vielen Entscheidungen ein im Grundsatz einheitliches Prüfungsgerüst auf der Basis von § 242 BGB herausgearbeitet und die weite Generalklausel des § 242 BGB insoweit konkretisiert, als sie entscheidend auf das Prinzip der Ordnungs- und Leitbildfunktion des dispositiven Rechts abgestellt hat.[818] Soweit Vorschriften des dispositiven Rechts ihre Entstehung nicht nur Zweckmäßigkeitserwägungen, sondern einem sich aus der Natur der Sache ergebenden Gerechtigkeitsgebot verdanken, müssen bei abweichender Regelung Gründe vorliegen, welche für die von ihnen erfassten Fälle das dem dispositiven Recht zugrunde liegende Gerechtigkeitsgebot in Frage stellen und eine abweichende Regelung als mit Recht und Billigkeit vereinbar und damit angemessen erscheinen lassen.[819] Der Angemessenheitsmaßstab muss somit davon ausgehen, dass die Inhaltskontrolle Benachteiligungen nicht schlechthin ausschließt, sondern bis zu einem gewissen Grad hinnimmt. Ob eine darüber hinausgehende „unangemessene" Benachteiligung vorliegt, ist insbesondere unter Berücksichtigung möglicher funktionsgleicher Kompensationen zu prüfen; im Übrigen ist die Angemessenheit oder Unangemessenheit im Wege der Interessenabwägung zu beurteilen, wobei die typisierten Interessen der Kontrahenten maßgeblich sind.[820] Dieser von der Rechtsprechung entwickelte Maßstab wurde mit der Generalklausel des § 307 BGB für die inhaltliche Angemessenheitskontrolle von AGB gesetzlich festgelegt.[821]

---

[818] *BGHZ* 41, S. 151 (154); *BGHZ* 65, S. 359 (363).
[819] *BGHZ* 41, S. 151 (154).
[820] *Fastrich*, S. 325.
[821] Vgl. hierzu die Regierungsbegründung *BT-Drs. 7/3919*, S. 22.

Vor diesem Hintergrund befürworten einige Vertreter der Inhaltskontrolle des bei der Privaten Online-Auktion zwischen Anbieter und Bieter geschlossenen Rahmenvertrages auf der Grundlage des § 242 BGB wiederum eine entsprechende Heranziehung der Vorschriften zur Inhaltskontrolle nach §§ 307 bis 309 BGB.[822] Zur Konkretisierung der Tatbestands- und Rechtsfolgenseite ist diesem Vorgehen grundsätzlich zuzustimmen. Allerdings muss sich die Inhaltskontrolle des Rahmenvertrages bei der Privaten Internet-Auktion auf eine objektivierte Prüfung beschränken;[823] die §§ 307 bis 309 BGB können nicht pauschal, sondern nur auf den jeweiligen Sachverhalt angepasst herangezogen werden. Im Einzelfall können die §§ 308, 309 BGB als Vorbild dienen, bei denen der Tatbestand in hohem Maße exakt gefasst wurde; soweit diese allerdings konkret Bezug auf den Begriff des Verwenders nehmen, sind sie nicht ohne weiteres auf die Situation der Privaten Internet-Auktion anwendbar.[824] Jedes Klauselverbot muss vielmehr dahingehend geprüft werden, inwieweit sich der hinter dem Verbot stehende und vom Gesetzgeber verfolgte Zweck auf die Private Internet-Auktion übertragen lässt.

Die Rechtsfolge eines Verstoßes gegen § 242 BGB ist die Unwirksamkeit der entsprechenden Klausel des Rahmenvertrages. Dies führt indes nach dem Gedanken des § 306 Abs. 1 BGB nicht zur Nichtigkeit des gesamten Rahmenvertrages; insbesondere findet § 139 BGB keine Anwendung. An die Stelle der unwirksamen Klausel tritt das nur scheinbar verdrängte dispositive Recht.[825]

---

[822] In diesem Sinne für die Private Internet-Auktion *Spindler* in ZIP 2001, S. 809 (816); *Burgard* in WM 2001, S. 2102 (2108); *Wenzel* in DB 2001, S. 2234 (2237); *ders.* in NJW 2002, S. 1550 (1550); vgl. hierzu grds. *BGH* DB 1988, S. 221 (222); *Staudinger-Coester,* § 9 AGBG, Rn. 37; ebenso bereits *Wiedemann* in FS *Kummer*, S. 175 (188); a. A. *Fastrich*, S. 318.

[823] Ebenso *Spindler* in ZIP 2001, S. 809 (816); *Wenzel* in DB 2001, S. 2233 (2237).

[824] Vgl. hierzu *Wenzel* in DB 2001, S. 2233 (2237). – Zu denken wäre bei der Vertragsabschlussklausel an einen Verstoß gegen § 308 Nr. 5 BGB. Je nach Ausgestaltung der entsprechenden Klausel könnte man sie als Erklärungsfiktion und infolgedessen wegen Verstoßes gegen § 308 Nr. 5 BGB als unangemessene Benachteiligung des Vertragspartners des Verwenders ansehen (vgl. hierzu bereits Teil 3, 5. Kapitel, C. I. 2. a)). Allerdings ist die konkrete Klausel regelmäßig als bloße Verpflichtung ausgestaltet, eine bindende Erklärung abzugeben und unterliegt nach überwiegender Ansicht in Rspr. und Literatur dementsprechend nicht dem Anwendungsbereich des § 308 Nr. 5 BGB (vgl. hierzu *OLG Hamm* in CR 2001, S. 117 (119); *Hartung/Hartmann* in MMR 2001, S. 278 (283); *Spindler* in ZIP 2001, S. 809 (816); *Wiebe* in MMR 2001, S. 109 (110). Dem ist beizupflichten, da nicht schon das Verhalten des Teilnehmers zu einer von ihm nicht mehr zu kontrollierenden Erklärungswirkung führt, sondern ihm nur eine Verpflichtung auferlegt wird.

[825] Vgl. grds. *BGH* NJW 1965, S. 246 (247); *BGHZ* 74, S. 204 (209); *BGH* NJW 1982, S. 2243 (2244); *Fastrich*, S. 326 (361). – Demjenigen Teilnehmer, der auf die Wirksamkeit der Klausel vertraut hat, muss es jedoch gestattet sein, sich – wiederum unter Anwendung des Rechtsgedankens des § 306 Abs. 3 BGB – darauf zu berufen, dass das Festhalten am Vertrag für ihn unzumutbar sei (vgl. hierzu grds. *Staudinger-Schlosser*, § 1 AGBG, Rn. 46).

C. Ergebnis Teil 3, 6. Kapitel

Eine Inhaltskontrolle des Rahmenvertrages unmittelbar auf der Grundlage der AGB-Vorschriften kommt mangels Verwenderstellung von Anbieter oder Bieter nicht in Betracht. Zu verneinen ist ebenfalls eine analoge Anwendung der §§ 305 ff. BGB, da sich eine planwidrige Regelungslücke nicht begründen lässt. Schließlich kann auch § 306a BGB nicht fruchtbar gemacht werden, um eine Anwendung der entsprechenden Vorschriften zu erreichen. Vielmehr ist der Rahmenvertrag einer Inhaltskontrolle auf der Grundlage des § 242 BGB zu unterziehen. Zur Begründung lassen sich die von der Rechtsprechung zu den Gesellschaftsverträgen bei der Publikumspersonengesellschaft sowie die zu (notariellen) Formularverträgen entwickelten Grundsätze heranziehen. Auch bei der Privaten Internet-Auktion ist das Schutzobjekt des Missbrauchs der Vertragsfreiheit betroffen, welches mit dem Instrument der Inhaltskontrolle nach § 242 BGB zum Schutz der Integrität der Rechtsordnung auszugleichen ist.
Insoweit sind die von der Rechtsprechung vor Inkrafttreten des AGB-Gesetzes herausgearbeiteten Maßstäbe zur Inhaltskontrolle auf der Basis des § 242 BGB heranzuziehen; in Konkretisierung der Tatbestands- und Rechtsfolgenmerkmale können im Einzelfall die §§ 307 bis 309 BGB Anwendung finden, sofern diese nicht Bezug auf den Begriff des Verwenders nehmen.

7. Kapitel: Durchführung der Inhaltskontrolle des Rahmenvertrages zwischen den Teilnehmern gemäß § 242 BGB

Die bisherigen Ausführungen beziehen sich auf die Untersuchung, auf welcher dogmatischen Grundlage sich eine Inhaltskontrolle des Rahmenvertrages begründen lässt; sie sagen indes noch nichts über die eigentliche Inhaltskontrolle aus.
Diese beschränkt sich im Folgenden auf die mit dem Kaufvertragsabschluss zwischen Anbieter und Bieter befassten Klauseln.[826]

A. Vorweggenommene Bindung des Anbieters unter Wegfall des Zuschlags

Im Mittelpunkt der Inhaltskontrolle steht die Vertragsabschlussklausel, wonach der Anbieter eine verbindliche Willenserklärung gerichtet auf Abschluss des Kaufvertrages bereits mit der Freischaltung der Angebotsseite abgibt. Eingangs

[826] Eine Überprüfung von Klauseln, welche die Vertragsabwicklung betreffen oder einen Gewährleistungsausschluss des Anbieters vorsehen, erfolgt ebenso wenig, wie eine Überprüfung von Gerichtsstandsvereinbarungen oder Rechtswahlklauseln. Denn insoweit ergeben sich auch im Rahmen der Inhaltkontrolle anhand von § 242 BGB keine nennenswerten Unterschiede zu den üblichen AGB-Klauselverboten bei Geschäftsabschlüssen in der realen Welt.

dieser Arbeit wurde herausgearbeitet, dass die Online-Auktion eine Versteigerung im Sinne des § 156 BGB darstellt und diese Vorschrift somit grundsätzlich auf die Private Internet-Auktion Anwendung findet.[827] Der Prüfung der Vertragsabschlussklausel anhand von § 242 BGB ist folglich die Dispositivnorm des § 156 BGB zugrunde zu legen.

Wie sich aus § 156 S. 2 Alt. 2 BGB ergibt, steht es dem Anbieter in der klassischen Versteigerung frei, den Zuschlag im Sinne des § 156 S. 1 BGB am Ende der Versteigerung zu erteilen oder die Veranstaltung ohne Zuschlag zu schließen. Hiervon weicht die Vertragsabschlussklausel ab, welche dem Anbieter am Schluss der Auktion nicht die Entscheidungsfreiheit lässt, ob er den Kaufvertrag zu dem genannten Höchstgebot abschließen möchte oder nicht, sondern bewirkt, dass sich der Vertragsschluss in dem vorher festgelegten Zeitpunkt mit „Zuschlag durch Zeitablauf" automatisch vollzieht.

Die Stellungnahme des historischen Gesetzgebers im Hinblick auf den Regelungszweck des § 156 BGB ist eindeutig.[828] Der Gesetzgeber wollte dem Anbieter bis zum Schluss der Versteigerung die Abschlussfreiheit belassen, um ihn vor Vertragsabschlüssen zu schützen, die nicht (auch) in seinem Interesse liegen. Zum einen sollte gewährleistet werden, dass der Anbieter nicht mit einem ihm nicht zusagenden Vertragspartner abschließen muss.[829] Vor allem aber ist es wesentlicher Grundgedanke des § 156 BGB, dass „der Versteigerer es in der Hand behält, den schließlich gebotenen Kaufpreis anzunehmen oder abzulehnen, je nachdem, ob dieser seinem Interesse entspricht."[830]

Der Vorbehalt des Zuschlages verdankt seine Entstehung somit nicht lediglich Zweckmäßigkeitserwägungen, sondern einem Gerechtigkeitsgebot. Die gesetzliche Regelung des § 156 BGB bietet mit dem Zuschlagverfahren nach Ausbieten durch den Auktionator die Gewähr für einen angemessenen Interessenausgleich der Parteien, da hierdurch mit großer Wahrscheinlichkeit Höchstpreise zustande kommen, die innerhalb einer realistischen Bandbreite von Preisen liegen.[831]

Vor diesem Hintergrund hat sich bereits im Rahmen der Auseinandersetzung mit dem Versteigerungsbegriff die Frage gestellt, ob das von § 156 BGB erfasste Schutzbedürfnis des Anbieters gegenüber der klassischen Versteigerung nicht sogar noch erhöht ist.[832] Denn im Verhältnis zu dem Verfahren in der realen Welt weist die Private Online-Auktion Besonderheiten auf: Die Internet-Auktion dauert in der Regel mehrere Tage oder gar Wochen, und es gibt keinen dritten

[827] Siehe Teil 3, 4. Kapitel, B. IV.
[828] Siehe zu Entstehungsgeschichte und Regelungsgehalt Teil 3, 2. Kapitel, B. V.
[829] Vgl. zu diesem Aspekt für die Internet-Auktion *Lettl* in JuS 2002, S. 219 (221).
[830] Vgl. die Motive zu dem Entwurfe eines BGB für das Deutsche Reich, Band I, S. 177.
[831] Ebenso *Sester* in CR 2001, S. 98 (103); *Wiebe* in MMR 2000, S. 280 (285); *Burgard* in WM 2001, S. 2102 (2110); *Spindler* in ZIP 2001, S. 809 (817); *Hager* in JZ 2001, S. 786 (789); *ders.* in JZ 2002, S. 506 (508).
[832] Siehe hierzu Teil 3, 4. Kapitel, B. III.

Auktionator, der die Interessen des Anbieters wahren könnte. Statt durch Zuschlag nach dreimaligem Ausbieten endet die Auktion mit Ablauf des exakt fixierten Zeitraumes.
Insofern ist nunmehr auf der Grundlage des § 242 BGB unter entsprechender Heranziehung des § 307 Abs. 2 Nr. 1 BGB zu untersuchen, ob im konkreten Fall Gründe vorliegen, die für die besondere Situation der Privaten Internet-Auktion den mit § 156 BGB aufgestellten Anbieterschutz in Gestalt des Zuschlages in Frage stellen bzw. entbehrlich erscheinen lassen, so dass eine unangemessene Benachteiligung im Sinne des § 307 Abs. 2 Nr. 1 BGB in Konkretisierung der Grundsätze von Treu und Glauben nicht gegeben ist.
Hält also das Verfahren bei der Privaten Internet-Auktion Schutzmechanismen bereit, welche die Schutzbedürftigkeit des Anbieters entfallen lassen? Dabei ist insbesondere an die bereits mehrfach genannte Möglichkeit zu denken, dass bei vielen Auktionshäusern die Option besteht, ein Mindestgebot festzusetzen. Führt nun bereits die bloße Möglichkeit der Angabe eines Mindestpreises zu dem von § 156 BGB gewährleisteten Interessenausgleich zwischen Anbieter und Bieter? Oder ist mit der Versteigerung im world wide web, die Tage oder gar Wochen andauert und eine große Zahl von potenziellen Bietern erreicht, die Bildung eines angemessenen Preises in der Regel ohnehin gewährleistet? Oder wiegen nicht vielmehr die Risiken für den Anbieter aufgrund der Vertragsabschlussklausel in Verbindung mit den Eigenarten der Auktion im Internet derart schwer, dass die entsprechende Vertragskonstruktion als unangemessen im Sinne des § 242 BGB zu qualifizieren ist?

I. Erforderlichkeit der Anbieterbindung bei der Online-Versteigerung

Grundsätzlich besteht auch bei der Internet-Auktion ein Interesse des Anbieters, das Höchstgebot zu überprüfen, um es gegebenenfalls abzulehnen, wenn es ihm zu niedrig erscheint oder er mit dem betreffenden Bieter keinen Vertrag schließen möchte.
Die mit der Freischaltung der Angebotsseite verbundene Bindung des Anbieters dient allein dem Interesse des Bieters. So bleibt der Vertragsschluss nicht in der Schwebe und der Höchstbieter hat Sicherheit über das Zustandekommen des Vertrages.

1. Erhöhtes Sicherheitsbedürfnis des Bieters

Im Blick hierauf muss man sich unter Heranziehung des Grundsatzes der Verhältnismäßigkeit[833] zunächst die Frage stellen, ob die Sicherheit des *Bieters* aufgrund der Eigenarten der Versteigerung im virtuellen Medium im Gegensatz zur

[833] Für die Interessenabwägung sind die Grundsätze der Verhältnismäßigkeit sinngemäß heranzuziehen (Vgl. *Fastrich*, S. 310; *Staudinger-Schlosser*, § 9 AGBG, Rn. 75).

herkömmlichen Versteigerung derart eingeschränkt ist, dass zum Ausgleich bzw. zur Wiederherstellung derselben ein berechtigtes Interesse (sachlicher Grund) an der den Anbieter benachteiligenden Bindung besteht. Ungeachtet der Frage, ob die Anbieterbindung ein geeignetes und erforderliches Mittel zur Wiederherstellung eines angemessenen Interessenausgleichs darstellt, müsste zunächst ein objektives Erfordernis auf Seiten des Bieters bestehen.
Ein solches wird von *Wiebe* wohl mit dem Argument bejaht, dass der Bieter im Unterschied zu der klassischen Auktion nicht kontrollieren könne, ob sich der Online-Verkäufer tatsächlich beim Zuschlag an die Vorrangregeln halte; die vorweggenommene Bindung des Anbieters gebe den Bietern insofern Sicherheit über die Entscheidungskriterien der Gegenseite.[834] Dem ist indes entgegenzuhalten, dass regelmäßig – und für jeden Online-Auktionsteilnehmer ersichtlich – das automatische Erlöschen eines Gebots durch ein Höheres entsprechend der Ausgestaltung in § 156 S. 2 Alt. 1 BGB vorgesehen ist.[835] Wie schon an anderer Stelle herausgearbeitet, sind Klarheit und Transparenz dem Verfahren gemäß § 156 S. 2 BGB immanent, und diese Voraussetzungen sind gleichermaßen in der konkreten Situation der Privaten Online-Versteigerung erfüllt.[836] „Größerer" Klarheit der Rechtslage (zu Lasten des Anbieters), welche auch „eine Entlastung der Auktionshäuser von weiteren Bemühungen zur Effektuierung der Gebote und möglichen Streitigkeiten"[837] zur Folge habe, bedarf es nach hier vertretener Auffassung nicht. Es ist nicht einsichtig, wieso dem Bieter im virtuellen Raum mehr Sicherheit im Hinblick auf das Zustandekommen des Vertrages gewährt werden soll, als dem Bieter bei der herkömmlichen Auktion, welcher keinen Anspruch auf den Zuschlag im Sinne des § 156 Abs. 1 BGB hat.
Ein erhöhtes Sicherheitsbedürfnis des Höchstbieters im Internet am unbedingten Zustandekommen des Vertrages lässt sich jedenfalls nicht begründen und somit auch nicht als sachlicher Grund zur Verankerung der vorweggenommenen Bindung des Anbieters heranziehen.

2. Attraktivität und Funktionsfähigkeit des Verfahrens

Für die Erforderlichkeit der vorweggenommenen Bindung des Anbieters bei der Auktion im Internet werden andererseits praktische (und damit letztlich wirtschaftliche) Betrachtungen ins Feld geführt. Ein Teil der Literatur sieht das von den Online-Auktionshäusern gewählte Abschlussverfahren als „notwendig" an, weil ansonsten der Anreiz zur Teilnahme an der Auktion wegfiele.[838] Das ge-

---

[834] *Wiebe* in *Spindler/Wiebe*, D. IV., Rn. 55.
[835] Vgl. Anhang § 7 Abs. 3 S. 2 AGB.
[836] Siehe Teil 3, 2. Kapitel, B. V./VI. und Teil 3, 4. Kapitel, B. I. 1.
[837] So *Wiebe* in *Spindler/Wiebe*, D. IV., Rn. 55.
[838] In diesem Sinne *Hollerbach* in DB 2000, S. 2001 (2006); *Hartung/Hartmann* in MMR 2001, S. 278 (285).

samte Verfahren im Internet verlöre seine besondere Attraktivität, wenn „die Bieter trotz Erfolges im Bietverfahren stets damit rechnen müssten, dass der Anbieter den Vertrag zu dem abgegebenen Höchstgebot nicht abschließt".[839] Für den Teilnehmer der Online-Auktion müsse feststehen, dass er bei einem Höchstgebot den Zuschlag auch erhält und nicht mehr von einer Annahme durch den Anbieter abhängig ist.[840]

Diese Überlegungen sind nicht ohne Weiteres von der Hand zu weisen. Zwar muss man sich vergegenwärtigen, dass bei der klassischen Auktion das Zuschlagverfahren als „bekannt und bewährt" seit Jahrhunderten funktioniert, obwohl es dort dem Versteigerer freisteht, dass höchste Gebot gemäß § 156 S. 1 BGB anzunehmen oder die Versteigerung im Sinne des § 156 S. 2 Alt. 2 BGB ohne Zuschlag zu schließen. Insofern hängt die Frage der Attraktivität des Verfahrens wohl nicht notwendig von dem Bestehen eines Kontrahierungszwanges, sondern vielmehr vom situationsbedingten Überbieten im gegenseitigen Bieterwettstreit ab, welcher auch bei bestehender Abschlussfreiheit ungetrübt bleibt.

Richtig ist indes, dass die Auktion im Internet an Attraktivität verlöre, wenn man den Bieter am Ende der Versteigerung zunächst *im Unklaren* darüber ließe, ob sein Höchstgebot Berücksichtigung findet oder nicht. Wie im Zusammenhang mit dem Versteigerungsbegriff des § 156 BGB herausgearbeitet wurde, ist die „Endgültigkeit" neben dem „wechselseitigen Überbieten" gerade das entscheidende Wesensmerkmal der Auktion; mit Ende der Veranstaltung wird entweder der Zuschlag erteilt oder die Versteigerung geschlossen, wobei in letzterem Fall auch nicht die Möglichkeit besteht, den Vertrag zu einem späteren Zeitpunkt zu schließen. Hiermit wird den Interessen des Bieters Rechnung getragen, der – um mit den Gesetzesvätern zu formulieren – „erwarten könne und in der Regel davon ausgehen werde, dass bis zum Schlusse der Versteigerung über die Annahme oder Ablehnung seines Gebotes entschieden wird."[841]

Das besondere Verfahren im Internet, welches automatisch mit Zeitablauf endet, bedingt es aber, dass der Anbieter gerade nicht am Schluss der Versteigerung im Netz ist, um den Zuschlag zu erteilen oder entsprechend zu verweigern. Dies wäre mit der derzeitigen automatisierten Ausgestaltung des Versteigerungsverlaufs auch gar nicht in Einklang zu bringen. *Wiebe* hat erwogen, ob man dem Anbieter nicht eine zusätzliche Entscheidungsmöglichkeit nach Abgabe aller Gebote zugestehen sollte, die mit einer Annahmefrist verbunden werden könnte, nach deren Ablauf die Annahme des Höchstgebotes als erteilt gilt.[842] In diesem Fall verlöre die Versteigerung im Internet aber tatsächlich ihren Auktionscha-

[839] *Heiderhoff* in MMR 2001, S. 640 (640); *Hollerbach* in DB 2000, S. 2001 (2006); *Spindler* in ZIP 2001, S. 809 (810).

[840] *Mankowski* in EWiR 2000, S. 415 (416).

[841] Vgl. bereits Teil 3, 2. Kapitel, B. II sowie die Motive zu dem Entwurfe eines BGB für das Deutsche Reich, Band I, S. 177.

[842] *Wiebe* in *Spindler/Wiebe*, D. IV., Rn. 67.

rakter und ihre besondere Attraktivität; das Verfahren würde vielmehr lediglich eine Form des Verkaufs gegen Höchstgebot darstellen, wie sie zahlreich im Netz vertreten sind.[843] Für das Funktionieren des Auktionsmechanismus der Privaten Online-Auktion ist es unerlässlich, dass der Anbieter sich bereits mit Freischaltung der Präsentationsseite bindet.
Diese Erwägungen dürfen im Rahmen der vorzunehmenden Gesamtbetrachtung nicht außer Acht gelassen werden. Indes ist die Attraktivität und Funktionsfähigkeit des Verfahrens für sich kein Argument, welches es rechtfertigen könnte, den Anbieter entsprechend zu benachteiligen. Ist das Verfahren – wie vermutet – nur darauf ausgerichtet, den Bietern zu „Schnäppchen“ und nicht dem Anbieter zu einem angemessenen Preis zu verhelfen, vermag die insoweit zweifellos für den Bieter bestehende Attraktivität nicht darüber hinweg zu täuschen, dass sodann eine unangemessene Benachteiligung des Anbieters mit der Folge der Unwirksamkeit der Klausel gegeben ist.
Die Frage, die sich vor diesem Hintergrund stellt, ist vielmehr, ob der mit der Vertragsabschlussklausel nicht gewährleistete Schutz des Anbieters durch andere Sicherungsmechanismen des Verfahrens im world wide web funktionsgleich kompensiert wird.

II. Kompensation durch Sicherungsmechanismen, die dem Auktionsverfahren im Internet immanent sind

Einige Stimmen im Schrifttum verneinen das Vorliegen einer unangemessenen Benachteiligung des Anbieters bereits mit der Begründung, dass das Auktionsverfahren im Internet eine Reihe Vorteile für den anbietenden Teilnehmer berge, die seinen wirtschaftlichen Interessen und seinem Schutzbedürfnis ausreichend Rechnung trügen.[844]

1. Angemessener Preis durch höhere Zahl der Auktionsteilnehmer

So wird oftmals argumentiert, dass durch die mit der Verfahrensgestaltung ohne Auktionator bestehende Option, den Angebotszeitraum auf mehrere Wochen auszudehnen, die einzelne Warenpräsentation für einen wesentlich größeren Personenkreis zugänglich sei und somit die Erzielung eines angemessenen Preises sichergestellt werde.[845]

---

[843] Vgl. hierzu Teil 3, 4. Kapitel, B. I. 5.
[844] Vgl. hierzu *Wilkens* in DB 2000, S. 666 (668); *Ernst* in CR 2000, S. 304 (309); *Wiebe* in MMR 2001, S. 109 (111); *ders.* in *Spindler/Wiebe*, D. IV., Rn. 61.
[845] Allein auf dieser Basis argumentieren z. B. *Wilkens* in DB 2000, S. 666 (668); *Ernst* in CR 2000, S. 304 (309). Unter anderem hierauf abstellend z. B. *OLG Hamm* in MMR 2001, S. 105 (108); *Wiebe* in MMR 2001, S. 109 (111); *ders.* in *Spindler/Wiebe*, D. IV., Rn. 61.

Diesem Ansatz ist zunächst dahingehend beizupflichten, dass die deutlich erweiterte Teilnehmerzahl im world wide web, sowie der sich über mehrere Tage erstreckende Angebotszeitraum, durchaus geeignet sind, eine große Anzahl von Geboten herbeizuführen, welche den Preis entsprechend in die Höhe treiben. In diesem Zusammenhang ist zudem zuzubilligen, dass die im Rahmen der geschichtlichen Diskussion vorgebrachten Bedenken des historischen Gesetzgebers, die Bieter könnten sich vorher absprechen und derart den Preis niedrig halten,[846] bei der Auktion im Internet nicht bestehen. Denn hier führt das Fehlen der örtlichen Begrenzung im wörtlichen Sinne dazu, dass eine Vielzahl von Bietern partizipiert, die sich untereinander nicht kennen und sich im Vorfeld nicht verständigen können.
Die fehlende örtliche Begrenzung wird aber bereits durch die punktgenaue zeitliche Begrenzung kompensiert. Wie schon in Auseinandersetzung mit dem Versteigerungsbegriff ausgeführt, ist es durchaus nicht unwahrscheinlich, dass ein „Ausbieten" bis zum Höchstgebot aufgrund des festen Angebotszeitraumes im Einzelfall nicht erfolgen kann. Zum einen wird der versierte Online-Bieter bis kurz vor Ende der Auktion warten, bevor er sein erstes – auf niedriger Stufe beginnendes – Gebot abgibt, um das Höchstgebot niedrig zu halten; hierbei gilt es allerdings zu bedenken, dass der einzelne Bieter im world wide web nicht davon ausgehen kann, dass auch alle übrigen Teilnehmer diese Strategie verfolgen. Vor allem aber besteht die Gefahr, dass die Bieter zwar grundsätzlich einen höheren Preis zu zahlen bereit wären, ihre Gebote aber aufgrund des fixierten Zeitablaufs keine Berücksichtigung mehr finden können; das Risiko ist darüber hinaus noch erhöht, wenn die Bieterschritte auf einen niedrigen Betrag begrenzt sind.[847] Dies belegt der Sachverhalt, welcher dem vom *BGH* entschiedenen Fall zugrunde lag, bei dem die Bietschritte auf DM 50,00 begrenzt waren und innerhalb der fünftägigen Bietzeit der Kläger als 963ster und letzter Bieter ein Gebot über DM 26.350,00 für einen Neuwagen abgab, der einen Listenpreis von ca. DM 57.000,00 aufwies.[848] Dabei hat der Kläger bestätigt, dass er noch weiter geboten hätte, wenn nicht das Zeitlimit erreicht worden wäre.[849] Das mit diesem abwegigen „Höchst"gebot offenbar gewordene Versagen des Preisbildungsmechanismus hat bereits das *LG Münster* erkannt und in seiner Entscheidung durch Verneinung des Kaufvertragsschlusses – allerdings mit unzutreffender Begründung[850] – zu würdigen gesucht. Auch der Großteil der Literatur greift die darge-

---

[846] Siehe hierzu Teil 3, 2. Kapitel, B. V.
[847] Ebenso *Burgard* in WM 2001, S. 2102 (2110); *Sester* in CR 2001, S. 98 (101).
[848] Vgl. die ausführliche Sachverhaltsschilderung zu *BGH* MMR 2002, S. 95 unter Teil 3, 4. Kapitel, A.
[849] *LG Münster* in MMR 2000, S. 280 (283).
[850] Vgl. Teil 3, 5. Kapitel, B. I. 1.

legte Problematik auf.[851] So formuliert *Wiebe* recht treffend, dass durch die punktgenaue zeitliche Begrenzung eine „Verzerrung des Koordinationsprozesses" in Frage stehe, bei dem möglicherweise Angebot und Nachfrage nicht unverfälscht zum Ausdruck kommen können.[852] Dementsprechend versucht eine Reihe von Online-Auktionshäusern mittlerweile – wie bereits an anderer Stelle dargelegt – ein „Herantasten" an den realistischen Preis zu gewährleisten, indem sich die Auktion automatisch so lange um einen bestimmten Zeitraum verlängert, wie innerhalb einer kurzen Zeitspanne nach dem eigentlichem Ablauf der Versteigerung noch ein Übergebot abgegeben wird.[853] In der überwiegenden Zahl der Fälle jedoch birgt der Online-Auktionsmechanismus strukturell die Gefahr des Abschlusses zu einem nicht gewollten „Höchstpreis" in sich.
Im Blick hierauf geht die Argumentation, aufgrund der fehlenden örtlichen Begrenzung und der relativ langen Auktionsdauer im Internet würde sich in der Regel ein angemessener Preis bilden, fehl.[854] Vielmehr besteht bei denjenigen Online-Auktionshäusern, die eine automatische Verlängerung des Angebotszeitraums nicht vorsehen, gerade die Gefahr, dass der angemessene Höchstpreis keine Berücksichtigung mehr findet.[855]
Die Besonderheiten der längeren Laufzeit sowie der erweiterten Teilnehmerzahl bei der Privaten Internet-Auktion stellen folglich keinen ausreichenden Schutz vor Vertragsabschlüssen zu unangemessenen Preisen dar und vermögen die mit § 156 S. 1 BGB gewährte Entscheidungsfreiheit hinsichtlich des Kaufpreises insofern nicht funktionsgleich zu kompensieren.

2. Fehlende Entscheidungsfreiheit hinsichtlich des Vertragspartners

Wie herausgearbeitet, trägt der Vorbehalt des Zuschlages im Sinne des § 156 S. 1 BGB auch dem Umstand Rechnung, dass der Anbieter möglicherweise Kenntnis von solchen Personen hat, mit denen er – etwa wegen Zweifeln an ihrer Zahlungsfähigkeit – keine Kaufverträge schließen möchte.[856] Die Möglichkeit, hierauf interessengerecht zu reagieren, wird dem Anbieter durch die Vertragsabschlussklausel genommen. Vor diesem Hintergrund hat das *LG Berlin* darauf abgestellt, dass das für die Private Internet-Auktion gewählte Verfahren

---

[851] *Hager* in JZ 2001, S. 786 (790); *ders.* in JZ 2002, S. 506 (508); *Sester* in CR 2001, S. 98 (103); *Burgard* in WM 2001, S. 2102 (2110); *Wiebe* in *Spindler/Wiebe*, D. IV., Rn. 60.
[852] *Wiebe* in *Spindler/Wiebe*, D. IV., Rn. 60; ähnlich *Sester* in CR 2001, S. 98 (101).
[853] Vgl. hierzu bereits Teil 3, 4. Kapitel, B. III. sowie exemplarisch § 6 Abs. 2 S. 2 der AGB von www.offerto.de.
[854] So aber insbesondere *OLG Hamm* in MMR 2001, S. 105 (108) unter Verweis auf *Wilkens* in DB 2000, S. 666 (668).
[855] So wie hier *Hartung/Hartmann* in MMR 2001, S. 278 (283); *Wiebe* in *Spindler/Wiebe*, D. IV., Rn. 60; *Hager* in JZ 2001, S. 786 (790); *ders.* in JZ 2002, S. 506 (508); *Sester* in CR 2001, S. 98 (103); *Burgard* in WM 2001, S. 2102 (2110).
[856] Vgl. zum Regelungsgehalt des § 156 BGB wiederum Teil 3, 2. Kapitel, B. V.

nicht das Missbrauchsrisiko zu kompensieren vermöge, dem sich der Anbieter aussetze, wenn das Höchstgebot von jemandem abgegeben werde, der sich im Nachhinein nicht vertragstreu verhalte, etwa nach Erhalt der Ware den Kaufpreis nicht zahle.[857] Denn erst nach Zustandekommen des Kaufvertrages erhalte der Anbieter die E-Mail-Adresse und die Postanschrift des Höchstbieters durch das Auktionshaus mitgeteilt.[858]

Dieser Sichtweise ist das Berufungsgericht allerdings mit überzeugender Begründung entgegen getreten.[859] Zum einen hat das *KG* zutreffend darauf hingewiesen, dass die von den Online-Auktionshäusern eingeführten Bewertungssysteme, wonach solche Käufer für die Zukunft gesperrt werden, die mehrfach ihrer Zahlungsverpflichtung nicht nachgekommen sind, einen durchaus effektiven Schutz vor unzuverlässigen Vertragspartnern bieten.[860] Vor allem aber gibt das *KG* zu bedenken, dass der Verkäufer auch sonst, etwa nach Aufgabe von Zeitungsannoncen, typischerweise mit Personen Kaufverträge abschließt, ohne über deren Bonität im Bild zu sein.[861] Dieser Argumentation ist beizupflichten, zumal dem grundsätzlich bestehenden Risiko eines insolventen Vertragspartners – wie auch *Spindler* in diesem Zusammenhang ausführt – durch die bürgerlichrechtlichen Rechtsbehelfe des Zurückbehaltungsrechts bzw. der Möglichkeit der Zug-um-Zug-Leistung ausreichend Rechnung getragen wird.[862] Selbst wenn eine Art Vorleistungsklausel des Anbieters vereinbart sein sollte, hätte dieser die Möglichkeit, sich dem Insolvenzrisiko durch die Geltendmachung der Unsicherheitseinrede gemäß § 321 Abs. 1 S. 1 BGB zu entziehen. Darüber hinaus bieten die meisten Internet-Auktionshäuser mittlerweile entsprechende Treuhandlösungen bei der Abwicklung an.[863]

Schließlich muss man sich vor Augen führen, dass es gerade dem Wesen des Auktionsverfahrens immanent ist, dass es sich an einen Kreis von Personen richtet, deren Identität nicht von vornherein erfasst ist. Auch bei der klassischen Versteigerung im Auktionssaal weiß der Anbieter – abgesehen von dem wohl

---

[857] *LG Berlin* in CR 2001, S. 412 (413); auf diesen Aspekt stellt auch insbesondere *Lettl* in JuS 2002, S. 219 (221) ab.

[858] *LG Berlin* in CR 2001, S. 412 (413).

[859] *KG* in BB 2002, S. 168 (168).

[860] *KG* in BB 2002, S. 168 (168). Den Auktionshäusern obliegt die Pflicht zu entsprechenden Kontrollen der *Seriosität* der Teilnehmer durch diese eingangs vorgestellten Bewertungssysteme, vgl. Teil 1, 2. Kapitel, B. II. sowie Teil 4, 1. Kapitel, D. und Anhang: § 11 AVB. – Das *LG Berlin* in CR 2001, S. 412 (413) sieht sich von derartigen Missbrauchskontrollen nicht beeindruckt, denn es könne „zum Beispiel vorkommen, dass treuwidriges Verhalten dem Auktionshaus gar nicht angezeigt wird, so dass es diejenige Person auch gar nicht ausschließen kann".

[861] *KG* in BB 2002, S. 168 (168).

[862] *KG* in BB 2002, S. 168 (169); ebenso *Spindler* in ZIP 2001, S. 809 (817).

[863] Vgl. Teil 1, 2. Kapitel, B. III./IV.

doch recht seltenen Fall, dass er einen Bieter persönlich kennt – nicht, ob sich dieser nach Abschluss des Kaufvertrages vertragstreu verhält.[864]
Nach allem muss man zu dem Ergebnis kommen, dass die dem Anbieter mit der Vertragsabschlussklausel genommene Entscheidungsfreiheit hinsichtlich der Person des Vertragspartners keine unangemessene Benachteiligung im Sinne des § 307 Abs. 2 Nr. 1 BGB in Konkretisierung der Grundsätze von Treu und Glauben darstellt.[865]

3. Zwischenergebnis

Es gilt festzuhalten, dass trotz der wesentlich höheren Zahl der potenziellen Auktionsteilnehmer im world wide web und der längeren Laufzeit der Online-Auktion kein funktionierender Vertragsmechanismus besteht, dem eine gewisse Richtigkeitsgewähr hinsichtlich der Preisbestimmung vergleichbar den Anforderungen des § 156 S. 1 BGB innewohnt. Angesichts der exakt fixierten Zeit sowie der festgelegten – oftmals kleinen – Bietschritte ist ein „Ausbieten" bis zum Höchstgebot im Gegenteil gerade nicht gewährleistet.
Die fehlende Entscheidungsfreiheit des Anbieters hinsichtlich der Wahl seines Vertragspartners stellt demgegenüber mit Blick auf die bürgerlich-rechtlichen Rechtsbehelfe und die von den Internet-Auktionshäusern eingeführten Bewertungssysteme eine maßvolle Benachteiligung dar.

III. Kompensation durch Selbstbestimmungsrecht des Anbieters bei entsprechendem Risikobewusstsein

Nunmehr ist der bereits mehrfach aufgeworfenen Frage nachzugehen, ob der Schutz des Anbieters nicht ausreichend gewahrt ist, wenn dieser die Möglichkeit hat, seiner Auktion einen verdeckten Mindestpreis zugrunde zu legen, unterhalb dessen der Kaufvertrag nicht zustande kommen kann.

1. Selbstbestimmung der Parameter durch den Anbieter

Wie herausgearbeitet, ist die bei vielen Internet-Auktionshäusern grundsätzlich bestehende Option der Mindestpreisfestsetzung ein geeignetes Instrument für den Anbieter, sich vor einer Übervorteilung zu schützen.[866] Im Rahmen der Ein-

[864] Anders ist dies allenfalls bei Kunstauktionen, in denen nur sehr erlesene Stücke angeboten werden; hier sind die Händler in der Regel unter sich.
[865] Die überwiegende Zahl der Kommentatoren problematisiert die fehlende Entscheidungsfreiheit des Anbieters hinsichtlich des Vertragspartners gar nicht; vgl. exemplarisch *Burgard* in WM 2001, S. 2102 (2110); *Sester* in CR 2001, S. 98 (101); *Hartung/Hartmann* in MMR 2001, S. 278 (283).
[866] Vgl. Teil 3, 2. Kapitel, B. V. sowie Teil 3, 4. Kapitel, B. III.

richtung seiner Auktion hat es der anbietende Teilnehmer darüber hinaus in der Hand, weitere für die Preisbildung entscheidende Parameter festzusetzen. Er bestimmt den Startpreis sowie den Auktionszeitraum und bei einigen Häusern sogar die Höhe der Gebotserhöhungsschritte. Hierdurch kann der Anbieter den Verlauf der Auktion nachhaltig beeinflussen und selbst bestimmen, ob und wie er sich dem Risiko eines zu geringen Gebotes aussetzt: Je nachdem, wie hoch sein Startpreis ist und ob er einen Mindestpreis angibt, kann das Risiko, einen ungünstigen Preis zu erzielen, erheblich variieren. Innerhalb des vom Internet-Auktionshaus gewährten Rahmens obliegt es dem Anbieter, sich für eine bestimmte Vorgehensweise zu entscheiden. So kann er einerseits sein Risiko durch Angabe eines nicht zu niedrigen Startpreises, eines Preislimits in Form des Mindestgebotes sowie durch angemessene Bietschritte minimieren; andererseits kann er durch die Nichteingabe eines Mindestpreises ein erhöhtes wirtschaftliches Risiko eingehen, welches gleichzeitig die Chance eröffnet, eine große Anzahl von Bietern anzulocken und eine so rege Bieterbeteiligung herbeizuführen, dass sich ein Preis sogar über dem angemessenen Marktwert bildet.

Vor diesem Hintergrund sehen sowohl die Rechtsprechung als auch die herrschende Lehre in der Vertragsabschlussklausel keinen Verstoß gegen das Leitbild des § 156 BGB.[867] So hat der *BGH* im Zusammenhang mit der von ihm verneinten Frage, ob es sich bei der Internet-Auktion um ein Spiel im Sinne des § 762 BGB handelt, unter Verweis auf die Vorinstanz ausgeführt, dass der Anbieter die Möglichkeit habe, das Bietgeschehen durch entsprechende Vorgaben zu steuern und das Risiko einer Verschleuderung wegen zu geringer Nachfrage durch Festlegung eines Mindestpreises auszuschließen.[868]

Burgard hält der herrschenden Meinung entgegen, dass die Angabe des Mindestpreises nichts daran ändere, dass der Versteigerer bei einer antizipierten An-

---

[867] Vgl. hierzu *OLG Hamm* in MMR 2001, S. 105 (108); *BGH* MMR 2002, S. 95 (98); *Hartung/Hartmann* in MMR 2001, S. 278 (283); *Ulrici* in JuS 2000, S. 947 (949); *ders.* in NJW 2001, S. 1112 (1112); *Mankowski* in EWiR 2000, S. 415 (416); *Klewitz/Mayer* in K & R 2000, S. 200 (201); *Wenzel/Bröckers* in DB 2001, S. 92 (92); *Wiebe* in MMR 2000, S. 284 (285); *ders.* in MMR 2001, S. 109 (111); *Leible/Sosnitza* in K & R 2002, S. 89 (91).

[868] *BGH* MMR 2002, S. 95 (98) unter Verweis auf *OLG Hamm* in MMR 2001, S. 105 (108). - Die Private Internet-Auktion ist kein Glücksspiel im Sinne des § 762 BGB. Denn bei einem Glücksspiel hängen Gewinn und Verlust (hauptsächlich) vom Zufall, nicht aber - wie vorliegend - von der Einwirkung der Parteien ab. Den Begriff des Spiels im Sinne des § 762 BGB zeichnet insbesondere aus, dass sich der Zweck in der Unterhaltung und/oder Gewinnerzielung erschöpft und ein ernster sittlicher oder wirtschaftlicher Geschäftszweck fehlt (*Palandt-Sprau*, § 762, Rn. 2). Bei der Privaten Internet-Auktion verfolgen die Teilnehmer den wirtschaftlichen Zweck, einen Gegenstand zu einem – aus ihrer jeweiligen Sicht – günstigen Kaufpreis zu verkaufen bzw. zu erwerben. Dass diese Auktion gegebenenfalls spekulativen Charakter hat, macht sie noch nicht zum Spiel im Sinne des § 762 BGB. (Vgl. hierzu auch *Wiebe* in MMR 2000, S. 284 (285); *Wilkens* in DB 2000, S. 666 (668); a. A. *LG Münster* in NJW-CoR 2000, S. 167 (170)).

nahme des Höchstgebotes seine Interessen nicht voll zur Geltung bringen könne; die Mindestpreisfestsetzung führe nicht zu dem von § 156 BGB gewährleisteten Interessenausgleich, sondern lediglich zu einer Risikobegrenzung.[869] Im Übrigen sei der Anbieter nur dann ausreichend geschützt, wenn die Angabe des Minimalpreises zwingend vorgesehen sei.[870] Auch *Sester* sieht die Vertragsabschlussklausel nur dann als zulässig an, wenn der Anbieter gezwungen werde, einen Mindestpreis einzugeben, da nur in diesem Fall eine Sicherung gegen zu geringe Gebote gewährleistet sei.[871]
Die zwingende Angabe eines Mindestpreises bietet zwar zweifellos eine effektive Sicherheitsvorkehrung vor zu geringen Preisen, sie schränkt den Anbieter in seiner Privatautonomie aber gleichzeitig nicht unerheblich ein. So hat das *OLG Hamm* ausgeführt, dass denjenigen Anbieter, der sich in Anbetracht der mit Online-Auktionen verbundenen Chancen und Risiken für diese Verkaufsform entscheide, nach den Grundsätzen der Privatautonomie auch die Pflicht treffe, die Folgen bei Realisierung der Risiken zu tragen.[872] Insofern gestatte die Privatautonomie – in den hier nicht tangierten Grenzen der §§ 134, 138 BGB – auch ganz unvernünftiges Verhalten.[873]
Diese Sichtweise erscheint zunächst auch überzeugend, denn es ist ja nicht einzusehen, wieso der Anbieter trotz der ihm offen stehenden Optionen im Bewusstsein der jeweiligen Risiken an der Wahl eines entsprechenden Verfahrens nach seinen Vorgaben gehindert werden soll.

2. Risikobewusstsein des Anbieters bei entsprechender Aufklärung

Der Verweis auf das „bewusste" Risiko des Anbieters setzt indes gerade voraus, dass der Anbieter sich eines bestehenden Risikos auch bewusst ist, und er seine rationale Entscheidung, ob und wie er an der Internet-Auktion teilnimmt, auf der Grundlage entsprechender Informationen treffen kann.[874] Die Festlegung der Auktionsparameter setzt ein Mindestmaß an geschäftlicher Erfahrung und Einschätzungsvermögen voraus und kann nicht von jedem Anbieter ohne weiteres erwartet werden. Im Blick hierauf fordert *Spindler*, dass der anbietende Teilnehmer zunächst umfassend über seine verschiedenen Möglichkeiten und die

---

[869] *Burgard* in WM 2001, S. 2102 (2111); in diesem Sinne auch *Rüfner* in JZ 2000, S. 715 (718).
[870] *Burgard* in WM 2001, S. 2102 (2111).
[871] *Sester* in CR 2001, S. 98 (108).
[872] *OLG Hamm* in MMR 2001, S. 105 (109).
[873] *OLG Hamm* in MMR 2001, S. 105 (109). Vgl. die Zustimmung aus der zahlreichen Literatur: *Hartung/Hartmann* in MMR 2001, S. 278 (283); *Klewitz/Meyer* in K & R 2000, S. 200 (201); *Mankowski* in EWiR 2000, S. 415 (416); *Obert* in ZUM 2001, S. 249 (250); i. E. wohl auch *Grapentin* in GRUR 2001, S. 713 (716); *Wiebe* in MMR 2001, S. 109 (111).
[874] Vgl. grundsätzlich zu dem „liberalen Informationsmodell" *Dauner-Lieb*, S. 67 (70).

mit der jeweiligen Auswahl der einzelnen Parameter verbundenen Vor- und Nachteile aufgeklärt werden müsse.[875]
Dieser Ansatz erkennt zutreffend, dass der Anbieter erst nach umfassender und ausreichender Aufklärung in der Lage ist, für sich die eigenverantwortliche Entscheidung zu treffen, welches Maß an Risiko er eingehen und wie er dementsprechend die Parameter bestimmen möchte.[876] Denn macht der Anbieter etwa unvollständige oder aus seiner Perspektive unwirtschaftliche Angaben, kann dies für ihn unangenehme finanzielle Folgen haben, die er gegebenenfalls nicht überblicken kann. Angesichts der niedrigen Eingangsschranke bei der Internet-Auktion nutzen gerade solche Personen die Möglichkeit des Verkaufs über die Auktionsplattform, die ein reales Auktionshaus hierfür nicht in Anspruch nehmen würden. Vielfach gelangen Teilnehmer aufgrund der einfachen Handhabung des Internets rein zufällig oder aus purer Neugier auf die Seite eines Auktionshauses und bieten einen Gegenstand an. Ob die Internetgemeinde daher – wie *Hager* bemerkt – notwendigerweise einen höheren Informationsbedarf hat, als die möglicherweise geschulten Teilnehmer an realen Auktionen,[877] kann dahinstehen. Denn in der klassischen Versteigerung wird der Anbieter jedenfalls durch den Auktionator „entlastet", welcher als Stellvertreter oder Kommissionär tätig wird und durch entsprechendes Handeln und Beraten gerade die Interessen des Anbieters wahrt.
Dementsprechend müssen die Online-Auktionshäuser auf die möglichen Risiken, welche der Versteigerungsablauf bei der Privaten Internet-Auktion ohne die Person des Auktionators mit sich bringt, durch umfassende Aufklärung und Information hinweisen. Nur dann entspricht es dem Prinzip der Privatautonomie, dass der Anbieter die Folgen bei Realisierung der mit dem nunmehr bewusst gewählten Verfahren verbundenen Risiken zu tragen hat. Hierfür ist zum einen unerlässlich, dass das Auktionshaus dem Anbieter hinlänglich verdeutlicht, dass es keine Herrschaft über den Auktionsverlauf ausübt. Zum andern ist der virtuelle Versteigerer verpflichtet, Warnungen vor der Nichteingabe oder Eingabe eines zu geringen Mindestpreises oder sonstiger Parameter, die ein für den Anbieter hohes Risiko nach sich ziehen, auszusprechen.[878]

---

[875] *Spindler* in ZIP 2001, S. 809 (817); ebenso *Hager* in JZ 2001, S. 786 (790); *ders.* in JuS 2002, S. S. 506 (508); unter Bezugnahme auf die Genannten auch *Lettl* in JuS 2002, S. 219 (224); a. A. ausdrücklich *Ernst* in CR 2000, S. 304 (310).
[876] Ebenso *Hager* in JZ 2001, S. 786 (790) und *Spindler* in ZIP 2001, S. 809 (817).
[877] So *Hager* in JZ 2001, S. 786 (789); *Wilmer* in NJW-CoR 2000, S. 167 (174); vgl. zu dem Aspekt der „informierten Internetgemeinde" auch *Müller/Petri* in RTkom 2001, S. 153 (155) und *OLG Frankfurt* in DB 2001, S. 1033 (1033), welches die Frage, ob die Bezeichnung „Auktion" oder „Versteigerung" für Veranstaltungen, die nicht unter § 34b GewO zu fassen sind, ohne Hinzutreten weiterer Umstände als irreführend im Sinne des § 3 UWG anzusehen ist, mit diesem Hinweis verneint hat.
[878] *Hager* in JZ 2001, S. 786 (790); *ders.* in JuS 2002, S. 506 (508) und *Spindler* in ZIP 2001, S. 809 (817).

Die überwiegende Zahl der Internet-Auktionshäuser erfüllt diese Voraussetzungen derzeit nicht. Die entsprechenden Informationsseiten bieten keine hinreichende Aufklärung über das Auktionsverfahren; im Gegenteil ermutigen die Auktionshäuser die Anbieter noch dazu, von der Eingabe eines Mindestpreises abzusehen, ohne gleichzeitig über die hiermit verbundenen Risiken aufzuklären.[879] Weiß der Anbieter somit nicht um das je nach Wahl der Parameter differenzierende Risikopotenzial, kann er auch keine eigenverantwortliche Entscheidung treffen und es besteht kein entsprechender Schutz, welcher die mit der Bindung an das Höchstgebot verbundenen Risiken kompensiert. Der von § 156 BGB gewährleistete vertragstypische Interessenausgleich ist in diesem Fall nicht gegeben.

Im Ergebnis ist somit festzuhalten, dass die Vertragsabschlussklausel bei fehlender Aufklärung seitens des Internet-Auktionshauses als unangemessene Benachteiligung des Anbieters zu werten ist, welche unter entsprechender Heranziehung des § 307 Abs. 2 Nr. 1 BGB einen Verstoß gegen § 242 BGB darstellt.

IV. Ergebnis zu A.

Die Vertragsabschlussklausel benachteiligt den Anbieter, welcher hierdurch dem Risiko ausgesetzt ist, den Kaufvertrag zu einem geringen Höchstgebot abschließen zu müssen. Diese Benachteiligung kann, gemessen an dem wesentlichen Grundgedanken des § 156 BGB, nur dann nicht als „Unangemessene" gewertet werden, wenn sich der Anbieter aufgrund umfassender Aufklärung und Information der entsprechenden Risiken, die er mit Angabe bzw. Nichtangabe des Mindestpreises eingeht, bewusst ist. Nur wenn er auf informierter Grundlage die Parameter festlegen und dergestalt autonom „Risiko" oder „Sicherheit" wählen kann, ist sein Schutz in ausreichendem Maße gewährleistet.

Da die virtuellen Auktionshäuser hinsichtlich der mit der Abschlussklausel verbundenen Risiken derzeit keine Aufklärung betreiben, ist das auf dieser Klausel basierende Versteigerungsverfahren bei der Privaten Online-Auktion mit dem wesentlichen Grundgedanken des § 156 BGB, nämlich dem Schutz des Anbieters vor Vertragsabschlüssen zu abwegigen „Höchst"preisen, nicht zu vereinbaren.[880] Die Vertragsabschlussklausel bietet in diesen Fällen keine Gewähr für

---

[879] Vgl. z. B. unter www.ricardo.de sowie unter www.amazon.de: Auktionen und zShops: Hilfe: „Warum wir von der Angabe eines Mindestpreises abraten".

[880] I. E. so wie hier *LG Berlin* in CR 2001, S. 412 (413) mit abwegiger Begründung; *Burgard* in WM 2001, S. 2102 (2111); *Hager* in JZ 2001, S. 786 (790); *Sester* in CR 2001, S. 98 (102); a. A. *OLG Hamm* in MMR 2001, S. 105 (108); *KG* in BB 2002, S. 168 (168); *Hartung/Hartmann* in MMR 2001, S. 278 (283); *Klewitz/Mayer* in K & R 2000, S. 200 (201); *Mankowski* in EWiR 2000, S. 415 (416); *Ulrici* in NJW 2001, S. 1112 (1112); *Wenzel/Bröckers* in DB 2001, S. 92 (92); *Wiebe* in *Spindler/Wiebe*, D. IV., Rn. 66; *ders.* in MMR 2001, S. 109 (111); *Wilkens* in DB 2000, S. 666 (668).

einen vertragstypischen Interessenausgleichs und verstößt gegen § 307 Abs. 2 Nr. 1 BGB in Konkretisierung zu § 242 BGB.
Folglich ist die dem Rahmenvertrag zugrunde liegende Vertragsabschlussklausel unter Heranziehung des Gedankens des § 307 Abs. 1 S. 1 BGB unwirksam, und es bleibt in Anlehnung an § 306 Abs. 2 BGB bei der gesetzlichen Regelung, d. h. bei der Anwendung von § 156 S. 1 BGB. In der Freischaltung der Angebotsseite ist somit in diesen Fällen keine verbindliche Willenserklärung, sondern lediglich eine invitatio ad offerendum zu sehen. Als Folge kommt der Kaufvertrag bei der Privaten Internet-Auktion nicht automatisch mit „Zuschlag durch Zeitablauf" zustande.

B. Wirksamkeit des Gebotes

Im Weiteren ist zu untersuchen, ob die den Vertragsschluss zwischen den Auktionsteilnehmern betreffenden Versteigerungsbedingungen der Online-Auktionshäuser unzulässige Abweichungen von der mit § 156 S. 2 BGB erfassten Wirksamkeit und Erlöschenswirkung der Gebote vorsehen. Wie dargelegt, strebte der Gesetzgeber mit der Vorgabe in § 156 S. 2 Alt. 1 BGB und § 156 S. 2 Alt. 2 BGB eine transparente und eindeutige Regelung an, die allen Beteiligten in der besonderen Situation der Versteigerung Klarheit darüber verschafft, ob und wann ein Gebot erlischt.[881] § 156 S. 2 BGB dient somit dem schützenswerten Interesse des Bieters. Dies gilt es bei der rechtlichen Bewertung abweichender Bestimmungen unter Heranziehung des § 307 Abs. 2 Nr. 1 BGB in Konkretisierung zu § 242 BGB zu beachten.

I. Fortdauernde Wirksamkeit vorhergehender, niedriger Gebote

In Übereinstimmung mit § 156 S. 2 Alt. 1 BGB sehen auch die Versteigerungsbedingungen der Internet-Auktionshäuser zunächst regelmäßig vor, dass ein Gebot erlischt, wenn ein höheres Gebot abgegeben wird.[882] Allerdings bestimmen die Regelungen der Online-Veranstalter in Abweichung zu § 156 S. 2 Alt. 1 BGB oftmals, dass „gegebenenfalls einige der vorhergehenden, niedrigeren Gebote oder Gebote, die auf derselben Höhe wie ein vorheriges Gebot eines anderen Bieters liegen, wirksam bleiben".[883]

---

[881] Vgl. hierzu Teil 3, 2. Kapitel, B. II sowie die Motive zu dem Entwurfe eines BGB für das Deutsche Reich, Band I, S. 177.
[882] Siehe Anhang: § 7 Abs. 3 S. 2 AGB.
[883] Siehe Anhang: § 7 Abs. 3 S. 3 AGB sowie Teil II, Nr. 2 f) AGB von www.atrada.de. Das Auktionshaus eBay behält sich vor, dem Verkäufer die E-Mail des Bieters mit dem zweithöchsten Gebot mitzuteilen, damit er mit diesem in Kaufverhandlungen eintreten kann, falls die Vertragsabwicklung mit dem Höchstbietenden nicht gelingt; vgl. § 7 Abs. 5 AGB von www.eBay.de.

Mit einer derartigen Klausel soll dem Anbieter das Recht eingeräumt werden, mit einem Bieter zu kontrahieren, der unterhalb des Höchstgebotes liegt. Dies bedeutet konkret, dass der Anbieter durch Annahme des vorhergehenden – wirksam gebliebenen – Gebotes unter Umständen Tage oder Wochen nach der Versteigerungsveranstaltung den Kaufvertrag mit dem zweithöchsten Bieter abschließen kann, wenn sich der Höchstbieter als insolvent herausstellt oder dieser nicht ausfindig zu machen ist. Hierdurch entsteht für den Bieter die unerträgliche Situation, damit rechnen zu müssen, dass der Anbieter den Vertragsschluss doch noch mit ihm herbeiführt. Wie auch die hierzu ergangenen Stellungnahmen in der Literatur einmütig ausführen, muss aber der Bieter, sobald ein Übergebot abgegeben wurde, die Gelegenheit haben, anderweitig zu kalkulieren und es kann ihm nicht zugemutet werden, einen (unbestimmten) längeren Zeitraum zuzuwarten, ob der Anbieter doch noch mit ihm kontrahieren will.[884]
Vor diesem Hintergrund muss man zu dem Ergebnis kommen, dass eine Klausel, welche die fortdauernde Wirksamkeit niedriger Gebote zum Gegenstand hat, mit dem wesentlichen Grundgedanken des § 156 S. 2 BGB, Klarheit und Rechtssicherheit hinsichtlich des Erlöschens und der Wirksamkeit abgegebener Gebote zu schaffen, nicht zu vereinbaren und als unangemessene Benachteiligung des Bieters und damit als Verstoß gegen § 307 Abs. 2 Nr. 1 BGB in Konkretisierung zu § 242 BGB zu werten ist.
In diesem Zusammenhang ist die Frage zu klären, ob bei der Privaten Online-Auktion auch ein unwirksames Übergebot das Erlöschen des Gebotes im Sinne des § 156 S. 2 Alt. 1 BGB zur Folge hat.
Wie bereits bei der grundsätzlichen Analyse des § 156 BGB ausgeführt, tritt die Erlöschenswirkung in der herkömmlichen Versteigerung nach zutreffender herrschender Meinung auch bei einem unwirksamen Übergebot ein.[885] Für die Private Online-Auktion ergeben sich keine Abweichungen zu diesem Ergebnis. Vielmehr muss die hierfür im Rahmen der klassischen Versteigerung gelieferte Begründung für die Versteigerung im Internet „erst recht" Geltung beanspruchen. Nur so wird der vorangehende Bieter geschützt, der ein berechtigtes Interesse an der alsbaldigen Klärung hat, ob sein Gebot noch fortwirkt.[886] Zudem müssen die übrigen Online-Bieter Klarheit darüber haben, welches Gebot aktuell wirksam ist, um hierauf interessengerecht reagieren zu können. Gerade bei der Versteigerung im Internet, welche keine individuelle Nachfragemöglichkeit bietet, müssen klare Regeln herrschen, um für den einzelnen Teilnehmer Rechtssicherheit zu gewährleisten.

---

[884] *Ernst* in CR 2000, S. 304 (311); *Wiebe* in *Spindler/Wiebe*, D. IV., Rn. 68; in diesem Sinne wohl auch *Stögmüller* in K & R 1999, S. 391 (394).
[885] Siehe Teil 3, 2. Kapitel, B. II.
[886] Vgl. hierzu für die klassische Versteigerung *Erman-Hefermehl*, § 156, Rn. 3; *Soergel-Wolf*, § 156, Rn. 8; *Staudinger-Borg*, § 156, Rn. 4; *MüKo-Kramer*, § 156, Rn. 4 sowie Teil 3, 2. Kapitel, B. II.

Das Online-Auktionshaus überprüft jedes eingehende Gebot daraufhin, ob es den angegebenen Startpreis und das aktuelle Gebot übersteigt, andernfalls wird es zurückgewiesen.[887] Andere Unwirksamkeitsgründe, wie z. B. die Minderjährigkeit des Bieters, können nicht sofort überprüft und daher zunächst nicht berücksichtigt werden. So führt zwar die Beteiligung eines Minderjährigen gemäß §§ 106, 107 BGB zur schwebenden Unwirksamkeit seines Gebotes (es sei denn, es liegt ein Fall des § 110 BGB vor), das vorhergehende niedrigere Gebot ist dennoch mit Abgabe dieses Übergebotes im Sinne des § 156 S. 2 Alt. 1 BGB erloschen.[888] Ein Kaufvertrag mit demjenigen Bieter, der das zweithöchste Gebot abgegeben hat, kommt somit nicht zustande.

II. Fortdauernde Wirksamkeit des Gebots über das Ende der Versteigerung hinaus

Eine Bestimmung, wonach die Wirksamkeit des Höchstgebots in Abweichung zu § 156 S. 2 Alt. 2 BGB über das Ende der Internet-Versteigerung hinaus angeordnet wird, sehen die Versteigerungsbedingungen regelmäßig nicht vor. Dies stünde auch in Widerspruch zu der Vertragsabschlussklausel, welche den Anbieter verpflichtet, das in dem vorher exakt festgelegten Zeitpunkt bestehende Höchstgebot anzunehmen. Unter Heranziehung der soeben dargelegten Begründung müssten derartige Klauseln zudem ebenfalls als mit dem wesentlichen Grundgedanken des § 156 S. 2 BGB nicht vereinbar und insoweit unangemessene Benachteiligung des Bieters entsprechend § 307 Abs. 2 Nr. 1 BGB gewertet werden. Dies ergibt sich zumal im Blick darauf, dass es gerade als Wesensmerkmal der Versteigerung im Sinne des § 156 BGB herausgestellt wurde, dass der Vertragsschluss innerhalb der Veranstaltung zustande kommt, um allen Beteiligten Sicherheit und Klarheit zu verschaffen. Zwar hat der *BGH* – wie an anderer Stelle ausgeführt – bezogen auf den Ersteigererauftrag zwischen Bieter und Versteigerer festgestellt, dass dieser unter Umständen als über die konkrete Versteigerung fortdauernd angesehen werden kann.[889] Bei der Auseinandersetzung mit dem Versteigerungsbegriff des § 156 BGB wurde indes herausgearbeitet, dass die jeweilige E-Mail des Bieters trotz ihrer Verkörperung als Gebot im Sinne des § 156 S. 2 BGB zu qualifizieren ist. Hierfür hat der *BGH* klargestellt,

---

[887] Vgl. auch Anhang § 7 Abs. 3 S. 2 AVB.

[888] Um entsprechende Unsicherheiten zu vermeiden, sehen die Auktionshäuser in ihren AGB regelmäßig vor, dass nur unbeschränkt geschäftsfähige natürliche Personen, die das achtzehnte Lebensjahr vollendet haben, ihre Dienste nutzen können; vgl. Anhang § 2 Abs. 1 AGB; Ziff. 7 AGB von www.onlineauktionen.de. Eine derartige Bestimmung bietet natürlich keine Sicherheit, entlastet das Auktionshaus aber im Hinblick auf eventuelle Haftungsfragen.

[889] Vgl. Teil 3, 2. Kapitel, B. VI. sowie *BGH* NJW 1984, S. 1186 (1187).

dass im Interesse der Transparenz der Versteigerung der Formalismus der Erlöschenwirkung des Gebots nach § 156 S. 2 Alt. 2 BGB gewahrt bleiben muss.[890]

III. Ergebnis zu B.

Die Versteigerungsbedingung der virtuellen Auktionshäuser, welche die fortdauernde Wirksamkeit vorhergehender, niedriger Gebote festschreibt und als solche dem Rahmenvertrag zwischen Anbieter und Bieter zugrunde liegt, ist mit dem wesentlichen Grundgedanken des § 156 S. 2 BGB nicht vereinbar und stellt eine unangemessene Benachteiligung des Bieters dar. Sie verstößt somit gegen § 307 Abs. 2 Nr. 1 BGB in Konkretisierung zu § 242 BGB. Nach § 307 Abs. 1 S. 1 BGB ist die Klausel unwirksam und an ihre Stelle tritt entsprechend § 306 Abs. 2 BGB die dispositive Regelung des § 156 S. 2 Alt. 1 BGB.
Eine Bestimmung, welche die Wirksamkeit des Höchstgebots über das Ende der Privaten Online-Auktion hinaus anordnet, müsste gemessen an § 156 S. 2 Alt. 2 BGB ebenfalls als Verstoß gegen § 307 Abs. 2 Nr. 1 BGB in Konkretisierung zu den Geboten von Treu und Glauben gewertet werden.

C. Exkurs: Inhaltskontrolle des Maklerdienstvertrages im Hinblick auf die Bindung des Anbieters gemessen an § 307 Abs. 2 Nr. 1 BGB

Zu Beginn der Arbeit wurde der Benutzungsvertrag zwischen Anbieter und virtuellem Auktionshaus als Maklerdienstvertrag qualifiziert, mit dem sich die Parteien vorrangig dem Leitbild des § 652 BGB unterworfen haben.[891] Bereits in Auseinandersetzung mit der typologischen Zuordnung der jeweiligen Leistungen hat sich die Frage aufgedrängt, ob die Vertragsabschlussklausel, wonach der Anbieter bereits zu Beginn der Auktion eine bindende Willenserklärung gerichtet auf Abschluss des vom Auktionshaus vermittelten Kaufvertrages abgibt, einer hierauf gerichteten Inhaltskontrolle anhand der Grundgedanken des § 652 BGB standhält.
Die Vertragsabschlussklausel ist als AGB im Sinne des § 305 Abs. 1 S. 1 BGB gemäß § 305 Abs. 2 BGB Vertragsinhalt des Maklerdienstvertrages mit dem Online-Auktionshaus geworden,[892] so dass die AGB-Vorschriften unmittelbar Anwendung finden. Mangels einschlägigem Klauselverbots ist die Vertragsabschlussklausel an § 307 BGB zu messen. Nach § 307 Abs. 1 S. 1 BGB ist eine Klausel unwirksam, wenn sie den Vertragspartner des Verwenders der AGB entgegen den Geboten von Treu und Glauben unangemessen benachteiligt, wovon gemäß § 307 Abs. 2 Nr. 1 BGB im Zweifel auszugehen ist, wenn die Klau-

---

[890] *BGH* NJW 1984, S. 1186 (1187).
[891] Siehe hierzu Teil 2, 3. Kapitel, B. I.
[892] Siehe Teil 3, 5. Kapitel, A.

sel mit wesentlichen Grundgedanken der gesetzlichen Regelung, von der abgewichen wird, nicht zu vereinbaren ist.[893]

I. Eingeschränkte Entschließungs- und Abschlussfreiheit

Wesentlicher Grundgedanke des Maklervertrages gemäß § 652 BGB ist es, dass der Auftraggeber in seiner Entschließung, ob er das vom Makler nachgewiesene oder vermittelte Geschäft abschließen will oder nicht, frei ist.[894] Durch die Vertragsabschlussklausel wird der Anbieter bereits mit Eröffnung der Auktion in seiner freien Entscheidung, ob er die von dem Online-Auktionshaus vermittelte provisionspflichtige Vertragsgelegenheit wahrnimmt oder nicht, eingeschränkt. Insofern stellt sich die Frage, ob hiermit derart in die Abschlussfreiheit eingegriffen wird, dass die Klausel mit wesentlichen Grundgedanken des § 652 BGB nicht zu vereinbaren ist und als unangemessene Benachteiligung des Anbieter im Sinne des § 307 Abs. 2 Nr. 1 BGB gewertet werden muss.

Im Schrifttum findet sich diesbezüglich nur eine Anmerkung von *Wiebe*, der sich mit der Feststellung begnügt, dass die Einschränkung der Entschließungsfreiheit gemessen an dem Leitbild des Maklervertrages insoweit nicht als unangemessene Benachteiligung des Anbieters zu würdigen sei, als mit der Option zur Angabe eines Mindestpreises ein Mindestmaß an Selbstbestimmung des Anbieters gewahrt bleibe.[895]

Im Rahmen der typologischen Einordnung der Leistungen wurde dargelegt, dass hinter dem Prinzip der Entschließungs- und Abschlussfreiheit des Auftraggebers beim Maklervertrag der Gedanke steht, dass der *Nicht*abschluss eines dem Auftraggeber angetragenen provisionspflichtigen Vertragsabschlusses sanktionslos bleiben muss.[896] Problematisch wird es insoweit immer dann, wenn der Makler versucht, sich einen Provisionsanspruch auch für den Fall zu sichern, dass der Hauptvertrag nicht abgeschlossen wird und er den Auftraggeber dadurch mittelbar in seiner Entscheidung einschränkt. Daher ist die formularmäßige Vereinbarung einer erfolgsunabhängigen Provision durch sogenannte „Nichtabschluss-

---

[893] § 307 Abs. 2 BGB ist als Konkretisierung des § 307 Abs. 1 BGB vorrangig zu prüfen. Wie bereits im Rahmen der Auslegung der entsprechenden Klausel vorgetragen wurde, ist diese im Hinblick auf ihre Bindungswirkung „klar und verständlich" (Vgl. Teil 3, 5. Kapitel, B. 4. c)). Eine unangemessene Benachteiligung kann sich somit nicht aus § 307 Abs. 1 S. 2 BGB ergeben.

[894] Vgl. *BGH* NJW 1967, S. 1225 (1225); *BGH* NJW 1985, S. 2477 (2478); *Schwerdtner*, Maklerrecht, Rn. 912; *Erman-Werner*, § 652, Rn. 26; *MüKo-Roth*, § 652, Rn. 6; *Reuter* in NJW 1990, S. 1321 (1327); *Staudinger-Reuter*, § 652, Rn. 221; *Palandt-Sprau*, § 652, Rn. 19/86.

[895] *Wiebe* in *Spindler/Wiebe*, D. IV., Rn. 63.

[896] Vgl. *BGH* NJW 1967, S. 1225 (1226); *Soergel-Lorentz*, § 652, Rn. 94; *Staudinger-Reuter*, §§ 652, 653, Rn. 176 sowie Teil 2, 3. Kapitel, B. I. 3. c).

klauseln" ebenso wenig mit dem Grundgedanken des Maklervertrages in Einklang zu bringen, wie die Vereinbarung eines Reuegeldes für diesen Fall.[897]
Dieser dem Maklerrecht immanente Grundgedanke der Abhängigkeit des Provisionsanspruchs vom rechtsgültigen Zustandekommen des Hauptvertrages wird von der Vertragsabschlussklausel jedoch nicht berührt, da der Online-Versteigerer sich hiermit gerade keine „verkappte" erfolgsunabhängige Provision sichert. Die „Abschlussklausel" stellt insofern keine als „Nichtabschlussklausel" zu qualifizierende Vereinbarung dar, welche gemessen an § 307 Abs. 2 Nr. 1 BGB jedenfalls mit dem Leitbild des § 652 BGB nicht zu vereinbaren wäre.
Allerdings soll der Auftraggeber beim Maklervertrag „Herr des Geschäfts" bleiben und muss die rechtliche Möglichkeit haben, auf den Abschluss des Hauptvertrages einzuwirken und ihn zu verhindern.[898]
Durch die Festschreibung der Abschlussverpflichtung des Anbieters minimiert der Online-Versteigerer das Risiko des Nichtabschlusses des Kaufvertrages und damit die Entstehung seines Provisionsanspruchs. Gleichzeitig erhöht sich bereits mit Abschluss des Maklerdienstvertrages das Risiko des Anbieters, den zu dem gebotenen Preis möglicherweise nicht gewollten Kaufvertrag abschließen und darüber hinaus eine Provision an das Internet-Auktionshaus abführen zu müssen. Wie umfassend erläutert, kann der Anbieter dieses Risiko durch geeignete Festsetzung der Auktionsparameter, d. h. insbesondere durch Angabe eines Mindestpreises, minimieren und hierdurch entscheidend auf den Abschluss des Kaufvertrages entsprechend seinen Vorstellungen einwirken. Wird der vorgegebene Mindestpreis erreicht, ist der Anbieter aber an den Kaufvertragsabschluss gebunden und dementsprechend provisionszahlungspflichtig.
Vor diesem Hintergrund erscheint die Minimierung des Risikos des Nichtabschlusses des Kaufvertrages seitens des Online-Auktionshauses angesichts der Interessenlage der Parteien dann nicht unangemessen, wenn sich der anbietende Teilnehmer über die auf seiner Seite bestehenden – gegenüber dem herkömmlichen Maklergeschäft – erhöhten Risiken von vornherein im Klaren ist. Denn der aufgeklärte Anbieter, der sich über die Risiken des Auktionsverfahrens und die Möglichkeiten der eigenen Einflussnahme, insbesondere durch die Angabe bzw. Nichtangabe eines Mindestpreises, bewusst ist, bleibt „Herr des Geschäfts". Über das Instrument der Mindestpreisfestsetzung hat es der Anbieter in der Hand, einen Kaufvertragsabschluss, der seinen Interessen zuwider läuft, zu verhindern. Insofern ist auf die bei der inhaltlichen Angemessenheitskontrolle des zwischen Anbieter und Bieter geschlossenen Rahmenvertrages anhand der wesentlichen

---

[897] Allgemeine Meinung; vgl. bereits *BGH* NJW 1967, S. 1225 (1225); *BGH* NJW 1979, S. 367 (368); *Wolf* in *Wolf/Horn/Lindacher*, § 9 AGBG, M 7 ff. m. w. N.
[898] Vgl. für den Alleinauftrag *OLG Celle* AIZ 1970, S. 303 (303); *MüKo-Roth*, § 652, Rn. 218; *Reuter* in NJW 1990, S. 1321 (1327); *Staudinger-Reuter*, §§ 652, 653, Rn. 198; *Schwerdtner*, Maklerrecht, Rn. 985.

Grundgedanken des § 156 BGB getroffene Interessenabwägung zurückzugreifen. Mit Blick auf die besondere technische Ausgestaltung des Versteigerungsverfahrens im Internet wird man die Abschlussverpflichtung – basierend auf den privatautonom gewählten Auktionsparametern des Anbieters – als besondere Ausdrucksform des Online-Versteigerungsvertrages nicht als unangemessen und somit zulässig erachten können, sofern der Anbieter über die Folgen der entsprechenden Bindung – sowohl im Hinblick auf das Risiko des Kaufvertragsabschlusses zu einem abwegigen „Höchst"gebot als auch hinsichtlich des unmittelbar mit Abschluss des Kaufvertrages entstehenden Provisionsanspruchs des Auktionshauses – umfassend aufgeklärt und informiert ist. Solange eine diesbezügliche Aufklärung der Internet-Auktionshäuser fehlt, werden die Interessen des Anbieters, „Herr des Geschäfts" zu bleiben, nicht ausreichend berücksichtigt, so dass die dem Maklerdienstvertrag zugrunde liegende Vertragsabschlussklausel mit dem wesentlichen Grundgedanken der Entschließungs- und Abschlussfreiheit des § 652 BGB nicht zu vereinbaren ist.
Es bleibt im Ergebnis festzuhalten, dass die Vertragsabschlussklausel bei bislang nicht gewährleisteter Aufklärung auch im Verhältnis zwischen Anbieter und Auktionshaus eine unangemessene Regelung im Sinne des § 307 Abs. 2 Nr. 1 BGB darstellt, welche gemäß § 307 Abs. 1 S. 1 BGB unwirksam ist.
Grundsätzlich hat die Unwirksamkeit einer einzelnen AGB-Klausel gemäß § 306 Abs. 1 BGB nicht die Unwirksamkeit des Gesamtvertrages zur Folge, sondern an die Stelle der unwirksamen Bestimmung treten gemäß § 306 Abs. 2 BGB die gesetzlichen Vorschriften. Dementsprechend müsste auch hier wiederum die dispositive Vertragsschlussregelung des § 156 BGB Anwendung finden, welche dem anbietenden Teilnehmer die Abschluss- und Entschließungsfreiheit lässt; der zwischen Anbieter und Online-Auktionshaus geschlossene Maklerdienstvertrag mit seinen jeweiligen Leistungsverpflichtungen bliebe jedoch insgesamt wirksam.
Nun wurde aber innerhalb dieser Arbeit herausgearbeitet, dass die Unwirksamkeit der Vertragsabschlussklausel im Vertragsverhältnis zwischen Anbieter und virtuellem Auktionshaus keine Auswirkungen auf das Teilnehmerverhältnis und somit auf das Zustandekommen des Kaufvertrages auf der Basis der unwirksamen Vertragsabschlussklausel hat. Diese Feststellung beansprucht sowohl für den Fall, dass man mit den Vertretern der „Auslegungslösung" die Vertragsabschlussklausel lediglich im Rahmen der Auslegung der Freischaltung der Präsentationsseite durch den Anbieter berücksichtigt als auch unter Zugrundelegung der hier vertretenen „Einbeziehungslösung" Gültigkeit. Losgelöst von dem Maklerdienstvertrag liegt die Abschlussbestimmung dem unmittelbar zwischen Anbieter und Bieter geschlossenen Rahmenvertrag zugrunde. Sofern der Kaufvertrag nach Maßgabe dieser Rahmenvereinbarung zustande gekommen ist und die Parteien hieran festhalten und somit eine gerichtliche Inhaltskontrolle des Rahmenvertrages anhand des § 242 BGB nicht erfolgt, müsste man zu dem parado-

xen Ergebnis kommen, dass der Provisionsanspruch des Auktionshauses aus dem Maklerdienstvertrag grundsätzlich bestehen bliebe, da zweifellos „infolge der Vermittlung des Auktionshauses im Rahmen der Internet-Auktion ein wirksamer Kaufvertrag zustande gekommen“ ist.
Dass die Geltendmachung des Provisionsanspruchs seitens des Online-Auktionshauses in dieser Konstellation nicht in Betracht kommt und eine unzumutbare Härte für den Anbieter bedeutet, liegt auf der Hand. Vielmehr ist der enge Anwendungsbereich des § 306 Abs. 3 BGB eröffnet, mit der Folge der Gesamtnichtigkeit des Maklerdienstvertrages.[899] Freilich wird sich der Anbieter wohl regelmäßig auch in einem Prozess mit dem Höchstbieter gegen den Abschluss des Kaufvertrages auf der Grundlage der Vertragsabschlussklausel zur Wehr setzen, so dass der Provisionsanspruch des Internet-Auktionshauses bereits insoweit entfiele. Schließlich steht dem Anbieter, wie an anderer Stelle ausgeführt, bei entsprechendem Schaden ein Ersatzanspruch wegen Pflichtverletzung gegen den virtuellen Auktionator aus § 280 Abs. 1 BGB zu.[900]

II. Ausschluss des Kündigungsrechts

Mit der Vertragsabschlussklausel wird dem Anbieter darüber hinaus das Recht genommen, die Durchführung der Auktion vor Ablauf des festgesetzten Bietzeitraumes abzubrechen oder frühzeitig zu beenden. Die Klausel beinhaltet insofern einen Ausschluss des Kündigungsrechts des Maklerdienstvertrages für die Dauer der Online-Auktion.
Wie eingangs herausgearbeitet, sind im Rahmen der Inhaltskontrolle des Maklerdienstvertrages die §§ 611 ff. BGB ergänzend heranzuziehen, so dass zu prüfen ist, ob dieser Kündigungsausschluss zwischen Anbieter und virtuellem Auktionshaus als unangemessene Regelung gemäß § 307 Abs. 2 Nr. 1 BGB gemessen an den dispositiven Regeln des Dienstvertragsrechts zu würdigen ist.
Vergleichbar mit der sogenannten „Festhandangabe“ bei dem Makleralleinauftrag[901] ist der Maklerdienstvertrag bei der Online-Versteigerung für bestimmte Zeit eingegangen, d. h. er endet von selbst, wenn die Versteigerung durchgeführt ist, § 620 Abs. 1 BGB. Diese feste Bindung für bestimmte Zeit, welcher die Verpflichtung des Internet-Versteigerers zum Tätigwerden gegenüber steht, kann insoweit durchaus in AGB vereinbart werden.[902] Lediglich das fristlose

[899] Vgl. grds. zu dem Ausnahmecharakter des § 306 Abs. 3 BGB bei unwirksamer Freigabeklausel im Rahmen der Globalzession *BGH* NJW 1996, S. 253 (254); *BGH* NJW 1996, S. 2092 (2094) sowie *Schmidt* in *Ulmer/Brandner/Hensen*, § 6 AGBG, Rn. 43 m. w. N.
[900] Vgl. hierzu Teil 3, 5. Kapitel, D. III.
[901] Vgl. *Erman-Werner*, Vor § 652, Rn. 38 ff.; § 652, Rn. 28; *MüKo-Roth*, § 652, Rn. 213/214.
[902] Vgl. für den Alleinauftrag *Wolf* in *Wolf/Horn/Lindacher*, § 9 ABGB, M 4; *Staudinger-Reuter*, §§ 652, 653, Rn. 201.

Kündigungsrecht gemäß § 626 Abs. 1 BGB ist nicht abdingbar.[903] Eine derartige Bestimmung enthalten die AGB der Auktionshäuser jedoch nicht; durch die mit der Vertragsabschlussklausel statuierte Bindung des Anbieters wird sein Recht aus § 626 Abs. 1 BGB nicht berührt.
Allerdings könnte die Klausel darüber hinaus an der gesetzlichen Regelung des § 627 Abs. 1 BGB zu messen sein, welche bei Dienstverhältnissen höherer Art, die aufgrund besonderen Vertrauens übertragen zu werden pflegen, neben § 626 Abs. 1 BGB die Möglichkeit der Kündigung ohne Begründung und Einhaltung einer Kündigungsfrist vorsieht. Nach zutreffender herrschender Meinung ist eine Abdingung des § 627 Abs. 1 BGB durch AGB nicht möglich; vielmehr muss die entsprechende vertragliche Regelung, welche die Kündigung betrifft, dieses Recht sogar ausweisen.[904] Bei der klassischen Versteigerung wird das „von Vertrauen geprägte Vertragsverhältnis“ zwischen Einlieferer und Versteigerer zum Teil als solches Dienstverhältnis höherer Art qualifiziert,[905] welches insofern nach § 627 Abs. 1 BGB jederzeit kündbar sein muss.
Vor diesem Hintergrund fordert *Hager*, dass auch dem Anbieter bei der Privaten Internet-Auktion das Recht zur Seite stehen müsse, die Auktion jederzeit zu beenden.[906] Zur Begründung führt er an, dass ein Unterschied zur normalen Auktion, welcher eine Differenzierung in den Rechtsfolgen rechtfertigen könnte, nicht feststellbar sei.[907]
Dieser Sichtweise ist im Hinblick auf § 627 Abs. 1 BGB nicht zu folgen. Die Tätigkeit des Online-Auktionators begründet kein Dienstverhältnis höherer Art im Sinne dieser Vorschrift. Wie dargelegt, beschränkt sich seine Funktion zwar nicht lediglich auf die Zurverfügungstellung der entsprechenden Plattform. Dennoch umfassen die typischen Vermittlungstätigkeiten des Internet-Versteigerers keine Dienste höherer Art, welche etwa ein überdurchschnittliches Maß an Fachkenntnissen, Kunstfertigkeit oder wissenschaftlicher Bildung, eine hohe geistige Phantasie oder Flexibilität voraussetzen.[908] Darüber hinaus werden die Dienste des virtuellen Auktionshauses, welches dem Teilnehmer als Institution gegenüber tritt, regelmäßig nicht aufgrund eines persönlichen Vertrauens in

---

[903] Vgl. für die klassische Versteigerung: *Kappus* in *von Westphalen*, AGB, Auktionsbedingungen, Rn. 11. - Ein Rückgriff auf § 314 BGB, welcher seit 01.01.2002 die Kündigung aus wichtigem Grund für alle Dauerschuldverhältnisse gesetzlich normiert, ist nicht vonnöten, da der einzelne Benutzungsvertrag zwischen Anbieter und Auktionshaus nach hier vertretener Ansicht einen Maklerdienstvertrag darstellt, der an den §§ 652 ff. BGB sowie den § 611 BGB zu messen ist.
[904] *OLG Koblenz* NJW 1990, S. 3153 (3154); *Hensen* in *Ulmer/Brandner/Hensen*, Anh. §§ 9-11 AGBG, Rn. 865; *Palandt-Putzo*, § 627, Rn. 5; *Wolf* in *Wolf/Horn/Lindacher*, § 9 ABGB, M 22.
[905] *BGH* NJW 1996, S. 527 (528).
[906] *Hager* in JZ 2001, S. 786 (789).
[907] *Hager* in JZ 2001, S. 786 (789).
[908] Vgl. hierzu *MüKo-Schwerdtner*, § 627, Rn. 8-10.

Anspruch genommen, das sich gerade auf die Person des Vertragspartners erstreckt. § 627 Abs. 1 BGB ist somit nach hier vertretener Ansicht einer Kontrolle der entsprechenden Abschlussklausel nach § 307 Abs. 2 Nr. 1 BGB nicht zugrunde zu legen.
Als Ergebnis ist festzuhalten, dass die Vertragsabschlussklausel mit Blick auf die hierdurch bewirkte zeitliche Bindung im Rahmen des Maklerdienstvertrages mit dem Internet-Auktionshaus keinen AGB-rechtlichen Bedenken unterliegt.

III. Ergebnis zu C.

Soweit eine umfassende Aufklärung seitens der Internet-Auktionshäuser über die mit der Vertragsabschlussklausel verbundenen Risiken sowohl hinsichtlich der bereits zu Beginn der Online-Auktion vorgesehenen Bindung an den Kaufvertrag als auch der hiermit in Kausalzusammenhang stehenden Provisionszahlungspflicht nicht erfolgt, ist das Interesse des Anbieters, „Herr des Geschäfts" zu bleiben, nicht ausreichend berücksichtigt. In diesen Fällen ist die Vertragsabschlussklausel gemessen an dem wesentlichen Grundgedanken der Abschluss- und Entschließungsfreiheit des Auftraggebers beim Maklervertrag als unangemessene Regelung gemäß § 307 Abs. 2 Nr. 1 BGB zu würdigen, welche nach § 307 Abs. 1 S. 1 BGB unwirksam ist. Gemäß § 306 Abs. 3 BGB ist von der Gesamtnichtigkeit des Maklerdienstvertrages auszugehen, so dass das Online-Auktionshaus auch bei rechtsgültigem Zustandekommen des Kaufvertrages zwischen den Auktionsteilnehmern keinen Anspruch auf Zahlung der Vermittlungsprovision erheben kann.
Demgegenüber bestehen im Hinblick auf die mit der Abschlussklausel bewirkten zeitlichen Bindung keine AGB-rechtlichen Bedenken.

D. Ergebnis Teil 3, 7. Kapitel

Die Inhaltskontrolle des zwischen den Auktionsteilnehmern geschlossenen Rahmenvertrages auf der Grundlage des § 242 BGB führt zu dem Ergebnis, dass die Vertragsabschlussklausel gemessen an dem Leitbild des § 156 BGB als eine die Interessen des Anbieters nicht hinreichend berücksichtigende, unangemessene Benachteiligung des Anbieters zu qualifizieren ist, sofern eine umfassende Aufklärung seitens des Online-Auktionshauses über die hiermit verbundenen Risiken nicht erfolgt. Da sich die überwiegende Zahl der Auktionshäuser bislang weigert, eine derartige Aufklärung durch entsprechende Information zu betreiben, verstößt die in Frage stehende Klausel im Einzelfall gegen § 307 Abs. 2 Nr. 1 BGB in Konkretisierung zu § 242 BGB, so dass die dem Rahmenvertrag zugrunde liegende Vertragsabschlussklausel vollständig entfällt. Nach dem Gedanken des § 306 Abs. 1 BGB bleibt der Rahmenvertrag zwischen Anbieter und Bieter wirksam und an die Stelle der unwirksamen Klausel tritt die Abschlussre-

gelung des § 156 S. 1 BGB. Folglich kommt bei der Privaten Internet-Auktion der Kaufvertrag nicht automatisch mit „Zuschlag durch Zeitablauf" zustande.
Des Weiteren ist die Bestimmung, welche eine fortdauernde Wirksamkeit vorhergehender, niedriger Gebote festschreibt, mit dem wesentlichen Grundgedanken des § 156 S. 2 BGB ebenso wenig zu vereinbaren wie eine Klausel, welche die Wirksamkeit des Höchstgebots über das Ende der Privaten Online-Auktion hinaus anordnet. Entsprechende Klauseln stellen eine unangemessene Benachteiligung des Bieters dar und verstoßen gegen § 307 Abs. 2 Nr. 1 BGB in Konkretisierung zu § 242 BGB. An die Stelle der nach § 307 Abs. 1 S. 1 BGB unwirksamen Klauseln tritt nach dem Gedanken des § 306 Abs. 2 BGB die dispositive Regelung des § 156 S. 2 BGB.
Die mit der Vertragsabschlussklausel verbundene Einschränkung der Entschließungs- und Abschlussfreiheit des Anbieters im Rahmen des Maklerdienstvertrages ist mit dem wesentlichen Grundgedanken des § 652 BGB ebenfalls in den Fällen nicht zu vereinbaren und stellt gemäß § 307 Abs. 2 Nr. 1 BGB eine unangemessene Benachteiligung des Anbieters dar, in denen dieser von dem Internet-Auktionshaus nicht umfassend über die Besonderheiten des Abschlussverfahrens sowie den unmittelbar mit Kaufvertragsabschluss entstehenden Provisionsanspruch aufgeklärt wird. In diesen Fällen ist die Vertragsabschlussklausel gemäß § 307 Abs. 1 S. 1 BGB unwirksam und hat gemäß § 306 Abs. 3 BGB die Gesamtnichtigkeit des Maklerdienstvertrages zur Folge.
Im Hinblick auf die zeitliche Bindung für die Dauer der Auktionsveranstaltung unterliegt die Vertragsabschlussklausel keinen AGB-rechtlichen Bedenken. Das Recht zur Kündigung gemäß § 626 Abs. 1 BGB wird von der Abschlussklausel nicht eingeschränkt. Schließlich ist § 627 Abs. 1 BGB einer Kontrolle nach § 307 Abs. 2 Nr. 1 BGB nicht zugrunde zu legen.

Teil 4: Pflichten des virtuellen Versteigerers

Die Auseinandersetzung mit dem Vertragsschlussverfahren bei der Privaten Online-Auktion hat zu dem Ergebnis geführt, dass den virtuellen Versteigerer umfassende Informations- und Aufklärungspflichten treffen. Vor diesem Hintergrund stellt sich zum einen die Frage, auf welche rechtliche Grundlage sich diese Aufklärungspflichten stützen und in welcher Form das Online-Auktionshaus die entsprechende Information zu gewähren hat. Zum andern fragt sich, welche weiteren Pflichten dem Internet-Versteigerer in Übereinstimmung oder in Abweichung zu seinem Pendant in der realen Welt obliegen.
Auf der Grundlage der im Rahmen der typologischen Einordnung der Vertragsbeziehungen gefundenen Ergebnisse wird diesen Fragen im Folgenden nachgegangen. Dabei bleiben stets die typischen Eigenheiten der Privaten Online-Auktion zu berücksichtigen, d. h. vor allem die fehlende physische Präsenz der

Teilnehmer und die eingeschränkten Überprüfungsmöglichkeiten durch den virtuellen Versteigerer.

1. Kapitel: Pflichten des virtuellen Versteigerers, die aus dem jeweiligen Geschäftsbesorgungsverhältnis resultieren

Die mit dem jeweiligen Geschäftsbesorgungsverhältnis in Gestalt des Maklerdienstvertrages bzw. Auftrages übernommenen Hauptleistungspflichten des Online-Auktionshauses erstrecken sich mit Blick auf die angestrebte erfolgreiche Vermittlung des Kaufvertragsschlusses von der ordnungsgemäßen Verarbeitung und Ausweisung der von Anbieter und Bieter übermittelten Daten und Gebote bis hin zur Gewährleistung der Funktionsfähigkeit und Erreichbarkeit des Systems. Wie bereits angesprochen, greifen bei Störungen des Auktionsablaufs die allgemeinen Regeln;[909] insbesondere, wenn die Präsentation des Anbieters gar nicht oder verfälscht wiedergegeben wird, kommen Schlechterfüllung, Unmöglichkeit und – sofern die Internet-Auktion bereits abgelaufen ist – Verzug in Betracht.[910] Darüber hinaus trifft den Online-Versteigerer – wie *Spindler* bereits zutreffend herausgearbeitet hat – sowohl die wesentliche vertragliche Nebenpflicht der Absicherung des Systems gegenüber missbräuchlicher Benutzung Dritter als auch die Pflicht zur Unterbindung von Verfälschungen der Auktionen, z. B. durch Gebote des Anbieters selbst oder durch Mitarbeiter des Auktionshauses.[911]

Neben diesen Haupt- und wesentlichen Nebenpflichten, die auf die ordnungsgemäße Abwicklung des Versteigerungsablaufs gerichtet sind, bestehen für den Online-Versteigerer Nebenpflichten, die aus seiner besonderen Vertrauensstellung resultieren.

A. Unparteilichkeit

Der virtuelle Versteigerer steht zu beiden Auktionsteilnehmern in einer ein besonderes Treueverhältnis begründenden Vertragsbeziehung.

Wie bei der klassischen Versteigerung hat sich das Online-Auktionshaus gegenüber dem Anbieter mit dem Maklerdienstvertrag zur Wahrnehmung seiner Interessen verpflichtet. Andererseits besteht zu dem Bieter ein (unentgeltliches) Ge-

---

[909] Siehe Teil 2, 3. Kapitel, B. I. 3.

[910] Zur Vertiefung sei hier auf die Darstellung von *Spindler* in *Spindler/Wiebe*, E. IV., Rn. 39 ff. verwiesen, welcher sich bereits ausführlich mit der Frage der vertraglichen und außervertraglichen Haftung des Internet-Auktionshauses auseinandergesetzt hat.

[911] Die AGB sehen regelmäßig eine Bestimmung vor, die den Anbieter von der Abgabe von Geboten ausschließt, siehe Anhang: § 7 Abs. 4 AGB. Vgl. hierzu wiederum *Spindler* in *Spindler/Wiebe*, E. IV., Rn. 47 ff.; *Gaul* in WM 2000, S. 1783 (1792); *Hoeren* in EWiR 2001, S. 213 (214).

schäftsbesorgungsverhältnis, welches dem Internet-Auktionator auch diesem gegenüber eine Interessenwahrung auferlegt;[912] denn ein Geschäftsbesorger ist zu sachkundiger und sorgfältiger Wahrnehmung des fremden Geschäfts sowie zur Loyalität verpflichtet.[913]
Wie dargestellt, sind die Interessen des Bieters zumindest teilweise konträr zu den Interessen des Anbieters,[914] da dieser einen möglichst geringen Preis bezahlen möchte, während der Anbieter einen hohen Preis erstrebt. Der Online-Auktionator kann daher nicht einseitig die Interessen einer Partei wahrnehmen,[915] sondern nimmt eine Mittlerfunktion ein und muss wirtschaftlich neutral bleiben.[916] Dem steht die Tatsache, dass die Leistung des Online-Versteigerers gegenüber dem Bieter im Gegensatz zur klassischen Variante regelmäßig unentgeltlich erfolgt, nicht entgegen.[917] Auch das dem Auftrag eigentümliche Vertrauensverhältnis umfasst besondere Treuepflichten gegenüber dem Auftraggeber.[918] Vergleichbar der Stellung eines Doppelmaklers hat das Online-Auktionshaus somit strenge Unparteilichkeit gegenüber beiden Auftraggebern zu wahren.[919] Zwar wird unterschiedlich beurteilt, ob von einem Doppelauftrag auch dann ausgegangen werden kann, wenn der Makler für eine Partei entgeltlich und für die andere unentgeltlich tätig wird; richtigerweise ist aber allein die jeweilige Tätigkeit im Einzelfall entscheidend.[920] Unabhängig davon, ob der Makler sich jeweils von beiden zusammenzuführenden Parteien eine Provision hat versprechen lassen oder ob im Verhältnis zu einer der Parteien Unentgeltlichkeit vereinbart ist, wird dieser als befähigt angesehen, sein eigenes wirtschaftliches Interesse am Zustandekommen des Kaufvertrages im Dienste einer strengen Unparteilichkeit außer Acht zu lassen.[921]
Dieser Pflicht zur Unparteilichkeit kommt der Online-Auktionator zum einen maßgeblich durch eine möglichst ausgewogene Gestaltung seiner AGB nach, welche die Teilnehmer nach dem hier gefundenen Ergebnis in das Rahmenver-

---

912 *BGH* NJW 1996, S. 527 (528) spricht bei der klassischen Versteigerung von einer besonderen Treue- und Sorgfaltspflicht auslösenden Vertrauensstellung des Versteigerers gegenüber dem Ersteigerer.
913 *MüKo- Seiler*, § 675, Rn. 3, § 662, Rn. 33.
914 Vgl. zu diesem Aspekt bei der klassischen Versteigerung *Locher/Blind* in NJW 1971, S. 2290 (2290).
915 Für die klassische Versteigerung *Schneider* in DB 1981, S. 199 (199) allerdings mit Hinweis darauf, dass der Versteigerer von beiden Vertragspartnern eine Provision erhält.
916 *V. Hoyningen-Huene* in NJW 1973, S. 1473 (1478).
917 Vgl. grds. zu den Pflichten beim Auftrag *Palandt-Sprau*, Einf v § 662, Rn. 8, § 662, Rn. 9; *MüKo-Seiler*, § 662, Rn. 33, 34; *Erman-Ehmann*, § 662, Rn. 15.
918 Vgl. grds. *Soergel-Beuthien*, § 662, Rn. 14; Palandt-Sprau, § 662, Rn. 9.
919 Für den Makler: *BGHZ* 48, S. 344 (348) *BGH* NJW 1970, S. 1075 (1076); *OLG Hamm* NJW-RR 1994, S. 125 (125); *Glaser* in MDR 1971, S. 271 (271).
920 *Schwertner*, Maklerrecht, Rn. 850; *MüKo–Roth*, § 654, Rn. 7.
921 *BGH* NJW 1992, S. 681 (682); *Schwertner*, Maklerrecht, Rn. 869.

tragsverhältnis einbeziehen. Sofern der Online-Versteigerer z. B. Gewährleistungsbestimmungen hinsichtlich des Auktionsgegenstandes in seinen AGB bereithält, muss er hiermit sowohl die Interessen des Bieters, der die Risiken der Fehlerhaftigkeit des Auktionsgutes nicht tragen will und diejenigen des Anbieters, der die Haftung für Mängel weitestgehend ausschließen möchte, in einen angemessenen Ausgleich bringen.
Zum andern dürfen sich im Idealfall insbesondere aus der Organisation und dem Ablauf des Auktionsverfahrens keine Nachteile zu Lasten einer Seite ergeben. Wie dargestellt, hängt diese Problematik unmittelbar zusammen mit einer diesbezüglichen Aufklärung und Information.

B. Informations- und Aufklärungspflichten

I. Rechtliche Verankerung

Eine allgemeine Rechtspflicht, den Vertragspartner über alle Umstände aufzuklären, die auf seine Entschließung Einfluss haben könnten, gibt es nicht.[922] Eine Aufklärungspflicht kann sich nur aus den besonderen Umständen des Einzelfalls ergeben[923] und wird aus den konkreten, zwischen den Partnern bestehenden Vertragsbeziehungen dann abgeleitet, wenn das Verschweigen von Tatsachen gegen den Grundsatz von Treu und Glauben verstoßen würde, und die Mitteilung der verschwiegenen Tatsache nach der Verkehrsauffassung erwartet werden durfte.[924]
Die Inhaltskontrolle des Rahmenvertrages hinsichtlich der Vertragsabschlussklausel auf der Grundlage des § 242 BGB hat zu dem Ergebnis geführt, dass eine umfassende Aufklärung durch das virtuelle Auktionshaus dahingehend, welche Auswirkungen die Festlegung der einzelnen Auktionsparameter (Bietschritte, Start- und optionaler Mindestpreis, Dauer der Auktion) auf den Ausgang der Versteigerung haben kann, vonnöten ist, um einen angemessenen Interessenausgleich zwischen den Kaufvertragsparteien zu gewährleisten.[925] Insofern ergibt sich bereits aus der dargelegten Pflicht zur Unparteilichkeit insbesondere die Verpflichtung, die einseitige Begünstigung des Bieters durch entsprechende Aufklärung des Anbieters auszugleichen.
Zudem sind für den virtuellen Versteigerer die Grundsätze über die Pflichtenstellung des Maklers heranzuziehen. Wie aufgezeigt, ist der Benutzungsvertrag zwischen Anbieter und Online-Auktionshaus aufgrund der Vermittlungstätigkeit einerseits und der Verpflichtung zur Zahlung einer Erfolgsprovision andererseits

[922] *BGH* NJW 1983, S. 2493 (2494); *Palandt-Heinrichs*, § 123, Rn. 5.
[923] *MüKo-Kramer*, § 123, Rn. 14; *Soergel-Hefermehl*, § 123, Rn. 6.
[924] *BGH* NJW 1981, S. 2050 (2050); *BGH* NJW 1983, S. 2493 (2494); *Palandt-Heinrichs*, § 242, Rn. 37.
[925] Siehe Teil 3, 7. Kapitel, A. III. 2.

als Maklerdienstvertrag zu qualifizieren, welcher nach dem Willen der Parteien dem Leitbild des § 652 BGB unterstellt ist.[926] Im Rahmen der hierauf gerichteten inhaltlichen Angemessenheitsprüfung wurde herausgearbeitet, dass die Einschränkung der Abschlussfreiheit des Anbieters ebenfalls nur kompensiert werden kann, sofern der Anbieter seitens des Online-Versteigerers über die Risiken des Verfahrens auf der Basis der Vertragsabschlussklausel und der mit Kaufvertragsschluss unmittelbar verbundenen Entstehung des Provisionsanspruchs aufgeklärt wird. Von einem Makler wird grundsätzlich Aufklärung über alle ihm bekannten Umstände gefordert.[927] Er darf sein Wissen nicht unvollständig weitergeben; dies gilt insbesondere dann, wenn er begründete Vermutungen oder Zweifel hat, die für die Entscheidung des Auftraggebers von Bedeutung sein können.[928] Auch hieraus ergibt sich, dass der Online-Versteigerer die für den Anbieter erkennbar bedeutsamen Informationen erteilen muss, selbst wenn er dadurch den Abschluss des Kaufvertrages und damit seine Aussicht auf Provision gefährdet.[929]

Die Pflicht des Online-Versteigerers, über das Versteigerungsverfahren und der diesem innewohnenden Risiken aufzuklären, lässt sich weiterhin insbesondere auf seine gegenüber dem jeweiligen Auktionsteilnehmer ungleich größere Sachkenntnis und Erfahrung stützen.[930] Ist ein Vertragspartner erkennbar oder typischerweise nicht in der Lage, bestimmte Konsequenzen seines Handelns zu erkennen oder einzuschätzen, treffen den anderen Vertragspartner kraft seines überlegenen Wissens entsprechende Informations- und Aufklärungspflichten.[931]

In diesem Zusammenhang wird von *Spindler* für die Internet-Auktion eine Parallele zu Börsentermingeschäften gezogen, bei denen das Verfahren gleichermaßen nicht von vornherein jedem Durchschnittskunden transparent ist.[932] Mit § 53 Abs. 2 BörsG wurde aus diesem Grund die sogenannte „Termingeschäftsfähigkeit kraft Information“ eingeführt, wonach der Privatinvestor durch eine Unterrichtungsschrift über die Risiken aufzuklären ist, die allgemein mit Ter-

---

926 Siehe Teil 2, 3. Kapitel, B. I. 3./4.

927 *Staudinger-Reuter*, §§ 652, 653, Rn. 184; *Schwerdtner*, Maklerrecht, Rn. 105; *Wolf* in WM, Sonderbeil. Nr. 3, S. 3 (12).

928 *BGH* NJW 1982, S. 1145 (1146); *Schwerdtner*, Maklerrecht, Rn. 113; *Soergel-Hefermehl*, § 123, Rn. 7.

929 Vgl. für den Makler *OLG Köln* AIZ 1989, H 5 A 114 Bl. 10.

930 Vgl. für den Verkäufer: *MüKo-Westermann*, § 463, Rn. 7; *Locher*, Kunstrecht, S. 138; 188. – Dabei ist der Umfang der Aufklärungspflicht im Rahmen anderer Vertragsverhältnisse nach ähnlichen Grundsätzen wie beim Kauf zu ermitteln; vgl. *Soergel-Hefermehl*, § 123, Rn. 17. Eine gesteigerte Aufklärungspflicht ergibt sich insbesondere für Banken, *Soergel-Hefermehl*, § 123, Rn. 10; vgl. auch § 675 a BGB.

931 Vgl. allg. *Palandt-Heinrichs*, § 276, Rn. 119. Hierauf stellt insbesondere *Spindler* in ZIP 2001, S. 809 (817) ab.

932 Vgl. *Spindler* in ZIP 2001, S. 809 (818); zur Aufklärungspflicht bei einem Warenterminoptionsgeschäft bereits *BGH* NJW 1982, S. 2815 (2816).

mingeschäften oder den vorkommenden Vertragstypen verbunden sind.[933] Der von *Spindler* angeführte Vergleich ist insoweit durchaus zutreffend, als auch die Internet-Auktion gewisse aleatorische Elemente enthält, die das Ergebnis – gerade für den Ersttteilnehmer – ähnlich wie bei Börsentermingeschäften schwer prognostizieren lassen. Dabei hat das Online-Auktionshaus ähnlich wie die Bank oder der Wertpapierhändler ungleich größeres Wissen, so dass ihm auch aus diesem Grund Aufklärungspflichten obliegen.[934]

Eine Aufklärungspflicht des virtuellen Versteigerers ergibt sich darüber hinaus aus vorangegangenem Tun, wenn er durch sein Verhalten eine besondere Gefahrenlage geschaffen und dadurch die Interessen der Auktionsteilnehmer gefährdet hat.[935] Die organisatorisch-technische Ausgestaltung der Auktionsverfahrens im Internet auf der Grundlage der Vertragsabschlussklausel schafft für den Anbieter – wie herausgearbeitet – ein nicht unerhebliches Risikopotenzial, mithin eine derartige Gefahrenlage. Vor diesem Hintergrund kommen dem Internet-Auktionshaus noch einmal erhöhte Aufklärungspflichten zu, wenn es dem Anbieter zusätzlich besonders risikoreiche Empfehlungen macht. Empfiehlt es – wie häufig – möglichst niedrige Startpreise und keinen Mindestpreis zu wählen, um hierdurch viele Bieter für die Auktion zu interessieren,[936] muss es umso eindringlicher auf die hiermit einhergehenden möglichen Konsequenzen hinweisen.[937] Dies gilt einmal mehr, wenn der Versteigerer zugleich dadurch Druck auf den Anbieter ausübt, dass Auktionen mit festgesetztem Mindestgebot Nachteile erfahren (z. B. die Verweigerung der Aufnahme in die „Hot Auctions-List").

Die Aufklärungs- und Informationspflichten sind nach den genannten Grundsätzen auch gegenüber dem Bieter zu erfüllen. Denn auch der Online-Bieter ist bei der für Versteigerungen typischen Situation des sich gegenseitigen Hochschaukelns im Bieterwettstreit im Rahmen der Internet-Auktion anfällig für Manipula-

---

[933] Der Gesetzgeber ging in diesem Bereich insofern davon aus, der unterrichtete und damit mündige Bürger bedürfe keines zusätzlichen Schutzes; er sei deshalb in seinen wirtschaftlichen Dispositionen freizustellen. (vgl. hierzu *Schwark*, § 53 BörsG, Rn. 11 m. w. N.)

[934] Die Auktionshäuser führen in dem ständigen Bemühen, ihre Software im Hinblick auf ihren eigenen wirtschaftlichen Vorteil zu verbessern, z. B. umfangreiche Statistiken über das jeweilige Bieterverhalten je nach Ausgestaltung des Angebotes durch.

[935] Vgl. hierzu für die Internet-Auktion *Wenzel/Bröckers* in DB 2001, S. 92 (93) sowie grds. *OLG Hamm* NJW-RR 1993, S. 628 (629); *Heerstraßen* in JuS 1995, S. 197 (199).

[936] Vgl. exemplarisch unter www.ricardo.de, wo der Anbieter gebeten wird, bei Angabe eines Mindestpreises diesen so niedrig wie möglich zu halten oder www.atrada.de oder www.amazon.de, wo gänzlich von der Angabe eines Mindestpreises abgeraten wird. - Zudem werden Auktionen ohne Mindestpreis im Gegensatz zu solchen mit Mindestpreisfestsetzung von den Auktionshäusern intensiv beworben.

[937] Vgl. hierzu *Ernst* in CR 2000, S. 304 (310), der das Bestehen einer Aufklärungspflicht über Versteigerungsrisiken als Nebenpflicht des Vertrages mit dem virtuellen Auktionator grundsätzlich ablehnt und sie nur für diesen besonders gelagerten Fall bejaht. Wie hier *Wenzel/Bröckers* in DB 2001, S. 92 (93).

tionen. Dabei kann der Gefahr irrationaler Handlungen des Bieters in gewissem Maße durch entsprechende Information und Aufklärung seitens des Online-Auktionshauses entgegen gewirkt werden.[938]
Zu beachten ist im Einzelfall schließlich immer, ob die Unparteilichkeit einer Informationspflicht entgegensteht. Die Unparteilichkeit des Maklers führt dazu, dass dieser grundsätzlich nicht in Preisverhandlungen eingreifen darf,[939] so dass der Aufklärung des Anbieters hinsichtlich der Wahl der Auktionsparameter Bedenken entgegen stehen könnten. Bei dem virtuellen Versteigerer stellt sich das Problem jedoch nicht in dieser Schärfe: Auch wenn er den Anbieter über die Festlegung des Mindestpreises berät, liegt hierin noch keine Beratung über den endgültigen Preis. Dies ist schon deshalb nicht möglich, weil die Preisbildung ja durch die Bieterkonkurrenz erfolgt, nicht durch Verhandlungen zwischen dem Anbieter und dem Bieter. Der Online-Versteigerer gestaltet nur die Situation, in der sich die Preise bilden. Die Unparteilichkeit wird deshalb nicht gefährdet. Im Gegenteil wurde aufgezeigt, dass der Online-Versteigerer seine Unparteilichkeit erst dann gewährleisten kann, wenn er seiner umfassenden Informations- und Aufklärungspflicht gegenüber dem Anbieter nachkommt.

II. Informationsinhalt und Darstellungsniveau

Mit Blick auf die Frage, in welcher Form das Online-Auktionshaus die entsprechende Information und Aufklärung zu gewähren hat, ist zum einen wichtig, dass sämtliche Informationen dem Teilnehmer bzw. Anbieter rechtzeitig zur Verfügung gestellt werden, d. h. bevor er das Vertragsverhältnis mit dem Auktionshaus und dem potenziellen Kaufvertragspartner eingeht. Zum andern ist vonnöten, dass die Information in einer Form ausgedrückt und dargestellt wird, die für den durchschnittlichen Teilnehmer verständlich ist.[940] Es dürfen also – wie in den AGB häufig üblich – keine Formulierungen verwendet werden, die nur Juristen verstehen. Wiederum ist zu beachten, dass die Hemmschwelle zur Teilnahme an einer Auktion „am heimischen Computer" erheblich niedriger ist als bei der herkömmlichen Versteigerung und das Klientel bei der Privaten Internet-

---

[938] Ebenso *Hollerbach* in DB 2000, S. 2001 (2003) als Argument für die Notwendigkeit der Anwendbarkeit des § 34b GewO und der hierauf beruhenden VerstV; vgl. zur Schutzbedürftigkeit des Bieters auch bereits Teil 3, 4. Kapitel, C.

[939] Vgl. für den Makler *OLG Hamm* NJW-RR 1994, S. 125 (125); *MüKo-Roth*, § 654, Rn. 12, *Glaser* in MDR 1971, S. 271 (271).

[940] Vgl. in diesem Zusammenhang das Darstellungsniveau der Unterrichtungsschrift im Sinne des § 53 Abs. 2 BörsG, wobei hier überwiegend der unterdurchschnittlich auffassungsbegabte Anleger zum Maßstab genommen wird, weil sonst ein Informationserfolg bei der besonders schutzwürdigen Gruppe nicht erzielt werde (*Schwark*, § 53 BörsG, Rn. 17 m. w. N.).

Auktion in der Regel nicht zu den „offline" Versteigerungsteilnehmern gehört.[941]
Es bietet sich an, die je nach Wahl der einzelnen Parameter möglichen unterschiedlichen Auswirkungen anhand von Beispielsfällen zu präsentieren. Dem Anbieter muss – ohne dass er verschreckt wird und von einer Durchführung der Auktion absieht – klar werden, dass er sich nicht auf ein dem Spiel ähnliches unverbindliches Verfahren einlässt und Gewinn und Verlust nicht vom Zufall, sondern auch maßgeblich von seiner Einwirkung abhängen.[942]
Nachdem Darstellungen auf dem Bildschirm eine gewisse Flüchtigkeit aufweisen und darüber hinaus auf dem Monitor schlechter lesbar sind, ist eine kurze und übersichtliche Hinweisgestaltung zu fordern, damit der Anbieter die gebotenen Informationen auch nutzt.[943] Das Auktionshaus dürfte seine Informationspflicht erfüllen, wenn sich unmittelbar vor der Einrichtung der Auktion ein Fenster mit der entsprechenden Information etwa unter der Topic „Was Sie bei der Festlegung der Rahmenbedingungen unbedingt beachten müssen" oder „Ihre Chancen und Ihre Risiken" öffnet und sich der Anbieter erst zwingend hierdurch „scrollen" muss, bevor er im weiteren Verfahren die einzelnen Parameter festlegt. Gerade in der schnelllebigen Welt des Internet ist es wichtig, zum Schutz des ungeduldigen Teilnehmers Sicherungsmechanismen einzubauen, die ihn zwingen, die gebotene Information wahrzunehmen.[944] In diesem Zusammenhang erscheint zunächst auch der Vorschlag von *Spindler*, von jedem Auktionsteilnehmer eine „Selbsteinstufung" zu verlangen, welche je nach Risikoprofil des Teilnehmers nur bestimmte Formen der Auktion zuließe[945], als ein sinnvoller Ansatz. Jedoch schränkt eine solche vorgeschaltete Einstufung den Anbieter zum einen wiederum stark ein, wobei eine realistische Selbsteinschätzung zumeist ohnehin nicht erfolgen wird. Zum andern könnte ein derartiges „Schubladenverfahren" den Anbieter verärgern und gänzlich von der Nutzung der Auktionsplattform abhalten. Der Vorschlag ist letztlich aus den gleichen Erwägungen heraus abzulehnen, aus denen vorliegend auch die zwingende Angabe eines Mindestpreises verneint wird.[946] Es ist vielmehr dafür Sorge zu tragen, dass der mündige Teilnehmer auf der Grundlage umfassender Information privatautonom

---

[941] Vgl. zu diesem Aspekt *Burgard* in WM 2001, S. 2102 (2111) und *Hartung/Hartmann* in MMR 2001, S. 278 (278).

[942] Wie dargelegt, handelt es sich bei der Privaten Internet-Auktion aufgrund des ernsthaften wirtschaftlichen Geschäftszwecks gerade nicht um ein Spiel im Sinne des § 762 BGB; vgl. Teil 3, 7. Kapitel, A. III. 1. sowie *BGH* MMR 2002, S. 95 (98).

[943] Vgl. grds. zu den Anforderungen hinsichtlich Lesbarkeit und Umfang von AGB *Cichon*, Internetverträge, S. 218 ff.

[944] Zur Beweissicherung dürfte es für das Auktionshaus zudem zweckmäßig sein, wenn der Teilnehmer per Mouseclick die Kenntnisnahme der Information bestätigen muss.

[945] *Spindler* in ZIP 2001, S. 809 (818).

[946] Hierfür sprechen sich *Burgard* in WM 2001, S. 2102 (2111) und *Sester* in CR 2001, S. 98 (102) aus; vgl. Teil 3, 7. Kapitel, A. III. 1.

die Entscheidung treffen kann, ob und in welcher Form er an dem Auktionsgeschäft partizipiert.
Schließlich zeigen die vorstehenden Erläuterungen, dass die Präsentation der geforderten Information leicht und insbesondere ohne großen technischen Aufwand zu gewährleisten ist, so dass sie vor allem für das Internet-Auktionshaus auch zumutbar ist.[947]

C. Kontroll- und Prüfungspflichten hinsichtlich des Auktionsgegenstandes

Eine Pflicht, die zu versteigernde Ware in Augenschein zu nehmen oder zu prüfen, wie sie den realen Versteigerer trifft,[948] besteht – wie wohl auch in der Literatur nicht anders vertreten wird – für das virtuelle Auktionshaus nicht.[949]
Zum einen entspricht es gerade dem Wesen der Transaktion im Internet, dass weder Bieter noch Auktionator Zugriff auf den Auktionsgegenstand haben und eine (tatsächliche) Besichtigung nicht erfolgt; der virtuelle Versteigerer hat insofern gar keine Möglichkeit, den Gegenstand näher zu untersuchen. Zum andern ergibt sich eine derartige Verpflichtung auch nicht aus der dem Makler angenäherten Stellung des Online-Versteigerers. Ebenso wenig wie der Makler dazu verpflichtet ist, die Angaben über das von ihm zu vermakelnde Objekt zu überprüfen,[950] kann das virtuelle Auktionshaus verpflichtet sein, Angaben über die Beschaffenheit der Ware des Anbieters zu treffen. Grundsätzlich ist es auch bei der Internet-Auktion nicht gerechtfertigt, die dem Anbieter obliegenden Pflichten auf den als Makler fungierenden Auktionator „abzuwälzen".[951] Etwas anderes kann nur dann gelten, wenn das Online-Auktionshaus durch sein Verhalten die berechtigte Erwartung einer umfassenden Überprüfung geweckt hat.[952] Regelmäßig ruft der Online-Auktionator jedoch kein besonderes Vertrauen bei den Teilnehmern in die Güte der angebotenen Verkaufsgegenstände hervor. Im Unterschied zu dem klassischen Auktionshaus, welches als Sachwalter auftritt, wenn es z. B. damit wirbt, dass die Angebote mit eigener Expertise überprüft

---

[947] Vgl. zu diesem Aspekt *Wenzel/Bröckers* in DB 2001, S. 92 (93).
[948] Vgl. *BGH* NJW 1980, S. 1619 (1621); *Wolf* in *Wolf/Horn/Lindacher*, § 9 AGBG, Rn. A 145.
[949] Vgl. hierzu *Spindler* in *Spindler/Wiebe*, E. II., Rn. 11; vgl. zu den Pflichten, die dem Online-Versteigerer nach der VerstV obliegen, sofern man diese für anwendbar hält: *Wilmer* in NJW-CoR 2000, S. 94 (102); *Stögmüller* in K & R 1999, S. 391 (393); *Gaul* in WM 2000, S. 1783 (1787); *Ernst* in CR 2000, S. 304 (307); *Hollerbach* in DB 2000, S. 2001 (2002).
[950] Vgl. *BGH* BB 1956, S. 733 (733); *BGHZ* 36, S. 323 (328); *Staudinger-Reuter*, Vor §§ 652 ff., Rn. 6, § 652, Rn. 184.
[951] Ebenso für die Internet-Auktion *Spindler* in *Spindler/Wiebe*, E. II., Rn. 11; für den Makler grds. *MüKo-Roth*, § 652, Rn. 239.
[952] Vgl. für den Makler *OLG München* NJW 1956, S. 1760 (1760); *Staudinger-Reuter*, § 652, Rn. 184.

worden sind,[953] besteht bei den Massengeschäften im Rahmen der Privaten Internet-Auktion gerade kein erhöhtes Vertrauen auf die besondere Person des Versteigerers im Sinne einer persönlichen Gewähr.[954] Allerdings trifft das Auktionshaus auch diesbezüglich eine Informations- und Hinweispflicht; erst bei insoweit deutlichen Hinweisen ist den Teilnehmern bewusst, dass sie die Risiken des Geschäftes eigenverantwortlich prüfen müssen. Dementsprechend weisen die Internet-Auktionshäuser in ihren AGB regelmäßig darauf hin, dass der Anbieter verpflichtet sei, den angebotenen Gegenstand wahrheitsgetreu zu beschreiben und dass das Online-Auktionshaus weder eine Gewährleistung für die angebotenen Gegenstände noch eine Gewähr für die Richtigkeit und Vollständigkeit der vom Anbieter geleisteten Angaben und Erklärungen übernehme.[955] Nicht zu verwechseln hiermit ist die Frage, ob der Online-Auktionator prüfen muss, inwieweit der beabsichtigte Vertragsschluss wegen des vermittelten Gegenstandes gegen ein gesetzliches Verbot verstößt oder sittenwidrig ist.[956] Hier sehen die AGB der Auktionshäuser in der Regel Bestimmungen vor, in denen der Anbieter zusichert, dass der von ihm angebotene Gegenstand frei von Rechten Dritter ist, er über diesen verfügen kann und insbesondere, dass der Gegenstand nicht gegen ein gesetzliches Verbot oder die guten Sitten verstößt.[957] Darüber hinaus behalten sich die Auktionshäuser regelmäßig vor, angebotene Gegenstände zu entfernen, „wenn hierfür ein rechtliches Interesse besteht".[958] Aus vertragsrechtlicher Sicht ist wiederum entscheidend, ob der Online-Auktionator beim Teilnehmer Vertrauen hinsichtlich einer solchen Prüfung geweckt hat; auch dies wird man in der Regel verneinen müssen.[959]

---

[953] *BGH* NJW 1980, S. 1619 (1621); vgl. für den Makler *BGH* NJW-RR 1991, S. 627 (628); *MüKo-Roth*, § 652, Rn. 243.

[954] Vgl. zu der im Rahmen des § 627 Abs. 1 BGB verneinten Vertrauensstellung des Online-Auktionshauses Teil 3, 7. Kapitel, C. II. - Eine Haftung wegen Inanspruchnahme besonderen Vertrauens des Käufers kommt nicht in Betracht, da der virtuelle Versteigerer gerade nicht unter Hinweis auf seine besondere Sachkunde oder Zuverlässigkeit eine zusätzliche persönliche Gewähr für das Gelingen des Geschäfts gibt (vgl. hierzu *Spindler* in *Spindler/Wiebe*, E. II., Rn. 13). Eine Eigenhaftung wäre allenfalls bei klassischen Kunstversteigerungshäusern, die ihr Angebot um Online-Versteigerungen erweitern, zu bejahen (vgl. z. B. www.sothebys.com).

[955] Siehe Anhang: § 6 Abs. 2; § 10 Abs. 1, Abs. 2 (a) AGB.

[956] Vgl. zu dieser Problematik wiederum ausführlich *Spindler* in *Spindler/Wiebe*, E. II., Rn. 22 ff.; allerdings beziehen sich die Ausführungen auf die verschiedenen Formen der Online-Auktionen und nicht explizit auf die Private Internet-Versteigerung.

[957] Vgl. Anhang: § 6 Abs. 4, 5 AGB; § 5 Abs. 1, 2 AGB von www.eBay.de; Ziff. 1.3 AGB von www.amazon.de.

[958] Vgl. Anhang: § 5 Abs. 3 (b) AGB; § 5 Abs. 3 AGB von www.eBay.de; Ziff. 1.8 AGB von www.amazon.de

[959] Die spannende Frage, ob eine Haftung des Auktionshauses für Inhalte auf seinen Auktionsseiten gegenüber Dritten in Betracht kommt, kann im Rahmen der vorliegenden Arbeit nicht erörtert werden. Siehe hierzu die Ausführungen unter Teil 1, 1. Kapitel, C. III. m. w. N.

D. Identitäts- und Bonitätsprüfungspflicht hinsichtlich der Teilnehmer

Im Unterschied zu dem Auktionsgut, welches der Prüfungsmöglichkeit des Online-Versteigerers entzogen ist, müssen die Teilnehmer im Rahmen der Registrierung ihre Identität gegenüber dem Auktionshaus offenbaren. Dabei wird, wie schon eingangs der Arbeit erläutert, in der Regel auf eine digitale Signatur zur Identitätsprüfung verzichtet.[960]
Mit der geschaffenen Neuregelung der digitalen Signatur[961] stellt sich jedoch die Frage, ob nunmehr eine Pflicht besteht, entsprechende Anmeldeprozeduren zu verlangen.
Auch in diesem Zusammenhang kann sich eine solche Verpflichtung zur Kontrolle der Identität der registrierten Teilnehmer indes nur ergeben, wenn das Online-Auktionshaus ein hierauf gerichtetes Vertrauen beim Teilnehmer dahingehend erweckt, auf seiner Plattform seien gefahr- und risikolose Geschäftsabschlüsse zu tätigen. Klärt das Auktionshaus über die mit dem Geschäft verbundenen Risiken auf und zerstört ein mögliches Vertrauen, ist es wiederum die privatautonome Entscheidung des Teilnehmers, ob er das Risiko des unbekannten Vertragspartners tragen will.[962] Eine entsprechende Aufklärung des Online-Versteigerers muss aber jedenfalls gefordert werden. Diese Ansicht vertritt auch *Spindler*, welcher zutreffend darauf hinweist, dass derzeit noch nicht davon ausgegangen werden kann, dass jedem Internet-Nutzer die mit der potenziellen Anonymität verbundenen Risiken der Online-Auktion bewusst sind.[963]
Schließlich lässt sich eine Pflicht zur Prüfung der Bonität des einzelnen Teilnehmers nicht begründen.
Zum einen wäre im Gegensatz zu einer Identitätsprüfung, die im Rahmen der digitalen Signatur erfolgen kann, eine Bonitätsprüfung nur unter erheblichem Aufwand durchzuführen.[964] Zum andern wird auch insoweit von dem Online-Auktionshaus bei den Teilnehmern kein Vertrauen in eine entsprechende Bonitätsprüfung hervorgerufen.[965] Wiederum in Parallele zum Maklerrecht besteht selbst bei Zweifeln an der Bonität eines Kunden keine Pflicht zu eigenen Nachforschungen; allerdings ist der Makler in diesen Fällen verpflichtet, etwaige

---

[960] Siehe Teil 1, 2. Kapitel, B. I.

[961] In Umsetzung der EU-Signaturrichtlinie 99/93/EG vom 13.12.1999 ist am 22.05.2001 das SigG in seiner novellierten Fassung in Kraft getreten.

[962] Vgl. exemplarisch die entsprechenden Seiten unter www.ricardo.de:„Vorgehen bei Betrug“ sowie die „Mitglieder-Richtlinien“, auf denen den Teilnehmern Konsequenzen angedroht werden, wenn sie sich „unseriös“ verhalten. Wenn der Bieter nicht zahlt oder der Anbieter den Gegenstand nicht übergibt, drohen eine Verwarnung sowie eine negative Mitglieder-Bewertung, die zum Ausschluss führen kann. Hierdurch wird dem Teilnehmer deutlich, dass eine entsprechende Sicherheit nicht gewährleistet ist.

[963] *Spindler* in *Spindler/Wiebe*, E., Rn. 17.

[964] Es bestünde etwa die Möglichkeit, eine SCHUFA-Auskunft einzuholen.

[965] Ebenso für die Internet-Auktion *Wilmer* in NJW-CoR 2000, S. 94 (102).

Zweifel mitzuteilen.[966] Dies gilt erst recht für den reinen Nachweismakler, dessen Tätigkeit sich in der Zusammenführung der Interessenten erschöpft, was – wie eingangs geprüft – der Tätigkeit des virtuellen Versteigerers entspricht.[967] Diesen Grundsätzen tragen die von den Online-Auktionshäusern eingeführten Bewertungssysteme in ihrer derzeitigen Ausgestaltung Rechnung. Kann das Auktionshaus auf dieser Grundlage allerdings erkennen, dass ein Teilnehmer erheblichen Beschwerden einer Mehrzahl von Auktionsteilnehmern ausgesetzt ist, trifft es die Pflicht zum Ausschluss dieser Person;[968] denn die Missbrauchsvorsorge im Wege der Bewertungssysteme führt dazu, dass die Teilnehmer in gewissem Maße auf die Überwachung derselben und entsprechende Reaktion durch das Auktionshaus vertrauen.

E. Pflichten des Auktionshauses bei der Vertragsabwicklung

Bietet das Online-Auktionshaus seine Hilfe bei der Abwicklung des Kaufvertrages in Form von Treuhandmodellen oder Abwicklungsgarantien an, können sich hieraus je nach Ausgestaltung entsprechende Pflichten ergeben.[969]
Tritt das Auktionshaus selbst als Treuhänder auf, gelten die zum Treuhandvertrag entwickelten Regeln; insoweit ergeben sich bei der Internet-Auktion keine Besonderheiten.[970] In diesem Zusammenhang hat *Wilmer* zutreffend darauf hingewiesen, dass die fehlende Kontrollfunktion des virtuellen Versteigerers durch die Übernahme solcher vertragsuntypischen Leistungen jedenfalls „kompensiert" werde und die Funktion des Online-Auktionators wieder derjenigen des traditionellen Versteigerers angenähert sei.[971]
In der überwiegenden Zahl der Privaten Online-Auktionen tritt das Auktionshaus allerdings selbst nicht als Factor, Versicherer oder Treuhänder auf, sondern vielmehr eine mit diesem kooperierende Bank oder Versicherung. Hinsichtlich der Vermittlung dieser spezifischen Dienstleistung ist wiederum zu differenzieren: Wirbt der Online-Versteigerer massiv mit der Möglichkeit der Absicherung des abgeschlossenen Geschäftes durch die Einschaltung eines einzelnen bestimmten Treuhänders, können sich hieraus nebenvertragliche Pflichten ergeben.

---

[966] Vgl. *Reuter* in NJW 1990, S. 1321 (1326).
[967] Siehe Teil 2, 3. Kapitel, 3. a).
[968] Nach den Mitglieder-Richtlinien des Auktionshauses ricardo.de behält sich das Auktionshaus unter Umständen eine vorübergehende oder endgültige Sperre eines Teilnehmers vor. Vgl. zu diesem Aspekt auch bereits Teil 3, 7. Kapitel, A. II. 2.
[969] Vgl. hierzu wiederum *Spindler* in *Spindler/Wiebe*, E., Rn. 26 ff.
[970] Insbesondere hat der Auktionator die Zahlungseingänge, die Bestätigungen der Lieferanzeigen und die ordnungsgemäße Auszahlung an die Vertragspartner zu überwachen und eine entsprechende Organisation einzurichten. Eine diesbezügliche Haftung kann nicht ausgeschlossen werden, da es sich um Kardinalpflichten des Vertrages handelt. (*Wolf/Horn/Lindacher*, § 9 AGBG, Rn. T 208.)
[971] *Wilmer* in NJW-CoR 2000, S. 94 (99).

So muss sich das Auktionshaus über die Bonität des Treuhänders informieren und Anhaltspunkten über Unregelmäßigkeiten im Geschäftsgebaren durch Beschwerden der Teilnehmer nachgehen.[972] Stellt das virtuelle Auktionshaus die Einschaltung eines Treuhänders lediglich als eine denkbare Alternative zur Vertragsabwicklung anheim und tritt erkennbar als Vermittler auf und weist ausdrücklich darauf hin, dass es für Risiken aus diesem Vertragsverhältnis nicht haftet, treffen es auch diesbezüglich keine Kontrollpflichten.

F. Zusammenfassung

Die Pflichten des virtuellen Versteigerers erschöpfen sich im Wesentlichen in einer umfassenden Informations- und Aufklärungspflicht. Insbesondere gegenüber dem Anbieter ist Aufklärung im Hinblick auf die mit der Festlegung der einzelnen Versteigerungsparameter verbundenen Risiken zu betreiben, um den mit der besonderen Vertragsschlussmechanik auf der Basis der Abschlussklausel nicht gewährleisteten Interessenausgleich zwischen den Parteien herbeizuführen. Bei entsprechenden Hinweisen bestehen weder Kontroll- und Prüfungspflichten hinsichtlich des Auktionsgegenstandes noch eine Pflicht zur Identitäts- oder Bonitätsprüfung der Auktionsteilnehmer; eine Verpflichtung zur Überprüfung eines eingeschalteten Treuhänders lässt sich ebenfalls nur in Ausnahmefällen begründen.

2. Kapitel: Verfahrens- und abschlussbezogene Informationspflichten des virtuellen Versteigerers

In Umsetzung europäischer Vorgaben hat der deutsche Gesetzgeber für den elektronischen Geschäftsverkehr umfangreiche Informationspflichten über verschiedene Gesetze verstreut.[973] Die auch für die virtuellen Auktionshäuser maßgeblichen Informationspflichten, welche dem Auktionsteilnehmer sowohl bereits in der Vertragsanbahnungsphase als auch bei Vertragsschluss zuteil werden müssen, werden im Folgenden in Kürze dargestellt.

---

[972] Ebenso *Spindler* in *Spindler/Wiebe*, E. II., Rn. 30.

[973] Insofern muss sich der Gesetzgeber den Vorwurf gefallen lassen, dass es angesichts der Vielzahl der in unterschiedlichen Gesetzen geregelten, sich inhaltlich zum Teil überschneidenden Informationspflichten für kleine und mittlere Unternehmen oftmals nicht klar ersichtlich ist, welche Rechtspflichten sie überhaupt treffen.

A. Allgemeine Informationspflichten für geschäftsmäßige Teledienste nach § 6 Teledienstgesetz (TDG)[974]

Die Tätigkeit des Online-Auktionshauses ist in Übereinstimmung mit der mittlerweile wohl herrschenden Meinung in Literatur und Rechtsprechung als Teledienst im Sinne des § 2 Abs. 1 TDG in Abgrenzung zum Mediendienst einzustufen.[975]

Nach der Legaldefinition des § 2 Abs. 1 TDG sind Teledienste alle elektronischen Informations- und Kommunikationsdienste, die für eine individuelle Nutzung von kombinierbaren Daten wie Zeichen, Bilder oder Töne bestimmt sind und denen eine Übermittlung mittels Telekommunikation zugrunde liegt. Im Unterschied hierzu fordert § 2 Abs. 1 S. 1 MDStV, dass die (Medien-)Dienste „an die Allgemeinheit gerichtet" sind.[976] Hiermit wollte der Gesetzgeber eine Abgrenzung zwischen Individual- und Massenkommunikation erreichen; dieses Bestreben hat auch in § 2 Abs. 4 Nr. 3 TDG Ausdruck gefunden, wonach das TDG nicht für inhaltliche Angebote gelten soll, „soweit die redaktionelle Gestaltung zur Meinungsbildung für die Allgemeinheit im Vordergrund steht, nach § 2 MDStV".

Zwar steht die Vermittlung eines Angebotes des Anbieters an eine unbestimmte Vielzahl von potenziellen Bietern im Vordergrund der Tätigkeit des Auktionshauses. Der Schwerpunkt liegt aber eindeutig in einer individuellen Kommunikation gemäß § 2 Abs. 2 Nr. 1 TDG, indem die Bieter ihr Gebote per E-Mail abgeben und nur die Präsentationsseite des Anbieters und der aktuelle Stand der Gebote allgemein zugänglich sind; auch fehlt es an einer redaktionellen Gestal-

---

[974] Am 09.11.2001 hat der Bundestag das EGG beschlossen, welches in seinen Artikeln 1 und 2 einen wesentlichen Teil der E-Commerce-Richtlinie 2000/31/EG in Deutschland durch Neugestaltung des TDG umsetzt. Neben der Verankerung des Herkunftslandprinzips für Anbieter von neuen Diensten (§ 4 TDG) wurde der Verbraucherschutz durch die Einführung EU-weit einheitlicher Informationspflichten (§ 6 TDG) verbessert und die bereits angesprochenen Verantwortlichkeitsregelungen neu gegliedert (§§ 8 bis 11 TDG); darüber hinaus wurde mit Artikel 3 der elektronische Mediendatenschutz für Teledienste (TDDSG) modernisiert.

[975] Vgl. hierzu *LG Köln* in CR 2001, S. 417 (418) sowie die Berufung *OLG Köln* in CR 2002, S. 50 (50); *Wiebe* in CR 2002, S. 53 (53); *Wüstenberg* in wrp 2002, S. 497 (497); *Spindler* in MMR 2001, S. 737 (737); *ders.* in *Spindler/Wiebe*, E. VI., Rn. 61; *Stögmüller* in K & R 1999, S. 391 (393); *v. Welser* in ZUM 2000, S. 472 (474).

[976] Entgegen den Vorgaben der E-Commerce-RL 2000/31/EG hat der deutsche Gesetzgeber bei der Definition der Tele- und Mediendienste auf das Erfordernis der Entgeltlichkeit gänzlich verzichtet. Der von der Richtlinie verwandte Begriff der „Dienste der Informationsgesellschaft" verlangt eine „in der Regel gegen Entgelt elektronisch im Fernabsatz und auf individuellen Abruf eines Empfängers erbrachte Dienstleistung" (Art. 2 a der E-Commerce-RL 2000/31/EG verweist insoweit auf die Transportrichtlinie 98/48/EG); es muss sich somit nach dieser Definition um eine wirtschaftliche Tätigkeit handeln. Da die deutsche Regelung den Anwendungsbereich ausweitet und nicht einengt, ist sie ohne weiteres zulässig (vgl. hierzu *Lütcke*, § 312e, Rn. 16).

tung zur Meinungsbildung für die Allgemeinheit im Sinne des § 2 Abs. 4 Nr. 3 TDG. Gemäß § 3 Nr. 4 TDG handelt es sich bei der Online-Versteigerung um einen Teledienst im Sinne eines „Abrufdienstes“, da der einzelne Teilnehmer die Dienstleistung des Auktionshauses erst bei entsprechendem Aufruf erhält.[977]
Gemäß § 6 Abs. 1 Nr. 1-6 TDG haben die virtuellen Auktionshäuser als Diensteanbieter für „geschäftsmäßige Teledienste“ bei der Vertragsanbahnung bestimmte Informationen leicht erkennbar, unmittelbar erreichbar und ständig verfügbar zu halten. Sie müssen ihren Namen, bei juristischen Personen zusätzlich den Vertretungsberechtigten, und ihre Anschrift auf ihrer Webseite in ladungsfähiger Art und Weise darstellen. Ferner sind Angaben, die eine schnelle elektronische Kontaktaufnahme ermöglichen – insbesondere die Angabe einer E-Mail-Adresse – vonnöten. Soweit man die Online-Auktionshäuser als solche im Sinne des § 34b GewO qualifiziert und sie demnach einer behördlichen Zulassung bedürfen, ist die zuständige Aufsichtsbehörde ebenso anzugeben wie das Handelsregister mit der entsprechenden Registernummer, in das sie eingetragen sind.
Diese zwar leicht zu erfüllenden, jedoch im Vergleich zum „normalen“ Offline-Geschäft sehr weitreichenden Informationspflichten geben dem Auktionsteilnehmer im Vorfeld die Möglichkeit, sich über die Qualifikation des Online-Auktionators zu informieren. Dies ist vor dem Hintergrund, dass die Vertragsbeziehung zum virtuellen Versteigerer ein gewisses Vertrauensverhältnis begründet, sehr zu begrüßen.

B. Informationspflichten gemäß § 312c BGB i. V. m. § 1 RVO-Info

§ 6 Abs. 2 TDG stellt klar, dass weitergehende Informationspflichten für den elektronischen Geschäftsverkehr unberührt bleiben.
Der Maklerdienstvertrag zwischen dem Anbieter und dem Auktionshaus fällt gemäß § 312b Abs. 1 BGB als Vertrag über die Erbringung von Dienstleistungen, welcher zwischen dem Online-Auktionator als Unternehmer im Sinne des § 14 Abs. 1 BGB und dem privaten Anbieter als Verbraucher nach § 13 BGB unter ausschließlicher Verwendung von Fernkommunikationsmitteln abgeschlossen wird, unter die für Fernabsatzverträge geltenden Vorschriften.[978] Hinsichtlich des Vertragsverhältnisses mit dem Bieter ist zu differenzieren, ob ein Bietauftrag vorliegt, der eine entgeltliche Leistung des virtuellen Auktionators und insofern ein Dienstleistungsverhältnis gemäß §§ 675, 611 BGB begründet oder lediglich ein unentgeltliches Auftragsverhältnis nach § 662 BGB gegeben

[977] *Spindler* in MMR 2001, S. 737 (737).
[978] Vgl. zur Frage des Ausschlusses des Widerrufsrechts gemäß § 312d Abs. 4 Nr. 5 BGB sowie zur Anwendbarkeit des § 312c BGB auf den im Rahmen der Online-Versteigerung geschlossenen Kaufvertrag Teil 3, 4. Kapitel, C.

ist, welches keinen Fernabsatzvertrag im Sinne des § 312b Abs. 1 BGB darstellt.[979]
Gemäß § 312c Abs. 1 S. 1 Nr. 1 i. V. m. § 1 Abs. 1 Nr. 1-11 RVO-Info hat das Online-Auktionshaus insofern zumindest den Anbieter „rechtzeitig vor Abschluss des Fernabsatzvertrages in einer dem eingesetzten Fernkommunikationsmittel entsprechenden Weise klar und verständlich" insbesondere zu informieren über seine Identität und Anschrift, wesentliche Merkmale seiner Dienstleistungen und seiner Preise und Kosten sowie darüber, wie der Vertrag zustande kommt.[980] Des weiteren fordert § 312c Abs. 2 BGB i. V. m. § 1 Abs. 2 RVO-Info, dass der überwiegende Teil dieser Informationen – sofern nicht bereits vorvertraglich geschehen – dem Auktionsteilnehmer spätestens bis zur Vertragserfüllung „in Textform" (§ 126b BGB) und darüber hinaus gemäß § 312c Abs. 2 BGB i. V. m. § 1 Abs. 3 RVO-Info vor allem die Information über Bedingungen, Einzelheiten der Ausübung und Rechtsfolgen des Widerrufsrechts nach §§ 312d Abs. 1 S. 1, 355 Abs. 1 S. 1 BGB in Textform sowie „in einer hervorgehobenen und deutlich gestalteten Form mitgeteilt" werden.[981]
Hinsichtlich dieser nachvertraglichen Informationspflichten ist die Übermittlung per E-Mail, nicht jedoch das Bereithalten der Information auf der Auktionsplattform zum Herunterladen ausreichend.[982] Dies ergibt sich zum einen bereits aus dem klaren Gesetzeswort, welcher ein „mitteilen" und somit einen Zugang im Sinne des § 130 Abs. 1 S. 1 BGB beim Verbraucher erfordert.[983] Zum andern soll sichergestellt werden, dass die Information von dem Unternehmer, sprich dem Auktionshaus, nicht mehr nachträglich verändert werden kann.[984] Sofern der Teilnehmer die Information auf seiner Festplatte gespeichert oder ausgedruckt hat, liegt zwar grundsätzlich ein Zugang gemäß § 130 Abs. 1 S. 1 BGB vor; dennoch erscheint ein entsprechendes Vorgehen unter Berücksichtigung der

[979] Der Begriff der Dienstleistungen ist – wie stets bei europarechtlich geprägten Normen – weit auszulegen und umfasst auch Geschäftsbesorgungsverträge nach § 675 BGB sowie Maklerverträge gemäß § 652 BGB; das unentgeltliche Auftragverhältnis hingegen wird hiervon nicht erfasst (vgl. *AnwKom-BGB-Ring*, § 312b, Rn. 30; *MüKo-Wendehorst*, § 1 FernAbsG, Rn. 22; *Palandt-Heinrichs*, § 312b, Rn. 10 m. w. N.).
[980] Der Terminus „rechtzeitig" wird in den §§ 312b ff. BGB nicht näher definiert, sondern der Auslegung durch die Judikatur überlassen; entscheidend ist, dass der Verbraucher die übermittelten Informationen zur Kenntnis nehmen und auf dieser Grundlage ein informierte Entscheidung treffen kann (vgl. hierzu *AnwKom-BGB-Ring*, § 312c, Rn. 5/11).
[981] § 355 Abs. 2 S. 1 BGB verlangt ebenfalls eine deutlich gestaltete Widerrufsbelehrung, welche zudem wiederum die Angabe des Namen und der Anschrift des Unternehmers beinhalten muss. Diese Widerrufsbelehrung und die Information nach § 312c Abs. 2 BGB können aber in einem Text zusammengefasst werden (vgl. *MüKo-Wendehorst*, § 2 FernAbsG, Rn. 126).
[982] So grds. auch *AnwKom-BGB-Ring*, § 312c, Rn. 51.; *Lütcke*, § 312c, Rn. 121-123; *Palandt-Heinrichs*, § 312c, Rn. 7.
[983] *AnwKom-BGB-Ring*, § 312c, Rn. 49.
[984] Vgl. *BT-Drs. 14/2658*, S. 40; *AnwKom-BGB-Ring*, § 312c, Rn. 54.

Zielsetzung des Verbraucherschutzes zumindest fragwürdig, da von dem Verbraucher wohl nicht erwartet werden kann, dass er zur Erfüllung der ihm gegenüber obliegenden Informationspflichten seinerseits aktiv wird und darüber hinaus eventuelle Kosten für Download oder Druck trägt.[985]

Die regelmäßige zweiwöchige Widerrufsfrist beginnt gemäß § 312d Abs. 2 S. 1 BGB grundsätzlich erst zu laufen, sofern der Unternehmer diesen Informationspflichten und – durch Verweis gemäß § 312e Abs. 3 S. 2 BGB – den in § 312e Abs. 1 S. 1 BGB geregelten Pflichten nachgekommen ist.

Für den mit dem Online-Auktionshaus geschlossenen Maklerdienstvertrag gilt jedoch die Besonderheit des § 312d Abs. 3 BGB. Hiernach erlischt das Widerrufsrecht, wenn der Unternehmer mit der Ausführung der Dienstleistung mit ausdrücklicher Zustimmung des Verbrauchers vor Ende der Widerrufsfrist begonnen hat oder der Verbraucher diese selbst veranlasst hat.[986] So liegt der Fall regelmäßig bei der Privaten Internet-Auktion, wenn die Versteigerungsveranstaltung beginnt, das Softwareprogramm des Auktionshauses die Gebote entgegennimmt und auf der entsprechenden Seite ausweist. Mit Freischaltung seiner Warenpräsentation veranlasst der Anbieter diese Dienstleistung des Internet-Auktionshauses selbst unmittelbar, so dass eine ausdrückliche Zustimmung des Anbieters im Rahmen der Registrierung nicht eingefordert werden muss.[987]

Es bleibt daher auch nach der Vorschrift des § 312d Abs. 1 S. 1 i. V. m. Abs. 3 BGB bei dem Ergebnis, dass für den Anbieter nach Beginn der Internet-Auktion nicht die Möglichkeit besteht, den Maklerdienstvertrag mit dem Auktionshaus zu widerrufen.

C. Pflichten gemäß § 312e BGB i. V. m. § 3 RVO-Info

Schließlich hat der deutsche Gesetzgeber mit § 312e BGB die Vorgaben der Artikel 10 und 11 der E-Commerce-Richtlinie 2000/31/EG umgesetzt und dem Unternehmer, welcher sich zum Zwecke des Abschlusses eines Vertrages über die Lieferung von Waren oder die Erbringung von Dienstleistungen eines Tele- oder Mediendienstes bedient, weitere Verpflichtungen auferlegt.

---

[985] Dies sehen wohl nicht als problematisch an *AnwKom-BGB-Ring*, § 312c, Rn. 53; *Lütcke*, § 312c, Rn. 123 sowie für die Online-Auktion *Wiebe* in *Spindler/Wiebe*, D. VII., Rn. 102 noch unter Zugrundelegung von § 361a Abs. 3 BGB a. F., der das „zur Verfügung stellen" auf einem „dauerhaften Datenträger" verlangte.

[986] Dies gilt mit der Neuaufnahme der „ausdrücklichen" Zustimmung nunmehr wohl unstreitig selbst dann, wenn das Online-Auktionshaus seinen Informationspflichten nicht nachgekommen ist (vgl. hierzu grds. *AnwKom-BGB-Ring*, § 312d, Rn. 31; kritisch noch *MüKo-Wendehorst*, § 3 FernAbsG, Rn. 95).

[987] Ebenso für die Online-Auktion *Wiebe* in *Spindler/Wiebe*, D. VII., Rn. 104, welcher jedoch auf den Zeitpunkt der Registrierung abstellt; demgegenüber verweist *Wilmer* in NJW-CoR 2000, S. 94 (104) zutreffend auf den Beginn der eigentlichen Auktion mit Freischaltung der Präsentation.

So muss der Unternehmer gemäß § 312e Abs. 1 S. 1 Nr. 1 BGB dem Kunden angemessene, wirksame und zugängliche technische Mittel zur Verfügung stellen, mit deren Hilfe dieser Eingabefehler vor Abgabe seiner Bestellung erkennen und berichtigen kann. Nach § 312e Abs. 1 S. 1 Nr. 2 BGB i. V. m. § 3 RVO-Info ist der Kunde dementsprechend insbesondere zu informieren über die einzelnen technischen Schritte, die zu dem Vertragsschluss führen sowie vor allem darüber, wie er mit den zur Verfügung gestellten technischen Mitteln seine Eingabefehler erkennen und berichtigen kann; gemäß § 312e Abs. 1 S. 1 Nr. 3 BGB ist der Zugang der Bestellung unverzüglich auf elektronischem Wege zu bestätigen.[988]

Die Tätigkeit des Online-Auktionshauses wurde bereits als Teledienst im Sinne des § 2 Abs. 1 TDG qualifiziert;[989] allerdings erfolgt unter Berücksichtigung von Sinn und Zweck des § 312e BGB im Lichte der E-Commerce-Richtlinie eine inhaltliche Reduktion der Begrifflichkeiten Tele- und Mediendienste insoweit, als von § 312e BGB nur auf individuellen Abruf des Empfängers erbrachte Dienste erfasst werden, die eine gewerbliche Ausrichtung haben.[990] Auch diese einschränkenden Voraussetzung erfüllt das Online-Auktionshaus, da seine Dienste wirtschaftlichen Charakter aufweisen und von dem einzelnen Auktionsteilnehmer elektronisch individuell abrufbar sind.

Die genannten Pflichten, d. h. vor allem die Zurverfügungstellung der technischen Mittel und die entsprechende Information hierüber, treffen den virtuellen Versteigerer somit wiederum jedenfalls im Hinblick auf den Abschluss des Maklerdienstvertrages mit dem Anbieter und gelten hinsichtlich des Vertrages mit dem jeweiligen Bieter, sofern dieser eine entgeltliche Leistung des Internet-Auktionshauses in Anspruch nimmt.[991]

Zweifelhaft ist indes die Anwendbarkeit der Pflichten gemäß § 312e Abs. 1 S. 1 Nr. 1-4 BGB auf den Kaufvertrag zwischen den Auktionsteilnehmern als Vertrag über die Lieferung von Waren im Sinne des § 312e Abs. 1 S. 1 BGB.

Unabhängig von der Feststellung, dass bei der hier behandelten Privaten Internet-Auktion keiner der beiden Teilnehmer als Unternehmer im Sinne des § 14 Abs. 1 BGB auftritt,[992] fragt sich, ob insoweit ohnehin die Ausnahmeregelung des § 312e Abs. 2 S. 1 BGB einschlägig wäre. Hiernach gelten die in § 312e Abs. 1 S. 1 Nr. 1-3 BGB aufgeführten Pflichten nicht, wenn der Vertrag „aus-

[988] Die Übersendung einer derartigen Empfangsbestätigung ist entgegen den Vorentwürfen zu der E-Commerce-RL nicht als Wirksamkeitsvoraussetzung ausgestaltet und kann auch durch die Online-Erbringung der Dienstleistung erfüllt werden (*Lütcke*, § 312e, Rn. 47).

[989] Vgl. Teil 4, 2. Kapitel, A.

[990] *BT-Drs.* 14/6040; *AnwKom-BGB-Ring*, § 312e, Rn. 11; *Lütcke*, § 312e, Rn. 16.

[991] Zum Verständnis des Begriffs der Dienstleistung kann auf die Begriffsdefinition bei § 312b BGB verwiesen werden; vgl. Teil 4, 2. Kapitel, B. (*Lütcke*, § 312e, Rn. 22).

[992] Zwar muss der zukünftige Vertragspartner als „Kunde" im Sinne des § 312e BGB nicht notwendig Verbraucher im Sinne des § 13 BGB sein; der sich des Teledienstes bedienende Anbieter gemäß § 312e BGB ist jedoch Unternehmer nach § 14 Abs. 1 BGB.

schließlich durch individuelle Kommunikation geschlossen" wird, d. h. insbesondere durch den Austausch von E-Mails.[993]
Indes ist mit der Präsentation der Ware über das Webangebot sowie aufgrund der Tatsache, dass die konkurrierenden Gebote über die Angebotsseite einsehbar sind, die geforderte Online-Öffentlichkeit gegeben. Der Abschluss des Kaufvertrages im Wege der Internet-Versteigerung weist die spezifischen Besonderheiten des Online-Einkaufs auf, bei denen der Anbieter sich typischerweise durch Verwendung eines elektronischen Kommunikationsdienstes an eine unbegrenzte Zahl nicht individualisierter Kunden wendet.[994] Somit wird der Kaufvertrag nicht ausschließlich durch individuelle Kommunikation geschlossen, so dass die Ausnahmeregelung des § 312e Abs. 2 S. 1 BGB nicht greift.
Vor diesem Hintergrund ist im Weiteren zwischen der Zurverfügungstellung der technischen Mittel einerseits und der Gewährung der Information hierüber andererseits zu unterscheiden:
Die Zurverfügungstellung der technischen Mittel zur Korrektur der Eingabe nach § 312e Abs. 1 S. 1 Nr. 1 BGB hinsichtlich des im Wege der Versteigerung zwischen den Teilnehmern zu schließenden Kaufvertrages obliegt dem virtuellen Auktionshaus.[995] Denn der Anbieter nutzt gerade die technisch-organisatorischen Rahmenbedingungen des Internet-Auktionshauses zum Verkauf seiner Auktionsware und ist selbst gar nicht in der Lage, die geforderten technischen Voraussetzungen zu schaffen. Der Betrieb des entsprechenden Softwareprogramms zur Durchführung der Online-Versteigerung ist Inhalt des Maklerdienst- bzw. Geschäftsbesorgungsvertrages mit dem jeweiligen Teilnehmer und muss in seiner Ausgestaltung den in § 312e Abs. 1 S. 1 Nr. 1 BGB gesetzlich vorgeschriebenen Anforderungen genügen.
Allerdings hat derjenige Anbieter, der sich als Unternehmer gemäß § 14 Abs. 1 BGB der Teledienste des Online-Auktionshauses bedient, die Informationspflichten gemäß § 312e Abs. 1 S. 1 Nr. 2 BGB i. V. m. § 3 RVO-Info selbst zu erfüllen und demzufolge – ebenso wie hinsichtlich der Informationspflichten über Fernabsatzverträge gemäß § 312c BGB – in dem Maklerdienstvertrag mit dem Auktionshaus sicherzustellen, dass ihm die technischen Möglichkeit der Erfüllung dieser Informationspflichten eingeräumt werden.[996]
Bei der Privaten Online-Auktion tritt der Anbieter jedoch als Verbraucher im Sinne des § 13 BGB auf, so dass sich für diese Konstellation abschließend die

---

993 Vgl. zur Abgrenzung von Individual- und Massenkommunikation im Rahmen der Einordnung als Teledienst im Sinne des § 2 Abs. 1 TDG wiederum Teil 4, 2. Kapitel, A.

994 Vgl. hierzu grds. *BT-Drs.* 14/6040 sowie *AnwKom-BGB-Ring*, § 312e, Rn. 34; *Palandt-Heinrichs*, § 312e, Rn. 9 unter Verweis auf die E-Commerce-RL 2000/31/EG; ausdrücklich für die Internet-Auktion *Wiebe* in *Spindler/Wiebe*, D. VII., Rn. 95.

995 So auch *Wiebe* in *Spindler/Wiebe*, D. VII. Rn. 97.

996 Vgl. Anhang § 6 Abs. 1 S. 3 AGB sowie für die Informationspflichten nach § 312c BGB Teil 3, 4. Kapitel, C. II.

Frage stellt, ob die dem privaten Anbieter nicht obliegenden Informationspflichten über den Kaufvertragsschluss mit dem Höchstbieter nach § 312e Abs. 1 S. 1 Nr. 2 BGB i. V. m. § 3 RVO-Info dem virtuellen Auktionshaus aufzuerlegen sind.
Dabei muss man sich vor Augen führen, dass § 312e BGB im Unterschied zu den Informationspflichten nach den Vorschriften über die Fernabsatzverträge gemäß § 312c BGB, welche nach hier vertretener Auffassung nicht von dem Internet-Auktionshaus zu beachten sind,[997] keine inhaltsbezogenen Pflichten festlegt, welche die Modalitäten des Kaufvertrages betreffen. Der Katalog des § 312e Abs. 1 S. 1 Nr. 2 BGB i. V. m. § 3 RVO-Info beinhaltet nicht die wesentlichen Aspekte des abzuschließenden Kaufvertrages (wie Lieferung, Versandkosten etc.), sondern die grundsätzliche Ausgestaltung des technisch-organisatorischen Verfahrens, welches zu dem Vertragsabschluss führt. Mit Blick hierauf muss man zu dem Schluss kommen, dass dem Online-Auktionshaus, welches den gesamten Auktionsablauf und insofern die technischen Modalitäten des Kaufvertragsschlusses auf seiner Webseite vorstrukturiert, die Verpflichtung zukommt, den privaten Teilnehmer insbesondere über die einzelnen technischen Schritte, die zum Abschluss des Kaufvertrages in Abweichung zu § 156 S. 1 BGB mit einem privaten Dritten führen, entsprechend den Anforderungen des § 312e Abs. 1 S. 1 Nr. 2 BGB i. V. m. § 3 RVO-Info zu informieren.[998] Dieses Ergebnis stimmt auch überein mit den angenommenen umfänglichen Informations- und Aufklärungspflichten des Internet-Auktionshauses, welche sich bereits als Nebenpflichten aus dem Maklerdienstvertrag bzw. Auftrag ergeben.[999]
Es bleibt somit festzuhalten, dass die Pflichten im elektronischen Geschäftsverkehr gemäß § 312e BGB hinsichtlich des Maklerdienstvertrages mit dem Anbieter gelten und nach hier vertretener Auffassung den virtuellen Auktionator zudem im Hinblick auf den zwischen den privaten Auktionsteilnehmern zu schließenden Kaufvertrag treffen.

D. Zusammenfassung

Die unlängst normierten Informationspflichten für den Bereich des E-Commerce unterstützen das gefundene Ergebnis, dass dem Gebot der Transparenz bei Vertragsabschlüssen im Rahmen der Privaten Internet-Auktion zur Interessenwahrung der Auktionsteilnehmer durch umfassende Information und Aufklärung Rechnung zu tragen ist.
Dies gilt unproblematisch in Bezug auf die mit dem Online-Auktionshaus geschlossenen entgeltlichen Geschäftsbesorgungsverträge. Aber auch hinsichtlich

[997] Siehe wiederum Teil 3, 4. Kapitel, C. II.
[998] Ebenso ohne nähere Begründung *Wiebe* in *Spindler/Wiebe*, D. VII., Rn. 97.
[999] Siehe Teil 4, 1. Kapitel, B.

des Kaufvertrages zwischen den beiden privaten Teilnehmern müssen dem Online-Auktionshaus aufgrund seiner Funktion als Vermittler des Kaufvertrages nach Maßgabe des von ihm vorstrukturierten Verfahrens die entsprechenden Pflichten des § 312e BGB auferlegt werden.

Teil 5: Schlussbemerkungen

1. Kapitel: Zusammenfassung der Ergebnisse

A. Qualifizierung der Vertragsverhältnisse

I. Eine Legaldefinition des Begriffs der „Versteigerung" gibt es nicht und auch die Rechtsbeziehungen der an der Versteigerung beteiligten Personen sind nicht ausdrücklich bestimmt. Die Frage der Rechtsnatur der im Rahmen der Versteigerung geschlossenen Verträge ist für die Durchführung einer AGB-Inhaltskontrolle insofern von Bedeutung, als das dispositive Recht das Leitbild einer angemessenen Regelung darstellt.

II. Der Versteigerungsauftrag zwischen Einlieferer und Versteigerer bei der klassischen Versteigerung weist sowohl Züge des Dienst- als auch des Maklervertrages auf und ist als atypischer Maklervertrag zu qualifizieren, der an dem Leitbild des § 652 BGB zu messen ist.

Im Verhältnis zum Bieter wird bei der herkömmlichen Versteigerung im fremden Namen ebenfalls ein Maklerdienstvertrag begründet, für den die wesentlichen Grundgedanken des § 652 BGB als Maßstab dienen.

III. Die zwischen dem virtuellen Auktionshaus und dem jeweiligen Auktionsteilnehmer bestehenden Vertragsverhältnisse bei der Privaten Internet-Auktion sind wie folgt zu qualifizieren:

1. Auch der Online-Versteigerungsvertrag zwischen Anbieter und Internet-Auktionshaus zeichnet sich durch dienst- und maklervertragliche Merkmale aus. Nach Abwägung der einzelnen Vertragselemente unter Berücksichtigung des Parteiwillens kommt man zu dem Schluss, dass dieser „Mischtyp" im Rahmen einer AGB-Inhaltskontrolle vorrangig an den §§ 652 ff. BGB zu messen ist; ergänzend sind die §§ 611 ff. BGB heranzuziehen. Insofern ist die in den Versteigerungsbedingungen enthaltene Vertragsabschlussklausel auf ihre Vereinbarkeit mit dem maklerrechtlichen Prinzip der Entschließungs- und Abschlussfreiheit des Auftraggebers zu untersuchen.

2. Demgegenüber kommt zwischen Online-Auktionshaus und Bieter regelmäßig ein Geschäftsbesorgungsverhältnis in Gestalt des Auftrages gemäß § 662 BGB zustande, so dass im Rahmen einer Inhaltskontrolle die Regeln des Auftragsrechts Berücksichtigung finden müssen.

B. Vertragsschluss zwischen Anbieter und Bieter

I. Sowohl die elektronisch übermittelte Willenserklärung als auch die sogenannte automatisierte Willenserklärung und die Computererklärung erfüllen den Tatbestand der Willenserklärung und können nach den Regeln des allgemeinen Teils des BGB einen Vertragsschluss begründen.
II. § 156 BGB regelt die Art des Zustandekommens des Vertrages bei der Versteigerung. Hiernach stellt das Ausbieten des Versteigerungsgegenstandes lediglich eine invitatio ad offerendum dar. Der Bieter gibt mit seinem Gebot im Sinne des § 156 S. 2 BGB ein Angebot ab. In Abweichung zu § 147 Abs. 1 S. 1 BGB bestimmt § 156 S. 2 BGB, dass das Gebot erlischt, wenn ein Übergebot abgegeben wird oder die Versteigerung ohne Erteilung eines Zuschlages geschlossen wird. Hiermit wollte der Gesetzgeber eine transparente und eindeutige Regelung schaffen, mit der jedwede Unsicherheit über ein im Augenblick der konkreten Situation der Versteigerung wirksames Gebot vermieden werden sollte.
Mit dem Zuschlag im Sinne einer nicht empfangsbedürftigen Annahmeerklärung gemäß § 156 S. 1 BGB kommt der Vertrag am Schluss der Versteigerung zustande. Wie sich aus § 156 S. 2 Alt. 2 BGB ergibt, ist der Versteigerer nicht verpflichtet, dem Meistbietenden den Zuschlag zu erteilen; er unterliegt keinem Kontrahierungszwang. Dem Zuschlag als wesentliches Element des Vertragsabschlussverfahrens wohnt ein Gerechtigkeitsgebot inne; er bietet die Gewähr für einen angemessenen Interessenausgleich der Parteien, denn hierdurch kommen mit großer Wahrscheinlichkeit Höchstpreise zustande, die innerhalb einer realistischen Bandbreite von Preisen liegen.
Nach dem Willen der Gesetzesväter erhielt § 156 BGB den Charakter einer dispositiven Norm.
III. Die Versteigerungsbedingungen der Internet-Auktionshäuser enthalten eine Vertragsabschlussklausel, wonach sich der Anbieter in Abweichung zu der dispositiven Regelung des § 156 BGB bereits zu Beginn der Versteigerung verpflichtet, das höchste Gebot des zeitlich letzten Bieters anzunehmen.
IV. Die Private Internet-Auktion erfüllt den Tatbestand der Versteigerung im Sinne des § 156 BGB.
Da der Begriff der Versteigerung gesetzlich nicht definiert ist, muss eine Definition im Rahmen der Auslegung erfolgen.
1. Zunächst ist durch eine Analyse des Wortlautes des § 156 BGB zu ermitteln, welche Anforderungen die Norm an das Vorliegen einer Versteigerung stellt.
Dem Merkmal des „Übergebots" gemäß § 156 S. 2 Alt. 1 BGB lässt sich entnehmen, dass die Versteigerung eine Mehrheit von Personen voraussetzt, denen die jeweiligen Gebote der Konkurrenten zu jedem Zeitpunkt erkennbar sein müssen, um ein „wechselseitiges Überbieten" zu ermöglichen. In Abgrenzung zu der sogenannten Fernauktion bzw. dem für diese Verkaufsform synonym verwandten Begriff des „Verkaufs gegen Höchstgebot" gewährleistet die Situa-

tion bei der Privaten Internet-Versteigerung das von § 156 S. 2 Alt. 1 BGB geforderte „wechselseitige Überbieten".
Die E-Mail-Gebote der Bieter können trotz ihrer Verkörperung ebenso als Gebote im Sinne des § 156 S. 2 BGB qualifiziert werden wie die Gebote eines zuvor programmierten Computers.
Bei der Privaten Internet-Auktion fehlt es an einem Zuschlag gemäß § 156 S. 1 BGB, den ein dritter Auktionator nach „Ausbieten" erteilt. Vielmehr wird der Zuschlag gleichsam durch den Zeitablauf in Verbindung mit der jeweiligen Vertragsabschlussklausel ersetzt. Der Charakter der Versteigerung im Sinne des § 156 BGB wird hiervon nicht berührt; der Wortlaut des § 156 BGB setzt das Vorhandensein eines Auktionators für den Tatbestand der Versteigerung ebenso wenig voraus wie die Erteilung des Zuschlages gemäß § 156 S. 1 BGB.
Aus § 156 S. 1 BGB sowie § 156 S. 2 Alt. 2 BGB folgt, dass die Versteigerung eine in sich geschlossene Veranstaltung ist, nach deren Beendigung keine Verträge mehr zustande kommen können. Dieses Merkmal der „Endgültigkeit" mit Erteilung des Zuschlages bzw. Schließung der Veranstaltung ist neben dem Kriterium des „wechselseitigen Überbietens" das entscheidende Wesensmerkmal der Versteigerung im Sinne des § 156 BGB. Wiederum in Abgrenzung hierzu zeichnet sich die Fernauktion bzw. der Verkauf gegen Höchstgebot dadurch aus, dass der Vertrag erst nach Ablauf der Bietfrist im Anschluss an die eigentliche Verkaufsveranstaltung zustande kommt. Der „Zuschlag durch Zeitablauf" bei der Privaten Internet-Auktion entspricht dabei in seiner Endgültigkeit der Erteilung des Zuschlages gemäß § 156 S. 1 BGB.
Nach der Wortlautanalyse des § 156 BGB erfüllt die Private Internet-Auktion den Tatbestand der Versteigerung.
2. Das auf der Grundlage des Wortlautes des § 156 BGB gefundene Ergebnis ergibt sich auch aus dem systematischen Gesetzeszusammenhang mit § 312d Abs. 4 Nr. 5 BGB, welcher ausdrücklich auf die Versteigerung des § 156 BGB verweist. Wie sich aus den Gesetzesmaterialien ergibt, hatte der Normgeber bei der Schaffung des § 312d Abs. 4 Nr. 5 BGB gerade die Internet-Auktion im Auge, welche sich durch die „Endgültigkeit des Zuschlages" auszeichnet.
3. Schließlich stützen teleologische Erwägungen dieses Ergebnis. Der von dem historischen Gesetzgeber mit der Ausgestaltung des § 156 BGB bezweckte Schutz des Anbieters vor Vertragsabschlüssen zu unangemessenen Höchstpreisen im Rahmen der Versteigerungsveranstaltung ist mit Blick auf das Fehlen eines steuernden Auktionators und der Ersetzung des Zuschlagverfahrens nach Ausbieten durch „Zuschlag nach Zeitablauf" gerade bei der Versteigerung im Internet betroffen.
4. Nachdem die Internet-Auktion als Versteigerung im Sinne des § 156 BGB zu qualifizieren ist, steht dem Höchstbieter bei Vorliegen eines Fernabsatzvertrages im Sinne des § 312b Abs. 1 BGB kein Widerrufsrecht gemäß §§ 312d Abs. 1 S. 1, 355 Abs. 1 S. 1 BGB zu. Es greift § 312d Abs. 4 Nr. 5 BGB, welcher einen

Ausschluss für solche Verträge vorsieht, „die in der Form von Versteigerungen (§ 156 BGB) geschlossen werden“. Dieses Ergebnis stellt für den Online-Bieter keine übermäßige Beeinträchtigung in seinen Verbraucherschutzrechten dar und ist im Hinblick auf die einmalige Situation bei der Versteigerung im Sinne des § 156 BGB interessengerecht.
Den Informationspflichten gemäß § 312c Abs. 1 S. 1 Nr. 1 BGB i. V. m. § 1 RVO-Info hat der als Unternehmer im Sinne des § 14 Abs. 1 BGB fungierende Anbieter indes nachzukommen.

V. 1. Die Versteigerungsbedingungen des Online-Auktionshauses werden als AGB im Sinne des § 305 Abs. 1 S. 1 BGB von dem Auktionshaus als Verwender gemäß § 305 Abs. 2 BGB wirksam in den Benutzungsvertrag mit dem jeweiligen Auktionsteilnehmer einbezogen und unterliegen in diesem Verhältnis einer AGB-Inhaltskontrolle.

2. Sowohl die Rechtsprechung als auch die herrschende Lehre bedienen sich des Instruments der Auslegung der Freischaltung der Präsentationsseite des Anbieters gemäß §§ 133, 157 BGB, um den Kaufvertragsschluss zwischen den Auktionsteilnehmern auf der Basis der Vertragsabschlussklausel herbeizuführen. Ausgehend von dem objektivierten Empfängerhorizont des Bieters, welchem die Versteigerungsbedingungen des Online-Auktionshauses zugrunde liegen, gibt der Anbieter mit der Freischaltung seiner Warenpräsentation – in Verbindung mit dem Inhalt der Präsentationsseite – die in der Vertragsabschlussklausel enthaltene, entsprechend vorformulierte verbindliche Willenserklärung gerichtet auf Abschluss des Kaufvertrages mit dem Höchstbieter ab. Eine Qualifizierung dieser Erklärung als Angebot oder antizipierte Annahme ist entbehrlich; die Willenserklärung genügt jedenfalls dem Bestimmtheitserfordernis, weil zweifelsfrei erkennbar ist, das der Anbieter mit demjenigen abschließen will, der innerhalb des festgelegten Auktionszeitraumes das Höchstgebot abgibt. In Abweichung zu der Ausgestaltung des Vertragsschlusses gemäß § 156 S. 1 BGB, welcher das Ausbieten des Versteigerers lediglich als invitatio ad offerendum qualifiziert, hat der Anbieter am Ende der Internet-Versteigerung nicht die vom Gesetzgeber mit § 156 S. 2 Alt. 2 BGB ausdrücklich gewährte Möglichkeit, die Veranstaltung ohne Vertragsabschluss zu schließen, sondern der Kaufvertrag kommt automatisch durch Ablauf des exakt festgelegten Bietzeitraumes mit dem in diesem Zeitpunkt vorliegenden Höchstgebot zustande.
Nach der „Auslegungslösung“ sind die AGB des Internet-Auktionshauses somit lediglich im Rahmen der Parteierklärungen der Teilnehmer zu berücksichtigen. Auf eine Einbeziehung der Vertragsbedingungen im Teilnehmerverhältnis kommt es hiernach ebenso wenig an, wie auf deren Wirksamkeit im Benutzungsvertrag. Dies eröffnet dem Anbieter die Möglichkeit, die bloß faktische Geltung der AGB durch eigene Bestimmungen auszuschalten. Vor allem aber schneidet die „Auslegungslösung“ den Weg zu einer Inhaltskontrolle der Vertragsabschlussklausel im Teilnehmerverhältnis ab. Auch wenn die grundsätzlich

mögliche AGB-Kontrolle im Benutzungsverhältnis zur Unwirksamkeit der Abschlussklausel führt, hat dies keine Auswirkungen auf den Empfängerhorizont des Bieters, welcher die Freischaltung der Warenpräsentation vor dem Hintergrund der (unwirksamen) Vertragsabschlussklausel als bindende Willenserklärung versteht.

Da die AGB nach dem „Auslegungsmodell" nur den Erklärungs- und Verstehenshorizont für das Verständnis des Parteiwillens bilden, gilt der beschriebene Mechanismus auch für solche AGB-Klauseln des Auktionshauses, welche die inhaltliche Ausgestaltung des Kaufvertrages betreffen. Unabhängig von der Wirksamkeit der jeweiligen Klausel bestimmen die Vertragsbedingungen nach den Befürwortern des „Auslegungslösung" das Verständnis der Teilnehmer von den Erklärungen des jeweils anderen. Eine Inhaltskontrolle der Abschlussklausel im Teilnehmerverhältnis scheint jedoch notwendig, weil ein Konflikt mit der gesetzgeberischen Wertung des § 156 BGB droht.

3. Die von dem Online-Auktionshaus vorgegebenen Versteigerungsbedingungen – und insoweit insbesondere die Vertragsabschlussklausel – können im Verhältnis der Auktionsteilnehmer zueinander nicht als AGB im Sinne des § 305 Abs. 1 S. 1 BGB qualifiziert werden.

a) Zwar sind sowohl solche Klauseln, welche unmittelbar oder mittelbar Rechte und Pflichten des Kaufvertrages zum Inhalt haben, als auch die in den AGB des Online-Auktionshauses festgeschriebene Vertragsabschlussklausel im Verhältnis der Teilnehmer zueinander als „Vertragsbedingungen" gemäß § 305 Abs. 1 S. 1 BGB zu qualifizieren. Auch weist die in dem vom *BGH* entschiedenen Fall vom Anbieter zusätzlich angekreuzte vorformulierte Bestimmung in der Eingabemaske des Auktionshauses, dass er bereits zu diesem Zeitpunkt das höchste, wirksam abgegebene Kaufangebot annehme, den Charakter einer grundsätzlich kontrollfähigen Vertragsbedingung im Sinne des § 305 Abs. 1 S. 1 BGB auf.

b) Indes sind weder Anbieter noch Bieter Verwender dieser Vertragsbedingungen gemäß § 305 Abs. 1 S. 1 BGB.

c) Eine Inhaltskontrolle im Teilnehmerverhältnis scheint somit bereits mangels AGB-Qualität der Versteigerungsbedingungen im Verhältnis der Auktionsteilnehmer zueinander ausgeschlossen.

4. Es bestehen keine geeigneten Kompensationsinstrumente, welche das Bedürfnis für eine Inhaltskontrolle im Individualprozess zwischen den Teilnehmern entfallen lassen. Der Ansatz, dass von vornherein nur derjenige Teil der Versteigerungsbedingungen nach §§ 133, 157 BGB als Auslegungsgrundlage der Parteierklärungen heranzuziehen sei, welcher einer Inhaltsüberprüfung im Benutzungsverhältnis standhalten konnte, verdient keine Zustimmung. Zudem vermögen weder die Möglichkeit der Verbandsklage gemäß § 1 UKlaG noch der Verweis auf einen möglichen Regressanspruch gegen das Internet-Auktionshaus oder die Gewährung von Aufklärung seitens des Auktionshauses eine fehlende Inhaltskontrolle im Teilnehmerverhältnis zu kompensieren.

5. Vor diesem Hintergrund musste nach einer Konstruktion gesucht werden, um eine Einbeziehung der auf den Kaufvertragsabschluss bezogenen Klausel sowie der übrigen das Teilnehmerverhältnis betreffenden Vertragsbedingungen des Internet-Auktionshauses im Verhältnis der Teilnehmer zueinander zu erreichen, um in einem zweiten Schritt den dogmatischen Weg zu einer Inhaltskontrolle trotz des klaren Wortlautes des § 305 Abs. 1 S. 1 BGB zu untersuchen.
Die Auseinandersetzung mit den unterschiedlichen „Einbeziehungsmodellen" hat zu folgendem Ergebnis geführt:
a) Die Qualifizierung des Benutzungsvertrages als Rahmenvertrag im Sinne des § 305 Abs. 3 BGB zugunsten Dritter kommt nicht in Betracht. Die Rechtsfigur des Vertrages zugunsten Dritter, welcher belastende Regelungen gegenüber dem Dritten ausschließt, würde insoweit deutlich überfordert und dem hier zu regelnden Sachverhalt nicht gerecht.
b) Die Annahme eines Netzverbundes aller registrierten Auktionsteilnehmer auf der Grundlage des Abschlusses der jeweiligen Benutzungsverträge lässt sich ohne einen partiell einheitlichen Vertragszweck aller Teilnehmer nicht begründen.
c) Der Abschluss jeweils zweiseitiger (vor-)vertraglicher Rahmenverträge mit der Registrierung bei dem Online-Auktionshaus, welche die Vertragsabschlussbestimmung sowie die übrigen das Teilnehmerverhältnis betreffenden Vertragsbedingungen zum Inhalt haben, wird demgegenüber in Übereinstimmung mit den entsprechenden Befürwortern im Schrifttum als tragfähiges Modell angesehen.

C. Inhaltskontrolle des Rahmenvertrages

I. 1. Eine unmittelbare Anwendung der AGB-Vorschriften auf den Rahmenvertrag kommt mangels Verwenderstellung eines der Teilnehmer ebenso wenig in Betracht, wie eine analoge Anwendung der §§ 307 bis 309 BGB.
2. Eine Inhaltskontrolle des Rahmenvertrages ist auf die dogmatische Grundlage des § 242 BGB zu stützen. Für dieses Ergebnis lassen sich die von der Rechtsprechung vorgebrachten Argumente zur Inhaltskontrolle von Publikumsgesellschaftsverträgen sowie von (notariellen) Formularverträgen auf der Basis des § 242 BGB heranziehen.
II. Als Ergebnis der Inhaltskontrolle der auf den Vertragsabschluss bezogenen Klauseln ist wie folgt festzuhalten:
1. Die Vertragsabschlussklausel ist als eine die Interessen des Anbieters nicht hinreichend berücksichtigende unangemessene Benachteiligung des Anbieters zu werten, sofern nicht seitens des Online-Auktionshauses eine umfassende Aufklärung über die hiermit verbundenen Risiken des Abschlusses zu einem abwegigen Höchstgebot – insbesondere bei Nichtangabe eines Mindestpreises – erfolgt. In diesen Fällen verstößt sie gegen § 242 BGB i. V. m. § 307 Abs. 2 Nr. 1 BGB. An die Stelle der unwirksamen Vertragsabschlussklausel tritt die

Abschlussbestimmung des § 156 S. 1 BGB. Der Kaufvertrag zwischen den Auktionsteilnehmern kommt dementsprechend nicht automatisch mit „Zuschlag durch Zeitablauf" zustande.
2. Die Bestimmung, welche eine fortdauernde Wirksamkeit vorhergehender, niedriger Gebote festschreibt, ist mit dem wesentlichen Grundgedanken des § 156 S. 2 BGB ebenso wenig vereinbar wie eine Klausel, welche die Wirksamkeit des Höchstgebots über das Ende der Privaten Online-Auktion hinaus anordnet und verstößt gegen § 307 Abs. 2 Nr. 1 BGB in Konkretisierung zu § 242 BGB; an ihre Stelle tritt die dispositive Regelung des § 156 S. 2 BGB.
3. Die Überprüfung der dem Maklerdienstvertrag zwischen Anbieter und Online-Auktionshaus zugrunde liegenden Vertragsabschlussbestimmung auf ihre Vereinbarkeit mit den wesentlichen Grundgedanken des § 652 BGB gemäß § 307 Abs. 2 Nr. 1 BGB führt zu dem Ergebnis, dass die mit der Abschlussklausel bewirkte Einschränkung der Entschließungs- und Abschlussfreiheit des Anbieters mit den wesentlichen Grundgedanken des Maklervertrages ebenfalls in den Fallkonstellationen nicht zu vereinbaren ist, in denen das Internet-Auktionshaus keine umfassende Aufklärung über den Ablauf und die Risiken des Auktionsverfahrens sowie den unmittelbar mit Kaufvertragsschluss entstehenden Provisionsanspruch betreibt. Denn in diesen Fällen bleibt der Anbieter nicht „Herr des Geschäfts" und die Vertragsabschlussklausel ist gemäß § 307 Abs. 1 S. 1 BGB unwirksam. Dies hat gemäß § 306 Abs. 3 BGB die Gesamtnichtigkeit des Maklerdienstvertrages zur Folge.
Im Hinblick auf die zeitliche Bindung für die Dauer der Auktionsveranstaltung unterliegt die Vertragsabschlussklausel keinen AGB-rechtlichen Bedenken.

D. Pflichten des Online-Versteigerers

I. Die jeweiligen Vertragsverhältnisse mit dem Anbieter und dem Bieter führen zu besonderen Pflichten des Internet-Auktionshauses:
1. Es wird als Mittler zwischen beiden Parteien tätig und ist zu strenger Unparteilichkeit verpflichtet.
2. Aufgrund seiner Makler- und Geschäftsbesorgungstätigkeit ist es zu einer umfassenden Aufklärung seiner Auftraggeber – also Anbieter und Bieter – verpflichtet. Insbesondere der Anbieter unterliegt mit Blick auf das von § 156 S. 1 BGB abweichende Abschlussverfahren einem erhöhten Risiko, welches durch umfassende Informations- und Aufklärungspflichten auszugleichen ist.
3. Daneben ist der virtuelle Auktionator nicht zu Kontroll- und Untersuchungspflichten der Auktionsware verpflichtet, sofern er kein entsprechendes Vertrauen bei den Auktionsteilnehmern hervorruft.
4. Bei entsprechenden Hinweisen lässt sich eine Pflicht des Online-Versteigerers, die Identität oder Bonität der Teilnehmer zu überprüfen, in der

Regel ebenso wenig begründen wie eine Verpflichtung zur Überprüfung eines eingeschalteten Treuhänders.

II. Das Internet-Auktionshaus muss die für den Bereich des E-Commerce bestehenden gesetzlichen Informationspflichten beachten. Hier sind zunächst die allgemeinen Informationspflichten nach § 6 TDG zu nennen. Zudem muss der Online-Auktionator seinen Informationspflichten nach den Vorschriften über Fernabsatzverträge gemäß § 312c BGB i. V. m. § 1 RVO-Info jedenfalls hinsichtlich des Maklerdienstvertrages mit dem Anbieter nachkommen. Daneben sind die Informationspflichten im elektronischen Geschäftsverkehr gemäß § 312e Abs. 1 S. 1 Nr. 2 BGB i. V. m. § 3 RVO-Info zu beachten und diesbezüglich die von § 312e Abs. 1 S. 1 Nr. 1 BGB geforderten technischen Voraussetzungen schaffen. Die in § 312e Abs. 1 S. 1 Nr. 2 BGB i. V. m. § 3 RVO-Info statuierten Informationspflichten hinsichtlich des Kaufvertragsschlusses zwischen den privaten Teilnehmern werden darüber hinaus ebenfalls dem Online-Auktionshaus auferlegt, sofern der Anbieter nicht als Unternehmer gemäß § 14 Abs. 1 BGB zu qualifizieren ist.

2. Kapitel: Fazit und Ausblick

Trotz der aufgezeigten Probleme hat sich das Geschäftsmodell der Privaten Internet-Auktion in Deutschland durchgesetzt und wird insbesondere für Gebrauchsgüter, die dem Teilnehmer ohne unmittelbare Besichtigung zugänglich gemacht werden können, in der Zukunft weiter an Bedeutung gewinnen.

Da die Herausbildung neuer Markformen wie der Privaten Internet-Auktion volkswirtschaftlich erwünscht ist, muss es Ziel aller Beteiligten sein, Rechtssicherheit in den betroffenen Bereichen zu schaffen, um einerseits die Auktionsteilnehmer zu schützen und andererseits ein unerwünschtes Abwandern der Unternehmen in das Ausland zu verhindern. Dabei ist Verlässlichkeit im Hinblick auf den Vertragsschluss nur ein Bereich, in dem auch nach dem Urteil des *BGH* noch Klärungsbedarf besteht – man denke nur an die eingangs geschilderten ordnungs- und wettbewerbsrechtlichen Probleme. Ferner ist die Frage, ob die Internet-Auktionshäuser für Inhalte auf ihren Auktionsseiten verantwortlich zeichnen, mit Blick auf die Neuordnung der Haftungsregeln des TDG weiter ungeklärt. Die vom *BGH* angenommene grundsätzliche Kontrollfreiheit der den Vertragsabschluss ausgestaltenden AGB vermag nicht zu überzeugen. Auch die Berücksichtigung der AGB-Bestimmungen lediglich im Rahmen der Auslegung der Freischaltung der Angebotsseite vor dem Hintergrund der AGB greift zu kurz. Die „Auslegungslösung“ schneidet den Weg zu einer regulierenden Inhaltskontrolle ab, mit der die Gerichte Einfluss auf die Entwicklung der rechtlichen Struktur der Transaktionsform der Online-Auktion nehmen könnten. Eine Inhaltskontrolle der Vertragsabschlussbestimmungen ist aber notwendig, wenn der Mechanismus – wie hier – eine Partei unangemessen zu benachteiligen

droht. Insofern führt kein Weg vorbei an Überlegungen zur Einbeziehung der AGB der Internet-Auktionshäuser im Teilnehmerverhältnis. Die Einbeziehung im Wege eines vorab geschlossenen Rahmenvertrages scheint konstruktiv der richtige Ansatz, auf den die Online-Auktionshäuser aufbauen können. Wollen die Auktionshäuser das Abschlussverfahren in der vorliegenden Ausgestaltung abweichend von der gesetzlichen Regelung des § 156 S. 1 BGB beibehalten, müssen sie dafür Sorge tragen, dass der private Anbieter in ausreichendem Maße über das bestehende Risiko des Vertragsabschlusses zu einem abwegigen Höchstpreis und die Möglichkeiten der Risikominimierung durch Angabe eines Mindestpreises informiert wird – Aufklärung und Regulierung im Wege der Inhaltskontrolle müssen Hand in Hand gehen.
Mit seiner Tätigkeit im weltumspannenden Netz nimmt das Online-Auktionshaus eine wichtige Vermittlerfunktion beim Warenumschlag von mehreren 100 Mio. € ein und ist für das ordnungsgemäße Zustandekommen der Preise und der damit notwendigen Transparenz eines schwierigen Marktes mitverantwortlich. Diesem Gebot der Transparenz, welchem der Gesetzgeber durch die Verankerung der Informationspflichten für Unternehmer im virtuellen Medium in § 312c BGB und § 312e BGB besonderes Gewicht zugemessen hat, trägt das Internet-Auktionshaus bislang nicht ausreichend Rechnung. Der unmittelbare Kontakt zwischen Anbieter und Bieter ohne Einschaltung eines steuernden Auktionators in seiner herkömmlichen Funktion macht es erforderlich, sowohl dem privaten Bieter als auch gerade dem privaten Anbieter Anleitungen an die Hand zu geben, damit diese eigenverantwortlich mit den Risiken der neuen Transaktionsform umgehen können. Es ist wünschenswert, dass der Teilnehmer an der Privaten Online-Auktion gemäß dem dem deutschen Recht immanenten System der Privatautonomie als mündiger Vertragspartner innerhalb des vorgegebenen Rahmens privatautonome Entscheidungen trifft. Aber nur bei – bislang nicht gewährleisteter – umfassender Aufklärung seitens des Online-Versteigerers kann der Teilnehmer sich auf der Auktionsplattform entsprechend bewegen und das vorstrukturierte Verfahren nach seinen wirtschaftlichen Zielen optimal nutzen. Bereits im 18. Jahrhundert hat man die hervorgehobene Stellung des Auktionators zwischen Anbieter und Bieter erkannt, wie ein auf die heutigen Online-Auktionshäuser zu übertragener Auszug aus einem Reglement für die Auctionatores von 1756 zeigt: „Die Auctionatores sollen redliche und vernünftige Männer seyn.“[1000]

[1000] Zit. nach *Schneider* in DB 1981, S. 199 (199).

Literaturverzeichnis

Bartsch, Michael
Der Begriff des „Stellens“ Allgemeiner Geschäftsbedingungen
in: NJW 1986, S. 28

Beck´scher VOB-Kommentar
Teil B
hrsg. von Ganten, Hans; Jagenburg, Walter; Motzke, Gerd
München 1997
zit.: Beckscher VOB-Komm./Bearbeiter, §, Rn.

Birkel, Ludwig
Der Versteigerungsvertrag
Dissertation
Erlangen 1938
zit.: Birkel, S.

Bohle, Wolfgang
Anmerkung zu BGH, Urteil vom 01.03.1982
in: BB 1983, S. 16

Brambring, Günter
Notariell beurkundete Verbraucherverträge
- von der Belehrungs- zur Vertragsgestaltungspflicht des Notars -
in: Recht im Spannungsfeld von Theorie und Praxis,
Festschrift für Helmut Heinrichs, S. 39
München 1998
zit.: Brambring in FS Heinrichs, S.

Brambring, Günter/Schippel, Helmut
Vertragsmuster des Notars und Allgemeine Geschäftsbedingungen
in: NJW 1979, S. 1802

Braunfels, Florian
Die Haftung für Fehler und zugesicherte Eigenschaften bei Kunstauktionen
Ein Beitrag zur Rechtsstellung des Ersteigerers beim Erwerb unechter Kunstgegenstände
München 1994
zit.: Braunfels, S.

Brox, Hans
Allgemeiner Teil des BGB
25. Auflage – Köln, Berlin, Bonn, München 2001
zit.: Brox, AT, Rn.

Bullinger, Winfried
Internet-Auktionen – Die Versteigerung von Neuwagen im Internet aus wettbewerbsrechtlicher Sicht
in: WRP 2000, S. 253

Bülow, Peter/Artz, Markus
Fernabsatzverträge und Strukturen eines Verbraucherprivatrechts im BGB
in: NJW 2000, S. 2049

Burgard, Ulrich
Online-Marktordnung und Inhaltskontrolle
in: WM 2001, S. 2102

ders.
Kurzkommentar zu BGH, Urteil vom 07.11.2001
in: EWiR 2002, S. 139

Canaris, Claus-Wilhelm
Die Unanwendbarkeit des Verbots der geltungserhaltenden Reduktion, ergänzenden Auslegung oder Umdeutung von AGB bei den Kunden begünstigenden Klauseln
in: NJW 1988, S. 1243

ders.
Grundprobleme des Finanzierungsleasing im Lichte des Verbraucherkreditgesetzes
in: ZIP 1993, S. 401

Cichon, Caroline
Internetverträge: Verträge über Leistungen und Ecommerce
Dissertation
Köln 2000
zit.: Cichon, Internetverträge, S.

Cornelius, Kai
Vertragsabschluss durch autonome elektronische Agenten
in: MMR 2002, S. 353

Dauner-Lieb, Barbara
Verbraucherschutz durch Ausbildung eines Sonderprivatrechts für Verbraucher
Dissertation
Berlin 1983
zit.: Dauner-Lieb, S.

Dauner-Lieb, Barbara/Heidel, Thomas/Lepa, Manfred/Ring, Gerhard
Schuldrecht, Anwaltskommentar
Erläuterungen der Neuregelungen zum Verjährungsrecht, Schuldrecht, Schadensersatzrecht und Mietrecht
Bonn 2002
zit.: AnwKom-BGB-Bearbeiter, §, Rn.

Dörner, Heinrich/Ebert, Ina/Eckert, Jörn/Hoeren, Thomas/ Kemper, Rainer/Schulze, Reiner/Staudinger, Ansgar
Bürgerliches Gesetzbuch, Handkommentar
Baden-Baden 2001
zit.: Hk-BGB-Bearbeiter, §, Rn.

Eisenhardt, Ulrich
Zum subjektiven Tatbestand der Willenserklärung
– Aktuelle Probleme der Rechtsgeschäftslehre –
in: JZ 1986, S. 875

Ende, Lothar/Klein, Alexander
Grundzüge des Vertriebsrechts im Internet:
Fernabsatz und Vertrieb von Waren und Dienstleistungen
München 2001
zit.: Ende/Klein, S.

Engels, Stefan
Zivilrechtliche Haftung für Inhalte im World Wide Web
in: AfP 2000, S. 524

Enneccerus, Ludwig/Nipperdey, Hans Carl
Allgemeiner Teil des Bürgerlichen Rechts
Ein Lehrbuch; Erster Band, 2. Halbband
14. Auflage – Tübingen 1955
zit.: Enneccerus/Nipperdey, §, S.

Erd, Rainer
Probleme des OnlineRechts,
Teil 2: Der Abschluss von Verträgen mit Providern und
das Rechtsgeschäft im Internet
in: Kritische Justiz 2000, S. 284

Erman, Walter
Bürgerliches Gesetzbuch: Handkommentar mit AGBG;
EGBGB, ErbbauVO, HausratsVO, HausTWG, ProdHaftG,
SachenRBerG, SchuldRAnpG, VerbrKrG
1. Band (§§ 1 bis 853)
10. Auflage – Münster 2000
zit.: Ermann- Bearbeiter, § Rn.

Ernst, Stefan
Der Mausklick als Rechtsproblem – Willenserklärungen im Internet
in: NJW-CoR 1997, S. 165

ders.
Die Online – Versteigerung
in: CR 2000, S. 304

ders.
Anmerkungen zu OLG Hamm, Urteil vom 14.12.2000
in: CR 2001, S. 121

Fastrich, Lorenz
Richterliche Inhaltskontrolle im Privatrecht
München 1992
zit.: Fastrich, S.

Flume, Werner
Allgemeiner Teil des Bürgerlichen Rechts
Zweiter Band, Das Rechtsgeschäft
3. Auflage – Berlin, Heidelberg, New York 1979
zit.: Flume, AT II, §

Fritzsche, Jörg/Malzer, Hans
Ausgewählte zivilrechtliche Probleme elektronisch signierter Willenserklärungen
in: DNotZ 1995, S. 3

Fuchs, Bärbel/Demmer, Wilfried
Sitzung des Bund-Länder-Ausschusses „Gewerberecht"
in: GewArch 1997, S. 60

Gaul, Björn
Aktuelle Fragen zur Internetversteigerung
in: WM 2000, S. 1783

Glaser, Hugo
Tätigkeit des Maklers für beide Parteien (Doppeltätigkeit)
in: MDR 1971, S. 271

Graf von Westphalen, Friedrich
Vertragsrecht und AGB-Klauselwerke
Loseblattsammlung
Vertragsrecht – Stand: Juli 2000
Auktionsrecht – Stand: Juli 1998
Maklervertrag – Stand: April 1999
3. Auflage – München 2001
zit.: Bearbeiter in von Westphalen, AGB, Rn.

Grapentin, Sabine
Vertragsschluss bei Internet-Auktionen
in: GRUR 2001, S. 713

Grunewald, Barbara
Die Anwendbarkeit des AGB-Gesetzes auf Bestimmungen über den Vertragsschluss
in: ZIP 1987, S. 353

Hager, Johannes
Die Versteigerung im Internet
in: JZ 2001, S. 786

ders.
Vertragsschluss bei Internet-Auktionen
Anmerkungen zu BGH, Urteil vom 07.11.2001
in: JZ 2002, S. 506

Härting, Niko
Fernabsatzgesetz, Kurzkommentar
Köln 2000
zit.: Härting, §, Rn.

Hartung, Stephanie/Hartmann, Alexander
„Wer bietet mehr?“ – Rechtssicherheit des Vertragsschlusses bei Internetauktionen
in: MMR 2001, S. 278

Heckmann, Dirk
E-Commerce – Flucht in den virtuellen Raum?
in: NJW 2000, S. 1370

Heerstraßen, Frank
Arglistige Täuschung beim Kunstkauf – OLG Hamm, NJW-RR 1993, 628
in: JuS 1995 S. 197

Heiderhoff, Bettina
Internetauktionen als Umgehungsgeschäfte
in: MMR 2001, S. 640

Heinrichs, Helmut
Umsetzung der EG-Richtlinie über missbräuchliche Klauseln in Verbraucherverträgen durch Auslegung
- Erweiterung des Anwendungsbereichs der Inhaltskontrolle -
in: NJW 1995, S. 153

Herget, Harald von
Rechtsformen und Inhalte von Verträgen im Online-Bereich
in: DStR 1996, S. 1288

Herwig, Volker
Zugang und Zustellung in elektronischen Medien
in: MMR 2001, S. 145

Heun, Sven-Erik
Die elektronische Willenserklärung
Rechtliche Einordnung, Anfechtung und Zugang
in: CR 1994, S. 595

Hoeren, Thomas
Rechtsfragen des Internet
Köln 1998
zit.: Hoeren, Rechtsfragen des Internet, Rn., S.

ders.
Grundzüge des Internetrechts:
E-Commerce/Domains/Urheberrecht
München 2001
zit.: Hoeren, Grundzüge des Internetrechts, S.

ders.
Kurzkommentar zu OLG Hamm, Urteil vom 14.12.2000
in: EWiR 2001, S. 213

Hoeren, Thomas/Sieber, Ulrich
Handbuch Multimedia-Recht
Rechtsfragen des elektronischen Geschäftsverkehrs
Loseblattsammlung; Stand: Februar
München 2000
zit.: Bearbeiter in Hoeren/Sieber, Kap. Rn.

Hoffmann, Helmut
Die Entwicklung des Internet-Rechts
in: NJW 2001, Heft 14, Beilage

Hollerbach, Tobias
Die rechtlichen Rahmenbedingungen für Internet-Auktionen
in: DB 2000, S. 2001

Hönn, Günther
Wirksamkeitskontrolle als Instrument des allgemeinen Privatrechts zur Bewältigung von Ungleichgewichtslagen
in: JZ 1983, S. 677

Hoyningen-Huene, Gerrick von
Die vertragliche Stellung des Versteigerers
in: NJW 1973, S. 1473

ders.
Kurzkommentar zu BGH, Urteil vom 19.12.1984
in: EWiR 1985, S. 125

Hübner, Heinz
Allgemeiner Teil des Bürgerlichen Gesetzbuches
2. Auflage – Berlin, New York 1996
zit.: Hübner, Allg. Teil, Rn.

Huhn, Dieter/Schuckmann, Hans-Joachim
Beurkundungsgesetz, Kommentar
2. Auflage – Berlin, New York 1987
zit.: Huhn, BeurkG, §, Rn.

Huppertz, Stefanie
Rechtliche Probleme von Online-Auktionen
in: MMR 2000, S. 65

Jauernig, Othmar
Bürgerliches Gesetzbuch. Mit Gesetz zur Regelung des Rechts der Allgemeinen Geschäftsbedingungen
8. Auflage – München 1997
zit.: Jauernig-Bearbeiter, §, Rn.

Jessen, Tanja
Vertragsgestaltung und –praxis der Online-Dienste
in: ZUM 1998, S. 282

Jhering, Rudolf
Bemerkungen zu der Abhandlung I. über die Lehre von den Versteigerungen in: Jahrbücher für die Dogmatik des heutigen römischen und deutschen Privatrechts
Band 7, S. 166 ff.
Jena 1865
zit.: Jhering in JheringsJb 7, S.

John, Uwe
Grundsätzliches zum Wirksamwerden empfangsbedürftiger Willenserklärungen
in: AcP 184 (1984), S. 385

Kaeding, Nadja
Online-Auktion
in: NJW-CoR 2000, S. 249

Kamanabrou, Sudabeh
Vorgaben der E-Commerce-RL für die Einbeziehung von AGB bei Online-Rechtsgeschäften
in: CR 2001, S. 421

Keidel, Theodor/Winkler, Karl
Beurkundungsgesetz, Kommentar
14. Auflage – München 1999
zit.: Keidel/Winkler, BeurkG, §, Rn.

Kelwing, Klaus/Joch, Bernd
Anmerkungen zu BGH, Urteil vom 20.10.1982
in: NJW 1983, S. 1187

Kindervater, E.
Ein Beitrag zur Lehre von der Versteigerung
in: Jahrbücher für die Dogmatik des heutigen römischen und deutschen Privatrechts
Band 7, S. 1 ff.
Jena 1865
zit.: Kindervater in JheringsJb 7, S.

Klewitz, Lilian/Mayer, Patrick
Internet-Auktionen sind nicht verbindlich
Rechtsprechungskommentar zu LG Münster,
Urteil vom 21.01.2000
in: K & R 2000, S. 200

Knieper, Rolf
Der Maklervertrag im System des BGB
in: NJW 1970, S. 1293

Köhler, Helmut
BGB, Allgemeiner Teil
24. Auflage – München 1998
zit: Köhler, BGB AT, §, Rn.

ders.
Die Problematik automatisierter Rechtsvorgänge, insbesondere von Willenserklärungen
in: AcP 182, S. 126

ders.
Die Rechte des Verbrauchers beim Teleshopping (TV-Shopping, Internet-Shopping)
in: NJW 1998, S. 185

Köhler, Markus/Arndt, Hans-Wolfgang
Recht des Internet
2. Auflage – Heidelberg 2000
zit.: Köhler/Arndt, Rn.

Kohler, Jürgen
Zum Abschluss und zur Wirksamkeit eines Kaufvertrages bei einer Internet-Auktion
Anmerkungen zu BGH, Urteil vom 07.11.2001
in: WuB IV A. § 145 BGB 1.02, S. 357

Korbion, Hermann/Hochstein, Reiner
VOB-Vertrag
Handbuch zum System der VOB-Vertragsbedingungen
7. Auflage – Düsseldorf 1998
zit.: Korbion/Hochstein, Rn.

Kramer, Ernst
Nichtausgehandelter Individualvertrag, notariell beurkundeter Vertrag und AGB
in: ZHR 146 (1982), S. 105

Kuhn, Matthias
Rechtshandlungen mittels EDV und Telekommunikation
Dissertation
München 1991
zit.: Kuhn, S.

Landmann, Robert/Rohmer, Gustav
Gewerbeordnung und ergänzende Vorschriften
Band I, Gewerbeordnung, Kommentar
39. Ergänzungslieferung – München – Stand: 1. Februar 2000
zit.: Landmann/Rohmer-Bearbeiter, §, Rn.

Larenz, Karl
Lehrbuch des Schuldrechts, Erster Band, Allgemeiner Teil
14. Auflage – München 1987
zit.: Larenz, Schuldrecht AT I, S.

ders.
Methodenlehre der Rechtswissenschaft
6. Auflage – Berlin, Heidelberg, New York 1991
zit.: Larenz, Methodenlehre der Rechtswissenschaft, S.

Larenz, Karl/Wolf, Manfred
Allgemeiner Teil des Bürgerlichen Rechts
8. Auflage – München 1997
zit.: Larenz/Wolf, AT, §

Lauktien, Anette-Tabea/Varadinek, Brigitta
Der Vertragsabschluss im Internet
in: ZUM 2000, S. 466

Leenen, Detlef
Abschluss, Zustandekommen und Wirksamkeit des Vertrages
in: AcP 188 (1988), S. 381

Leible, Stefan/Sosnitza, Olaf
Abschluss und Wirksamkeit eines Kaufvertrages bei einer Internet-Auktion
Rechtsprechungskommentar zu BGH, Urteil vom 07.11.2001
in: K & R 2002, S. 85

Lettl, Tobias
Versteigerung im Internet – BGH, NJW 2002, 363
in: JuS 2002, S. 219

Lieb, Manfred
Das Leitbild des Finanzierungs-Leasing im Spannungsfeld von Vertragsfreiheit und Inhaltskontrolle
in: DB 1988, S. 946

Locher, Horst
Das Recht der bildenden Kunst
München 1970
zit.: Locher, Kunstrecht, S.

Locher, Horst/Blind, Jörg
Die strafrechtliche Beurteilung von Scheingeboten und Scheinzuschlägen in der Kunstversteigerung
in: NJW 1971, S. 2290

Loewenheim, Ulrich/Koch, Frank A.
Praxis des Online-Rechts
Weinheim, New York, Chichester, Brisbane, Singapore, Toronto 1998
zit.: Loewenheim/Koch, S.

Lütcke, Jens
Fernabsatzrecht
Kommentar zu den §§ 312b-312f BGB
München 2002
zit.: Lütcke, §, Rn.

Mankowski, Peter
Internet und besondere Aspekte des Internationalen Vertragsrechts
in: CR 1999, S. 512

ders.
Versteigerungen im Internet, gewerberechtliche Erlaubnispflicht/„Ricardo.de"
Kurzkommentar zu LG Hamburg, Urteil vom 14.04.1999
in: EWiR 1999, S. 699

ders.
Internet-Auktion, Rechtsverbindlichkeit des Vertragsschlusses
Kurzkommentar zu LG Münster, Urteil vom 21.01.2000
in: EWiR 2000, S. 415

Marx, Helmut/Arens, Heinrich
Der Auktionator
Kommentar zum Recht der gewerblichen Versteigerung
Neuwied, Kriftel, Berlin 1992
zit.: Marx/Arens, §, Rn.

Mecke, Friedrich/Lerch, Klaus
Beurkundungsgesetz, Kommentar
2. Auflage – München 1991
zit.: Mecke/Lerch, BeurkG, §, Rn.

Medicus, Dieter
Allgemeiner Teil des BGB
7. Auflage – Heidelberg 1997
zit.: Medicus, Allg. Teil, Rn.

ders.
Schuldrecht I, Allgemeiner Teil
12. Auflage – München 2000
zit.: Medicus, Schuldrecht I AT, Rn.

ders.
Zur gerichtlichen Inhaltskontrolle notarieller Verträge
München 1989
zit.: Medicus, Zur gerichtlichen Inhaltskontrolle notarieller Verträge, S.

Meents, Jan Geert
Verbraucherschutz bei Rechtsgeschäften im Internet:
Anwendung und Wirkung klassischer Instrumentarien des
Verbraucherschutzrechts und der europäischen Fernabsatzrichtlinie
Dissertation
Köln 1998
zit.: Meents, S.

ders.
Ausgewählte Probleme des Fernabsatzgesetzes bei
Rechtsgeschäften im Internet
in: CR 2000, S. 610

Mehrings, Josef
Verbraucherschutz im Cyberlaw: Zur Einbeziehung von AGB
im Internet
in: BB 1998, S. 2373

ders.
Vertragsabschluss im Internet
Eine neue Herausforderung für das „alte" BGB
in: MMR 1998, S. 30

ders.
Im Süd-Westen wenig Neues: BGH zum Vertragsabschluss
bei Internet-Auktionen
Kommentar zu BGH, Urteil vom 07.11.2001
in: BB 2002, S. 469

Michel, Wolfgang
Bedeutet das Fernabsatzgesetz das Aus für die
Internetversteigerung?
in: JurPC Web-Dok. 63/2001, Abs. 1-12.

Möschel, Wernhard
Dogmatische Strukturen des bargeldlosen Zahlungsverkehrs
in: AcP 186 (1986), S. 187

Motive zu dem Entwurfe eines Bürgerlichen Gesetzbuches für das deutsche Reich
Band I
Allgemeiner Theil
Amtliche Ausgabe – Berlin, Leipzig 1888
zit.: Motive zu dem Entwurfe eines BGB für das deutsche Reich, Band I, S.

Mugdan, B.
Die gesamten Materialien zum Bürgerlichen Gesetzbuch I
I. Band, Einführungsgesetz und Allgemeiner Theil
Berlin 1899
zit.: Mugdan, Die gesamten Materialien zum Bürgerlichen Gesetzbuch I, S.

Müller, Christine/Petri, Axel
Ausgewählte wettbewerbsrechtliche Probleme von Internet-Auktionen unter besonderer Berücksichtigung des B2B-Geschäftes
in: RTkom 2001, S. 153

Münchener Kommentar zum Bürgerlichen Gesetzbuch

Band 1, Allgemeiner Teil
(§§ 1 bis 240), AGB- Gesetz
3. Auflage – München 1993
zit.: MüKo- Bearbeiter, 3. Auflage, München 1993, § Rn.
Band 1, Allgemeiner Teil
(§§ 1 bis 240), AGB- Gesetz
4. Auflage – München 2001
Band 2, Schuldrecht Allgemeiner Teil
(§§ 241 bis 432), FernAbsG
4. Auflage – München 2001

Band 3, Schuldrecht Besonderer Teil I
(§§ 433 bis 606), Finanzierungsleasing, VerbrKrG, HausTWG, Erbschaft- u. Schenkungssteuergesetz, MHG, HeizkostenV
3. Auflage – München 1995
Band 4, Schuldrecht Besonderer Teil II
(§§ 607 bis 704)
3. Auflage – München 1997
Band 5, Schuldrecht Besonderer Teil III
(§§ 705 bis 853), Partnerschaftsgesellschaftsgesetz, Produkthaftungsgesetz
3. Auflage – München 1997

zit.: MüKo- Bearbeiter, § Rn.

Münchener Vertragshandbuch
Band 4, Bürgerliches Recht, 1. Halbband
4. Auflage – München 1998
zit.: MüVHB-Bearbeiter, S.

Nicklisch, Fritz/Weick, Günter
Verdingungsordnung für Bauleistungen:
VOB – Teil B
3. Auflage – München 2001
zit.: Nicklisch/Weick, Rn.

Obert, Anne
Anmerkung zum Urteil des OLG Hamm vom 14.12.2000
in: ZUM 2001, S. 249

Palandt, Otto
Bürgerliches Gesetzbuch, Kommentar
61. Auflage – München 2002
zit.: Palandt- Bearbeiter, §, Rn.

Pestalozzi, Anton
Versteigerungen im Internet
in: SJZ 1998, S. 241

Rehbinder, Manfred/Schmaus, Stefan
Rechtsprobleme beim Vertragsschluss im Internet
in: UFITA 2000, Band II, S. 313

Reuter, Dieter
Das Maklerrecht als Sonderrecht der Maklertätigkeit
Versuch einer dogmatischen Ortsbestimmung
in: NJW 1990, S. 1321

Rohe, Mathias
Netzverträge
Rechtsprobleme komplexer Vertragsverbindungen
Tübingen 1998
zit.: Rohe, Netzverträge, S.

Roth, Herbert
Die Inhaltskontrolle nichtausgehandelter Individualverträge im Privatrechtssystem
in: BB 1987, S. 977

ders.
Allgemeine Geschäftsbedingungen und Individualvereinbarungen
in: BB 1992, Beilage 4, S. 1

Roth, Birgit/Schulze, Götz
Verbraucherschutz im Electronic Commerce
Schutzmechanismen und grenzüberschreitende Geschäfte nach dem Referentenentwurf eines Fernabsatzgesetzes
in: RIW 1999, S. 924

Rott, Peter
Die Auswirkungen des Signaturgesetzes auf die rechtliche Behandlung von elektronischem Datenmanagement und Datenaustausch – eine Prognose
in: NJW-CoR 1998, S. 420

Rüfner, Thomas
Verbindlicher Vertragsschluß bei Versteigerungen im Internet
in: JZ 2000, S. 715

ders.
Virtuelle Marktordnungen und das AGB-Gesetz
in: MMR 2000, S. 597

ders.
Anmerkungen zu OLG Hamm, Urteil vom 14.12.2000
in: JZ 2001, S. 768

Rüßmann, Helmut/Reich, Thomas
Internet als gewerbeordnungsfreier Raum?
in: K & R 2000, S. 116

Schafft, Thomas
„Reverse Auctions“ im Internet
in: CR 2001, S. 393

Schalhorn, Wolfgang
Worin unterscheiden sich Briefmarkenversteigerungen von Briefmarken-Fernauktionen?
in: DB 1972, S. 2453

Schaub, Renate
Das AGB-Gesetz in der Fallbearbeitung
in: JuS 2000, S. 555

Scherer, Josef/Butt, Mark Eric
Rechtsprobleme bei Vertragsschluss via Internet
in: DB 2000, S. 1009

Schlechtriem, Peter
Der Kaufmann im Gesetz zur Regelung des Rechts der Allgemeinen Geschäftsbedingungen
in: Festschrift für Konrad Duden, S. 571
München 1977
zit.: Schlechtriem in FS Duden, S.

Schmidt, Karsten
Gesellschaftsrecht
3. Auflage – Köln, Berlin, Bonn, München 1997
zit.: Karsten Schmidt, §

Schmidt-Futterer, Wolfgang
Mietrecht, Großkommentar des Wohn- und Gewerberaummietrechts
7. Auflage – München 1999
zit.: Schmidt-Futterer-Bearbeiter, §, Rn.

Schneider, Annette
Auktionsrecht
Das Rechtsverhältnis zwischen Einlieferer, Versteigerer und Ersteigerer
Dissertation, Erlangen 1998
Baden-Baden 1999
zit.: Schneider, Auktionsrecht, S.

Schneider, Ernst
Rechtliche Risiken beim Erwerb von Antiquitäten und Kunstgegenständen
in: DB 1981, S. 199 ff.

Schrader, Leif
„Internetauktion" - Anmerkungen zum Urteil des KG vom 11.05.2001
in: MMR 2001, S. 767

Schuster, Fabian/Müller, Ulf
Entwicklung des Internet- und Multimediarechts von Juli 2000 bis März 2001
in: MMR-Beilage 2001

Schwark, Eberhard
Börsengesetz: Kommentar zum Börsengesetz und zu den börsenrechtlichen Nebenbestimmungen
2. Auflage – München 1994
zit.: Schwark, §, Rn.

Schwerdtner, Peter
Maklerrecht
4. Auflage – München 1999
zit.: Schwerdter, Maklerrecht, Rn.

Sester, Peter
Vertragsabschluss bei Internet-Auktionen
in: CR 2001, S. 98

Sieber, Ulrich
Verantwortlichkeit im Internet
Technische Kontrollmöglichkeiten und multimediarechtliche Regelungen
München 1999
zit.: Sieber, Rn.

ders.
Informationsrecht und Recht der Informationstechnik
in: NJW 1989, S. 2569

Soergel, Hans Theodor

Bürgerliches Gesetzbuch mit Einführungsgesetz und Nebengesetzen

Band 2, Allgemeiner Teil 2 (§§ 104-240)
13. Auflage - Stuttgart, Berlin, Köln, Mainz 1999
Band 2, Schuldrecht I (§§ 241 bis 432)
12. Auflage – Stuttgart, Berlin, Köln 1990
Band 3, Schuldrecht II (§§ 433 bis 515), AGB-Gesetz, AbzG, EAG, EKG, UN-KaufAbk
12. Auflage – Stuttgart, Berlin, Köln 1991
Band 4/2, Schuldrecht III/2 (§§ 651 a bis 704)
12. Auflage – Stuttgart, Berlin, Köln 1999

zit.: Soergel- Bearbeiter, § Rn.

Sonnenschein, Jürgen
Formularmietverträge im Anwendungsbereich des AGB-Gesetz
in: NJW 1980, S. 1489

Spindler, Gerald
Internationales Verbraucherschutzrecht im Internet
in: MMR 2000, S. 18

ders.
Vertragsabschluss und Inhaltskontrolle bei Internet-Auktionen
in: ZIP 2001, S. 809

ders.
Die zivilrechtliche Verantwortlichkeit von Internetauktionshäusern
Haftung für automatisch registrierte und publizierte Inhalte?
in: MMR 2001, S. 737

ders.
Wirksamkeit eines Kaufvertrages bei einer Internetauktion – ricardo.de
Anmerkungen zu BGH, Urteil vom 07.11.2001
in: MMR 2002, S. 98.

Spindler, Gerald/Wiebe, Andreas
Internet-Auktionen, Rechtliche Rahmenbedingungen
München 2001
zit.: Bearbeiter in Spindler/Wiebe, Kap. Rn.

Staudinger, Julius von

Kommentar zum Bürgerliche Gesetzbuch
mit Einführungsgesetz und Nebengesetzen

Erstes Buch, Allgemeiner Teil
§§ 90 bis 240
12. Bearbeitung – Berlin 1980
§§ 134 bis 163
13. Bearbeitung – Berlin 1996
§§ 164 bis 240
13. Bearbeitung – Berlin 1995

Zweites Buch, Recht der Schuldverhältnisse
Einleitung zu §§ 241 ff; §§ 241-243
13. Bearbeitung – Berlin 1995
§§ 328 bis 361
13. Bearbeitung – Berlin 1995
§§ 535 bis 563
13. Bearbeitung – Berlin 1995
§§ 631 bis 651
13. Bearbeitung – Berlin 2000
§§ 652 bis 704
13. Bearbeitung – Berlin 1995

AGBG
13. Bearbeitung – Berlin 1998

zit.: Staudinger- Bearbeiter, § Rn.

Stimpel, Walter
Anlegerschutz durch Gesellschaftsrecht in der Publikums-Kommanditgesellschaft
in: Festschrift für Robert Fischer, S. 771
Berlin, New York 1979
zit.: Stimpel in FS Fischer, S.

Stögmüller, Thomas
Auktionen im Internet
in: K & R 1999, S. 391

Stoffels, Markus
Gesetzlich nicht geregelte Schuldverhältnisse
Rechtsfindung und Inhaltskontrolle
Tübingen 2001
zit.: Stoffels, S.

Taupitz, Jochen/Kritter, Thomas
Electronic Commerce – Probleme bei Rechtsgeschäften im Internet
in: JuS 1999, S. 839

Thamm, Manfred/Pilger, Gerhard
Taschenkommentar zum AGB-Gesetz
Heidelberg 1998
zit.: Thamm/Pilger, §, Rn.

Thomsen, Birgit
Käuferschutz bei Kunstauktionen
Bielefeld 1989
zit.: Thomsen, S.

Tuhr, Andreas von
Der Allgemeine Teil des Deutschen Bürgerlichen Rechts
Band II, 1. Hälfte
Die rechtserheblichen Tatsachen, insbesondere das Rechtsgeschäft
in: Systematisches Handbuch der Deutschen Rechtswissenschaft,
Zehnte Abteilung, München, Leipzig 1914
zit.: v. Tuhr, BGB AT, Band II, Hb. 1, §, S.

Ulmer, Peter
Notarielle Vertragsmuster und AGB-Inhaltskontrolle
in: DNotZ 1981, S. 84

Ulmer, Peter/ Brandner, Hans Erich/ Hensen, Horst-Diether/ Schmidt, Harry
AGB-Gesetz: Kommentar zum Gesetz zur Regelung des Rechts der allgemeinen Geschäftsbedingungen
8. Auflage – Köln 1997
zit.: Bearbeiter in Ulmer/Brandner/Hensen, 8. Auflage 1997, §, Rn.
9. Auflage – Köln 2001
zit.: Bearbeiter in Ulmer/Brandner/Hensen, §, Rn.

Ulrici, Bernhard
Die enttäuschende Internetauktion – LG Münster, MMR 2000, 280
in: JuS 2000, S. 947

ders.
Zum Vertragsschluss bei Internetauktionen
in: NJW 2001, S. 1112

Ultsch, Michael
Zugangsprobleme bei elektronischen Willenserklärungen, dargestellt am Beispiel der Electronic Mail
in: NJW 1997, S. 3007

Vehslage, Thorsten
Anmerkung zu LG Hamburg, Urteil vom 14.04.1999
Ricardo.de – Versteigerung im Internet
in: MMR 1999, S. 680

Welser, Marcus von
Wettbewerbs- und urheberrechtliche Probleme bei
Online-Auktionen
in: ZUM 2000, S. 472

Wenzel, Henning
Internetauktion: Anwendbarkeit des AGB-Gesetzes im Verhältnis
Antragender/Annehmender?
– Widerrufsrecht gemäß § 3 FernAbsG? –
in: DB 2001, S. 2233

ders.
Vertragsabschluss bei Internet-Auktion – ricardo.de
Anmerkungen zu BGH, Urteil vom 07.11.2002
in: NJW 2002, S. 1550

Wenzel, Henning/Bröckers, Thomas
Anmerkungen zu OLG Hamm, Urteil vom 14.12.2000
in: DB 2001, S. 92

Wessely, Karin
Internetauktionen – Steiger′ dich rein!
in: medien und recht 2000, S. 266

Wicher, Hans
Der Versteigerer, Systematischer Kommentar zu den einschlägigen
gewerberechtlichen Vorschriften
Hamburg 1961
zit.: Wicher, Der Versteigerer, S.

Wiebe, Andreas
„Es gibt ihn doch, den gerechten Preis"
Anmerkungen zu LG Münster, Urteil vom 21.01.2000
in: MMR 2000, S. 284

ders.
Vertragsschluss bei Online-Auktionen
in: MMR 2000, S. 323

ders.
Anmerkungen zu OLG Hamm, Urteil vom 14.12.2000
in: MMR 2001, S. 109

ders.
Anmerkungen zu OLG Köln, Urteil vom 02.11.2001:
Keine Haftung für markenrechtsverletzende Fremdauktion im Internet
in: CR 2002, S. 53

ders.
Anmerkungen zu BGH, Urteil vom 07.11.2002
in: CR 2002, S. 216

Wiedemann, Herbert
Inhaltskontrolle vorformulierter Verträge
in: Recht und Wirtschaft heute, Festgabe für Max Kummer, S. 175
Bern 1980
zit.: Wiedemann in FS Kummer, S.

Wilkens, Jochen
Präsentation eines Kfz in Internet-Auktion nur als Aufforderung zu Vertragsangeboten und nicht als bindendes Vertragsangebot?
- Anmerkungen zum Urteil des LG Münster vom 21.01.2000 -
in: DB 2000, S. 666

Wilmer, Thomas
Rechtliche Probleme der Online-Auktion
in: NJW-CoR 2000, S. 94

ders.
Anmerkung zu den Internet-Auktionsrecht-Urteilen LG Wiesbaden „Extralot.com“ und LG Münster „Ricardo.de“
in: NJW-CoR 2000, S. 172

Windscheid, Bernhard
Lehrbuch des Pandektenrechts
9. Auflage, unter vergleichender Darstellung des deutschen bürgerlichen Rechts, bearbeitet von Theodor Kipp
Band 2 – Neudruck der Ausgabe Frankfurt am Main 1906
Aalen 1963
zit.: Windscheid/Kipp, §, S.

Wolf, Eckhard
Die Rechtsprechung des Bundesgerichtshofs zum Maklerrecht des BGB
in: WM 1985, Sonderbeilage Nr. 3, S. 3

Wolf, Manfred/ Horn, Norbert/ Lindacher, Walter
AGB-Gesetz, Kommentar
4. Auflage – München 1999
zit.: Bearbeiter in Wolf/Horn/Lindacher, §, Rn.

Wüstenberg, Dirk
Die Haftung der Internetauktionatoren auf Unterlassung wegen Markenrechtsverletzungen im Internet
in: wrp 2002, S. 497

Anhang

Gängige Allgemeine Geschäftsbedingungen der Auktionshäuser

Erster Abschnitt: Allgemeine Bestimmungen

§ 1 Präambel

(1) Diese Allgemeinen Geschäftsbedingungen beinhalten die grundlegenden Regeln, unter denen die von der X Aktiengesellschaft, (nachfolgend "X" genannt), bereitgestellten Dienste genutzt werden können.

(2) Die Dienste von X beinhalten die Bereitstellung eines Handelsplatzes, auf dem Waren und Dienstleistungen aller Art insbesondere in Form von Online-Auktionen angeboten und erworben werden können. X behält sich vor, seine Dienste zu erweitern oder zu ergänzen und diesbezüglich ggf. gesonderte Nutzungsbedingungen zu schaffen.

(3) Sämtliche Fragen oder Beanstandungen im Zusammenhang mit diesen Allgemeinen Geschäftsbedingungen können schriftlich bei der X AG, vorgebracht werden.

§ 2 Nutzer, Zulassung

(1) Die Dienste von X können nur juristische Personen und unbeschränkt geschäftsfähige natürliche Personen, die das achtzehnte Lebensjahr vollendet haben, nutzen.

(2) Voraussetzung für eine Nutzung der Dienste von X ist die vorherige Zulassung als Nutzer durch X. Hierzu muss sich der Nutzer bei X anmelden und die hierbei von X abgefragten Daten vollständig und korrekt angeben. Die Einzelheiten ergeben sich aus dem Anmeldeverfahren. Indem der Nutzer seine Anmeldung an X abschickt, stimmt er diesen Allgemeinen Geschäftsbedingungen zu. Die Zulassung als Nutzer erfolgt hiernach durch entsprechende Benachrichtigung des Nutzers per E-Mail.

(3) Bei der Anmeldung wählt sich der Nutzer einen Benutzernamen und ein Passwort. Der Benutzername darf keine Rechte Dritter verletzen und nicht gegen die guten Sitten verstoßen. Der Nutzer verpflichtet sich, dafür zu sorgen, dass keine unbefugten Drittpersonen Kenntnis von seinem Passwort erhalten. Ist dies dennoch erfolgt bzw. liegen dem Nutzer entsprechende Anhaltspunkte hierfür vor, so ist der Nutzer verpflichtet, dies X unverzüglich mitzuteilen.

(4) Die Zulassung ist kostenlos. Der Nutzer hat keinen Anspruch auf Zulassung. X hat das Recht, die Zulassung ohne Angabe von Gründen, insbesondere jedoch wegen

a) mutmaßlich falschen Angaben bei der Anmeldung,

b) mutmaßlichen bzw. erkennbaren Missbrauchs der Dienste von X,

c) Beschädigung oder Beeinträchtigung der Funktionsfähigkeit der Dienste von X

d) einem Übermaß an negativen Bewertungen durch andere Nutzer (§ 12)

und

e) sonstigen Verstößen gegen diese Allgemeinen Geschäftsbedingungen

jederzeit ohne vorherige Ankündigung zurückzunehmen. Hierbei behält sich X die Geltendmachung von Schadensersatzansprüchen ausdrücklich vor. Demjenigen, dessen Zulassung zurückgenommen wurde, ist es untersagt, sich erneut als Nutzer bei X anzumelden, solange nicht X einer erneuten Anmeldung zuvor zugestimmt hat.

(5) Jeder Nutzer ist seinerseits berechtigt, jederzeit seine Anmeldung mit Wirkung für die Zukunft zurückzunehmen. Innerhalb von zwei Wochen nach seiner Anmeldung hat jeder Nutzer darüber hinaus das Recht, seine Anmeldung auch mit Wirkung für die Vergangenheit zu widerrufen, sofern er bis dahin die Dienste von X noch nicht in Anspruch genommen hat. In beiden Fällen hat der Nutzer X schriftlich entsprechend zu benachrichtigen.

§ 3 Nutzungsrechte

(1) Die Rechte des Nutzers beschränken sich auf die Nutzung der Dienste von X im Rahmen des bestimmungsmäßigen Gebrauchs. X kann seine Dienste jederzeit erweitern oder einschränken. Soweit in den Allgemeinen Geschäftsbedingungen nicht ausdrücklich anders geregelt, gewährt X dem Nutzer keine Urheber- und sonstigen Schutzrechte. Dies umfasst insbesondere alle gegenwärtigen und zukünftigen Websites von X, die X-Software sowie zugehörige Dokumentationen und Bedienungsanleitungen.

(2) Urheber-, Schutz- sowie sonstige Rechte Dritter, auf die über die Dienste von X mittels Links oder in sonstiger Weise zugegriffen wird, so beispielsweise

Kataloge von Nutzerprodukten, verbleiben vollumfänglich beim jeweiligen Rechteinhaber und sind entsprechend geschützt.

(3) Soweit X dem Nutzer Software zur Verfügung stellt, erhält der Nutzer hieran ein nicht übertragbares und längstens auf den Zeitraum der gegenseitigen Geschäftsbeziehung und auf den Zweck der ordnungsgemäßen Nutzung der Dienste von X begrenztes Nutzungsrecht eingeräumt. Das Nähere ist in den speziellen Bedingungen zur Nutzung der Software geregelt.

§ 4 Verwendung der gespeicherten Daten, Datenschutz

(1) X ist berechtigt, im gesetzlich zulässigen Rahmen, insbesondere nach den geltenden Bestimmungen des Bundesdatenschutzgesetzes und des Teledienstedatenschutzgesetzes, personenbezogene Daten zu erheben, zu speichern, zu verarbeiten und zu eigenen Zwecken zu nutzen.

(2) X ist insbesondere berechtigt, diese Daten

a) im Rahmen der Inanspruchnahme der Dienste von X durch den Nutzer zu verwenden und auch zu veröffentlichen, soweit dies zur Nutzung dieser Dienste erforderlich ist,

und

b) an die Vertragsparteien weiterzuleiten, soweit dies zur Abwicklung von Verträgen erforderlich ist, die im Rahmen der Nutzung der Dienste von X zu Stande gekommen sind,

oder

c) an Dritte weiterzuleiten, soweit dies zur Wahrung berechtigter Interessen eines Dritten oder öffentlicher Interessen erforderlich ist,

und

d) in anderen Fällen nach Einwilligung des Nutzers weiterzugeben,

wenn und soweit das schutzwürdige Interesse des Betroffenen an der Veröffentlichung oder Weitergabe nicht überwiegt.

(3) X ist ferner berechtigt, diese Daten an ein Unternehmen zu übermitteln, das sich mit X im Konzernverbund befindet, sofern folgende Voraussetzungen erfüllt sind:

(a) Eine Verarbeitung dieser Daten erfolgt ausschließlich nach den Bedingungen des deutschen Datenschutzrechts und einzig zu den Zwecken der Nutzung der Dienste von X, wie sie in diesen Allgemeinen Geschäftsbedingungen festgelegt sind. Innerhalb dieses Rahmens erfolgt die Verarbeitung dieser Daten ausschließlich nach den Weisungen von X.

(b) X verpflichtet das Unternehmen, an welches es die Daten übermittelt, auf die uneingeschränkte Einhaltung der vorstehenden Voraussetzungen.

(c) X haftet jedem Inhaber der Daten für jeden Fall der schuldhaften Nichteinhaltung der vorstehenden Voraussetzungen.

(d) Jeder Nutzer hat jederzeit das Recht, der wie vorstehend bezeichneten Verwendung seiner personenbezogenen Daten per Schreiben an die X Aktiengesellschaft zu widersprechen.

(4) Über den in Abs. **(1)** bis **(3)** beschriebenen Umfang hinaus wird X Nutzerdaten nicht verwerten oder weitergeben.

(5) Nimmt der Nutzer seine Zulassung zurück, so hat er nach Erfüllung und Abwicklung noch bestehender Rechtsverhältnisse einen Anspruch auf die Löschung seiner gespeicherten Daten gemäß den gesetzlichen Bestimmungen.

Zweiter Abschnitt: die Durchführung von Online-Auktionen

§ 5 Allgemeine Bestimmungen für Online-Auktionen

(1) X bietet im Rahmen seiner Dienste allen Nutzern die Möglichkeit, entsprechend den in diesen Allgemeinen Geschäftsbedingungen festgelegten Bestimmungen Online-Auktionen entweder als Anbieter selbst durchzuführen oder sich an ihnen als Bieter durch die Abgabe von Geboten zu beteiligen. X stellt seinen Nutzern somit eine Handelsplattform zur Verfügung, auf dem sie Waren und Dienstleistungen aller Art (nachfolgend "Gegenstände" genannt) gegen Höchstgebot anbieten, veräußern und erwerben können.

(2) Grundsätzlich hat jede Online-Auktion eine festgelegte Laufzeit. Für die Bestimmung der Schlusszeit, die die jeweilige Laufzeit beendet, ist allein die Systemzeituhr von X maßgebend. X behält sich allerdings vor, die Laufzeit von

Online-Auktionen nach eigenem Ermessen zu verkürzen oder zu verlängern oder Veranstaltungen ohne Abschluss eines Vertrages abzubrechen. Abweichend vom Vorstehenden wird die Laufzeit einer live moderierten Online-Auktion vom jeweiligen Moderator bestimmt.

(3) X behält sich im Sinne einer ordnungsgemäßen Durchführung der Online-Auktionen insbesondere vor, ohne Angabe von Gründen angebotene Gegenstände

(a) einer anderen als der vom Anbieter gewählten Produktkategorie zuzuordnen oder

(b) nicht in die Online-Auktionen aufzunehmen oder zu einem späteren Zeitpunkt jederzeit wieder aus der Liste der angebotenen Gegenstände zu entfernen, wenn hierfür ein sachliches oder rechtliches Interesse besteht und das Interesse des Anbieters an der Durchführung der Online-Auktion im konkreten Fall nicht überwiegt.

§ 6 Regeln für den Anbieter

(1) Der Anbieter bedient sich zur Einrichtung einer Online-Auktion des hierzu von X festgelegten Verfahrens und leistet hierbei alle geforderten Angaben. Führt der Anbieter die Online-Auktion in Ausübung eines Gewerbes oder einer selbstständigen beruflichen Tätigkeit durch, so muss er im Rahmen seiner Angebotsbeschreibung auch seinen Namen bzw. seine Firma sowie seine Anschrift angeben. In diesem Falle ist der Anbieter allein dafür verantwortlich, auch alle weitergehenden Informationspflichten, die sich aus dem geltenden Verbraucherschutzrecht, z.B. dem Fernabsatzgesetz, ergeben, zu erfüllen.

(2) Der Anbieter ist verpflichtet, den angebotenen Gegenstand, insbesondere dessen Merkmale und Eigenschaften, soweit diese für die Entscheidung eines Interessenten zum Erwerb und die Höhe des von ihm abzugebenden Gebots wesentlich sind, wahrheitsgetreu und verständlich zu beschreiben. Fehler, die den Wert des Gegenstandes nicht nur unerheblich mindern, dürfen nicht verschwiegen werden. Der Anbieter verpflichtet sich, den angebotenen Gegenstand in keine Kategorie einzustellen, in die der Gegenstand nach Art und Beschaffenheit nicht passt.

(3) Die Beschreibung des Gegenstandes darf keine Werbung für andere Gegenstände und keinen Verweis (Link) auf andere Informationsquellen (z.B. Websites) enthalten, die nicht ausschließlich den angebotenen Gegenstand beschreiben.

(4) Der Anbieter sichert sowohl X als auch allen Nutzern, die während des Angebotszeitraumes ein Gebot zum Erwerb des angebotenen Gegenstandes abgeben, zu, dass

(a) er berechtigt ist, über den angebotenen Gegenstand frei zu verfügen, sei es, weil er entweder dessen Rechtsinhaber und bei Sachen dessen Eigentümer und Besitzer ist oder er aus sonstigen Gründen die Verfügungsmacht besitzt,

(b) dass der angebotene Gegenstand nicht mit Rechten Dritter belastet ist.

(5) Der Anbieter garantiert ferner sowohl X als auch allen Nutzern, die während des Angebotszeitraumes ein Gebot zum Kauf des angebotenen Gegenstandes abgeben, dass der Besitz, das Angebot oder der Verkauf dieses Gegenstandes nicht gegen gesetzliche Vorschriften oder die guten Sitten verstoßen. Insbesondere sichert der Anbieter zu, dass der Gegenstand

(a) nicht gestohlen ist,

(b) keine Urheberrechte, Patente, Marken, Betriebsgeheimnisse oder andere Schutzrechte, Persönlichkeitsrechte oder Datenschutzrechte Dritter verletzt,

(c) kein Propagandamittel oder Kennzeichen verfassungswidriger Organisationen darstellt,

(d) weder pornographischen noch jugendgefährdenden Inhalts ist und

(e) kein Tier, Tierprodukt oder keine Pflanze darstellt, durch deren Besitz oder Handel geltendes Recht verletzt wird,

(f) kein Produkt darstellt, dessen Besitz oder Handel gegen das Arzneimittel- oder Betäubungsmittelgesetz verstößt.

Der Anbieter stellt X von allen Kosten frei, die X durch Ansprüche Dritter auf Grund des Angebots von Gegenständen entstehen sollten, welche gegen die vorstehend dargelegten Bestimmungen verstoßen. Dies beinhaltet auch die Kosten einer eventuellen Rechtsverfolgung.

(6) Der Anbieter des Gegenstandes erklärt bereits mit der Einrichtung seiner Auktion die Annahme des höchsten wirksam abgegebenen Kaufangebots eines Bieters. Der Bieter verzichtet auf eine gesonderte Annahmeerklärung, § 151 S. 1 BGB.

§ 7 Regeln für den Bieter

(1) Die Abgabe eines Gebots erfolgt innerhalb der Laufzeit der jeweiligen Online-Auktion und ausschließlich durch das dem Nutzer hierfür von X auf der Auktionsplattform zur Verfügung gestellte Verfahren.

(2) Durch ein Gebot gibt der Nutzer ein verbindliches Angebot zum Erwerb des jeweils angebotenen Gegenstands ab.

(3) Ein abgegebenes Gebot ist nur wirksam, wenn es in seiner Höhe auf oder über dem für den jeweiligen Gegenstand festgelegten Start- bzw. Mindestpreisniveau bzw. über dem vorherigen Gebot eines anderen Bieters liegt. Gibt ein anderer Nutzer danach ein höheres Gebot ab, so erlischt das vorige Gebot. Gegebenenfalls sind allerdings auch einige der vorhergehenden, niedrigeren Gebote oder Gebote, die auf derselben Höhe wie ein vorheriges Gebot eines anderen Bieters liegen, wirksam. Entscheidend sind hierbei der Zeitpunkt des Eingangs des Gebots und die jeweils angebotene Stückzahl eines Gegenstands. Weitere Einzelheiten ergeben sich aus dem einzelnen Auktionsangebot und dem Bietsystem von X.

(4) Von der Abgabe von Geboten sind der Anbieter selbst, seine Verwandten und die dem Anbieter und seinen Verwandten nahe stehende Personen ausgeschlossen.

§ 8 Vertragsschluss und -abwicklung

(1) Mit Ablauf der Laufzeit einer Online-Auktion (Schlusszeit) kommt unmittelbar ein Vertrag zwischen dem Anbieter und dem Bieter, der ein zu dieser Zeit wirksames Gebot abgegeben hat, zu Stande. X ist nicht Partei dieser Verträge, sondern übermittelt lediglich sämtliche rechtserheblichen Erklärungen der beteiligten Nutzer als Bote.

(2) X unterrichtet die Parteien vom Zustandekommen des Vertrages nach Ende des Angebotszeitraumes per E-Mail unter der vom Nutzer angegebenen E-Mail-Adresse. X teilt hierbei mit, dass, mit wem und zu welchem Preis zwischen den Parteien ein Vertrag zu Stande gekommen ist.

(3) Hiernach vereinbaren die Parteien die Zahlungsweise und Lieferbedingungen, soweit sie nicht schon bei Abschluss des jeweiligen Vertrages feststanden. Es gelten die gesetzlichen Bestimmungen, soweit diese nicht abdingbar sind und im konkreten Fall wirksam abbedungen wurden.

§ 9 Entgelt

(1) Für den Bieter ist die Beteiligung an den Online-Auktionen kostenlos. Für das Anbieten eines Gegenstandes im Rahmen einer Online-Auktion erhebt X Entgelte. Ferner erhebt X im Falle des Zustandekommens eines Vertrages eine Provision, deren Höhe sich nach dem Verkaufspreis bemisst.

(2) Maßgeblich für Art und Höhe sämtlicher erhobener Entgelte ist die Preisliste von X in ihrer zur Zeit der jeweiligen Auktionseinrichtung geltenden Fassung. Die Preisliste wird dem Anbieter im Rahmen der Auktionseinrichtung zur Kenntnis gebracht.

(3) Ein Provisionsanspruch entfällt, wenn der Anbieter nachweist, dass ein zu Stande gekommener Vertrag auf Grund von nicht vom Anbieter zu vertretenen Umständen nicht vollzogen wurde. Näheres wird durch gesonderte Bestimmungen geregelt.

§ 10 Gewährleistung

(1) X ist nicht Partei der im Rahmen von Online-Auktionen abgeschlossenen Kaufverträge. Somit übernimmt X keinerlei Gewährleistung für die dort angebotenen bzw. veräußerten Gegenstände.

(2) X übernimmt darüber hinaus keine Gewähr für

(a) die Richtigkeit und Vollständigkeit der vom Anbieter geleisteten Angaben und Erklärungen

und

(b) die Identität, Seriosität, Leistungsbereitschaft und Leistungsvermögen wie auch für das gesamte Verhalten der jeweiligen Parteien des Kaufvertrages.

(3) Maßnahmen von X gegen einzelne Nutzer wegen Missbrauchs der Plattform erfolgen ausschließlich im eigenen rechtlichen und geschäftlichen Interesse sowie ggf. im Rahmen der Erfüllung öffentlich-rechtlicher Pflichten von X. Hieraus entstehen für den einzelnen Nutzer keine Rechtsansprüche.

(4) Bei den im Rahmen der Online-Auktionen angebotenen Gegenständen handelt es sich für X vorbehaltlich der unter § 11 (1) geregelten Fälle nicht um eigene, sondern ausschließlich um fremde Inhalte i.S.v. § 5 Absatz (2) Teledienstegesetz.

§ 11 Bewertungssystem

(1) X unterhält als Bestandteil seiner Dienste ein nach Benutzernamen gegliedertes Bewertungssystem, in welchem der Anbieter und der Erwerber eines Gegenstands die Möglichkeit haben, eine Kurzkritik über ihren Vertragspartner hinsichtlich ihrer Zufriedenheit bei der Abwicklung des geschlossenen Vertrages abzugeben.

(2) Die Nutzer sind verpflichtet, in ihrer Bewertung ausschließlich wahrheitsgemäße Angaben zu leisten und die gesetzlichen Bestimmungen einzuhalten.

(3) Für den Inhalt der Bewertungen sind ausschließlich die jeweiligen Nutzer verantwortlich. X übernimmt keine Haftung für die inhaltliche Richtigkeit oder die Rechtmäßigkeit dieser Bewertungen. Gleichwohl ist X berechtigt, Bewertungen zu entfernen, wenn hierfür ein sachliches oder rechtliches Interesse besteht bzw. hinreichend glaubhaft gemacht wird und das Interesse des Urhebers der Bewertung an deren Veröffentlichung im konkreten Fall nicht überwiegt.

(4) Die vorstehenden Bestimmungen gelten sinngemäß, wenn und soweit X seinen Nutzern weitere Möglichkeiten zur Verfügung stellt, eigene Beiträge auf der Website von X zu veröffentlichen.

Dritter Abschnitt: Schlussbestimmungen

§ 12 Haftung

(1) Nach dem derzeitigen Stand der Technik ist es nicht möglich, Computerprogramme (Software) und Datenverarbeitungsanlagen (Hardware) vollkommen fehlerfrei zu entwickeln und zu betreiben und sämtliche Unwägbarkeiten im Zusammenhang mit dem Medium Internet auszuschließen (nachfolgend zusammenfassend kurz "technische Mängel" genannt). Daher übernimmt X keine Garantie für die ständige und ununterbrochene Verfügbarkeit seiner Websites und technischen Systeme. Außerdem übernimmt X keine Haftung für Schäden, die Nutzern oder Dritten aus der Nutzung der Dienste von X entstehen. Insbesondere haftet X nicht für Schäden, die darauf beruhen, dass infolge technischer Mängel

a) von Nutzern abgegebene Gebote

(aa) nicht oder nicht rechtzeitig bei X eingehen oder

(bb) dort nicht berücksichtigt werden oder

b) Gegenstände, die von Nutzern im Rahmen der Online-Auktionen angeboten werden, nicht oder nicht vollständig vorgestellt werden.

(2) Soweit X dem Nutzer Software zur Verfügung stellt, ist die Haftung und Gewährleistung diesbezüglich im weitesten gesetzlich möglichen Umfang ausgeschlossen.

(3) X haftet nicht für Schäden, die Nutzern oder Dritten durch das Verhalten anderer Nutzer entstehen.

(4) Im Übrigen haftet X nur für Schäden, die auf einer vorsätzlichen oder grob fahrlässigen Vertragsverletzung durch X, seiner gesetzlichen Vertreter und Erfüllungsgehilfen beruhen. Dies gilt auch für Schäden aus der Verletzung von Pflichten bei Vertragsverhandlungen sowie aus der Vornahme von unerlaubten Handlungen. Im Falle der Verletzung wesentlicher Vertragspflichten haftet X für jeden Fall des Verschuldens. Außer im Falle von Vorsatz oder grober Fahrlässigkeit haftet X hierbei jedoch nicht für mittelbare Schäden, außerdem ist in diesem Fall die Haftung der Höhe nach auf diejenigen Schäden beschränkt, die bei Vertragsschluss typischerweise vorhersehbar waren.

(5) Soweit X gegen die Haftung für die vorstehend genannten Schäden versichert ist, kann X auch einen etwaigen Versicherungsanspruch an den Geschädigten abtreten.

(6) Zwingende gesetzliche Bestimmungen, die eine weitergehende Haftung von X festlegen, bleiben unberührt.

§ 13 Rechtswahl

(1) Die Inanspruchnahme der Dienste von X, insbesondere die Durchführung aller Online-Auktionen, sowie diese Allgemeinen Geschäftsbedingungen unterliegen deutschem Recht. Die Anwendung des UN-Übereinkommens über Verträge über den internationalen Warenkauf vom 11. April 1998 ist ausgeschlossen.

(2) Die Bestimmungen des Abs. (1) lassen zwingende Bestimmungen des Rechts des Staates, in dem der Nutzer seinen gewöhnlichen Aufenthalt hat, unberührt, wenn und soweit der Nutzer im Rahmen von Online-Auktionen einen Vertrag abgeschlossen hat, der nicht der beruflichen oder gewerblichen Tätigkeit des Nutzers zugerechnet werden kann (Verbrauchervertrag), und wenn der

Nutzer die zum Abschluss des Vertrages erforderlichen Rechtshandlungen in dem Staat seines gewöhnlichen Aufenthaltes vorgenommen hat.

§ 14 Änderungen

X behält sich vor, diese Allgemeinen Geschäftsbedingungen jederzeit zu ändern. X wird derartige Änderungen umgehend allen Nutzern per E-Mail mitteilen. Sofern der Nutzer der Änderung der Allgemeinen Geschäftsbedingungen nicht innerhalb von zwei Wochen nach Zugang der Änderungsmitteilung mit Schreiben an die unter § 1 (1) angegebene Adresse widerspricht, gelten die geänderten Allgemeinen Geschäftsbedingungen als vom jeweiligen Nutzer angenommen. Widerspricht ein Nutzer den Änderungen, nimmt X dessen Anmeldung zurück. X wird die Nutzer auf diese Umstände im Zusammenhang mit einer Änderung der Allgemeinen Geschäftsbedingungen in der Änderungsmitteilung besonders hinweisen. Für die bis zum Zeitpunkt der Änderung bereits gestarteten Auktionen oder abgegebenen Gebote gilt die bisherige Fassung der Allgemeinen Geschäftsbedingungen fort.

§ 15 Gerichtsstand, Salvatorische Klausel

(1) Gegenüber Kaufleuten gilt Hamburg als ausschließlicher Gerichtsstand.

(2) Sollten einzelne Bestimmungen dieser Allgemeinen Geschäftsbedingungen ganz oder teilweise nicht rechtswirksam sein oder ihre Rechtswirksamkeit später verlieren, so wird hierdurch die Gültigkeit der Allgemeinen Geschäftsbedingungen im Übrigen nicht berührt. An die Stelle der unwirksamen Regelung treten die gesetzlichen Bestimmungen. Das gleiche gilt, soweit die Allgemeinen Geschäftsbedingungen eine nicht vorhergesehene Lücke aufweisen.

FSC
www.fsc.org
MIX
Papier | Fördert gute Waldnutzung
FSC® C083411

Kolibri 360 GmbH
Ferdinand-Jühlke-Straße 7
99095 Erfurt, Deutschland
produktsicherheit@kolibri360.de

Druck:
CPI Druckdienstleistungen GmbH
im Auftrag der
Kolibri 360 GmbH
Ferdinand-Jühlke-Str. 7
99095 Erfurt